Jeremy Rifkin

L'âge de l'accès

La nouvelle culture du capitalisme

Traduit de l'anglais (États-Unis) par Marc Saint-Upéry

La Découverte / Poche
9 *bis*, rue Abel-Hovelacque
75013 Paris

Cet ouvrage a été précédemment publié en 2000 aux Éditions La Découverte dans la collection « Cahiers libres » et en 2002 aux Éditions Pocket.
Titre original : *The Age of Access, The New Culture of Hypercapitalism Where All of Life is a Paid-for Experience,* Jeremy P. Tacher / G.P. Putnam's Sons, New York, 2000.

Catalogage Électre-Bibliographie

RIFKIN, Jeremy
L'âge de l'accès. La nouvelle culture du capitalisme / Trad. de l'anglais (États-Unis) par Marc Saint-Upéry - Paris : La Découverte, 2005 (La Découverte/Poche ; 205. Essais)
ISBN 2-7071-4608-0

RAMEAU :	Internet : aspect économique commerce électronique ; aspect social échange électronique d'information
DEWEY :	330.41 : Économie générale. Économie libérale. Capitalisme
Public concerné :	Tout public

Si vous désirez être tenu régulièrement informé de nos parutions, il vous suffit d'envoyer vos nom et adresse aux Éditions La Découverte, 9 *bis*, rue Abel-Hovelacque, 75013 Paris. Vous recevrez gratuitement notre bulletin trimestriel ***À La Découverte.*** Vous pouvez également nous contacter sur notre site **www.editionsladecouverte.fr**.

Remerciements

Je souhaite remercier Jon Akland, mon assistant de recherche pour *L'Âge de l'accès*. Jon a toujours su trouver juste l'information dont nous avions besoin au cours du long processus de composition de cet ouvrage. Je dois à son œil vigilant d'avoir identifié les nombreux détails qui ont été inclus dans la préparation du manuscrit. Ce fut une tâche impressionnante que de contrôler et d'organiser la masse d'informations rassemblées pendant la durée de ce projet. Jon a su la maîtriser avec beaucoup de soin et d'efficacité. Je souhaite également remercier Jerry Rosenbloom, Sheldon Rovin et Scott Koerwer, de la Wharton School, ainsi que David Noble et Steve Samuel, pour leurs nombreux commentaires fort utiles sur les premiers jets du manuscrit. Je remercie en particulier mon vieil ami et collègue Ted Howard, qui a passé des journées entières à lutter avec diverses versions du texte et y a contribué par de précieuses et pénétrantes suggestions.

À mon beau-père Ted Grunewald je dois nombre d'idées constructives ainsi que son aide dans la préparation de recherches cruciales pour la composition du livre. Les recherches et les vérifications effectuées par Laura Martino ont également grandement contribué au contenu de cet ouvrage et méritent d'être saluées. Merci également à Clara Mack, Joyce Wooten, Eric Schoenfield et Anna Awimbo pour les efforts considérables qu'ils ont consacrés à la préparation du manuscrit. Je souhaite également remercier mon épouse Carol Grunewald pour les nombreuses heures de conversation fructueuse qui ont permis de mieux définir certaines des idées de ce livre.

Il convient de saluer ceux à qui cet ouvrage doit sa publication chez Putnam : mon ami Jeremy Tarcher, dont la critique substantielle de la première version du manuscrit a contribué à orienter ce projet, et Joel Fotinos, qui y a cru dès le départ et l'a accompagné pendant toute la durée de son élaboration. Dans l'équipe de Putnam, il faut également mentionner le travail de Cathy Fox, qui a permis que le livre rencontre un vaste public dans plusieurs pays et de Kim Seidman, pour son excellent travail d'édition du manuscrit. Je remercie aussi mon agent Jim Stein, qui est toujours le premier à défendre une nouvelle idée de livre et s'emploie à en faire une réalité. Enfin, un grand merci à mon éditeur, Mitch Horowitz. C'est le second ouvrage sur lequel nous travaillons ensemble et il s'agit d'une véritable collaboration. Sa présence éditoriale imprègne pratiquement chaque page du livre. J'ai beaucoup apprécié nos échanges d'idées à chaque étape de ce projet ainsi que la vive intelligence, l'élégance et l'esprit qui caractérisent sa contribution.

I

La nouvelle frontière capitaliste

1

Au seuil de l'âge de l'accès

Le rôle de la propriété est en train de subir une transformation radicale. Les conséquences de cette révolution sont d'une importance et d'une portée fondamentales pour notre société. La modernité avait fait du marché et de la propriété deux concepts pratiquement synonymes. De fait, l'économie capitaliste est fondée sur l'idée même d'échange de droits de propriété sur un marché. La première apparition du mot *marché* dans la langue anglaise remonte au XIIe siècle et désigne l'espace physique réservé aux vendeurs et aux acheteurs échangeant des produits et des têtes de bétail. Vers la fin du XVIIIe siècle, ce terme avait perdu toute connotation spatiale et servait à décrire le processus abstrait de la vente et de l'achat de biens quelconques [1]. Notre univers quotidien est tellement lié à cette conception de la vente et de l'achat sur un marché que nous pouvons difficilement imaginer une autre façon de structurer les échanges entre humains. Le marché est omniprésent dans nos vies, et nous sommes tous profondément affectés par ses caprices et ses aléas. Sa prospérité est la mesure de la nôtre. Si tout va bien sur les marchés, nous aussi nous allons bien. Si la crise les frappe, elle nous frappe aussi. Le marché est notre talisman et notre boussole, et parfois aussi la malédiction jetée sur notre existence.

Les premières expériences sociales d'un jeune enfant passent souvent par le filtre du marché. Qui, au cours de son enfance, n'a pas contemplé une vitrine et demandé timidement : « Combien ça coûte ? » Dès le plus jeune âge, nous apprenons que pratiquement tout a un prix et que tout est à vendre. En grandissant, nous faisons connaissance avec le côté obscur du marché et nous sommes avertis que le consommateur doit toujours être sur ses gardes : *caveat emptor*. Nous vivons sous la loi de la main invisible et tâchons de nous perfectionner constamment dans l'art d'acheter bon marché et de vendre cher. On nous enseigne que l'acquisition et l'accumulation de propriétés sont un des aspects essentiels de notre séjour terrestre et que nous sommes, au moins en partie, la somme de ce que nous possédons. Nos conceptions fondamentales du cours des affaires de ce monde reposent en grande partie sur l'idée que les êtres humains échangent des biens entre eux sous l'emprise d'un instinct de propriété primordial et irrésistible.

Notre dévotion à l'égard du marché est sans partage. Nous chantons ses louanges et admonestons ses détracteurs. Qui n'a pas plaidé avec passion, un jour ou l'autre, les vertus du marché et de la propriété ? Les notions de liberté individuelle, de droits inaliénables et de contrat social sont des attributs inséparables de cette fiction sociale fondamentale.

Mais ce fondement même de notre modernité est en train de s'écrouler. L'institution dont les partisans et les adversaires se sont livré tant de batailles idéologiques, de guerres et de révolutions, est en train de dépérir sous l'impact de toute une constellation de nouvelles réalités économiques qui amènent la société à repenser le type de lien et de cadre qui définiront les relations humaines au cours du siècle qui commence.

Cette ère nouvelle voit les réseaux prendre la place des marchés et la notion d'accès se substituer à celle de propriété. Les entreprises et les consommateurs commencent à perdre contact avec la réalité fondamentale qui caractérisait la vie économique moderne — celle de l'échange de biens sur un marché de vendeurs et d'acheteurs. Cela ne veut pas dire que l'âge de l'accès est celui de la disparition pure et simple de la propriété. Bien au contraire, celle-ci reste une réalité centrale de l'activité économique, mais elle est de moins en moins l'objet d'un échange sur un marché. Les pourvoyeurs de l'offre continuent à être propriétaires de biens matériels ou immatériels, mais ils en contrôlent désormais l'accès à travers diverses procédures de location, de *leasing*, de concession, de droits d'admission, d'adhésion ou d'abonnement qui en définissent l'usage provisoire. L'échange de biens entre vendeurs et acheteurs — caractéristique centrale de l'économie de marché moderne — est remplacé par un système d'accès à court terme opérant entre des serveurs et des clients organisés en réseaux. Les marchés classiques subsistent mais leur rôle a de moins en moins d'importance dans notre existence.

Dans la nouvelle économie en réseau, plutôt que d'échanger des biens matériels et immatériels, les entreprises en contrôlent et en régulent l'accès. La possession d'un capital physique, jadis solidement établie au cœur de la société industrielle, devient de plus en plus marginale pour la vie économique. Les entreprises y voient un coût de fonctionnement plutôt qu'un actif productif, et préfèrent louer des services qu'être propriétaires. En revanche, le capital intellectuel est le véritable moteur de cette ère nouvelle, et il est d'autant plus convoité. Ce sont les concepts, les idées, les images, et non plus les choses, qui ont une vraie valeur dans la nouvelle économie. Ce sont l'imagination et la créativité humaines, et non plus le patrimoine matériel, qui incarnent désormais la richesse. Or, il convient de souligner que le capital intellectuel n'obéit guère aux lois de l'échange. Il est étroitement associé à ses pourvoyeurs, qui peuvent en louer ou en concéder provisoirement l'accès à des tiers dans des conditions strictement définies.

Le monde des entreprises est déjà largement engagé dans cette transition de l'ère de la propriété à l'âge de l'accès. Les sociétés vendent leur patrimoine immobilier, réduisent leurs stocks, louent leur équipement et font sous-traiter leur activité dans une course à la survie qui passe par l'élimination du maximum de patrimoine matériel. La volatilité et le rythme effréné de la nouvelle économie rendent parfaitement désuète et inadéquate la possession de grandes quantités de biens matériels. L'essentiel de l'infrastructure matérielle du capitalisme contemporain n'a plus besoin d'être la propriété de ceux qui en font usage.

Les protagonistes du marché étaient les vendeurs et les acheteurs, les héros du jour sont plutôt les pourvoyeurs et les usagers. Dans l'économie en réseau, les transactions marchandes cèdent la place aux alliances stratégiques, la cotraitance (*co-sourcing*) et aux accords de partage des bénéfices (*gain-sharing*). De nombreuses entreprises ont cessé de se vendre des biens entre elles et préfèrent mettre en commun et partager leurs ressources en créant de vastes réseaux reliant prestataires et usagers, et gérés conjointement.

On ne sera pas surpris de constater que cette nouvelle organisation de l'activité économique entraîne de nouvelles formes de concentration du pouvoir et de la richesse aux mains d'un petit nombre d'acteurs. Quand c'était le marché traditionnel qui régnait, les plus gros accumulateurs de patrimoine matériel contrôlaient les échanges entre vendeurs et acheteurs. Avec l'ère des réseaux, ce sont les prestataires de services capables d'accumuler la plus grande quantité de ressources intellectuelles clés qui commencent à exercer un contrôle sur les conditions dans lesquelles les usagers peuvent accéder aux idées, aux connaissances et aux éléments d'expertise les plus appréciés.

Dans l'économie de l'accès, le succès ne dépend plus tant des échanges individuels sur le marché que des relations commerciales à long terme. La nouvelle relation entre les biens et les services qui la caractérise illustre parfaitement ce phénomène. Pendant la plus grande partie de l'ère industrielle, l'important était de vendre des produits et le service gratuit au consommateur représenté par la garantie qui était attachée à ces produits n'était qu'un argument de vente supplémentaire. Cette relation est aujourd'hui inversée : de plus en plus d'entreprises font littéralement cadeau de leurs produits aux consommateurs dans l'espoir de s'attacher leur fidélité à long terme en leur fournissant toutes sortes de services.

Les consommateurs, de leur côté, commencent tout juste à expérimenter cette transition de la propriété à l'accès. Si les produits durables bon marché continueront à être vendus et achetés sur le marché, la plupart des biens et des équipements coûteux, comme les automobiles, les logements et certains appareils, seront fournis par les pourvoyeurs aux consommateurs sous forme de bail à court terme, de location, de droit d'adhésion et autres types de services.

On peut penser que d'ici à vingt-cinq ans l'idée même de propriété paraîtra singulièrement limitée, voire complètement démodée, à un nombre croissant d'entreprises et de consommateurs. En tant qu'institution, la propriété fonctionne à un rythme beaucoup trop lent pour la nouvelle économie, qui opère en termes de nanosecondes. L'idée de propriété se fonde sur la valeur attribuée à la possession d'un patrimoine matériel ou foncier sur une durée plus ou moins définie. « Avoir », « posséder », « accumuler » ont toujours été des notions fort prisées. Mais, de nos jours, l'enchaînement ultrarapide des innovations technologiques et le rythme vertigineux de l'activité économique rendent souvent la notion de propriété fort problématique. Dans un monde de production sur mesure, d'innovation et d'amélioration permanentes où le cycle de vie des produits est de plus en plus court, tout devient très rapidement obsolète. Avoir, posséder et accumuler n'ont plus guère de sens dans une économie où la seule constante est le changement.

Avec l'avènement de l'âge de l'accès, l'économie repose sur toute une série de prémisses qui diffèrent totalement de celles qui régissaient l'ère du marché. Dans ce monde nouveau, les marchés cèdent la place aux réseaux, vendeurs et acheteurs sont remplacés par des prestataires et des usagers, et pratiquement tout se trouve soumis à la logique de l'accès.

Le passage d'un régime de propriété fondé sur une notion de patrimoine amplement distribué au sein de la société à un régime qui repose sur l'usage à court terme de ressources contrôlées par des réseaux de prestataires introduit un changement fondamental dans notre perception de l'exercice du pouvoir économique. Et, comme nos institutions politiques et juridiques sont enracinées dans un système fondé sur le marché et la propriété, cette transition impliquera également de profonds changements dans notre système de gouvernement. Peut-être plus important, encore, dans un monde où la possession personnelle de propriété a longtemps été perçue comme un prolongement de l'être même des individus, et en quelque sorte la véritable « mesure de l'homme », le déclin de son importance dans la sphère économique pourrait complètement bouleverser la perception que les générations futures auront de la nature humaine. On peut même penser qu'un monde structuré autour de relations fondées sur la logique de l'accès risque de produire un nouveau type d'être humain.

Ces changements dans l'organisation des rapports économiques reflètent une transformation encore plus profonde qui affecte la nature même du système capitaliste. Nous sommes en train de passer de la production industrielle à la production culturelle. Les secteurs de pointe du futur reposeront sur la marchandisation de toute une gamme d'expériences culturelles plutôt que sur les produits et les services traditionnels fournis par l'industrie. Les voyages et le tourisme international, les parcs à thème et les villes-musées, les complexes de loisirs, la culture du corps, la mode, la cuisine, les sports professionnels, le jeu, le cinéma, la télévision, les mondes virtuels du cyberespace et toutes sortes d'activités récréatives reposant sur les médias électroniques sont en train de devenir l'axe porteur d'une forme d'hypercapitalisme qui exploite l'accès aux expériences culturelles.

Le passage de la production industrielle au capitalisme culturel entraîne une transition non moins significative de l'éthique du travail à une éthique du jeu. L'ère industrielle a vu la transformation du travail en marchandise ; aujourd'hui, ce sont les activités de type ludique qui sont transformées en marchandise : toutes sortes de ressources culturelles, comme les arts, les fêtes, les mouvements sociaux, les activités spirituelles et communautaires, et même l'engagement civique, peuvent être consommées sous forme d'activité récréative payante. La lutte entre la sphère culturelle et la sphère marchande pour le contrôle exercé sur l'accès à et le contenu des activités ludiques sera l'un des axes de définition de la nouvelle ère.

Les multinationales de la communication, qui disposent de réseaux couvrant la planète entière, sont à l'affût des ressources culturelles des diverses régions du monde pour pouvoir les exploiter et les « repackager » sous forme de marchandises culturelles et de biens de consommation destinés à l'industrie du loisir. Un cinquième de la population mondiale, à savoir ceux qui disposent des plus hauts revenus, dépense désormais presque autant en consommation d'expériences culturelles qu'en acquisition de produits manufacturés et de services de base. Nous sommes en train d'entrer dans ce que les experts appellent une « économie de l'expérience », à savoir un monde où la vie de chaque individu a une valeur marchande. C'est ce phénomène que désigne le nouveau concept opérationnel cher aux stratèges du marketing, la notion de « *lifetime value* » (LTV), à savoir la mesure théorique de la valeur marchande potentielle de chaque moment de la vie d'un individu. Dans la nouvelle économie, les gens consomment leur propre existence en en faisant l'acquisition par segments commercialisés.

Entre deux mondes

Sur le marché mondial, la production culturelle commence à éclipser la production matérielle. Les géants de l'ère industrielle comme Exxon, General Motors, USX ou Sears cèdent peu à peu la place aux géants du capitalisme culturel : Viacom, Time Warner, Disney, Sony, Seagram, Microsoft, News Corporation, General Electric, Bertelsmann A. G. et Polygram. Ces entreprises transnationales tirent parti de la révolution numérique des communications pour mettre en réseau la planète tout entière et promeuvent inexorablement la colonisation de la sphère culturelle par la sphère marchande, qui fournit à volonté expériences culturelles sur mesure, spectacles commerciaux de masse et activités de loisir individuel.

Pendant l'ère industrielle, quand la production de biens était la principale forme d'activité, la possession d'un patrimoine matériel était un facteur clé du succès et de la survie. Dans la nouvelle économie, où c'est la production culturelle qui prend de plus en plus de place, contrôler l'accès aux nombreuses expériences et ressources culturelles qui alimentent l'existence psychique des individus devient tout aussi important que détenir un patrimoine.

La transition entre ces deux économies est un processus lent qui a démarré dès le début du XXe siècle avec l'essor de la fourniture de services de base par rapport à la production de biens matériels. Ce à quoi l'on assiste aujourd'hui, c'est à un essor analogue du secteur de l'expérience marchandisée par rapport au secteur des services traditionnels. La production culturelle est le stade suprême de la civilisation capitaliste, dont la mission essentielle a consisté à introduire un nombre de plus en plus grand d'activités humaines dans la sphère marchande. On est successivement passé de la production de biens à la fourniture de services, puis à la transformation en marchandise des relations humaines et enfin à la commercialisation de l'accès aux expériences culturelles : ainsi, tous les rapports sociaux sont devenus des rapports exclusivement économiques.

La marchandisation de la culture humaine entraîne un changement fondamental de la nature du travail. Pendant l'ère industrielle, le travail humain était employé à la production de biens et à la fourniture de services de base. L'ère de l'accès voit des machines intelligentes remplacer l'activité humaine dans les services comme dans les secteurs agricoles et industriels. L'automatisation et l'emploi de logiciels et de « biogiciels » sont de plus en plus fréquents dans ces trois secteurs. Le XXIe siècle verra un nombre de plus en plus grand de tâches physiques et mentales, depuis les plus triviales et les plus répétitives jusqu'aux tâches de conception les plus sophistiquées, exécutées par des machines pensantes, et les travailleurs les moins bien payés du monde seront toujours trop payés par rapport aux technologies susceptibles de les remplacer. D'ici à cinquante ans, la sphère marchande aura les moyens technologiques et la capacité organisationnelle de fournir des biens et des services pour une population croissante en n'utilisant qu'une fraction de la main-d'œuvre aujourd'hui nécessaire. En 2050, on peut envisager que seuls 5 % de la population adulte suffiront à faire fonctionner les industries traditionnelles. Les usines, les bureaux et les exploitations agricoles sans travailleurs ou presque seront la norme dans le monde entier. Certes, il y aura de nouveaux secteurs pourvoyeurs d'emploi, mais il s'agira essentiellement d'activités culturelles salariées dans la sphère marchande. De même que la vie des individus deviendra de plus en plus une consommation payante d'expérience, des millions de gens travailleront pour satisfaire les désirs et les besoins culturels de ces consommateurs.

La trajectoire du capitalisme a commencé avec la commercialisation de l'espace et de la matière ; elle est en train d'aboutir à la transformation en marchandise de la durée et du temps humain. La marchandisation de la sphère culturelle sous forme de consommation payante d'un nombre de plus en plus grand d'activités humaines nous fait entrer dans un monde où la plupart des rapports sociaux traditionnels seront remplacés par des relations monétaires. Imaginez un monde où pratiquement toutes les activités extérieures à la sphère familiale sont payantes, un monde où les attentes et les obligations de réciprocité traditionnelles — véhiculées par des sentiments de confiance, d'empathie et de solidarité — sont remplacées par des relations contractuelles sous forme de droits d'adhésion, d'abonnement, de frais d'admission, d'honoraires et rémunérations diverses.

Réfléchissez un peu au nombre de nos interactions quotidiennes qui sont déjà réduites au statut de relations strictement commerciales. Nous sommes de plus en plus amenés à acheter le temps, l'affection, la disponibilité et la considération de nos congénères. Nous payons pour notre éducation et pour nos loisirs, pour notre entretien et notre apparence physique et pour bien d'autres choses du même ordre — même le passage du temps n'est plus gratuit. La vie devient de plus en plus une marchandise, et il n'y a plus guère de différence perceptible entre communication, communion et commerce.

On ne doit pas oublier que, même dans une économie de marché développée, les relations marchandes ont un caractère périodique et éphémère. Acheteurs et vendeurs se rencontrent pendant un court laps de temps pour négocier un transfert de biens ou de services avant de rejoindre chacun sa propre réalité non marchande. Le reste de leur emploi du temps est libre de toute considération commerciale. Dans une économie hypercapitaliste, en revanche, c'est virtuellement la totalité de notre temps qui est transformée en marchandise par la logique de l'accès. Ainsi, par exemple, quand un consommateur achète une automobile, sa relation avec le vendeur est de courte durée. Mais s'il en acquiert l'usage sous forme de location, son rapport avec le prestataire est permanent et continu pendant toute la durée du contrat. Les fournisseurs affirment préférer cette forme de « marchandisation des relations » avec leurs clients car elle leur permet de leur proposer des prestations renouvelables sur une durée théoriquement indéfinie. Quand tout le monde est incorporé dans toutes sortes de réseaux commerciaux de façon permanente par toute une série d'engagements financiers de type location, partenariat payant, abonnement ou honoraires, c'est le temps de la vie tout entier qui devient une marchandise. Le temps culturel s'évanouit, et les seuls liens qui tiennent la civilisation ensemble sont des liens commerciaux. Cette crise est celle même de la postmodernité.

Au cours des années quatre-vingt et quatre-vingt-dix, la mode était à la déréglementation effrénée des fonctions et des services assurés par l'État. En moins de deux décennies, la sphère marchande a absorbé avec succès des pans entiers de l'action publique, dont les transports en commun, la fourniture d'énergie et les télécommunications. L'économie se tourne désormais vers le dernier refuge de l'activité humaine non marchande : la culture. Qu'il s'agisse des rites culturels, des grandes scansions de la vie communautaire, des moments de convivialité, des arts, des sports ou des activités ludiques, l'invasion de la sphère marchande est un phénomène omniprésent. La grande question qui se pose à nous au cours des prochaines années est de savoir si la civilisation peut survivre à cet étiolement des sphères politique et culturelle et à l'hégémonie de la sphère marchande comme principal médiateur de toute expérience humaine.

Ce livre entend examiner les nombreux changements structurels qui définissent le terrain conceptuel et l'infrastructure organisationnelle de l'âge de l'accès. La transition des marchés classiques aux réseaux et de la logique de la propriété à celle de l'accès, la marginalisation du patrimoine matériel et l'essor de la propriété intellectuelle, la marchandisation croissante des rapports humains sont autant de phénomènes qui nous font progressivement passer d'une époque où l'échange de biens et de propriétés était la principale fonction de l'économie à un monde nouveau où la transaction marchande par excellence est la consommation payante d'expérience vécue.

Cette transition du capitalisme industriel au capitalisme culturel remet d'ores et déjà en question tous nos préjugés concernant la nature d'une société humaine. Nos institutions traditionnelles, profondément liées aux notions de rapports de propriété, d'échanges sur le marché et d'accumulation matérielle, sont peu à peu déstabilisées par une nouvelle économie qui voit la culture devenir la ressource commerciale la plus importante, qui fait du temps et de la disponibilité les biens les plus appréciés et qui transforme la vie de chaque individu en part de marché.

Le conflit entre culture et marché

Nous entrons dans une nouvelle époque où l'expérience humaine est de plus en plus une marchandise consommée sous forme d'accès à des réseaux polyvalents inscrits dans le cyberespace. Ces réseaux électroniques, sur lesquels se branchent quotidiennement pour de longues heures un nombre croissant d'individus, sont contrôlés par une poignée d'entreprises transnationales du secteur des médias et des télécommunications. Ces entreprises sont propriétaires des réseaux à travers lesquels ces individus communiquent et contrôlent l'essentiel du contenu culturel qui définit cette expérience-marchandise à l'heure de la postmodernité. Il n'y a pas de précédent historique à ce contrôle exhaustif de la communication humaine. Les pourvoyeurs de contenu liés aux géants des médias deviennent les « gardiens » qui contrôlent l'accès de centaines de millions d'êtres humains aux circuits de communication avec leurs semblables. Il s'agit là d'une nouvelle forme de monopole commercial, un monopole qui s'exerce sur l'expérience vécue d'une fraction importante de la population de la planète. Dans un monde où l'accès à la culture humaine est de plus en plus soumis au caprice des entreprises transnationales qui la véhiculent et la commercialisent, la question du pouvoir institutionnel et des espaces de liberté existants est d'autant plus importante.

L'absorption de la sphère culturelle par la sphère marchande reflète un bouleversement fondamental des relations humaines. Les conséquences de ce bouleversement sur l'avenir de nos sociétés ont de quoi nous laisser perplexes. Depuis l'aube de la civilisation, la culture a toujours eu la priorité sur le marché. Les hommes fondent des communautés, élaborent des codes de comportement social sophistiqués, reproduisent des valeurs et des significations partagées et construisent du lien social. C'est seulement quand le lien social fondé sur la confiance et l'échange réciproques est suffisamment développé que ces communautés s'engagent dans des relations de type marchand. La sphère marchande a toujours été seconde et dépendante par rapport à la sphère culturelle, cette dernière étant la matrice des normes comportementales acceptées par la société. Le respect de ces normes garantit un climat social de confiance qui permet le développement des relations d'échange marchand. Mais, quand la sphère marchande commence à empiéter sur la sphère culturelle — phénomène que nous explorerons plus avant dans la seconde partie de ce livre —, elle menace de détruire les fondements mêmes sur lesquels s'étaient construites les relations marchandes.

La récupération d'un équilibre entre la sphère culturelle et la sphère marchande sera probablement l'un des défis les plus importants de l'âge de l'accès. Les ressources culturelles ne sont pas moins menacées de surexploitation et d'épuisement que ne l'ont été les ressources naturelles pendant l'ère industrielle. La grande question politique que posent la nouvelle économie mondiale des réseaux et sa tendance à promouvoir la transformation de l'expérience culturelle en objet de consommation marchande est celle de la préservation et du développement durable d'une diversité culturelle qui est le sang même de la civilisation.

L'individu protéiforme et les nouveaux prolétaires

L'âge de l'accès promeut également un nouveau type d'être humain. Les jeunes des nouvelles générations « protéiformes » sont beaucoup plus à l'aise que leurs aînés dans le monde du cyberespace et du commerce électronique, dont dépend une bonne partie de leur vie professionnelle et de leur activité sociale, et ils s'adaptent facilement aux nombreux univers simulés qui caractérisent la nouvelle économie culturelle. Ils vivent dans un monde de performance de type théâtral plutôt que de définitions idéologiques et sont enclins à adopter une éthique de joueurs plutôt que de producteurs. Pour cette génération, la logique de l'accès conforme d'ores et déjà un mode de vie et, si être propriétaire a toujours son importance, c'est le fait d'être connecté qui l'emporte sur tout le reste. Les individus du XXIe siècle auront sans doute plus tendance à se percevoir comme des points d'intersection sur des réseaux d'intérêt commun que comme des agents autonomes luttant pour leur survie dans un monde de concurrence darwinienne. Leur conception de la liberté personnelle ne sera plus fondée sur leurs droits de propriété et leur capacité d'en exclure leurs semblables, mais plutôt sur le droit d'être intégré à des réseaux de relations réciproques. Ils feront partie de la première génération de l'âge de l'accès.

En cinq siècles, l'usage de l'imprimerie a profondément altéré la conscience humaine. Il en sera de même de celui de l'ordinateur au cours des deux prochains siècles. Psychologues et sociologues observent d'ores et déjà certaines modifications du développement cognitif des jeunes de la « génération .com », comme on dit. Le petit nombre de jeunes (mais il s'agit là d'une minorité en pleine croissance) qui ont grandi face à un écran d'ordinateur et passent une bonne partie de leur temps dans des environnements simulés et des forums de discussion sur le net a tendance à développer ce que les psychologues appellent des « personnalités multiples ». Il s'agit de modes de conscience fragmentaires et éphémères qu'ils utilisent pour négocier leur identité provisoire sur les réseaux ou dans les univers virtuels qu'ils fréquentent à tel ou tel moment. Certains observateurs s'inquiètent de ce phénomène et craignent que les membres de cette génération n'en viennent à ne plus percevoir la réalité que comme une succession incohérente de modules narratifs et récréatifs. Leur absence d'enracinement dans des expériences de socialisation durables et stabilisatrices et leur faible capacité de concentration à long terme risquent de les priver du cadre de référence cohérent qui pourrait leur permettre d'interpréter et de s'adapter au monde qui les entoure.

D'autres y voient des aspects plus positifs, comme une certaine émancipation de la conscience humaine dans le sens d'un fonctionnement plus ludique, plus flexible et même plus volatil, seul capable de s'adapter à la vitesse et à la fugacité des nouvelles réalités expérimentées par les individus. Les enfants d'aujourd'hui, disent-ils, grandissent dans un monde de réseaux et de connectivité généralisée au sein duquel la conception agressive du domaine réservé du moi, qui caractérisait l'ère de la propriété, cède la place à une perception de la réalité en termes d'interdépendance et d'implication mutuelle, une conception plus coopérative que concurrentielle et liée à un mode de pensée plus systémique et consensuel.

En réalité, il est bien trop tôt pour que nous sachions dans quelle direction va se développer cette nouvelle forme de conscience. D'un côté, la logique du marché a une énorme force d'attraction qui entraîne de nombreux membres de la « génération .com » dans son univers de production culturelle. De l'autre, nombre de ces jeunes se servent de leur nouvelle sensibilité relationnelle et connexionniste pour défier les règles de la logique marchande et créer de nouvelles communautés virtuelles à partir de leurs propres centres d'intérêt. La question de savoir si c'est finalement la logique du marché culturel qui l'emportera, ou si un renouveau des pratiques culturelles rétablira l'équilibre entre les deux sphères, n'est pas encore tranchée.

À ce fossé entre les générations, il faut ajouter un fossé non moins profond en matière économique et sociale. Pendant qu'un cinquième environ de la population mondiale s'initie au cyberespace et à la logique de l'accès, le reste de l'humanité est encore prisonnier d'un univers de rareté matérielle. Pour les pauvres de la planète, l'existence est toujours une lutte quotidienne pour la survie, et l'acquisition d'un minimum de propriété un souci prioritaire, même s'il ne constitue qu'un rêve lointain pour nombre d'entre eux. Leur univers est à des années-lumière du monde de la fibre optique, des satellites, des téléphones portables, des écrans d'ordinateur et des réseaux du cyberespace. Cela nous paraîtra sans doute difficile à concevoir, mais la moitié des membres de l'espèce humaine n'a jamais utilisé un téléphone de sa vie.

Le fossé entre les possédants et les déshérités est immense, mais celui qui sépare les connectés des non-connectés est peut-être encore plus grand. Deux civilisations sont en train de se développer côte à côte, celle des habitants privilégiés de l'univers électronique et celle des majorités pour lesquelles les portes du cyberespace restent hermétiquement closes. Par leur omniprésence et leurs satellites, les nouveaux réseaux planétaires de communication numérique créent un nouvel espace social totalisant, un nouveau globe terrestre suspendu au-dessus de la terre-mère dans l'éther du cyberespace. La migration de la vie économique et sociale vers le cyberespace isole ainsi une partie de la population du reste de l'humanité. Il s'agit là d'un phénomène sans précédent que les générations antérieures auraient eu du mal à imaginer. La séparation de l'humanité en deux sphères d'existence divergentes — ce qu'on appelle parfois la barrière numérique — constitue un véritable tournant historique. À partir du moment où une fraction de la population humaine n'est même plus capable de communiquer avec le reste de l'espèce à travers le temps et l'espace, la question du droit à l'accès atteint une dimension politique sans précédent. La nouvelle grande barrière sociologique est celle qui sépare ceux dont les vies seront de plus en plus dépendantes du cyberespace et ceux qui n'auront jamais accès à l'énorme potentiel de cette nouvelle sphère de l'existence humaine. Tel est le schisme fondamental qui déterminera pour une bonne part les conflits politiques des années qui viennent.

La transition de l'espace géographique au cyberespace, du capitalisme industriel au capitalisme culturel et de la logique de la propriété à celle de l'accès nous oblige à repenser intégralement la nature du contrat social. N'oublions pas que la notion moderne de propriété, caractérisée par la possession privée, l'exclusivité et l'échangeabilité, était une des institutions centrales de l'ère industrielle. Elle dictait les termes de notre vie quotidienne, informait tout le discours politique et fonctionnait comme critère d'évaluation du statut des êtres humains. Au bout de cinq cents ans d'hégémonie, ce paradigme civilisationnel reposant sur l'échange marchand entre vendeurs et acheteurs de propriété est soumis à une déconstruction radicale. Le nouvel horizon de l'époque est défini par la logique de l'accès, qui nous amène à repenser les rapports économiques, l'action politique et la perception de notre propre identité telle qu'elle émerge du plus profond de la conscience humaine.

L'idée même d'une fin de la propriété et des échanges marchands traditionnels — d'une révolution conceptuelle dans la structure des rapports humains fondée sur le passage de la logique de la propriété à la logique de l'accès — est aussi difficile à assimiler pour beaucoup de gens qu'ont pu l'être le phénomène des *enclosures* et la transformation de la terre et du travail en propriétés marchandes il y a cinq siècles. Et, pourtant, une partie de l'humanité s'est déjà embarquée dans ce nouveau voyage. Les individus qui en font partie transfèrent une portion croissante de leurs transactions de l'espace physique du marché au royaume temporel du cyberespace. Dans ce nouveau monde fondé sur l'échange d'informations et de services, et sur la consommation d'états de conscience et d'expériences vécues, l'immatériel l'emporte sur le matériel et la marchandisation du temps devient plus importante que l'expropriation de l'espace. Les conceptions classiques de la propriété et du marché, qui définissaient la civilisation industrielle, sont de moins en moins pertinentes.

Les notions d'accès et de réseau prennent de plus en plus d'importance et sont en train de redéfinir progressivement la dynamique de nos sociétés, tout comme l'avaient fait les notions de propriété et de marché à l'aube de la modernité. Il y a peu de temps encore, l'emploi du mot *access* dans la langue anglaise était assez peu fréquent et généralement réservé à la possibilité de pénétrer dans un espace physique. Mais, en 1990, la huitième édition du *Concise Oxford Dictionary* enregistrait pour la première fois la forme verbale du mot *access*, reconnaissant ainsi l'extension de son usage dans le discours contemporain. *Access* est désormais l'un des termes les plus courants du lexique social. Quand les gens entendent parler d'« accès », c'est tout un univers de perspectives et d'opportunités qui leur vient généralement à l'esprit. La logique de l'accès est désormais la porte ouverte au progrès et à l'accomplissement personnels, elle incarne aux yeux des nouvelles générations ce que la perspective démocratique représentait pour les générations précédentes. C'est un mot lourd de sens, et en particulier de sens politique, car la logique de l'accès formule des distinctions, trace des frontières et définit en fin de compte qui sera inclus et qui sera exclu. La notion d'accès est un puissant outil conceptuel qui nous permet de repenser notre vision du monde et de l'économie. Elle est la métaphore la plus éloquente de l'âge qui s'annonce.

2

Des marchés aux réseaux

En 1851, dans une méditation sur les perspectives ouvertes à l'humanité par l'électricité, Nathaniel Hawthorne écrivait : « Est-il vrai [...] que, par le biais de l'électricité, le monde de la matière tout entier n'est plus qu'une immense fibre nerveuse susceptible de propager ses vibrations sur des milliers de kilomètres en un laps de temps infinitésimal ? Ou nous faudra-t-il plutôt concevoir le globe planétaire comme une vaste boîte crânienne, un cerveau alliant l'instinct à l'intelligence ? Ou encore ne plus y voir qu'une pure sphère de pensée, et non plus la substance que nous percevions ? ! [1]. » Grâce à la fusion de la microélectronique, des ordinateurs et des télécommunications en un seul et même système de communication intégré, la vision de Hawthorne est en train de devenir réalité : le monde entier est désormais couvert par une sorte de système nerveux planétaire. Le passage de la communication analogique à la communication numérique a permis d'accélérer ce processus de convergence. Les technologies modernes ouvrent la voie à de nouvelles formes de gestion et d'échange, ce que les économistes appellent l'économie des réseaux.

Le nouveau commerce se développe dans le cyberespace, un média électronique totalement indépendant des marchés liés au contexte géographique. Ce passage du territoire au cyberespace constitue un des grands bouleversements de l'organisation humaine, et il est d'autant plus important d'en comprendre le sens qu'il entraîne une transformation majeure de la nature même de nos perceptions et de nos rapports sociaux. C'est particulièrement vrai en ce qui concerne notre conception de la propriété. Dans une économie ancrée dans l'espace géographique, vendeurs et acheteurs échangent des biens et des services matériels ; dans le cyberespace, serveurs et clients sont plus susceptibles d'échanger des informations, des connaissances, de l'expérience, voire des fantasmes. Dans l'espace physique, les agents économiques transfèrent des biens entre eux ; dans l'espace virtuel, chacun négocie l'accès à la substance de son existence quotidienne.

C'est la prolifération des réseaux électroniques planétaires qui permet le développement du commerce virtuel et le passage à une économie fondée sur ces réseaux. Le plus important d'entre eux est bien entendu Internet, créé par le Pentagone à la fin des années soixante. C'est le souci de réduire les coûts représentés par l'équipement en superordinateurs dernier cri des centres de recherche liés aux industries de la Défense qui a amené l'armée américaine à explorer la possibilité de mettre en réseau des chercheurs éloignés dans l'espace et dans le temps. Les hauts fonctionnaires du département de la Défense étaient également préoccupés par la vulnérabilité potentielle de systèmes de communication excessivement centralisés. Ils étaient à la recherche de nouveaux vecteurs de communication plus décentralisés, susceptibles d'acheminer de diverses façons des messages à un grand nombre de chercheurs et de continuer à fonctionner même au cas où une partie du système aurait été détruite. La solution se présenta sous la forme d'ARPANET, système développé par le Bureau des projets de recherche de pointe du département de la Défense.

Le premier ordinateur à être mis en réseau fut connecté en 1969. En 1988, ils étaient déjà soixante mille [2]. D'autres réseaux furent construits peu de temps après ARPANET. La National Science Foundation créa NSFnet pour connecter les chercheurs dispersés dans diverses régions des États-Unis aux superordinateurs des grandes universités. Quand le réseau

ARPANET fut désactivé en 1990, NSFnet ouvrit ses portes à un nombre croissant d'utilisateurs et finit par se transformer en ce que nous appelons désormais Internet. D'autres administrations construisirent leur propre réseau. Le département de l'Énergie créa ESnet, et la NASA lança NSInet. Les années quatre-vingt virent également la création de réseaux privés, dont les pionniers furent IBM, GTE et AT & T [3]. Destinés simultanément à un usage interne et à la communication en temps réel avec les fournisseurs et les clients, ces réseaux privés préparaient le terrain de l'émergence d'une économie des réseaux électroniques.

Internet est un réseau de réseaux, et un message peut y être transmis par téléphone, par câble ou par satellite. Dans une société obnubilée par la notion de propriété, explique James Gleick, « il est extrêmement difficile de concevoir que [Internet] n'est pas une chose, ni une entité, ni une organisation. Personne n'en est propriétaire ; personne ne le dirige. Internet, ça veut simplement dire que tous ceux qui disposent d'un ordinateur sont connectés [4] ».

Aujourd'hui, d'après le département du Commerce des États-Unis, plus de deux cents millions de personnes à travers le monde sont connectées à Internet. On prévoit même pour l'année 2005 que plus d'un milliard d'êtres humains pourraient y avoir accès [5]. En 1998, la « net économie », comme on l'appelle désormais, a engendré plus de 301 milliards de revenus et créé 1,2 million d'emplois. D'après une étude de l'université du Texas, l'économie en réseau croît à un rythme moyen de 174,5 % par an et son volume double tous les neuf mois [6].

Les entreprises sont également de plus en plus connectées. C'était le cas de moins de 10 % d'entre elles aux États-Unis en 1989, alors qu'en 1993 elles étaient déjà 60 % [7]. ÉDS affirme avoir créé le réseau de données privé le plus important du monde. Ce système, dont l'installation a coûté un milliard de dollars, connecte 400 000 ordinateurs et terminaux à 95 centres de données. Le réseau EDSnet permet d'effectuer chaque jour 51,2 millions de transactions et de transferts de données, soit plus de quarante-cinq fois le volume d'informations emmagasiné par la Bibliothèque du Congrès [8]. En 1998, le volume des transactions *on line* entre les entreprises américaines équivalait à 43 milliards de dollars. Forrester Research, un bureau d'études de marché de Cambridge, Massachusetts, estime que ce chiffre atteindra 1 300 milliards de dollars en 2003, soit 9,4 % du volume total des échanges [9].

L'économie connectée

La principale caractéristique de l'activité économique effectuée dans le cyberespace, c'est sa connectivité. La nature même des réseaux électroniques fait qu'ils transgressent toutes les frontières. Contrairement aux marchés inscrits dans l'espace géographique de l'ère industrielle — où des vendeurs et des acheteurs souverains et autonomes effectuaient des échanges discontinus indépendamment les uns des autres —, la net économie connecte les entreprises au sein de denses réseaux de relations interdépendantes où elles partagent objectifs et activités. Kevin Kelly, éditorialiste au magazine *Wired*, exprime le sentiment de nombreux enthousiastes quand il suggère que « l'activité centrale de l'ère qui s'annonce est la connexion de tout avec tout ». Kelly anticipe un avenir où « tous les aspects de la réalité, quelle que soit leur importance, seront connectés par des vastes réseaux à plusieurs niveaux [10] ». D'ores et déjà, les entreprises sont connectées avec leurs fournisseurs et leurs clients pour partager des ressources tant immatérielles, sous forme d'information et d'expertise, que matérielles. Cette pratique repose sur la conviction que, en mettant en commun leurs ressources, les entreprises peuvent chacune de leur côté optimiser leurs propres objectifs.

On est donc fort loin des formules d'Adam Smith, qui ont dominé une bonne partie de l'ère industrielle. Dans *La Richesse des nations*, publié en 1776, l'économiste écossais écrivait :

> Chaque individu s'efforce constamment de trouver le meilleur emploi pour le capital dont il dispose, quelle qu'en soit la nature. C'est son propre avantage qu'il a en vue, et non celui de

> la société. Mais la recherche de son propre avantage l'amène naturellement, ou plutôt nécessairement, à préférer l'emploi de ses ressources qui est le plus utile à la société dans son ensemble [11].

Pour Smith, la logique du marché répond à la capacité des acteurs économiques individuels d'accumuler et de détenir de la propriété et d'en interdire l'accès à leurs semblables.

Dans une économie en réseau, l'intérêt égoïste dicte un tout autre comportement. En intégrant son activité à un réseau de relations mutuellement bénéfiques destiné à optimiser l'effort collectif, chaque firme individuelle accroît ses chances de succès — c'est ce qu'on appelle parfois une stratégie « gagnant-gagnant » (*win-win*) dans le jargon des entreprises.

Le sociologue Manuel Castells, de l'université de Berkeley, en Californie, identifie cinq types principaux de réseaux au sein de la nouvelle économie :

— les réseaux de prestataires, où les entreprises font sous-traiter toute une série d'opérations qui vont de la conception et du design jusqu'à la fabrication de composants ;

— les réseaux de producteurs, constitués par des entreprises qui mettent en commun leurs sites de production, leurs ressources financières et leurs ressources humaines pour étendre leur gamme de biens et de services, conquérir de nouveaux marchés et réduire les coûts et les risques ;

— les réseaux de clients, qui connectent producteurs, distributeurs, circuits de marketing, concessionnaires et consommateurs finaux ;

— les réseaux de coalition, qui rassemblent le plus grand nombre possible d'entreprises d'une même branche en vue de se mettre au niveau des normes techniques définies par le leader de la branche ;

— les réseaux de coopération technologique, qui permettent aux entreprises de partager de précieuses connaissances et des éléments d'expertise dans le domaine de la recherche et du développement de lignes de produits [12].

Il est absolument essentiel de comprendre que ce type d'économie est simultanément la cause et l'effet d'une extraordinaire accélération de l'innovation technologique. Étant donné que les méthodes de production, les infrastructures, les biens et services connaissent un rythme d'obsolescence beaucoup plus élevé dans un environnement défini par les médias électroniques, la détention durable de patrimoine y devient moins intéressante tandis que l'accès à court terme est une option de plus en plus fréquente. C'est le cycle d'innovation et d'obsolescence accéléré des technologies et des produits qui dicte les termes de la nouvelle économie en réseau. Ce rythme frénétique impose ses exigences à tous.

Ce raccourcissement de la durée de vie des produits est un effet direct de la loi de Moore. Gordon Moore, ingénieur en électricité et fondateur d'Intel, fut le premier à prédire que la capacité de traitement des puces d'ordinateur continuerait à doubler tous les dix-huit mois, tandis que leur coût de production resterait stable ou même irait en décroissant. La loi de Moore fut ensuite étendue à d'autres éléments comme la mémoire des ordinateurs, leur capacité de stockage de l'information et les performances des télécommunications en général [13].

Cette prédiction s'est vérifiée avec une précision remarquable. La capacité de traitement des ordinateurs continue à augmenter, tandis que leur prix ne cesse de baisser. On peut aujourd'hui acheter pour moins de 1 000 dollars des ordinateurs personnels qui en valaient 3 000 il y a dix ans, alors même qu'ils sont aujourd'hui beaucoup plus performants. Ce sont maintenant des milliers de produits hétérogènes, des cartes de vœux aux machines à laver, qui sont dotés de puces informatiques. Tout notre environnement quotidien en devient ainsi plus « intelligent » et saturé d'information [14].

La loi de Moore régit la durée de vie des produits avec une autorité impitoyable. Les produits « intelligents » contenant des puces informatiques sont beaucoup plus éphémères que les produits traditionnels ; ils ne cessent d'évoluer et de mûrir, chaque nouveau modèle assumant de nouvelles tâches et de nouvelles fonctions [15]. Bourrés d'information et soumis à une logique de rétroaction permanente, ils ne peuvent échapper à une dynamique d'innovation et de perfectionnement constants. D'après Rashi Glazer, professeur de marketing à l'université de Californie, « plus un produit est saturé d'information, plus il est facile et nécessaire de l'améliorer[16] ». Et plus il est interactif et lié à son environnement par des boucles de rétroaction, plus il est probable que cette même interaction suggérera les modalités les plus innovatrices pour le rendre plus performant. Même en tenant compte des coûts élevés de recherche et développement, le coût de traduction de cette information plus performante dans la conception de chaque nouveau modèle est relativement faible. « Ce qui entraîne une évolution plus rapide du profil général du produit et une plus grande insistance sur la conception de *générations* successives d'un même produit, explique Glazer, le cycle de vie de chaque "version" ou de chaque génération [...] n'ayant plus guère d'importance en soi[17]. »

Ce cycle de vie est de plus en plus court dans toutes les branches de l'industrie. Il a fallu à Chrysler quatre ans et demi et l'intervention de 3 000 travailleurs pour élaborer et fabriquer son modèle K au tournant des années soixante-dix et quatre-vingt. Quelques années plus tard, la même entreprise réussissait à produire la Chrysler Neon en deux ans et demi avec une équipe de 700 hommes. Le département de recherche et développement de Chrysler a aujourd'hui besoin de moins de deux ans pour sortir un nouveau modèle. Certains producteurs automobiles pensent que, d'ici dix ans, ils seront capables de produire des modèles sur mesure avec zéro défaut en à peine trois jours[18].

En 1986, il fallait en moyenne dix ans pour élaborer puis commercialiser un nouveau produit pharmaceutique. La nouvelle génération de produits biotechnologiques riches en information est désormais prête à être mise sur le marché en quatre à sept ans. Simultanément, la durée de vie de ces produits s'est considérablement raccourcie. Ainsi, par exemple, les céphalosporines injectables destinées à combattre les infections bactériennes ont été introduites sur le marché au milieu des années soixante. Douze ans plus tard, les ventes de la deuxième génération de ce produit dépassaient celles de la première. Mais la quatrième génération n'a guère mis qu'un an à éclipser la précédente[19].

Quant aux produits électromécaniques du type machines à écrire électriques, interrupteurs, commandes électriques de moteurs, ils pouvaient généralement durer plusieurs dizaines d'années. Leurs successeurs ont une durée de vie moyenne de trois à cinq ans avant d'être remplacés par de nouveaux modèles. Les équipements informatiques avaient également un cycle de vie de dix ans ou plus ; aujourd'hui, il est de moins de deux ans [20].

Les produits de grande consommation fabriqués par l'électronique japonaise ont désormais un cycle de vie de trois mois en moyenne. Sony a commercialisé pas moins de 5 000 nouveaux produits en 1995 [21]. Commentant la vertigineuse prolifération de nouveaux produits éminemment éphémères, le directeur du développement technologique de Microsoft, Nathan Myhrvold, ne peut s'empêcher d'ironiser : « Quelle que soit la sophistication de votre produit, vous n'êtes jamais qu'à dix-huit mois de le voir complètement dépassé [22]. » Pour être compétitif, il faut souvent désormais se faire concurrence à soi-même. Intel, par exemple, travaille sur trois générations successives et concurrentes de microprocesseurs. Pendant que l'une d'entre elles est déjà en fabrication, la deuxième en est au stade de la mise au point et la dernière à celui de la conception [23]. Honeywell a réussi à réduire la durée d'élaboration de ses produits de 60 % alors même que la journée de travail était réduite de 5 % à 10 %. De même, Xerox développe aujourd'hui ses nouveaux produits en deux fois moins de temps qu'auparavant [24].

Le directeur du développement technologique de Sun Microsystems, Eric Schmidt, estime qu'il faut désormais mesurer les cycles de recherche et développement en « semaines web » (*web weeks*). D'après lui, environ 20 % des connaissances engendrées au sein de son entreprise seraient déjà obsolètes au bout de moins d'un an [25]. Wim Roelandts, directeur des systèmes chez Hewlett-Packard, signale que la plupart des recettes de son entreprise proviennent de produits qui n'existaient pas un an auparavant [26]. Même si l'on se penche sur des biens de consommation plus traditionnels, qui entraînaient généralement la fidélité à long terme des consommateurs, on constate la même évolution. Ainsi, plus de 90 % des recettes de Millers Brewing Company sont dues à la vente de nouvelles bières existant depuis moins de deux ans [27].

Pour les futurologues Alvin et Heidi Toffler, « les économies de temps remplacent désormais les économies d'échelle » sur les nouveaux marchés hyperconcurrentiels [28]. Les entreprises qui arrivent les premières sur un marché peuvent fixer des prix plus élevés et augmenter leurs marges de profit. Il suffit parfois de quelques mois d'avance sur les concurrents pour remporter un succès. Plus vite un produit est commercialisé, plus il a de chances de rester longtemps sur le marché. En réduisant la durée de la période de recherche et développement, l'entreprise augmente celle du cycle de vie du produit et peut récupérer le coût de son investissement, voire faire des bénéfices avant qu'il ne devienne obsolète.

Bien entendu, à ce raccourcissement du cycle de vie des produits répond une plus grande versatilité des consommateurs. Il est bien naturel que cette avalanche de nouveaux produits entraîne un accroissement de leur impatience et une déstabilisation de leur capacité d'attention. L'intervalle entre l'expression du désir et sa gratification tend à se rapprocher de zéro dans des circonstances où les consommateurs sont confrontés à une vaste gamme de nouveaux biens et services lancés sur le marché à un rythme effréné. Aujourd'hui, même les consommateurs finaux ont à peine le temps d'expérimenter un produit, un service ou une technologie inédits avant que ceux-ci soient remplacés par une nouvelle version encore plus performante. Dans ce type d'environnement hypercommercial, l'idée même de propriété semble passablement déplacée. À quoi sert d'acquérir la propriété d'un produit ou d'une technologie qui risque d'être déjà obsolète avant même qu'on ait fini de le payer ? Dans la nouvelle économie en réseau, l'accès à court terme aux biens et services — sous forme de bail, de location, etc. — devient une alternative de plus en plus séduisante à l'acquisition à long terme.

Si l'on ajoute à ce raccourcissement du cycle de vie des produits les coûts croissants de la recherche et développement en matière de technologies de pointe — sans parler des coûts de marketing additionnels entraînés par le lancement incessant de nouvelles lignes de produits —, on comprend que de nombreuses entreprises aient décidé de partager un certain nombre d'informations stratégiques, de mettre en commun leurs ressources et diviser par là même leurs coûts pour tenir tête à la concurrence et se protéger contre les revers éventuels que leur réserve une économie de plus en plus volatile. En partageant les coûts des erreurs d'investissement en matière d'innovation, on se dote d'une espèce d'assurance collective qui permet à tous les joueurs de rester dans le jeu.

L'économie en réseau diffère notablement des marchés traditionnels comme de l'organisation hiérarchique. Walter Powell, directeur de l'Institut de recherche en sciences sociales et comportementales de l'université de l'Arizona, souligne que l'échange marchand classique se signale par son caractère simple, direct et non répétitif, et n'exige pas d'investissement additionnel. La confiance entre vendeurs et acheteurs sur un marché classique n'a pas besoin d'être extrêmement développée. Il suffit d'un contrat légalement contraignant qui garantit que la transaction sera honorée, que le produit sera livré ou que le service sera effectivement fourni. Ce type d'échange marchand repose sur des interactions éphémères généralement dénuées de tout engagement à long terme. Il reflète la conception formulée par Adam Smith : des contractants mus par leur intérêt égoïste essaient d'accumuler un bénéfice maximal dans un environnement concurrentiel et même souvent conflictuel.

Les échanges plus complexes favorisent généralement les structures hiérarchiques. Pour satisfaire, sur des marchés géographiquement étendus, la demande de produits fabriqués en série, il faut pouvoir mieux contrôler les intrants et assurer une coordination plus rigoureuse du procès de production et des mécanismes de distribution. Les hiérarchies formelles, au sein desquelles les niveaux d'autorité sont clairement délimités, permettent à l'information de remonter la chaîne du commandement et aux décisions de la redescendre avec un minimum de désinformation. C'est pendant les périodes où les marchés sont stables et réguliers que les organisations de type hiérarchique fonctionnent le mieux, mais pendant les périodes fluctuantes elles sont malheureusement inadaptées. Leurs procédures administratives sont beaucoup trop rigides pour pouvoir s'ajuster aux évolutions rapides des conditions du marché.

Les réseaux, en revanche, sont beaucoup plus flexibles et mieux adaptés au caractère volatil de la nouvelle économie globalisée. L'approche collective et coopérative des problèmes permet aux partenaires de répondre plus rapidement aux évolutions de l'environnement. Si les acteurs impliqués doivent abandonner une partie de leur autonomie et de leur souveraineté, la spontanéité et la créativité qui découlent de ce type de coopération en réseau leur donnent un avantage collectif dans le cadre beaucoup plus exigeant d'une activité économique fondée sur les technologies de pointe. Les réseaux reposent sur des circuits de communication complexes, sur des perspectives multiples, sur un traitement parallèle de l'information et sur une logique de rétroaction permanente. Ils favorisent la créativité et la pensée hors normes. Ceux qui jouent le jeu des réseaux sont donc plus susceptibles de se brancher sur de nouvelles connexions, de produire des idées nouvelles et des scénarios inédits, et de mettre en œuvre des plans d'action innovants dans un environnement hypermarchand. Walter Isaacson, de Time Warner, résume bien la signification de cette nouvelle forme d'organisation du capitalisme quand il affirme que « l'ancien *establishment* était un club. Le nouvel *establishment* est un réseau [29] ».

Le modèle hollywoodien d'organisation

Les industries culturelles de Hollywood ont déjà une longue expérience de l'organisation et du travail en réseau. C'est pourquoi elles sont le prototype de la réorganisation du capitalisme en fonction de cette nouvelle approche. En premier lieu, l'industrie culturelle a toujours dû assumer les risques spécifiques que comportent des produits au cycle de vie court. Chaque film est une expérience unique qui doit rapidement rencontrer son public si les studios veulent récupérer leur investissement. Il s'ensuit qu'une organisation en réseau est absolument nécessaire pour ce type d'industrie.

Cela n'a pas toujours été le cas. À ses débuts, l'industrie cinématographique reposait sur le type de régime de production « fordiste » qui était en vogue dans un grand nombre de branches de l'activité économique dans les années vingt. Les films dits « à formule » étaient fabriqués en série comme des automobiles. Un des pionniers du secteur, la Universal Film Manufacturing Company, était capable de produire plus de 250 films en un an. À cette époque, les films étaient même vendus au mètre plutôt qu'en vertu de leur contenu, ce qui reflète bien leur caractère de production industrielle en série [30].

Au début des années trente, une poignée de grands studios — dont Warner Brothers, Paramount, Metro-Goldwyn-Mayer et Twentieth Century Fox — contrôlait la totalité de l'industrie cinématographique. Leur organisation était structurée hiérarchiquement et destinée à contrôler et réguler tous les aspects du processus de production, de l'écriture du scénario à la distribution. Le professeur Michael Storper, du département de recherche sociale et d'études des politiques publiques de l'université de Los Angeles, nous explique le fonctionnement du système :

> Les grands studios employaient des équipes permanentes de scénaristes et de planificateurs censés produire en série des scénarios standardisés et assurer leur réalisation. Les collectifs de production et les acteurs vedettes travaillaient en équipes chargées de faire une trentaine de films par an. Les sièges des studios abritaient également des équipes fournies de décorateurs et d'ingénieurs du son, des laboratoires de développement ainsi qu'un secteur marketing et distribution. Chaque produit passait successivement entre les mains de chaque équipe comme une pièce sur une chaîne de montage [...]. L'organisation interne — ou la division technique du travail — de chaque phase de production ressemblait de plus en plus à celle d'une grande usine de l'époque, et la routinisation et la parcellisation des tâches y régnaient sans partage [31].

En 1944, les grands studios empochaient 73 % des bénéfices des locations de films aux États-Unis et géraient directement ou louaient 4 424 salles de cinéma, soit une sur quatre. Le record de fréquentation fut atteint en 1946, avec 90 millions d'entrées vendues par semaine [32].

À la fin des années quarante et au début des années cinquante, l'industrie cinématographique fut victime d'un double choc externe qui l'obligea à adopter une nouvelle organisation de type réseau, celle-là même qui prévaut encore de nos jours. Dans une décision qui fit date dans l'histoire des lois antitrust, la Cour suprême des États-Unis obligea les grands studios à se défaire de leurs chaînes de distribution. Ils étaient désormais dans l'impossibilité d'exercer un contrôle direct sur les consommateurs à travers leurs salles de cinéma, et ils virent leurs recettes fondre en conséquence. L'arrivée de la télévision fut un autre coup dur pour le secteur. Des millions d'anciens adeptes des salles obscures préféraient désormais rester chez eux et se distraire sans rien débourser. Les recettes chutèrent de 40 % entre 1946 et 1956, et le public des salles de cinéma déclina de 50 %. Le chiffre d'affaires des dix principaux studios connut une baisse de 26 % et leurs profits furent réduits de moitié [33].

Face à la concurrence croissante de la télévision, l'industrie cinématographique décida de changer d'approche. Les producteurs se rendaient bien compte qu'ils ne pouvaient guère concurrencer un nouveau média non payant qui dévidait à la chaîne le même type de produit culturel standardisé, et ils se lancèrent dans la production d'un nombre de films plus réduit mais plus riches en contenu, chacun d'entre eux étant conçu comme un produit inimitable susceptible de séduire le spectateur : c'est ainsi que sont nés les « *spectaculars* », plus tard rebaptisés « *blockbusters* ». On passait ainsi de la production en série à la production sur mesure, et le spectateur qui pénétrait dans une salle obscure s'attendait à chaque fois à vivre une expérience cinématographique sans précédent.

Ce nouveau type de films était plus élaboré et coûtait plus cher, et, comme chaque film était un produit unique en son genre et que rien n'indiquait *a priori* son potentiel commercial, il fallait investir de très fortes sommes en publicité et en promotion. Pour résumer, les coûts croissants impliqués par des productions moins nombreuses et moins standardisées entraînaient de plus grands risques financiers, et le retour sur investissement était loin d'être garanti.

Le système de production en réseau émergea au cours des années cinquante, en partie en réponse à la nécessité de rassembler des talents divers pour chaque production spécifique et de partager les risques en cas d'échec commercial de tel ou tel film. Les grands studios commencèrent à travailler avec des sous-traitants qui leur louaient au coup par coup leurs compétences et leurs services pour des productions spécifiques. Toute une série de maisons de production indépendantes, formées par des techniciens et des artistes jadis employés directement par les principaux studios, commencèrent à proliférer. De nos jours, il est rare que les grands studios réalisent leurs propres productions de bout en bout. Ils se comportent plutôt en tant qu'investisseurs qui avancent les sommes nécessaires aux producteurs indépendants en échange des droits d'exploitation en salle, à la télévision et en vidéo.

Chaque projet de film rassemble une équipe de maisons de production et de sous-traitants indépendants et spécialisés, et chacun de ces partenaires apporte sa propre expertise et ses propres compétences artistiques. Tous constituent ensemble une espèce d'entreprise en réseau éphémère qui se séparera aussitôt le projet réalisé. Scénario, casting, décor, photo, costumes, mixage, édition et développement sont autant de phases prises en charge individuellement par des agents autonomes travaillant en partenariat temporaire avec une maison de production indépendante. Grâce à cet assortiment d'expertises autonomes, les producteurs peuvent trouver exactement la bonne combinaison de talents qui permettra à un projet d'emporter le succès. Les sous-traitants, de leur côté, minimisent les risques en travaillant simultanément sur plusieurs projets avec des partenaires différents. Il est fréquent, par exemple, qu'un studio spécialisé dans les effets spéciaux travaille temporairement dans plusieurs réseaux à la fois en fournissant au coup par coup des services sur mesure pour les besoins d'un film, d'un spot publicitaire télévisé, ou d'un spectacle en direct. Parallèlement, les coûts de main-d'œuvre sont réduits au minimum par l'embauche temporaire d'artistes et de techniciens pour des tâches spécifiques selon les besoins du moment. Entre 1979 et 1995, le nombre de films grand public produits en Californie du Sud a triplé. Et pourtant, la plupart des entreprises du secteur emploient moins de dix salariés [34]. Les maisons de production indépendantes, qui produisaient seulement 28 % de tous les films américains en 1960, étaient responsables de 58 % de la production vingt ans plus tard, contre moins de 31 % pour les grands studios [35].

Il faut toutefois souligner que, malgré cette diversification au niveau des petites maisons de production indépendantes travaillant en réseau, les grands studios et les géants de l'industrie du spectacle et des loisirs continuent à dominer l'essentiel du secteur grâce à leur capacité de financer une bonne partie des productions et de contrôler la distribution. De fait, pour Asu Aksoy et Kevin Robins, chercheurs spécialistes de l'industrie cinématographique, l'abandon de l'intégration verticale et le passage à des formes d'organisation en réseau furent consciemment mis en œuvre pour permettre aux grands studios de réaliser des productions de meilleure qualité tout en réduisant les risques financiers. La clé du contrôle réel de l'industrie cinématographique, expliquent ces auteurs, est le contrôle de l'accès aux circuits de distribution :

> En maintenant leur hégémonie en tant que réseaux de distribution nationaux et internationaux, les grands studios ont fait usage de leur puissance financière pour dominer le secteur tout entier et écraser ou exploiter les maisons de production indépendantes [36].

Robins et Aksoy soutiennent que les statistiques officielles du secteur sont souvent trompeuses. Bien que les maisons de production indépendantes produisent la majorité des nouveaux films, ce sont les grands studios qui engrangent l'essentiel des profits. En 1990, par exemple, les cinq plus grands studios empochaient 69,7 % des recettes [37]. L'organisation en réseau permet aux grandes multinationales du secteur de se débarrasser d'une bonne partie de leur infrastructure matérielle, de leurs équipements et de leur main-d'œuvre qualifiée pour créer des relations stratégiques avec des fournisseurs qui les pourvoient en contenu artistique. Dans un monde de concurrence croissante et de diversification des biens et des services où les produits ont un cycle de vie de plus en plus court, la clé du succès consiste à contrôler les ressources financières et les circuits de distribution en se déchargeant sur des entreprises de taille plus modeste du fardeau de la propriété et de la gestion d'une infrastructure matérielle.

L'approche hollywoodienne de l'organisation en réseau ouvre la voie d'une nouvelle économie fondée sur des réseaux virtuels sillonnant le cyberespace, tout comme l'organisation hiérarchique promue par General Motors a contribué à la deuxième révolution industrielle des années vingt. Dans un article intitulé « Why Every Business Will Be Like Show Business » et publié dans le magazine *Inc.*, Joel Kotkin écrit :

> Hollywood [est passé] d'une forme d'intégration verticale typique des grandes entreprises à un modèle qui constitue le meilleur exemple d'économie en réseau [...]. Toutes les industries fondées essentiellement sur le savoir finiront par adopter la même forme d'organisation allégée et atomisée. Il se trouve simplement que Hollywood joue le rôle d'avant-garde [38].

Le modèle organisationnel hollywoodien est en train d'être adopté par un certain nombre de secteurs de pointe du XXIᵉ siècle. Andy Grove, ancien P-DG de Intel, compare les industries du software avec le théâtre, un art qui rassemble les metteurs en scène, les acteurs, les musiciens, les auteurs, les techniciens et les financiers pendant la brève période nécessaire à la création d'une œuvre. Même si le nombre des grands succès est faible et s'ils sont fort espacés dans le temps, certaines pièces font un véritable tabac [39]. Dans son livre *Jamming : The Art and Discipline of Business Creativity*, John Kao, de la Harvard Business School, encourage les dirigeants d'entreprise à intégrer le modèle en réseau de Hollywood à leur stratégie à long terme : « Travaillez comme les studios actuels de Hollywood [40]. »

Dans la nouvelle économie, la conception weberienne de l'« organisation » en tant que structure relativement fixe dotée de règles et de procédures bien établies commence à perdre son sens. Dans l'univers au rythme effréné du commerce électronique, les entreprises doivent se montrer beaucoup plus protéiformes, capables de changer de profil en un clin d'œil pour s'adapter à de nouvelles conditions économiques. Quand les marchés sont liés aux territoires, la structure compte encore. Mais, dans le cyberespace, les frontières s'effacent, et c'est la notion de procès qui remplace celle de structure en tant que procédure de survie opérationnelle. L'organisation de l'activité économique devient aussi éphémère et fluctuante que le médium électronique qui la porte.

Tom Peters, consultant en gestion, nous donne une description pertinente de cette nouvelle logique des réseaux : à l'avenir, « des réseaux mettant en contact des segments et des branches d'entreprises diverses se chargeront d'exploiter telle ou telle niche de marché ; ils seront éventuellement amenés à travailler conjointement pendant quelques années — non sans changer plusieurs fois radicalement de forme — avant de se séparer pour ne plus jamais exister sous la même forme [41] ».

Dans le monde entier, les entreprises de toutes tailles sont engagées dans une course effrénée pour s'intégrer à ces réseaux économiques en pleine expansion. À l'âge de l'accès, la plus grande crainte d'une entreprise est de ne pas pouvoir s'insérer dans un des réseaux d'activité et de relations qui créent les meilleures opportunités commerciales. Autrement dit, dans la net économie, l'accès aux réseaux est aussi important que le contrôle des marchés dans l'ère industrielle. Être hors circuit, c'est risquer l'échec immédiat dans cet univers d'alliances fluctuantes.

Un dernier aspect de l'organisation hollywoodienne, souvent négligé dans la discussion des stratégies d'entreprise, mérite d'être souligné. Il ne faut pas voir une simple coïncidence dans le fait que d'autres secteurs essaient d'imiter le mode d'organisation de l'industrie du spectacle. Ce que les industries culturelles — y compris les maisons de disques, les arts de la scène, la radio et la télévision — fabriquent, conditionnent et commercialisent, ce sont des expériences, pas des biens ni des services. Leur fond de commerce consiste précisément à vous vendre l'accès provisoire à des mondes simulés et des états de conscience altérés. De fait, ils constituent un modèle idéal pour une économie qui, au lieu de se contenter de commercialiser des biens et des services, est en train de commencer à transformer en marchandise l'expérience culturelle elle-même.

Dans le cyberespace, les relations entre prestataires et usagers ressemblent de plus en plus aux relations que les industries culturelles ont forgées avec leur public au cours des années. Nous entrons dans une nouvelle époque du capitalisme, plus cérébrale, pourrait-on dire, dont l'objet est l'accès au temps et à l'activité de l'esprit. La fabrication et le transfert de biens matériels entre vendeurs et acheteurs (la logique de la propriété), s'ils font encore partie de notre réalité quotidienne, en particulier sur les marchés à base territoriale, vont de plus en plus passer au second plan des activités économiques. Ce qui occupera le premier plan, ce sera la vente et l'achat d'expérience humaine. L'industrie cinématographique est à l'avant-garde d'une ère nouvelle où l'expérience existentielle de chaque consommateur sera transformée en marchandise sous la forme d'une succession continue de moments et d'événements dramaturgiques et de métamorphoses personnelles. Avec la migration du territoire au cyberespace et de la commercialisation de biens et de services à la marchandisation de pans entiers de l'expérience humaine, le reste de l'activité économique s'alignera de plus en plus sur le modèle d'organisation institué par les studios de Hollywood[42].

3

Une économie en apesanteur

L'économie est en train de se dématérialiser. L'ère industrielle se caractérisait par l'accumulation de capital et de patrimoine matériels, la nouvelle économie apprécie plus les formes de pouvoir immatériel constituées par des faisceaux d'informations et de connaissances. Le fait est que les biens matériels, qui ont longtemps été la mesure de la richesse dans le monde industriel, sont en train d'entrer en apesanteur.

En octobre 1996, Alan Greenspan, président de la Réserve fédérale des États-Unis, signalait une évolution majeure de l'économie américaine et mondiale : sa dématérialisation croissante. Nouveaux matériaux de construction plus légers, techniques de miniaturisation, substitution de l'information au contenu matériel, rôle croissant des services, autant de phénomènes qui contribuent à cette dématérialisation de l'activité économique. Il observait que, « si le poids physique total des activités économiques n'est probablement guère plus élevé qu'il y a un siècle, sa valeur ajoutée réelle a sans doute plus que triplé [1] ». D'après l'OCDE, le poids moyen de l'équivalent d'un dollar d'exportation des États-Unis a baissé de moitié entre 1990 et 1996 [2].

Dans son livre *The Weightless World*, Diane Coyle nous rappelle que, récemment encore, les pays industrialisés comparaient la valeur respective de leurs exportations et de leurs importations en fonction de leur poids. Aussi incroyable que cela puisse paraître, le gouvernement britannique utilisait encore en 1985 des mesures de poids pour évaluer cette grandeur. De nos jours, l'idée de mesurer la valeur des ordinateurs en fonction de leur poids serait considérée comme parfaitement loufoque, surtout quand on sait qu'une carte de vœux dotée d'une puce contient plus de puissance informatique qu'il n'en existait sur la totalité de la planète en 1945.

Les ordinateurs sont un exemple entre mille de produits matériels qui se dématérialisent chaque jour un peu plus et tendent à une complète apesanteur. N'oublions pas que le premier ordinateur personnel IBM, en 1981, pesait plus de vingt kilos. Un Macintosh Power Book 5300C ne pèse plus qu'un peu moins de trois kilos, tout en étant cinq cents fois plus puissant[3]. Un autre exemple : quelques kilos de câbles en fibre optique ont une capacité de transmission plus importante que des tonnes de cuivre[4].

Le déclin de l'immobilier

Ce ne sont pas seulement les produits manufacturés qui se dématérialisent dans la nouvelle économie informatisée. On assiste également à un déclin de l'immobilier. Les entreprises ont introduit toute une gamme de designs architecturaux innovateurs mieux adaptés à de nouvelles structures d'organisation plus ouvertes et fonctionnant en réseau. Dans les bureaux, l'espace privé est en train de disparaître. L'idée d'unités individuelles de travail administratif hermétiquement séparées entre elles correspondait à merveille à une forme d'organisation de type hiérarchique. Mais, dans une logique de réseau, l'espace privé doit céder la place à l'espace public. Quand des équipes travaillent ensemble sur des projets et doivent constamment partager des informations, des connaissances et des éléments d'expertise, elles ont besoin d'évoluer dans des espaces ouverts qui encouragent la communication face à face.

Dans ce nouveau style de bureau, la possession d'un espace privé dont on peut exclure ses collègues — reflet d'une mentalité de propriétaire — est parfaitement contraire à la vocation de l'entreprise. Dans l'âge de l'accès, ce qui compte, c'est précisément de pouvoir accéder de façon immédiate et flexible à vos collaborateurs.

Nombre d'entreprises conçoivent désormais leurs espaces de bureau de façon à encourager ce fonctionnement en réseau. Au nouveau siège de Procter et Gamble, à Cincinnati, les membres d'une équipe travaillent en commun dans des compartiments ouverts, parfois désignés comme « ports d'attache ». Les dossiers circulent sur roulettes pour permettre une plus grande mobilité. Les salles et les aires de réunion, ouvertes, sont situées à des emplacements stratégiques pour faciliter les séances de *brainstorming*. Même les couloirs sont plus spacieux et agrémentés de sofas pour encourager les échanges improvisés. Pour J. P. Jones, vice-président du département de recherche et développement des produits de santé de Procter et Gamble, ces espaces ouverts facilitant le fonctionnement en réseau entraîneront probablement des gains de productivité de 20 % à 30 %, car « la mise en commun des données y est immédiate, ce qui permet de prendre des décisions plus rapides et de meilleure qualité [5] ».

D'autres idées encore plus radicales sont mises en œuvre pour réduire au minimum les espaces de bureau. Chez IBM, par exemple, on a littéralement supprimé la notion de bureau, et les salariés, munis d'ordinateurs et de téléphones portables, sont encouragés à être plus performants en travaillant pendant leurs déplacements et dans les bureaux de leurs clients. IBM et d'autres entreprises ont également introduit ce qu'on appelle l'« hôtelage ». Les salariés peuvent réserver par téléphone des postes de travail, des bureaux ou des salles de réunion. Certaines agences d'hôtelage fonctionnent comme de véritables hôtels. À l'entrée des bureaux de Washington de Ernst & Young, un réceptionniste prend en charge les « hôtes » vingt-quatre heures sur vingt-quatre. En arrivant, les salariés trouveront leur nom sur la porte du bureau qu'ils ont loué, qui sera pourvu de tous les dossiers et équipements requis par le client. Le téléphone leur transférera les appels transmis à leur numéro habituel et des photos numérisées de leurs enfants et de leur conjoint les accueilleront sur l'écran de leur ordinateur[6]. IBM emploie désormais dans ses services commerciaux et de maintenance plus de vingt mille personnes qui sillonnent les États-Unis en utilisant des bureaux en hôtelage. Une enquête publiée par la *Harvard Business Review* montre qu'en combinant l'hôtelage, la fermeture des bureaux sous-utilisés et le transfert de certains sièges dans des sites moins coûteux IBM a fait 1,4 milliard de dollars d'économies en matière d'immobilier[7].

La dématérialisation des espaces de bureau est également stimulée par le remplacement des archives papier par le stockage électronique des données. Certes, le bureau « sans papier » n'est pas encore à l'ordre du jour, mais on estime que 50 % des données seront emmagasinées exclusivement sur ordinateur d'ici à l'an 2005[8].

Enfin, les entreprises continuent à alléger leurs structures organisationnelles et à remplacer les ouvriers et les employés par des technologies intelligentes qui leur permettent de réduire tout à la fois leurs effectifs et leurs besoins en immobilier. Une étude britannique suggère que les surfaces de production et de bureau seront réduites d'au moins 25 % dans les années qui viennent grâce à l'extension du commerce électronique et du fonctionnement organisationnel en réseau[9].

La disparition des stocks

La possession de patrimoine matériel est en train de décliner, voire de disparaître, à tous les niveaux du système capitaliste. C'est le cas, par exemple, de la gestion des stocks. Autrefois, les entreprises possédaient des entrepôts géants regorgeant de produits. Désormais, des scanners électroniques installés aux points de vente transmettent instantanément aux fournisseurs l'information concernant les réassorts nécessaires. Ces derniers ne mettent plus que quelques heures ou quelques jours pour fabriquer le produit manquant et le livrent directement au détaillant, sans nécessité de passer par le stockage en entrepôt.

Grâce aux données informatiques qui permettent de contrôler avec précision les flux de consommation et de production, General Electric a pu concevoir une procédure d'inventaire « juste-à-temps », extrêmement sophistiquée, qui lui permet d'économiser sur les coûts excessifs de la gestion de stocks trop volumineux. Entre 1987 et 1997, cette entreprise a pu ainsi fermer 26 de ses 34 entrepôts aux États-Unis et remplacer 20 centres de services aux consommateurs par une seule unité centrale de service clientèle [10].

Au Japon, la National Bicycle Company va encore plus loin avec son système de commande sur mesure. Quand un client entre chez un concessionnaire, il peut concevoir lui-même avec l'aide d'un ordinateur la bicyclette la mieux adaptée, en termes de forme et de taille, à ses caractéristiques physiologiques. Il peut en outre choisir de l'équiper de différents types de freins, de chaîne, de pneus et de dérailleur. L'information est aussitôt transmise électroniquement à l'usine, où la bicyclette sur mesure est fabriquée, assemblée et livrée en moins de trois heures [11]. Là encore, stocks et inventaires sont complètement éliminés.

En mai 1999, Universal Music, une succursale de Seagram, et Sony Entertainment ont tous deux annoncé qu'ils allaient désormais diffuser de la musique *on line* sous forme numérique. Sony utilisera le programme Windows Media 4.0 de Microsoft pour diffuser des chansons de ses artistes les plus populaires, comme Mariah Carey, Céline Dion et Will Smith. D'après l'agence de conseil Marketing Tracking International (MTI), en 2004, la diffusion numérique de musique sur Internet devrait représenter un chiffre de ventes de plus de 4 milliards de dollars et 8 % du total des ventes de musique enregistrées dans le monde. Et, en 2010, ce pourcentage devrait atteindre 20 % [12].

La diffusion numérique de musique directement au consommateur permettra aux compagnies de disques de se débarrasser de leurs fournisseurs, de leurs stocks, de leurs inventaires, de leurs distributeurs et de leurs transporteurs, et de s'épargner les coûts de gestion entraînés par la forme matérielle de l'enregistrement. La transmission informatique d'enregistrements musicaux est un autre exemple de cette dématérialisation du capitalisme que permet la net économie.

Le commerce électronique croît encore plus rapidement que ne l'avaient envisagé ses partisans les plus enthousiastes. Le nombre des sites commerciaux sur Internet a explosé, passant de deux mille en 1995 à plus de quatre cent mille en 1998. Le fait que 46 % des sites de vente *on line* soient d'ores et déjà rentables a également de quoi faire réfléchir [13]. Leur succès doit être attribué à l'essor de la fréquentation du cyberespace par les consommateurs. En 1995, il n'y avait que 14,3 millions de personnes pour naviguer sur la toile, alors que dès la fin de l'année 1997 le lèche-vitrines électronique concernait déjà 41 millions de consommateurs [14].

Le commerce virtuel représente déjà une menace non négligeable pour les détaillants aux États-Unis. De nombreux magasins ont de plus en plus de difficultés à soutenir la concurrence avec leurs homologues virtuels, qui n'ont pas à supporter les coûts de la gestion d'actifs matériels, de stocks volumineux ou de propriétés immobilières. Toute cette infrastructure commerciale est un handicap pour nombre d'entreprises dans un monde où domine le commerce immatériel. On ne sera pas surpris d'apprendre que les centres commerciaux sont confrontés depuis quelques années à une baisse de fréquentation et que de plus en plus nombreux sont les consommateurs qui préfèrent acheter *on line*. Au début des années quatre-vingt, les visites des consommateurs aux centres commerciaux duraient en moyenne une heure et demie. Dans les années quatre-vingt-dix, cette moyenne était passée à soixante et onze minutes et le nombre moyen de magasins visités n'était plus que de 2,6 au lieu de 3,6. À peu près à la même époque, les achats électroniques par carte de crédit augmentaient de 30 % [15]. Dans le souci de ne pas être marginalisées, de nombreuses chaînes de magasins comme Macy's se lancent sur le marché du commerce électronique en créant des chaînes de télé-achat fonctionnant vingt-quatre heures sur vingt-quatre sur le câble.

La grande chaîne de magasins de jouets Toys « R » Us a brusquement pris conscience du potentiel du commerce électronique quand un modeste concurrent virtuel, surgi de nulle part à la veille de Noël 1998, eToy, s'est emparé d'une bonne part du marché des fêtes de fin d'année. Les investisseurs étaient tellement enthousiastes face aux perspectives de cette start-up que la capitalisation de eToy atteignit 7,8 milliards de dollars dès son lancement sur le marché en mai 1999, laissant Toys « R » Us loin derrière avec 5,6 milliards. Inquiet de voir son entreprise souffrir de pertes substantielles et durables, voire d'être menacée de disparition, le P-DG de Toys « R » Us, Robert C. Nakasone, répondit au défi en signant un accord de partenariat avec Benchmark Capital, une entreprise de capital risque de la Silicon Valley pour s'assurer les 80 milliards de dollars de financement nécessaires au lancement de la branche *on line* du roi du jouet [16].

Bien entendu, les études de marché montrent que bon nombre de consommateurs continueront à fréquenter les centres commerciaux, car ils préfèrent voir et toucher la marchandise et pratiquent le lèche-vitrines en tant qu'activité récréative. Néanmoins, cette fréquentation est de plus en plus concurrencée par le commerce électronique, qui présente l'avantage d'être plus commode et meilleur marché. Ce qui veut dire que nombre des centres commerciaux géants construits aux États-Unis dans les années d'après-guerre pour répondre à la culture du tout-automobile connaîtront un déclin substantiel de leur fréquentation, ce qui les obligera soit à fermer leurs portes, soit à offrir toutes sortes d'activités récréatives et à vendre du loisir.

Quoi qu'il en soit, il est de plus en plus évident que, à l'âge de l'accès, l'immobilier commercial, qui fut jadis la clé de voûte du régime de la propriété privée et le principal indicateur de la santé du système capitaliste, est de moins en moins un signe de prospérité et de plus en plus un obstacle à la recherche du profit. Quand les marchés étaient inscrits dans le territoire, tous les entrepreneurs, quelles que fussent leurs divergences d'approche et d'opinion, étaient au moins d'accord sur une chose : la clé du succès commercial reposait largement sur le choix du meilleur emplacement. Dans certains secteurs, l'immobilier est aujourd'hui plutôt perçu comme un fardeau, quelque chose qu'il convient soit de réduire au maximum, soit carrément d'éliminer ou d'éviter si c'est possible — ce qui en dit long sur la nature de cette migration des activités économiques du territoire au cyberespace.

La dématérialisation de l'argent

L'argent connaît lui aussi un processus de dématérialisation dans le cadre de la nouvelle économie interconnectée. N'oublions pas que, aux premiers stades des échanges marchands, la monnaie était solide et souvent volumineuse. Au XVIIIe siècle, les indigènes d'Afrique de l'Ouest utilisaient des barres de fer comme monnaie. Pour nombre de cultures traditionnelles, tant en Europe qu'en Afrique, le bétail pouvait servir de moyen de paiement. C'est encore le cas pour un certain nombre de peuples. (Notons que le terme anglais pour désigner le bétail, *cattle*, a la même racine que le mot « capital ».) Le sel ou certains tissus pouvaient également jouer le même rôle. Dans l'Ancien Régime, l'expression « une pièce d'Indienne » faisait référence à la quantité de tissu de coton (en provenance des Indes) équivalant au prix d'un esclave, et les marchands d'esclaves s'en servaient comme unité d'échange [17]. Le tabac, le sucre, le cacao et les fourrures étaient également des moyens d'échange populaires chez les commerçants et les indigènes des colonies du Nouveau Monde. Le cuivre, l'or et l'argent sont les monnaies les plus anciennes et les plus répandues dans le monde occidental.

L'âge du mercantilisme, aux XVIe et XVIIe siècles, a vu s'accroître considérablement le rythme et le volume des échanges, d'où l'introduction de moyens de paiement moins encombrants et plus flexibles sous la forme de lettres de change et de billets à ordre. L'usage des chèques date du début du XXe siècle, et celui des cartes de crédit se répand au cours de la seconde moitié du même siècle. L'argent devenait ainsi plus mobile et de plus en plus immatériel.

Cette caractéristique s'accentue encore plus dans le cadre de la nouvelle économie. Ce sont 1 900 milliards de dollars qui circulent tous les jours dans le cyberespace à New York. Toutes les deux semaines, signale Walter Joe Kurtzman dans son livre *The Death of Money*, « c'est l'équivalent du PIB mondial qui circule sur les réseaux informatiques de New York » sans jamais adopter une forme matérielle concrète. Il s'agit là d'une réalité fort différente de celle qui prévalait il y a encore peu de temps, quand des lingots d'or étaient transférés de banque en banque et de pays en pays pour soutenir les échanges marchands et monétaires [18]. Ces nouveaux moyens de paiement immatériels, souligne Kurtzman, « ne sont rien d'autre que des séquences de 1 et de 0, à savoir les unités fondamentales du calcul informatique [...] qui voyagent à travers des kilomètres de câble, naviguent sur des autoroutes en fibre optique et sont transférées par satellites et relayées par des stations à micro-ondes [19] ». Kurtzman compare cette nouvelle monnaie immatérielle à une ombre : « On peut la voir mais pas la toucher. C'est une forme grisâtre sans aucune dimension tactile, sans poids ni volume [...]. La monnaie n'est désormais plus qu'une image [20]. »

Ce processus final de dématérialisation de l'argent est le résultat de deux évolutions, l'une politique et l'autre technologique. D'une part, le 15 août 1971, le président Richard Nixon mit fin à la longue alliance entre la monnaie et les métaux précieux. La valeur du dollar, qui avait longtemps été indexée sur la quantité d'or détenue par la Réserve fédérale — à savoir l'or emmagasiné à Fort Knox dans le cas des États-Unis —, fut découplée du métal précieux et le dollar commença à pouvoir être échangé sans aucune nécessité de lui faire correspondre des échanges de lingots [21].

La nouvelle économie est donc également en train de créer les conditions technologiques d'une société sans argent liquide. Les guichets automatiques, les cartes à puce et la monnaie numérique redéfinissent les règles du jeu monétaire. Les entreprises et les consommateurs conduisent un nombre croissant de transactions et d'échanges de biens et de services dans le cyberespace. On assiste à la prolifération de toutes sortes de monnaies informatiques privées baptisées Digicash, Bitbux, Cybercash, Netbills, E-Cash ou Netchex [22]. Par ailleurs, nous explique William J. Mitchell, doyen de la faculté d'architecture et d'urbanisme du MIT, une nouvelle institution monétaire est en train d'émerger, la « *soft bank* », « un service disponible vingt-quatre heures sur vingt-quatre et dans un grand nombre de sites qui permet d'effectuer informatiquement des retraits, des dépôts, des paiements de factures, des encaissements de chèques, d'obtenir des relevés de compte, des chèques de voyage, de formuler une demande de prêt, bref, tous les services financiers possibles et imaginables [23] ».

Dans une économie de plus en plus immatérielle, la monnaie utilisée pour réaliser les transactions marchandes et autres opérations financières tend elle aussi à se dématérialiser sous forme d'unités électroniques d'information pure capables de voyager à la vitesse de la lumière. Aujourd'hui, moins de 10 % de l'offre de monnaie en dollars se présentent sous forme de numéraire. Si toutes les pièces et tous les billets actuellement en circulation étaient additionnés, la somme résultante serait inférieure à 400 milliards de dollars, dont une bonne partie circule en fait dans d'autres pays que les États-Unis [24]. D'ici à vingt-cinq ans, l'existence du numéraire sera probablement perçue comme une bizarrerie historique, le symbole d'une époque révolue où l'activité économique s'incarnait essentiellement dans des formes matérielles.

La fin de l'épargne

La dématérialisation de l'argent est étroitement liée à un autre phénomène notable : le déclin de l'épargne et l'essor de l'endettement personnel. La croissance régulière de la production de biens et de services au cours du XXe siècle a entraîné un certain nombre d'innovations en matière de crédit à la consommation. Comme conséquence de cette évolution, les Américains épargnent aujourd'hui beaucoup moins qu'ils ne le faisaient il y a un siècle. La possession de patrimoine sous forme d'épargne personnelle est en train de devenir un anachronisme à une époque d'accélération croissante du rythme de l'activité économique. La nouvelle éthique du capitalisme encourage le « *turn-over* », et non plus l'accumulation.

C'est dans les années 1880 que le crédit à la consommation a commencé à se répandre. Des grands magasins comme A. T. Stewart à New York et Wanamaker à Philadelphie ont inauguré la pratique consistant à accorder des crédits d'achat à leurs clients les plus fidèles. Dans la première décennie du XXe siècle, ils ont créé des « clubs de crédit » pour l'achat de produits plus coûteux comme les phonographes, les machines à coudre et les pianos. Les clients pouvaient désormais payer par mensualités sur une longue période [25]. « Mettez-le sur mon compte » devint rapidement une ritournelle fort répandue à travers tout le pays, un véritable « Sésame, ouvre-toi » des temps modernes. « Armés de cette formule magique, les citoyens américains peuvent descendre en ville les poches vides et retourner chez eux ployant sous l'abondance d'articles de luxe [26]. »

Vers le milieu des années vingt, les Américains étaient endettés jusqu'au cou. Le nombre des bénéficiaires d'un compte crédit d'achats chez un magasin comme Marshall Field à Chicago était de 180 000, soit près du double de ce qu'il était au début de la même décennie. D'autres grands magasins comme Abraham & Straus ou Lord & Taylor annonçaient que 45 % à 70 % de leurs ventes au détail étaient effectuées à crédit [27]. La classe moyenne, pour qui la notion même d'achat à crédit était en général inconcevable dix ans auparavant, était désormais conquise par ces nouvelles pratiques financières et achetait à crédit ses automobiles, ses machines à laver et ses lave-vaisselle [28]. Les trois quarts des automobiles vendues en 1925 l'étaient à crédit [29]. Entre 1925 et 1930, l'endettement des ménages augmentait de 21 % aux États-Unis [30]. En 1932, c'étaient 60 % du mobilier, des équipements domestiques et des automobiles qui étaient achetés à crédit, de même que 75 % des radios et autres appareils électriques [31].

En 1928, la National City Bank fut la première institution financière des États-Unis à accorder des prêts aux individus. Dès le premier jour du lancement de ce service, 500 clients se présentèrent aux guichets. Deux mille cinq cents autres firent une demande de prêt dans les trois jours suivants. C'était l'aube d'une nouvelle ère, et la presse salua l'événement comme « une étape majeure dans la démocratisation du crédit [32] ».

L'endettement des consommateurs s'accrut encore plus dans les années cinquante avec l'introduction de la carte de crédit. En 1949, Alfred Bloomingdale créa la carte Diners

Club, qui permettait à ses détenteurs de payer leurs repas, leur chambre d'hôtel et autres frais de voyage dans divers établissements à travers les États-Unis. En 1958, ce sont American Express et Carte Blanche qui se lancèrent dans la compétition. Mais les premières cartes de crédit ne permettaient pas le crédit revolving ni les autorisations de dépassement. En 1958, la Bank of America et la Chase Manhattan Bank lancèrent leur propre carte et introduisirent le crédit revolving. Bank Americard changea son nom pour Visa en 1976 et MasterCharge devint MasterCard en 1980. À la même époque, 52 millions d'Américains étaient détenteurs d'au moins une carte de crédit [33].

Les cartes de crédit ont révolutionné le mode de consommation des Américains — et de nombreux citoyens d'autres pays. Avec le raccourcissement du cycle de vie des produits, leur rotation toujours plus rapide et la diversité croissante des modèles, l'endettement permanent sur carte de crédit est le mécanisme qui permet à des millions de consommateurs d'accélérer le rythme de leurs achats tout en payant des taux d'intérêt exorbitants pour pouvoir bénéficier du privilège d'étaler leurs paiements dans le temps. D'après une enquête de la Consumer Federation of America, de 56 à 60 millions de ménages seraient endettés pour plus de 6 000 dollars et paieraient plus de 1 000 dollars d'intérêts et d'agios par an sur la dette de leur carte de crédit. Un ménage de débiteurs typique dispose d'un revenu annuel de moins de 20 000 dollars et le montant de la dette accumulée sur ses cartes de crédit est de plus de 10 000 dollars [34].

L'épargne des ménages — un paramètre fondamental des économies fondées sur la propriété privée — est en train de disparaître, étant donné que des millions de consommateurs dépensent bien au-delà de leurs revenus grâce aux cartes de crédit. Aujourd'hui, d'après la Réserve fédérale, les Américains dépensent littéralement plus qu'ils ne gagnent, et le taux d'épargne national est négatif pour la première fois depuis la dépression de 1929 [35]. N'oublions pas qu'en 1944 les Américains épargnaient 25,5 % de leur revenu après impôt. Au début des années quatre-vingt-dix, ce taux n'était plus que de 6 %. En octobre 1998, leurs dépenses dépassaient déjà de 0,2 % leur revenu. De leur côté, les ménages japonais épargnent près de 30 % de leur revenu après impôt [36].

Ajoutons à cela le fait que les émetteurs de cartes de crédit continuent à baisser leurs exigences de solvabilité pour attirer un nombre toujours plus grand de clients, tout en étendant leurs lignes de crédit aux consommateurs déjà possesseurs d'une carte. En 1996, les détenteurs de carte de crédit disposaient de 1 200 milliards de dollars de crédit — utilisé et non utilisé [37] —, tandis que le taux de progression du crédit à la consommation était de 9 % par an [38]. En 1998, le montant total du crédit revolving était de plus de 531,1 milliards de dollars, contre 503,8 milliards un an auparavant [39].

Et pourtant, le niveau de vie de la famille américaine moyenne n'a guère progressé depuis les années soixante-dix [40]. Malgré cette réalité, les Américains n'ont pas l'air de se préoccuper du fait qu'ils vivent largement au-dessus de leurs moyens. Malgré l'existence d'un taux d'épargne négatif des ménages signalée par la Réserve fédérale en 1999, plusieurs enquêtes continuent à souligner le niveau de confiance élevé des consommateurs. Une partie de cette confiance doit être attribuée à des gains sans précédent sur le marché des valeurs, qui donnent aux Américains le sentiment de nager dans la prospérité malgré ce taux d'épargne négatif. Mais nous ne devons pas oublier, explique Lester Thurow, économiste au MIT, que 90 % de ces revenus boursiers ont été engrangés par à peine 10 % des ménages les plus aisés, tandis que 60 % des Américains n'ont retiré aucun bénéfice de la hausse du marché, vu qu'ils ne possèdent pas d'actions [41]. Il faut donc supposer que d'autres facteurs expliquent ce niveau élevé de confiance des consommateurs malgré un taux d'épargne négatif.

Le fait est que les Américains — et un nombre croissant de consommateurs en Europe et dans le reste du monde — s'habituent de plus en plus à l'idée de consacrer l'intégralité de leur revenu à la consommation immédiate et de vivre sans épargner ou presque. Tant qu'ils continuent à avoir accès au crédit à la consommation, ils ne ressentent aucune obligation d'accumuler leur revenu sous forme d'épargne et de patrimoine. Telle est du moins la conclusion à laquelle est parvenue une commission d'enquête du Congrès : la création de « facilités d'accès au crédit sans précédent » a transformé une bonne partie des épargnants en débiteurs[42]. Même la faillite personnelle, jadis considérée comme une des expériences les plus honteuses qui puissent marquer la trajectoire sociale d'un individu, ne passe plus pour un stigmate social. D'après l'American Bankrupcy Institute, 1 350 000 Américains se sont déclarés officiellement en faillite en 1997, soit 20 % de plus que l'année précédente et 145 % de plus qu'il y a dix ans, quand on enregistrait 549 831 cas de faillite personnelle[43].

Dans des circonstances où la détention de propriété sous toutes ses formes perd de son importance par rapport à l'accès à court terme à toutes sortes d'opportunités commerciales, l'épargne perd également une bonne part de sa signification. Tant que les consommateurs seront enclins à transformer leur revenu en consommation immédiate, et tant que les banques seront disposées à développer leurs lignes de crédit à un rythme suffisamment accéléré pour rester en phase avec l'augmentation de la production, les économistes estiment que l'épargne ne sera plus un facteur aussi crucial et qu'une épargne excessive pourrait même fonctionner comme un frein à la croissance. Même si le taux d'épargne des ménages est plus élevé en Europe, en Asie et en Amérique latine, les banques et les émetteurs de cartes de crédit estiment qu'un nombre croissant de consommateurs se laisseront convaincre des avantages de la carte de crédit dans les années qui viennent. D'après eux, la transition de la logique de l'épargne et de l'accumulation de patrimoine à la logique de l'accès au crédit à court terme ne peut que s'accentuer.

La vie en location

La dématérialisation de la propriété et de l'argent, la course à la réduction des espaces de bureau, à l'élimination des stocks et à l'allégement du patrimoine immobilier sont accompagnées par une évolution encore plus spectaculaire : le déclin du capital fixe. Le capital fixe est la forme de propriété la plus importante dans le système capitaliste, et tout l'édifice de l'industrie moderne s'est bâti sur son existence. Pourtant, dans nombre de secteurs, cette accumulation d'outils, de machines, d'équipements et de bâtiments qui définit l'infrastructure et les capacités opérationnelles de la production de biens et de services est en train de passer au second plan. Une nouvelle génération d'économistes et de consultants en gestion insiste auprès des entreprises sur une notion fondamentale : éviter autant que possible d'accumuler du capital fixe. Pour Stan Davis, consultant et ex-professeur de la Harvard Business School, et Christophe Meyer, directeur du Ernst & Young Center for Business Innovation, on ne saurait tourner autour du pot : « Nous devons abandonner l'idée que la possession ou même le contrôle du capital est une ressource nécessaire pour pouvoir satisfaire les besoins exprimés par le marché[44]. » Davis et Meyer, comme nombre de spécialistes, estiment que dans une économie aussi volatile, « il est souvent contre-productif de s'encombrer de trop d'infrastructures [...]. Votre patrimoine matériel peut se transformer en handicap, son seul poids risquant d'entraver votre capacité de vous déplacer rapidement d'un secteur à un autre[45] ». Pour eux, dans la nouvelle économie, « le capital en tant que nomenclature de capacités physiques doit céder la place au capital "juste-à-temps" en tant qu'accès à l'usage de ces capacités[46] ». En matière de capital, leur premier axiome est donc de privilégier l'usage sur la possession : « *Use it, don't own it*[47]. » Thomas Stewart, éditorialiste du magazine *Fortune*, résume bien tout ce qui sépare la vieille garde de l'économie industrielle des nouveaux dirigeants et entrepreneurs de l'économie en réseau : « On pourrait dire que les entreprises s'alignent désormais des deux côtés d'une ligne de démarcation qui sépare les propriétaires des locataires[48]. »

« Mieux vaut n'être ni emprunteur ni débiteur » était peut-être une maxime pleine de sagesse du temps du règne de la propriété, mais l'âge de l'accès bouleverse complètement les règles du jeu. Jean-Baptiste Say, Adam Smith ou David Ricardo en seraient sans doute stupéfaits. Quoi qu'il en soit, c'est une nouvelle forme de capitalisme qui est en train de passer au-devant de la scène, un capitalisme aussi différent dans ses prémisses et dans son fonctionnement que le capitalisme industriel du XIXe siècle pouvait l'être du mercantilisme des XVIIe et XVIIIe siècles.

Nombreuses sont les entreprises qui ne cherchent plus à devenir propriétaires de leur infrastructure mais préfèrent emprunter le capital fixe dont elles ont besoin et l'inscrire dans leur bilan comme une dépense à court terme, un simple coût de production. Actuellement, un tiers des machines, des équipements et des moyens de transport utilisés par les entreprises américaines le sont en location. Ce qui veut dire qu'en 1997, sur 582,1 milliards de dollars d'investissement en équipement, près de 180 milliards étaient effectués sous forme de location [49]. Une entreprise peut désormais pratiquement tout louer, qu'il s'agisse d'équipements industriels ou de bureaux, de moyens de transport, d'immobilier, de machines-outils, d'infrastructures de production et de contrôle informatique, de matériaux de construction, d'usines, de bureaux, de points de vente, de wagons de marchandises, d'avions, de bateaux, d'automobiles, de pipelines, d'appareils à rayons X, d'ordinateurs, d'imprimantes et même de vaches laitières [50]. Quatre-vingts pour cent des entreprises américaines louent tout ou partie de leur infrastructure auprès de près de deux mille agences spécialisées [51].

La location, l'affermage, la concession à bail datent de l'aube de l'histoire des échanges marchands, mais ce n'est que depuis les années cinquante qu'ils jouent un rôle important dans le système capitaliste moderne. Il y a plus de cinq mille ans, les princes sumériens et les sacerdotes du palais affermaient des parcelles de « terre sacrée » aux paysans en échange d'environ un septième de leur récolte. Cette pratique était également commune dans l'ancienne Perse, où l'on louait aussi des barrages et des canaux d'irrigation [52].

À Babylone, on pouvait louer des bovins, et les relations et obligations respectives des deux parties concernées étaient définies par un contrat d'affermage extrêmement rigoureux. Si un bœuf était tué par un lion, c'était le propriétaire qui assumait la perte. Mais, si sa mort était due à de mauvais traitements, c'était le fermier qui était responsable. En cas de mort naturelle, le fermier se déclarait sous serment libre devant Dieu, rejetant ainsi toute responsabilité sur le propriétaire [53].

En Grande-Bretagne, c'est de 1281 que date le premier décret (le Statut des Galles) régissant la location de terres, d'immeubles et de bétail. La naissance des chemins de fer vit se répandre l'usage de la location pour amortir les coûts d'infrastructure trop dispendieux. Nombre de compagnies de chemins de fer louaient les voies ferrées aux entreprises qui les avaient construites, et pouvaient également louer des trains. La Birmingham Wagon Company fut une des premières à louer des wagons en 1854. En 1862, au moins deux douzaines d'entreprises la concurrençaient dans cette activité fort lucrative. Vers la fin du XIXe siècle, cette pratique s'était étendue à toutes sortes de biens d'équipement, comme les métiers à tisser industriels, les systèmes de téléphonie, les compteurs de gaz et d'électricité et les véhicules de transport [54].

La location passa peu à peu au premier plan des pratiques d'investissement après la Seconde Guerre mondiale sous la forme du leasing, qui offrait une alternative aux entrepreneurs ayant des difficultés pour obtenir des financements de type classique. Dans une période d'expansion des opportunités, les entreprises voyaient dans le leasing un moyen de libérer des liquidités pour les activités qu'ils souhaitaient développer. En outre, comme la location de biens d'équipement n'apparaissait pas comme un prêt, elle pouvait figurer dans les bilans comptables comme frais de fonctionnement et non comme endettement fixe, ce qui avait nettement meilleure allure. En outre, les bailleurs en profitaient également, car ils n'étaient pas concernés par la réglementation fédérale concernant les prêts bancaires et pouvaient exiger un loyer plus élevé pour compenser les risques supérieurs qu'ils encouraient à travers cette forme de location [55].

Des entreprises comme IBM, Burroughs, Singer, NCR et Olivetti commencèrent à proposer leurs propres contrats de leasing à la fin des années cinquante et au début des années soixante. En 1971, la législation régissant les activités bancaires fut amendée, permettant aux banques de fonder des agences susceptibles d'offrir d'autres types de services financiers, y compris des compagnies de leasing. L'entrée des banques dans le domaine du leasing accrut fortement la crédibilité de cette pratique financière et lui donna une impulsion majeure en tant que nouvelle forme d'activité économique [56].

Les entreprises affirment souvent que la principale raison pour laquelle elles préfèrent louer qu'acheter, c'est que cette pratique leur garantit de pouvoir réagir avec la flexibilité nécessaire aux évolutions rapides des marchés et à l'obsolescence des technologies [57]. « Pour rester en phase avec l'évolution des technologies, il vaut mieux ne pas en être propriétaire et pouvoir les remplacer rapidement à la fin de chaque bail pour disposer du dernier cri en la matière », explique David J. Burns, administrateur financier chez Timex Inc., à Middlebury, dans le Connecticut [58]. De nombreux contrats de leasing permettent au locataire d'interrompre le bail en cours et de se doter d'un équipement plus performant sans payer aucune pénalité. Le leasing présente d'autres avantages. Le bailleur est généralement responsable de l'entretien et parfois même de la gestion des équipements qu'il loue. « Aujourd'hui, explique Robert Stubbs, ancien P-DG de Bell Atlantic Capital, nous ne nous contentons plus de fournir des financements, nous gérons des actifs [59]. »

Le leasing est désormais un phénomène mondial. De fait, plus de la moitié des activités de leasing est effectuée par des entreprises travaillant en Europe et au Japon [60]. On pratique désormais le leasing dans plus de quatre-vingts pays, et dans nombre d'entre eux cette activité est presque aussi importante qu'aux États-Unis. En Corée, elle concerne 23 % de la totalité des équipements neufs ; au Brésil, 20 % ; en Grande-Bretagne, 19 % ; en Allemagne, 15,9 % ; en Irlande, 42,5 % ; au Canada, 12,8 % ; en Italie, 10,8 % ; en Suède, 20 % ; aux Philippines, 20 % [61].

Un des secteurs qui connaît la croissance la plus rapide est celui des contrats dits de vente-leasing (*sale-leaseback*). Les entreprises vendent leurs équipements à des investisseurs immobiliers auxquels elles les relouent par la suite. Les contrats de vente-leasing se multiplient à travers les États-Unis et commencent à se répandre également dans d'autres pays.

La chaîne hôtelière Motel 6 a négocié un contrat de vente-leasing de 1,1 milliard de dollars pour 288 de ses établissements, soit plus de 33 000 chambres. Parmi les acheteurs, on compte US Realty, Norton Herrick et Philip Morris [62]. Des magasins comme Border Books and Music, Eckerd et Office Max sont également en train de négocier la cession de nombre de leurs locaux en vente-leasing [63]. Même chose pour un certain nombre de concessionnaires automobiles. En novembre 1997, Potamkin a vendu huit sur onze de ses magasins pour 50 millions de dollars à Kimco-Auto Fund et les reloue sur un contrat à long terme et dans des conditions fort avantageuses. Pour Allan Potamkin, codirecteur de cette chaîne de concessionnaires, c'est typiquement une opération « gagnant-gagnant » : « Au niveau liquidités, ça me laisse une plus grande marge de manœuvre. Je représente moins de risque pour mes créanciers, j'ai plus de cash disponible et je continue à contrôler l'affaire [64]. »

Une bonne partie des compagnies de fourniture d'énergie des États-Unis ont également adopté la vente-leasing. Elles louent désormais leurs installations aux firmes à qui elles les ont vendues. De fait, elles deviennent les gestionnaires des infrastructures appartenant à une autre entreprise.

Les entreprises américaines continuent à détenir plus de 1 700 milliards de dollars de patrimoine, soit 70 % de toutes les propriétés à usage commercial du pays. Pour Michael Silver, consultant en immobilier pour l'agence Equis, de Chicago, qui gère des portefeuilles de valeurs pour Chrysler, Coca-Cola et Nations Bank, les chefs d'entreprise « devraient sérieusement envisager la possibilité d'utiliser le mécanisme de vente-leasing pour gérer leur capital immobilier [...]. Ils pourraient se débarrasser de tous ces bâtiments encombrants en profitant de la forte demande d'un marché avide d'immobilier et, pour le reste, acquérir un maximum de flexibilité en relouant ce dont ils ont besoin en leasing [65] ».

La sous-traitance généralisée

Dans tous les secteurs, les entreprises s'empressent de se débarrasser des activités qui ne sont pas strictement liées à leur vocation fondamentale, phénomène qu'on pourrait résumer par la formule : « Dans le doute, abstiens-toi et fais sous-traiter. » Si un équipement ou une fonction ne sont pas absolument indispensables à la poursuite des objectifs fondamentaux de l'entreprise, mieux vaut s'en défaire et les confier à un sous-traitant. Dans la nouvelle économie en réseau, la sous-traitance est presque devenue une religion.

Un contrat de sous-traitance permet à une entreprise de se décharger sur d'autres des fonctions ou des services précédemment pris en charge à l'intérieur même de l'entreprise. Autrement dit, il permet de substituer au droit de propriété direct exercé sur certaines infrastructures ou certaines opérations l'accès à ces mêmes ressources par contrat avec des fournisseurs extérieurs.

On attribue souvent au milliardaire texan Ross Perot un rôle pionnier dans l'expansion de la sous-traitance. En effet, dans les années soixante, son entreprise, EDS, commença à proposer à ses clients de la fonction publique ou du secteur privé de prendre en charge leurs opérations de traitement des données. Aujourd'hui, la sous-traitance est la clé de voûte organisationnelle de la nouvelle économie. Les entreprises se défont d'une bonne partie de leur patrimoine matériel et de leurs fonctions, allègent leur structure hiérarchique et collaborent avec leurs fournisseurs au sein de réseaux de relations de plus en plus complexes. Les nouvelles technologies de l'information et de la communication leur permettent de créer toute une trame opérationnelle entre elles-mêmes et leurs divers partenaires et sous-traitants. Le traitement informatique des données et les boucles de rétroaction instantanées maintiennent clients et fournisseurs en communication constante, ce qui rend possible la création d'une entreprise virtuelle conjointe fonctionnant sur la base d'une coopération permanente en temps réel.

Étant donné que les progrès des technologies informatiques continuent à faire baisser les coûts de transaction de la sous-traitance, de plus en plus d'entreprises vont sans doute se décharger d'une partie de leurs activités pour les faire sous-traiter. Pour les représentants du Outsourcing Institute, la sous-traitance généralisée « n'est rien de moins qu'une redéfinition fondamentale de l'entreprise [66] ». La conception traditionnelle de la firme comme une entité autonome dotée de frontières claires et distinctes est en train de céder la place à celle d'une multiplicité de partenaires dont les activités s'interpénètrent profondément et qui maintiennent des relations de réciprocité à la fois formelles et informelles.

Dans la gamme des activités confiées à la sous-traitance par un nombre croissant d'entreprises, mentionnons entre autres : l'entretien et la réparation des équipements informatiques, la formation, le développement d'applications, les activités de conseil et l'ingénierie. Mais c'est aussi le cas d'autres activités plus centrales, comme la gestion du courrier, les opérations d'impression et de reproduction, la gestion des archives, la gestion de stocks ou les tâches administratives. Les services téléphoniques à destination de la clientèle sont également souvent externalisés. En matière de comptabilité, ce sont des opérations comme la gestion des rémunérations, celle des achats ou les relations avec les services fiscaux qui sont prises en charge par des entreprises extérieures. Il en va de même en matière de gestion des ressources humaines : les politiques de recrutement, de formation et de réinsertion des salariés sont de plus en plus gérées par des sous-traitants. Publicité, vente par correspondance et télémarketing sont confiés à des entreprises spécialisées en marketing. Les entreprises ont également tendance à externaliser leur sécurité, l'entretien de leurs locaux et leurs services de restauration. Enfin, dans le domaine du transport, ce sont les sous-traitants qui gèrent l'entretien et l'activité des flottes de véhicules d'entreprise [67].

Parmi les avantages de la sous-traitance, on cite généralement les suivants. D'une part, elle permet aux entreprises de se concentrer sur les activités qui leur rapportent de l'argent et de se décharger sur d'autres des fonctions qui, tout en étant indispensables à leurs opérations, n'engendrent aucune forme de revenu. D'autre part, en ayant recours à la sous-traitance, les entreprises ont accès à des prestataires qui peuvent, grâce à leur expertise spécifique, leur offrir des services de première qualité à un coût extrêmement réduit. Grâce à la sous-traitance, on n'a plus besoin de se procurer des équipements coûteux ou de se doter d'infrastructures excessivement lourdes pour pouvoir exécuter des tâches marginales par rapport aux activités directement rémunératrices de l'entreprise. Enfin, tout comme le leasing, la sous-traitance offre aux entreprises la flexibilité exigée par des marchés extrêmement volatils et caractérisés par un cycle de vie de plus en plus court des produits. Il n'y a rien de pire que d'être bloqué dans sa capacité d'adaptation par des infrastructures démodées, des équipements obsolètes ou des méthodes de gestion archaïques. En passant de la propriété à long terme à l'accès à court terme, les entreprises ont plus de chances de rester dans la course.

La sous-traitance est en pleine expansion, Dun et Bradstreet estiment que plus de 146 000 entreprises américaines travaillent dans ce secteur [68], qui devrait engendrer près de 300 milliards de dollars de bénéfices vers la fin de l'an 2000 [69]. La majeure partie des 1,6 million d'entreprises qui utilisent une forme quelconque de sous-traitance emploient moins de dix salariés [70]. Mais les grandes entreprises y ont également de plus en plus recours. Aux États-Unis, plus de 30 % des entreprises industrielles font d'ores et déjà sous-traiter plus de la moitié de leurs activités de production [71]. Et ce phénomène ne concerne pas seulement les États-Unis. Les deux tiers des entreprises du monde entier ont recours à la sous-traitance pour au moins une de leurs activités fondamentales. C'est le cas, par exemple, de 60 % des entreprises japonaises [72].

C'est dans l'industrie que les effets de la sous-traitance sont les plus spectaculaires. Longtemps, le succès y était proportionnel au volume des actifs matériels, mais les règles du jeu capitaliste ont désormais radicalement changé. En moins de dix ans, certains des plus grands noms du secteur industriel se sont transformés avec succès en laboratoires de conception et en entreprises de distribution, se déchargeant du fardeau de leurs usines et de leur patrimoine industriel au profit de sous-traitants [73]. Ces super-sous-traitants sont des firmes industrielles géantes qui gèrent des unités de production et des circuits de distribution dans le monde entier.

L'avenir de la production industrielle est représenté par des entreprises de sous-traitance géantes comme Ingram, installée à Santa Ana, en Californie, qui produit à la demande des fournées entières d'ordinateurs pour IBM ou Compaq. Il y a à peine quelques années, l'idée de fabriquer dans une même usine et sur une même chaîne de montage des produits de marques concurrentes aurait été inimaginable. C'est aujourd'hui devenu presque banal. En tant que sous-traitant, Ingram fournit un service complet. Non seulement il fabrique les produits, mais il s'occupe de les livrer au consommateur final — en vertu d'un contrat avec les détaillants — et prend même en charge la facturation et les demandes d'information des consommateurs au nom de ses clients, tout en créant et gérant leur site web. Comme l'observait récemment Saul Hansell, un journaliste spécialisé du *New York Times*, écrivant depuis l'entrepôt géant de Ingram « qui est suffisamment vaste pour abriter une flotte aérienne tout entière [...] voilà qui nous donne un aperçu du futur de l'industrie américaine : des fabricants qui ne fabriquent plus rien et des détaillants qui ne voient même plus passer entre leurs mains les produits qu'ils vendent [74] ».

Dans la nouvelle économie, ce qu'on vend, ce sont surtout des idées et des images. L'incarnation matérielle de ces idées et de ces images est de plus en plus secondaire du point de vue économique. L'économie de marché industrielle était caractérisée par l'échange de biens tangibles, l'économie en réseau est régie par la logique de l'accès à des concepts véhiculés par des formes matérielles.

Une entreprise comme Nike est sans doute l'exemple parfait de cette nouvelle forme d'activité économique. À tout point de vue, Nike est une entreprise virtuelle. Les consommateurs s'imaginent sans doute qu'ils ont affaire à un classique fabricant de chaussures de sport. En réalité, Nike est avant tout un laboratoire de recherche et de conception doté d'une stratégie de marketing et d'un système de distribution assez sophistiqués. Bien qu'il soit le premier producteur mondial de chaussures de sport, Nike ne possède ni usines, ni machines, ni équipements, ni installations dignes d'être mentionnés. Il travaille en fait avec un vaste réseau de fournisseurs — désignés par Nike comme des « partenaires de production » — installés en Asie du Sud-Est qui fabriquent ses centaines de modèles de chaussures et autres équipements de sport. Ce sont également des sous-traitants qui prennent en charge la majeure partie du marketing et de la publicité. De fait, il n'est pas exagéré d'attribuer une bonne part du succès de Nike dans les années quatre-vingt-dix aux campagnes publicitaires innovantes de Weiden et Kennedy, l'agence qui a contribué à faire des chaussures Nike un des objets de consommation les plus convoités du monde [75].

Ce que vend Nike, ce sont des concepts. Et ce sont ses sous-traitants, des fabricants anonymes du Sud-Est asiatique, qui donnent une forme matérielle à ces concepts. Bien entendu, cette nouvelle façon de produire en réseau, en passant contrat avec des fournisseurs anonymes, peut parfois déboucher sur une surexploitation des travailleurs.

Nike n'est que l'une des nombreuses entreprises virtuelles qui doivent affronter des procès, des campagnes de boycott et des dénonciations publiques pour violation de la législation du travail. Récemment, à l'occasion de conflits du travail chez les sous-traitants asiatiques de Nike, les médias ont fait état de violences physiques et sexuelles contre les travailleurs, de conditions de travail inhumaines, de risques sanitaires et écologiques, de salaires de misère et de discriminations à l'embauche. Ce sont plus de 450 000 travailleurs asiatiques qui produisent les célèbres modèles de chaussures de Nike. Alors que, rien qu'aux États-Unis, les bénéfices de Nike étaient de 4 milliards de dollars en 1998, les ouvriers des sous-traitants de Nike au Vietnam ne gagnaient qu'entre 1,60 et 2,25 dollars par jour, soit moins que le coût local de trois repas élémentaires. Dans certaines usines, des adolescentes de treize ans travaillaient jusqu'à soixante heures par semaine et nombre d'entre elles subissaient des agressions sexuelles. Malheureusement, les conditions de travail déplorables qui se cachent derrière la sous-traitance sont souvent ignorées du grand public parce que les entreprises maintiennent une stricte confidentialité sur la nature et le fonctionnement de leurs réseaux de fournisseurs [76].

L'enthousiasme pour la sous-traitance a permis à de nouveaux types d'entreprises de se tailler des niches de marché spécialisées. Norell, une entreprise d'Atlanta qui avait débuté en tant que modeste agence d'emploi en 1961 et s'était considérablement développée dans les années quatre-vingt en ouvrant des franchises à travers tout le pays, s'est lancée dans la sous-traitance dans les années quatre-vingt-dix. En 1990, elle a passé un contrat avec Sears pour la prise en charge de diverses opérations telles que le standard téléphonique, les services de secrétariat, de photocopie, d'expédition et de réception. En 1992, c'est avec IBM qu'elle a signé un contrat de 75 millions de dollars par lequel elle s'engageait à gérer les équipes de secrétariat du géant de l'informatique, contrôler ses frais d'administration et de voyage et prendre en charge les appels de son département marketing et clientèle. Dans le cadre de ce contrat, IBM obtenait 5 % des actions de Norell. À l'heure actuelle, plus de 3 000 salariés de Norell travaillent chez IBM et y effectuent des tâches qui exigeaient auparavant une main-d'œuvre de 3 750 salariés d'IBM. Norell offre des services similaires à d'autres entreprises importantes, telles que MCI, Bell Atlantic, UPS et Equitable [77].

Ces dispositifs d'externalisation apparemment innocents ont souvent un objectif caché. La sous-traitance est en effet devenue un des outils préférés des directions pour affaiblir le pouvoir des syndicats. En se déchargeant de certaines activités au profit d'entreprises non syndicalisées, ou en louant les services de celles-ci pour que leurs salariés travaillent sur place, les firmes qui ont recours à la sous-traitance évitent d'avoir à négocier des accords collectifs. Une bonne partie du déclin des syndicats aux États-Unis et dans le reste du monde peut être attribuée directement au phénomène de la sous-traitance.

Depuis quelque temps, la sous-traitance envahit le cyberespace. EDS, pionnier du secteur, est en train de négocier avec diverses entreprises pour prendre en charge leur commerce électronique. Le département de conseil et de services d'EDS, c20 Internet, installé à Dallas, a signé un accord de 30 millions de dollars avec Hachette Filipacchi Magazines qui l'amènera à gérer les sites web commerciaux de ce groupe de presse, lequel ne déboursera même pas un centime en échange. Le contrat prévoit en effet qu'EDS recevra une part des bénéfices engendrés par les ventes *on line* d'accessoires automobiles, de voyages organisés et de livres de cuisine d'Hachette Filipacchi. Il s'agit donc en fait d'un contrat de « cotraitance » plutôt que d'une sous-traitance classique. Cet accord entre

Hachette et EDS est le prototype de la nouvelle vague de relations économiques qui se profile sur le net. Voilà comment le P-DG d'Hachette, Jim Dochery, décrit la substance de l'accord :

> Pendant un temps, nous les avons payés pour qu'ils développent et accueillent nos sites, et puis un jour ça a fait tilt chez les deux partenaires : nous avions le contenu et la publicité, mais pas la technologie ; ils avaient la technologie, mais pas de contenu. Dans la nouvelle formule, nous ne payons rien pour la technologie, ils ne paient rien pour le contenu, et tout le monde y gagne quelque chose [78].

Dans cet accord entre Hachette et EDS, la relation traditionnelle vendeur-acheteur cède la place à un rapport de partenariat prestataire-usager. Il n'y a aucun échange de propriété ou de capital. Chacun des partenaires devient simultanément fournisseur et utilisateur des capacités de l'autre. Chacun des deux a accès aux compétences élémentaires et aux activités génératrices de profits de son associé. C'est la fusion des vocations fondamentales des deux entreprises qui a créé une nouvelle opportunité économique. Dans ce cas de figure, comme dans celui d'innombrables autres accords de partenariat de la net économie, c'est la logique de l'accès, et non plus celle de la propriété, qui devient la clé du succès commercial.

Pour Earl Hall, consultant industriel, l'ère de l'accès signifie qu'« une entreprise industrielle [et d'ailleurs n'importe quel type d'entreprise] n'est plus une unité de production isolée, mais plutôt un point d'intersection au sein d'un réseau complexe de fournisseurs, de clients, de bureaux d'ingénierie et autres prestataires de services [79] ». Dans la nouvelle économie en réseau, la logique de l'accès suppose que les entreprises partenaires partagent des informations et construisent un climat de confiance au lieu de se percevoir en tant qu'acheteurs et vendeurs aux intérêts antagonistes. Dans leur livre *The Virtual Corporation*, William Davidow et Michael Malone, respectivement consultant en gestion et journaliste, soutiennent que « l'entreprise virtuelle ressemblera de moins en moins à une entité discrète et prendra de plus en plus la forme d'un faisceau d'activités conjointes à géométrie variable inscrit dans un vaste tissu de relations [80] ».

Dans un régime de marché fondé sur la propriété privée, l'activité économique s'organise autour d'une distinction nette et tranchée entre ce qui est à moi et ce qui est à vous. Mais cette distinction a de moins en moins de sens dans une économie en réseau, où le succès commercial se mesure de plus en plus en fonction de l'idée que ce qui est à moi est à vous et *vice versa*. C'est le partage des activités qui est le trait le plus caractéristique du commerce en réseau.

Les actifs immatériels

On ne saurait imaginer évolution plus spectaculaire dans l'histoire du capitalisme moderne que ce passage de la propriété du capital à la location et à la sous-traitance en moins de quarante ans. Microsoft est un bon exemple de la nouvelle logique de fonctionnement de l'économie en réseau, une logique qui évite la détention de propriété à long terme au profit de l'accès à court terme au capital productif. Comme d'autres entreprises travaillant dans les technologies de pointe, Microsoft consacre l'essentiel de son énergie à créer des actifs incorporels. Il suffit de comparer la valeur boursière et les comptes de Microsoft avec ceux d'une entreprise plus ancienne comme IBM. En novembre 1996, IBM valait 70,7 milliards de dollars sur le marché, tandis que Microsoft était évalué à 85,5 milliards de dollars. Mais le montant des infrastructures, équipements et propriétés diverses détenus par IBM était de 16,6 milliards de dollars, tandis que ceux de Microsoft ne valaient que 930 millions de dollars. Et pourtant, les investisseurs étaient prêts à payer plus cher les actions de Microsoft malgré le faible volume de ses actifs réels, lesquels fournissent le critère traditionnel d'évaluation de la valeur boursière d'une entreprise [81]. Il est clair que ce que les investisseurs apprécient quand ils achètent des actions de Microsoft, c'est la valeur intangible du dynamisme, des idées, du talent et de l'expertise des individus qui forment cette entreprise. Nul mieux que le journaliste Fred Moody n'a su résumer cet aspect des choses quand il écrit dans le *New York Times Magazine* que « le seul patrimoine industriel de Microsoft, c'est l'imagination humaine [82] ». Ce n'est là qu'un exemple supplémentaire de la façon dont la nouvelle économie du XXIe siècle préfère les entreprises « légères » dont la valeur se mesure en idées plutôt qu'en patrimoine matériel.

Cette évolution des actifs réels au patrimoine immatériel est de plus en plus manifeste dans le monde entier. Margaret Blair, de la Brookings Institution, a découvert que, alors qu'en 1982 les actifs réels — propriétés, infrastructures de production et équipements — des entreprises industrielles et du secteur minier représentaient 62,3 % de la valeur boursière desdites entreprises, ils ne comptaient plus que pour 37,9 % de celle-ci dix ans plus tard [83]. Leif Edvinsson, responsable du capital intellectuel pour Skandia AFS, une entreprise suédoise de services financiers, estime que, dans la plupart des cas, la proportion du capital intellectuel par rapport au capital matériel et financier est de 5 à 16 contre 1 selon les entreprises [84].

La différence entre la valeur boursière et la valeur comptable est désignée comme le taux Q, concept développé par le Prix Nobel d'économie James Tobin, de Yale, il y a plus de trente ans. Du temps où c'étaient les actifs matériels qui faisaient la différence, le taux Q servait à mesurer l'éventuelle surévaluation d'une entreprise et la nécessité de réviser sa valeur à la baisse. De nos jours, une bonne partie des entreprises les plus performantes du monde ont un taux Q extrêmement élevé, ce qui ne les empêche pas d'être très appréciées par les investisseurs à cause de leurs actifs immatériels, qui sont par définition non mesurables mais qui leur paraissent un meilleur critère des performances futures de ces firmes. Prenons l'exemple de General Motors, qui a fait 178 milliards de dollars de ventes en 1997, ce qui en fait le numéro un mondial en termes de bénéfices accumulés. Et pourtant, sa valeur boursière équivaut à peine à la moitié de cette somme. Car General Motors est l'exemple type d'une entreprise traditionnelle détentrice d'une grande quantité de patrimoine matériel sous forme d'usines, machines, équipements, entrepôts et autres actifs réels. En termes comptables, tous ces actifs apparaissent en positif. Mais dans la réalité de la nouvelle économie, cette accumulation de propriété est plutôt perçue comme un handicap. Si l'on prend une entreprise comme Chrysler, en revanche, qui s'est débarrassée d'une bonne partie de son patrimoine industriel — en ayant recours à la sous-traitance — et ressemble plus à un laboratoire de conception et à un réseau de distribution, voilà une firme qui semble moins prospère sur le papier mais qui se comporte beaucoup mieux sur le marché des valeurs. (Il est intéressant de constater que, bien que les profits de General Motors lui assurent la place de numéro un mondial, elle n'arrive même pas à se hisser au niveau des quarante entreprises les mieux cotées de la Bourse de New York [85].)

Cette disparité croissante entre valeur boursière et valeur comptable est encore plus prononcée dans d'autres secteurs. Prenons Dreamworks SKG, la maison de production dont sont copropriétaires Steven Spielberg, Jeffrey Katzenberg et David Geffen. Sa première capitalisation boursière était de 2 milliards de dollars malgré le fait que l'entreprise ne possédait pas la moindre propriété à son nom [86]. Encore une fois, ce qui intéressait les investisseurs, c'était de devenir propriétaires d'une fraction du talent et de l'expertise des fondateurs. George Gilder suggère que nous considérions la différence entre la valeur boursière et la valeur comptable d'une entreprise comme l'« indicateur financier du dynamisme entrepreneurial [87] ». Autrement dit, les investisseurs parient sur les gains potentiels futurs de ladite entreprise et fondent leur décision sur toute une série d'actifs immatériels difficiles à mesurer en fonction de critères comptables traditionnels.

Pour le consultant en gestion Adrian Slywotzky, l'avenir est aux entreprises « allégées » qui ne s'encombrent pas d'un patrimoine excessif. « Pour les secteurs dotés d'actifs matériels considérables, comme l'immobilier, la chimie ou la sidérurgie, il sera de plus en plus difficile de faire de l'argent », vu que leur valeur boursière est beaucoup trop liée à leur patrimoine matériel [88].

Le passage d'une économie où la richesse et le succès sont évalués en termes de possession d'un patrimoine matériel à un monde où ils reflètent le contrôle d'un capital intellectuel intangible déstabilise les méthodes traditionnelles de comptabilité. Dans une économie en réseau, l'évaluation de la valeur marchande prend un caractère beaucoup plus subjectif et risqué car, si les idées et le talent y sont beaucoup plus importants que les infrastructures matérielles, ils sont aussi beaucoup plus difficiles à quantifier. Le problème, explique Judy Lewent, directeur du département financier de Merck and Company, c'est que « nos systèmes de comptabilité laissent passer l'essentiel[89] ».

Le bilan comptable traditionnel reflète les flux de liquidités et de biens manipulés par une entreprise. Il rend compte des actifs réels possédés par une firme ainsi que des créances détenues par les actionnaires, les créanciers et autres entités extérieures. Les méthodes de comptabilité classiques fonctionnent à merveille dans une économie qui produit avant tout des biens matériels échangés sur un marché de vendeurs et d'acheteurs. Mais, dans une économie où l'échange de biens cède en grande partie la place à des transactions entre serveurs et clients autour du partage de l'accès à des services et des expériences, la bonne vieille comptabilité en partie double est passablement désarmée.

Les nouvelles industries de l'information — finance, loisir et spectacles, communications, services aux entreprises et éducation — représentent déjà plus de 25 % de l'activité économique aux États-Unis. Une bonne partie de leur valeur réelle repose sur des actifs immatériels et n'est donc pas reflétée adéquatement par leur bilan comptable. De même, les bio-industries — biotechnologie agricole, fibres, matériaux de construction, énergie et industrie pharmaceutique —, qui représentent 15 % de l'activité économique, s'appuient elles aussi largement sur des actifs immatériels, en particulier la propriété intellectuelle et la compétence scientifique[90]. Ce sont d'ailleurs les sciences de l'information et les sciences de la vie — les ordinateurs et les gènes — qui vont dominer une bonne partie de l'activité économique du XXIe siècle. Toutes deux se fondent non plus tant sur la détention d'un patrimoine matériel que sur l'accès à un capital informationnel, qu'il s'agisse de logiciel ou de « biogiciel ». Comment les méthodes traditionnelles de comptabilité peuvent-elles mesurer la valeur de la propriété intellectuelle constituée par la détention de brevets sur les 140 000 gènes qui composent le génome humain ?

Le problème, explique William Davidow, c'est que « les comptables de l'ère de l'information font face à une difficulté considérable : soit ils travaillent avec l'ancien système et déforment ainsi la vérité, soit ils développent de nouvelles méthodes de comptabilité en assumant tous les risques que comporte l'évaluation d'actifs immatériels ». Pour lui, « nous avons besoin [...] de méthodes d'évaluation comptable radicalement différentes [91] ». Mais il convient de souligner que la plupart des dirigeants, des comptables et des analystes financiers sont réticents à introduire de nouvelles procédures de comptabilité pour mieux refléter la contribution des actifs immatériels au profil d'une entreprise, car ils estiment que leur valeur est subjective et risque de donner lieu à des erreurs d'interprétation, voire à des surévaluations frauduleuses, ce qui pourrait entraîner des audits externes ou des actions en justice de la part des actionnaires.

Malgré ces difficultés, certains économistes ont décidé de prendre le problème à bras-le-corps. Leif Edvinsson et Michael Malone ont élaboré un modèle comptable susceptible d'évaluer le capital intellectuel en se fondant sur l'expérience en la matière de Skandia. Ils admettent que leur modèle « n'arrive pas à refléter nombre des caractéristiques qui expliquent le succès d'une entreprise, comme le moral des salariés, le dynamisme et la capacité d'anticipation des dirigeants et l'existence d'un environnement de travail propice à l'innovation et à la créativité [92] ». Ils s'empressent également de signaler que leur modèle n'entend pas remplacer les méthodes de comptabilité traditionnelles mais plutôt les compléter pour fournir une image plus transparente de la véritable valeur d'une entreprise.

Dans les nouveaux modèles comptables de l'économie en réseau, le patrimoine matériel va peu à peu passer de la colonne des actifs à celle des passifs, où il sera enregistré en tant que coût de fonctionnement, tandis que les formes incorporelles du capital seront de plus en plus enregistrées en tant qu'actifs.

Quand l'esprit domine la matière

Cet effort de redéfinition de nos méthodes de comptabilité reflète les transformations d'une nouvelle époque où la puissance matérielle cède la place à la capacité intellectuelle. L'ère industrielle était en quelque sorte celle de la force brute, celle du corps et des muscles. Elle façonnait des outils gigantesques pour arracher au monde matériel les substances qu'elle transformait en marchandises. Les critères de ses accomplissements étaient tous de nature quantitative — hauteur, poids, degré — et nous étions tous convaincus que « plus » était nécessairement l'équivalent de « mieux ». En bétonnant systématiquement tous les espaces disponibles, nous avons créé une immense couche de sol industriel entre nous et la nature. Nos autoroutes franchissaient les horizons et nous couvrions la surface terrestre d'édifices et de constructions, expropriant et privatisant ainsi de vastes pans de la nature. L'odeur âcre du combustible qui nous prenait à la gorge, les fumées d'usine qui obscurcissaient notre horizon et le vacarme des machines qui nous assiégeait jour et nuit étaient autant d'expressions de la grandiose entreprise de refaire l'univers naturel à notre image. La nature tout entière était transformée et recomposée sous la forme d'une accumulation de possessions physiques, et chaque individu était comme un petit dieu, gardien de son propre Éden miniature, véritable paradis privé peuplé de simulacres de la création originelle.

Quand la propriété et les marchés reflétaient l'hégémonie des valeurs matérielles, l'omniprésence physique était le but suprême. L'idéal du propriétaire était d'étendre le cercle de sa présence physique à travers l'expropriation du plus grand nombre possible d'entités matérielles. Mais nous entrons dans un tout autre monde, beaucoup plus cérébral et immatériel, un monde de formes platoniciennes, d'idées, d'images et d'archétypes, de concepts et de fictions. Les habitants du monde industriel ne pensaient qu'à exproprier et remodeler l'univers physique ; la première génération de l'âge de l'accès est beaucoup plus intéressée par la manipulation de l'esprit. Dans un monde gouverné par la logique de l'accès et des réseaux, ce sont les idées qui deviennent la matière première de l'activité économique, et le but suprême est la connaissance universelle. Être capable d'étendre à l'infini sa présence mentale, être universellement connecté afin de pouvoir affecter et façonner la conscience des êtres humains, telle est l'ambition de toute entreprise économique.

Nous ne vivons pas seulement de pain et de vin, mais d'idées et de pensées. Si l'ère industrielle a nourri notre être physique, l'âge de l'accès s'adresse essentiellement à notre être mental, émotionnel et spirituel. Du contrôle des échanges de biens on est en train de passer au contrôle des échanges de concepts. Au XXIe siècle, ce sont les idées qui font de plus en plus l'objet de transactions commerciales, et les individus doivent acheter l'accès à ces idées et aux supports physiques qui les véhiculent. La capacité de contrôler et de vendre des pensées est l'expression suprême du nouveau savoir-faire marchand.

Le dilemme de la comptabilité ne fait que refléter cette évolution. Le patrimoine matériel perd de son importance et de sa valeur, tandis que la propriété intellectuelle est le nouveau trésor immatériel de l'ère naissante, qui voit l'esprit dominer la matière. Miniaturisation et allégement des produits, déclin de l'immobilier, élimination des stocks, leasing et sous-traitance sont autant de manifestations de la dévaluation de la conception « physicaliste » de l'économie. Ce qui ne veut pas dire que l'égoïsme, la soif du profit et l'exploitation soient en train de disparaître. Bien au contraire, l'ère de l'accès risque fort d'accentuer encore plus ces phénomènes. Le contrôle des idées permet d'accumuler encore plus de pouvoir que le contrôle de l'espace et de la matière. Quand les spéculateurs se mettent à investir des centaines de milliards de dollars dans le capital purement intellectuel, c'est le signe que l'esprit du capitalisme, qui s'est longtemps identifié avec la puissance matérielle, est en train de changer.

Cette importance croissante des idées dans la sphère marchande suscite des interrogations troublantes. Quand la pensée humaine devient une marchandise aussi prisée, qu'advient-il des idées qui, malgré leur importance, n'ont pas de potentiel commercial immédiat ? Y a-t-il encore une place pour des perspectives, des opinions, des notions et des concepts non transformables en marchandises dans une civilisation au sein de laquelle les individus dépendent de plus en plus de la sphère marchande pour s'alimenter en idées qui donneront forme à leur existence ? Dans une société où toutes sortes de connaissances n'existent plus que sous la forme de propriété intellectuelle contrôlée par des méga-entreprises, quel avenir pour notre conscience collective et pour une forme de discours public ?

4

Vers le monopole des idées

Par un étrange paradoxe de l'histoire, le système capitaliste, qui reposait sur l'expansion des marchés et l'échange de droits de propriété entre acheteurs et vendeurs, est aujourd'hui en train d'effectuer une déconstruction systématique de ses principes et de ses institutions fondamentaux. Le capitalisme est en passe de se réinventer et d'abandonner peu à peu l'économie de marché traditionnelle au profit de l'économie en réseau. Dans la foulée de cette évolution émergent de nouvelles formes de pouvoir institutionnel qui pourraient se révéler beaucoup plus puissantes et beaucoup plus dangereuses que tous leurs équivalents de l'ère du marché. Pour mieux comprendre ce phénomène, il convient de bien comprendre tout ce qui distingue les réseaux des marchés.

N'oublions pas que, dans une économie en réseau, la propriété continue à exister sous diverses formes, mais qu'elle est moins souvent échangée. Aux acheteurs et aux vendeurs se substituent des prestataires et des usagers. On a moins souvent recours à l'aliénation de propriété — échange négocié entre acheteur et vendeur qui était au cœur du système marchand. L'accès à court terme devient plus important que l'acquisition et la possession à long terme. Le fonctionnement en réseau de l'activité économique repose désormais sur la marchandisation de la relation entre deux ou plusieurs parties qui partagent l'accès à des biens matériels et immatériels.

Dans une économie en réseau, la substitution de la logique de l'accès à celle de l'acquisition concerne toutes les formes de propriété. Cela dit, insistons sur le fait que le patrimoine matériel tangible est de moins en moins important pour l'exercice effectif du pouvoir, tandis que les propriétés immatérielles sont au cœur même de l'âge de l'accès. Ce sont les idées, sous forme de brevets, marques déposées, droits de reproduction, secrets de fabrication et réseaux de relations qui permettent de définir une nouvelle forme de pouvoir économique, celui de superprestataires contrôlant de vastes réseaux d'usagers.

Ces réseaux de prestataires et d'usagers favorisent la concentration du pouvoir aux mains d'un petit nombre d'organisations, et ce de façon encore plus efficace que sous un régime de propriété traditionnel reposant sur des marchés de vendeurs et d'acheteurs. À partir du moment où ils contrôlent les idées clés qui régissent l'activité économique, plutôt que simplement ses outils, ses méthodes et ses produits, ces nouveaux superprestataires jouissent d'un avantage sans précédent dans l'histoire de l'économie. Les entreprises qui réussissent à s'assurer le monopole des idées dans tel ou tel secteur d'activité sont à même de contrôler l'intégralité du secteur en question. Pour atteindre leurs objectifs, elles créent de vastes réseaux de prestataires et d'usagers qui obligent leurs concurrents, tout comme leurs clients et les autres fournisseurs, à dépendre de leur stock d'idées pour survivre.

Deux exemples illustrent parfaitement cette évolution, celui de la franchise de concepts et celui des bio-industries. Dans le premier cas, la propriété intellectuelle — sous la forme de concepts commerciaux — permet aux entreprises qui la détiennent de contrôler de vastes réseaux de détaillants. Dans le second cas, c'est le brevetage des gènes qui garantit à ceux qui en bénéficient le contrôle sur toute une gamme d'usagers, depuis les agriculteurs jusqu'aux professions de la santé en passant par les chercheurs. Ces deux exemples montrent bien la nouvelle dynamique de pouvoir qu'implique l'émergence de l'économie en réseau.

Des concepts en franchise

Le nouveau visage du capitalisme se manifeste dans la croissance phénoménale de la franchise au cours des trente dernières années. Cette pratique commerciale synthétise virtuellement tous les aspects opérationnels de l'économie en réseau. La franchise de marques et de produits existe depuis plus d'un siècle, mais la franchise de concepts est une idée différente et tout à fait inédite, qui fonctionne sur la base de prémisses beaucoup plus compatibles avec la logique de l'accès qu'avec celle de la propriété.

La franchise de produits est née à la fin du XIXe siècle quand des entreprises comme Singer ou McCormick, désireuses d'élargir le marché de leurs machines à coudre ou de leurs équipements agricoles, se sont trouvées dans l'impossibilité de financer leurs propres points de vente. En passant contrat avec le grand nombre de petits commerces dispersés à travers le territoire des États-Unis, elles purent s'assurer la distribution exclusive de leurs produits. Les revendeurs locaux investissaient leur propre capital dans un fonds de commerce en échange de l'exclusivité des droits de distribution d'un produit. Les concessionnaires de marques d'automobiles sont l'exemple le plus connu et le plus visible de ce type de franchise.

La franchise de concepts commerciaux, en revanche, est une invention relativement récente. Les entreprises qui la pratiquent se sont rendu compte que leurs actifs immatériels — concepts et marques — ont beaucoup plus de valeur que les actifs réels de leurs franchisés — locaux, équipement, machinerie et matière première. McDonald's, par exemple, a découvert qu'il y a plus d'argent à gagner « en vendant des débits de hamburgers que des hamburgers [1] ». Les entreprises de services, en particulier, vendent désormais non seulement leur marque, mais leurs concepts et leurs formules de marketing à des concessionnaires locaux en échange d'un pourcentage sur les ventes.

Chaque établissement fonctionne comme un clone du franchiseur et reproduit son image et ses méthodes au niveau local. Dans un contrat de franchise typique, le franchisé achète la licence au franchiseur pour un prix qui peut aller de 12 000 à 100 000 dollars. Pour une somme additionnelle, le franchiseur se charge de former son personnel, lui fournit de l'équipement et lui accorde le droit d'utiliser la marque et son image. Le franchisé prend en charge les frais de gestion et de fonctionnement quotidiens de son fonds de commerce : location des installations, assurances, factures et salaires. Il reverse également au franchiseur un pourcentage sur les ventes brutes, en général entre 5 % et 12 % des bénéfices [2].

Le franchisage est généralement considéré comme également avantageux pour les deux parties. Le franchiseur a ainsi accès à des marchés locaux sans avoir à investir dans des équipements coûteux et supporter des coûts excessifs, et sans avoir besoin d'administrer directement un fonds de commerce. Le franchisé, pour sa part, a accès à une marque, à un concept opérationnel et à une formule de marketing qui ont déjà fait la preuve de leur succès.

La pratique de la franchise moderne a complètement changé les relations entre grandes marques et petits commerces partout où elle existe. Auparavant, les détaillants n'avaient que des relations assez lâches avec les grands fournisseurs. Chacun fonctionnait plus au moins dans sa propre sphère d'activité, avec des complémentarités mais parfois aussi des empiétements. Avec la franchise, les petits commerces deviennent les représentants locaux des grandes marques, des sous-traitants qui leur sont liés par toute une série de dispositifs contractuels très rigoureusement définis. Les détaillants cèdent leur autonomie pour avoir accès aux économies d'échelle qui garantissent la compétitivité des grandes entreprises.

On peut désormais franchiser tout et n'importe quoi. Il existe des franchises pour des produits et des prestations aussi divers que la rénovation de bâtiments, le jardinage, les services domestiques, les produits de soin pour animaux, les services de santé, le brassage de bière, le tourisme animalier, les voyages organisés, les salons de coiffure, les produits pour enfants, les services photographiques, les fast-foods, les transports, la formation professionnelle, l'aide aux handicapés, les chaînes d'hôtellerie, la location d'automobiles, les cosmétiques, les auto-écoles, les soins vétérinaires, les garde-meubles, la livraison de repas à domicile, les agences de travail temporaire, les systèmes de sécurité, les garderies, les centres de sports et de loisirs, les cours privés, la décoration d'intérieur, la réparation de meubles, les entreprises de pompes funèbres, les services juridiques, comptables et fiscaux [3].

En quelques décennies, la pratique de la franchise est devenue la forme d'organisation entrepreneuriale la plus importante depuis l'avènement de l'entreprise moderne au début du XXe siècle. Plus de 35 % des commerces sont franchisés aux États-Unis, soit 550 000 établissements employant plus de 7,2 millions de salariés dans soixante secteurs différents et engrangeant un total de 800 milliards de dollars de chiffre d'affaires. Les ventes effectuées dans le cadre de la franchise devraient atteindre 1 000 milliards de dollars en l'an 2000 [4]. Toutes les huit minutes, c'est un nouvel établissement franchisé qui ouvre ses portes, et les activités de franchise connaissent une croissance trois fois plus rapide que le reste de l'économie [5]. Il existe plus de 2 000 types de franchise différents. Enfin, et c'est peut-être le plus étonnant, la majorité des accords de franchise n'existaient pas il y a vingt-cinq ans [6].

La pratique de la franchise s'étend rapidement à travers le monde, remplaçant peu à peu les petits commerces individuels traditionnels. En Malaisie, on compte 102 systèmes de franchise, dont près de 80 % sont le fait d'entreprises étrangères. En Indonésie, à Singapour et à Hong-Kong, la pratique de la franchise est également très répandue. C'est aussi le cas en Europe de l'Ouest, tandis que l'Europe de l'Est et la Russie connaissent leurs premières expériences de franchise. L'ouverture du premier McDonald's à Moscou il y a quelques années a été un tournant dans l'histoire de la franchise. Celle-ci est désormais présente en Pologne, en République tchèque et même en ex-Yougoslavie et en Bulgarie. Au Moyen-Orient, ce sont l'Égypte, le Koweit, l'Arabie Saoudite et Israël qui sont les pionniers en la matière. En Amérique latine, la franchise est connue au Brésil, en Uruguay, au Chili et en Argentine [7].

L'industrie de la franchise recrute ces entreprises locales en leur vantant les avantages et le caractère pionnier du système. À première vue, les établissements franchisés ressemblent en effet à des entreprises semi-indépendantes : un individu achète une licence, investit dans des locaux et des équipements, embauche des salariés, produit ou commercialise un bien ou un service et empoche des bénéfices, toutes choses qui caractérisent une entreprise indépendante. Mais, en réalité, le franchisé n'est pas vraiment propriétaire de son fonds de commerce, car il n'a aucun contrôle sur les idées, les concepts, les formules de marketing et l'image de marque, bref, tout ce qui fait qu'une entreprise est vraiment autonome. Il ne s'agit donc pas de firmes indépendantes au sens conventionnel du terme. Comme l'explique le sociologue E. O. Wright :

> Il est difficile de dire si un propriétaire de fast-food en franchise fait partie de la classe des petits entrepreneurs indépendants ou de celle des cadres salariés. S'il conserve certaines caractéristiques communes aux artisans et petits commerçants, il se rattache par d'autres aspects à la couche des employés des grandes entreprises capitalistes [8].

Le fait que le franchisé soit propriétaire de ses locaux et de ses équipements ainsi qu'employeur direct de ses salariés et producteur du bien ou du service fourni ne pèse pas lourd face au contrôle par le franchisé des actifs immatériels sur lesquels repose toute son activité.

Beaucoup de gens se bercent encore de l'illusion que le secteur des PME — pilier du régime marchand traditionnel — ne peut que prospérer à l'ombre de la franchise. C'est bien mal interpréter la nouvelle dynamique du système capitaliste. Mais une institution comme l'American Management Association (AMA) saisit parfaitement l'importance de la distinction entre propriété et accès, même si l'industrie de la franchise continue à faire miroiter aux futurs franchisés la perspective de « monter leur propre affaire ». Dans *The Franchising Handbook*, une publication de l'AMA, Jan Kirkham et Timothy McGowan écrivent : « Contrairement à une croyance largement répandue, le franchiseur ne “vend” pas sa franchise au franchisé [9]. » Il ne s'agit pas là d'un simple malentendu sémantique. La franchise est un dispositif contractuel de durée limitée et sujet à renouvellement, par lequel une entreprise permet à une autre d'avoir accès à une marque et aux concepts et formules de marketing qui l'accompagnent. À strictement parler, le franchisé n'*achète* rien, si ce n'est l'accès à court terme à l'usage de cette propriété intellectuelle dans des conditions définies par le prestataire. Il s'agit en effet d'une relation prestataire-usager, et non pas d'une relation vendeur-acheteur. Dans un contrat de franchise, aucune propriété n'est transférée, c'est simplement de l'accès qui est négocié. Il s'agit d'une nouvelle forme de capitalisme.

Des milliers de petites entreprises commerciales sont créées chaque année par des individus qui y risquent leur capital mais, en réalité, ces nouveaux entrepreneurs ne sont pas de véritables propriétaires, ils ne font qu'acheter des droits d'accès et d'usage limités. Kirkham et McGowan insistent bien là-dessus : le franchisé ne jouit d'aucun des droits qui vont avec le patrimoine et la propriété. Il ne peut pas créer une société portant le nom du franchiseur, car il n'est pas propriétaire de ce nom. Il ne peut revendre sa licence qu'avec l'approbation du franchiseur. En fait, tout ce qu'il peut vendre, ce sont les actifs réels qu'il a acquis pour pouvoir lancer son affaire. Enfin, n'oublions pas qu'il doit constamment renouveler sa licence ; s'il en était véritablement propriétaire, il n'aurait pas besoin de la renégocier régulièrement [10]. Pour citer Kirkham et McGowan : « En utilisant les mots "vendre", "acheter" et "propriétaire", on envoie un message qui occulte la véritable nature du rapport entre franchiseur et franchisé [11] [...]. Si je vous vends quelque chose, vous l'avez acheté. Si vous l'avez acheté, vous en êtes propriétaire. Si vous en êtes propriétaire, vous pouvez en faire ce que vous voulez [12]. » Mais aucune de ces propositions n'a de sens dans le cadre de la franchise.

La pratique de la franchise reflète les nouvelles caractéristiques organisationnelles de l'économie en réseau. Par son fonctionnement — et en vertu même de sa raison d'être —, elle nous éloigne de l'univers marchand traditionnel reposant sur une large diffusion de la propriété entre entreprises indépendantes et nous entraîne dans un monde de concessionnaires dépendants négociant leur accès à des réseaux de prestataires tout-puissants. Il s'agit là d'un paysage totalement nouveau où les critères traditionnels de la propriété commerciale sont totalement secondaires. Ainsi, par exemple, si les franchiseurs exercent un contrôle absolu sur les actifs immatériels, qui sont les plus importants puisqu'ils définissent l'essence même de leur activité, ils ont aussi souvent un certain contrôle sur une bonne partie des actifs réels. Dans de nombreux cas, le franchiseur sous-loue au franchisé la propriété du fonds de commerce dont il est lui-même locataire. Aux États-Unis, les franchiseurs sont souvent propriétaires des terrains sur lesquels sont construits les établissements de leurs concessionnaires. Le fondateur de McDonald's, Ray Kroc, était convaincu que la propriété du terrain et des locaux du franchisé était la seule façon de maintenir un contrôle total sur son activité :

> J'ai enfin trouvé le moyen d'exercer un contrôle absolu sur tous les McDonald's que nous ouvrons [...]. [Le contrat de sous-location du franchisé] doit stipuler que, dès que McDonald's System Inc. signalera à Franchise Realty Corporation que l'activité de son établissement ne satisfait pas en tout point aux critères de qualité et de service de McDonald's, il sera mis fin au contrat dans un délai de trente jours. Voilà enfin le moyen de pression idéal, plus question de leur faire de cadeaux. Désormais, c'est nous qui allons mener la barque au lieu de mendier leur coopération [13].

Dunkin'Donuts contrôle ainsi les deux tiers des terrains sur lesquels sont installés ses concessionnaires, soit en leasing, soit en tant que propriétaires. En Grande-Bretagne, les franchiseurs contrôlent 17 % des terrains et des locaux des franchisés [14].

Nombre de contrats de franchise stipulent que le franchisé doit louer son équipement au franchiseur, ce qui donne à ce dernier un pouvoir de contrôle encore plus grand. Les deux tiers des contrats de franchise mettent la ligne téléphonique de l'établissement franchisé sous le contrôle du franchiseur, soit que ce dernier en soit directement propriétaire (46 % des cas), soit par une clause qui exige le transfert du numéro de téléphone au franchiseur à la fin de la licence (41 % des cas) [15].

Le franchiseur contrôle également l'activité quotidienne du franchisé. Les manuels des franchiseurs décrivent souvent dans le moindre détail comment doit fonctionner l'établissement du franchisé. Le manuel de McDonald's fait plus de 600 pages et prescrit non seulement les méthodes de cuisson, le volume des portions et les règles d'hygiène, mais aussi le comportement idoine des employés face aux clients [16]. Les franchiseurs ont le droit d'inspecter les établissements des franchisés, souvent sans les prévenir, et de s'entretenir avec les clients pour évaluer le service. Kentucky Fried Chicken emploie des « clients surprise » qui visitent divers établissements et rédigent des rapports détaillés sur leur expérience de consommateurs [17].

La moitié des contrats de franchise spécifient les heures d'ouverture des établissements franchisés. Quatre-vingt-trois pour cent d'entre eux donnent aux franchiseurs le droit de retirer sa licence au franchisé qui souhaiterait se livrer parallèlement à d'autres activités commerciales. Les contrats spécifient même souvent le nombre de jours de vacances que le franchisé est autorisé à prendre chaque année. Enfin, nombre de franchiseurs contrôlent également la politique de prix, qui fut longtemps considérée comme le domaine réservé du franchisé. Certains fixent des limites supérieures et inférieures, d'autres imposent un plafond et un prix fixe [18].

D'après Alan Felstead, un chercheur de l'université de Leicester qui a étudié un grand nombre de contrats de franchise, la conséquence de toutes ces clauses extrêmement contraignantes est que, « malgré les sommes substantielles investies par les franchisés, qui représentent souvent la totalité de leur épargne, ou bien sont le fruit d'une seconde hypothèque sur leur domicile, ceux-ci n'ont aucun droit de propriété sur les actifs immatériels et un droit restreint sur les actifs réels [19] ».

Ce qui prête souvent à confusion quand il s'agit de savoir si un franchisé est un propriétaire au sens classique ou s'il n'est qu'un employé superlatif ou un commis du franchiseur, c'est la nature de ce qu'il possède vraiment. Durant l'ère industrielle, la propriété était définie sans ambiguïté par la possession du capital matériel, des machines, des infrastructures et des terrains, par l'emploi des salariés, par le contrôle du processus de production et par la commercialisation des biens ou des services. Dans une économie en réseau, où les actifs immatériels comptent plus que les actifs réels, la véritable propriété est définie par la possession du savoir-faire, des concepts, des idées, de la marque et des formules de marketing.

« Dans le cas de la franchise, explique Felstead, le pouvoir économique ne s'exerce pas à travers la propriété directe des infrastructures commerciales, mais par le contrôle de l'utilisation des actifs immatériels, labels, idées ou formules [20]. »

La franchise, qui est en train de devenir la forme dominante de l'activité commerciale de détail aux États-Unis — et dans d'autres pays du monde —, est aussi différente de la conception traditionnelle de l'entreprise commerciale individuelle que cette dernière l'était des ateliers d'artisans médiévaux, qui opéraient sous la contrainte des règlements très stricts édictés par les guildes et les corporations. Ces nouvelles formes d'organisation commerciale sont des entités hybrides, des entreprises de transition à mi-chemin entre un régime de propriété classique et la logique de l'accès.

Quoi qu'il en soit, on assistera probablement au cours des deux prochaines décennies à la disparition d'un nombre croissant de petites entreprises indépendantes aux États-Unis et dans le reste du monde. Elles seront souvent remplacées par des établissements franchisés. Dans ce nouveau dispositif organisationnel, qui transforme complètement le profil de l'activité économique, vendeurs et acheteurs céderont la place à des prestataires et à des usagers, les actifs immatériels compteront plus que les actifs réels et les investisseurs achèteront un droit d'accès aux formules commerciales d'une entreprise plutôt que d'acheter l'entreprise elle-même. Les petites et moyennes entreprises indépendantes, qui constituaient la colonne vertébrale du système capitaliste, seront rapidement marginalisées par ce nouveau système. Les nouveaux types d'établissements qui les remplaceront seront porteurs d'un nouvel esprit du capitalisme, fondé sur l'accès à de puissants réseaux de prestataires.

L'ADN en location

Le secteur des bio-industries connaît, lui aussi, la même évolution des marchés traditionnels aux réseaux. Les matières premières de la révolution industrielle — combustibles fossiles, métaux et minerais — cèdent peu à peu la place aux nouvelles ressources du siècle des biotechnologies. Quarante ans de recherche ont ouvert la voie d'une révolution génétique qui arrive maintenant sur le marché, bouleversant pratiquement tous les secteurs économiques. Aujourd'hui, on utilise l'ingénierie génétique pour développer des variétés agricoles ultraperformantes, des produits pharmaceutiques, des nouveaux types de fibre et de matériaux de construction, et même des sources d'énergie. Les États, les universités et les bio-industries sont en train de réaliser le projet scientifique le plus ambitieux de l'histoire : le déchiffrement du code génétique d'une bonne partie des micro-organismes, des plantes et des espèces animales, y compris l'espèce humaine, qui constituent la biosphère terrestre. En moins de dix ans, les 140 000 gènes environ qui constituent le patrimoine évolutif de l'espèce humaine seront localisés et identifiés.

Cette transition des combustibles fossiles aux ressources génétiques est incroyablement rapide. Ainsi, par exemple, au cours des trois dernières années, quatre géants de la révolution pétrochimique — Monsanto, Novartis, DuPont et Aventis — ont décidé de se débarrasser de tout ou partie de leur secteur chimique pour se concentrer presque exclusivement sur la recherche génétique et l'élaboration de technologies et de produits à base génétique. Certes, les produits chimiques ne vont pas disparaître dans un avenir prévisible, mais ils vont certainement passer au second plan face au progrès des biotechnologies.

Au cours de l'ère industrielle, les ressources non renouvelables — combustibles fossiles, substances chimiques, métaux et minerais — étaient transformées en marchandises. Une fois achevés leur extraction et leur traitement, elles étaient vendues en fonction de leur poids et de leur teneur. À chaque étape de ce processus, elles étaient considérées comme une propriété négociable qui pouvait être aliénée et transférée entre divers acheteurs et vendeurs. Le destin des ressources génétiques est différent. Les gènes ne sont pas vendus, ils sont cédés sous licence ; ils ne sont pas achetés, mais seulement loués. Les gènes restent en possession des prestataires sous forme de brevets et sont prêtés aux usagers pour une courte durée.

Tout comme les ressources non renouvelables, les ressources génétiques sont présentes dans la nature, dont il faut les extraire pour les soumettre à un processus de purification et d'élaboration. Les bio-industries parcourent la planète à la recherche des gènes rares et précieux dont peuvent être porteurs micro-organismes, plantes, animaux et êtres humains. La valeur commerciale potentielle de ces ressources génétiques réside dans la possibilité d'en extraire de nouvelles variétés agricoles, de nouveaux médicaments, de nouvelles fibres ou de nouvelles sources d'énergie.

Dès que des gènes présentant ces potentialités sont repérés, ils sont brevetés et acquièrent le statut légal d'inventions. Il y a là une différence fondamentale entre le statut des ressources chimiques pendant l'ère industrielle et celui des ressources génétiques au siècle des biotechnologies. Au XIXᵉ siècle, quand les chimistes découvraient de nouveaux éléments dans la nature, ils avaient le droit de breveter les procédés utilisés pour extraire et isoler ces substances, mais pas les éléments chimiques eux-mêmes. En effet, aux États-Unis et dans plusieurs autres pays, il est interdit de considérer les découvertes de substances naturelles comme des inventions.

Aucune personne raisonnable n'admettrait que le scientifique qui a réussi à isoler, décrire et classifier les propriétés de l'hydrogène, de l'hélium ou de l'aluminium puisse se voir accorder pour vingt ans le droit exclusif de considérer ces substances comme une invention de son cru. De fait, en 1928, le Bureau des brevets et des marques des États-Unis (PTO) refusa d'accorder un brevet sur le tungstène. Les tribunaux fédéraux confirmèrent cette décision en déclarant que, si le demandeur avait effectivement été le premier à découvrir le tungstène et à l'isoler, cette substance avait toujours existé dans la nature et ne pouvait donc pas être considérée comme une « invention [21] ».

Néanmoins, en 1987, en contradiction apparente avec ses propres critères en matière de brevetage des substances naturelles, le PTO publia une directive déclarant que les composants des créatures vivantes — gènes, chromosomes, cellules et tissus — étaient brevetables et pouvaient être considérés comme la propriété intellectuelle des premiers chercheurs qui isolaient leurs propriétés, décrivaient leurs fonctions et leur découvraient une application commerciale adéquate.

Il existe déjà des brevets sur des gènes et des cellules humains, tout comme sur ceux d'autres créatures vivantes, et les spécialistes prévoient que, d'ici à vingt-cinq ans, une bonne partie du patrimoine génétique — héritage de millions d'années d'évolution biologique — aura été identifiée, isolée et transformée en propriété intellectuelle contrôlée, pour l'essentiel, par une poignée de bio-industries transnationales.

Le brevetage de cette matière première de la nouvelle économie change complètement la façon dont ces ressources sont mises sur le marché. Désormais, en effet, les ressources biologiques, qui constituent à la fois notre patrimoine le plus fondamental et un matériau clé de la nouvelle économie, ne seront plus cédées par des vendeurs à des acheteurs. C'est seulement l'accès à ces ressources qui sera concédé par des prestataires à des usagers.

Les conséquences de cette évolution se font déjà sentir, en particulier dans le domaine agricole. Au cours des dernières années, les multinationales du secteur biotechnologique ont discrètement racheté les producteurs de semences indépendants, ce qui leur permet de contrôler une bonne partie du germoplasme dont dépend l'activité agricole. Une fois qu'elles en ont acquis la propriété, ces multinationales modifient légèrement les semences en éliminant certains traits génétiques ou en les recombinant avec d'autres gènes et font alors breveter leur « invention ». C'est ainsi qu'elles ambitionnent de contrôler sous forme de propriété intellectuelle tout le stock de semences de la planète.

Dix entreprises contrôlent actuellement 32 % du marché des semences, qui représente 23 milliards de dollars de chiffre d'affaires. Trois d'entre elles, DuPont, Monsanto et Novartis, engrangent 4,5 milliards de dollars par an grâce à cette mainmise [22]. À elle seule, Monsanto a dépensé plus de 8 milliards de dollars en rachat de divers producteurs de semences et entreprises de biotechnologie au cours des dernières années, ce qui lui a permis de devenir un leader mondial. Elle a ainsi complété sa collection de semences en rachetant deux des dix premières entreprises du secteur, DeKalb Genetics et la succursale spécialisée de Cargill[23]. Monsanto a également l'intention de racheter Delta and Pine Land Co, le leader mondial des semences de coton, et a déjà pris le contrôle de Plant Breeding International, une entreprise britannique jadis possédée par Unilever. Monsanto, ancien géant de la chimie et désormais leader des biotechnologies, occupe le deuxième rang mondial sur le marché des semences[24]. Les géants du secteur contrôlent 33 % du marché du soja, 15 % du marché des semences de maïs et l'acquisition de Delta Pine and Land leur permettra de contrôler 85 % du marché des semences de coton aux États-Unis[25].

Parmi les autres leaders du secteur qui contrôlent une fraction importante du stock de semences de la planète, citons le Groupe Limagrain (France), AgriBiotech Inc. (États-Unis), Astra Zeneca (Grande-Bretagne et Suède), Sakata (Japon) et KWS, AG (Allemagne)[26]. D'après la Fédération internationale du commerce des semences, le marché des semences manipulées génétiquement devrait atteindre 2 milliards de dollars vers la fin de l'an 2000 et 20 milliards vers 2010[27].

Pour comprendre la signification historique de ce brevetage et de ce contrôle généralisés du germoplasme, nous devons nous souvenir que, depuis le début de la révolution néolithique, les agriculteurs ont toujours été propriétaires de leurs semences. Pendant des milliers d'années, ils les ont récupérées sur leurs récoltes pour les utiliser à la saison suivante. Les semences étaient également l'objet d'un partage au sein de la famille étendue et entre voisins, elles étaient aussi parfois échangées contre d'autres biens.

C'est cette relation fondamentale entre les paysans et leurs semences qui est désormais rompue. Les semences brevetées ne sont jamais vendues, au sens conventionnel du terme. Elles sont de fait plutôt louées pour un usage et une récolte uniques. Les nouvelles semences produites de la récolte appartiennent au détenteur du brevet et ne peuvent être réutilisées à la saison suivante. L'agriculteur jouit seulement d'un accès provisoire à la propriété intellectuelle d'un tiers. Techniquement, les semences ne sont donc jamais vendues, ni achetées.

Monsanto et d'autres leaders du secteur ont clairement fait savoir qu'ils étaient prêts à poursuivre en justice tout agriculteur qui recueillerait et replanterait leurs semences brevetées. Les sanctions prévues peuvent se traduire par des assignations pénales et des amendes pouvant aller jusqu'à un million de dollars. Monsanto a même loué les services de détectives de l'agence Pinkerton pour contrôler les exploitations agricoles et surveiller les possibles infractions des revendeurs de produits agricoles et de ses propres commerciaux. D'après le magazine *Progressive Farmer*, Monsanto a déjà traîné en justice des centaines d'agriculteurs pour exploitation illégale de semences brevetées [28].

En brevetant le stock de semences de la planète, les bio-industries sont en train d'acquérir le contrôle de fait d'une bonne partie de la production agricole mondiale. Ils sont les prestataires exclusifs et, dans le monde entier, chaque paysan n'est plus qu'un usager isolé qui doit réacquérir le droit d'accéder aux semences de la vie à chaque saison.

Conscientes qu'il est impossible de surveiller un par un tous les agriculteurs, mais bien décidées à s'assurer que chacun d'entre eux respecte les termes du contrat de location des semences et l'exclusivité de leurs brevets, les bio-industries ont trouvé une solution technologique miracle qui leur garantit la docilité absolue de leurs clients. L'entreprise Delta and Pine Land et le ministère de l'Agriculture des États-Unis ont fait enregistrer un brevet sur une technique de stérilisation automatique des semences qui interdit aux agriculteurs de pouvoir les replanter. Comme l'explique Harry Collins, vice-président du département des technologies de transfert de Delta and Pine Land, ce procédé consiste à greffer sur des plants de tabac — et ce sera bientôt également le cas d'autres cultures — de nouveaux gènes qui, une fois arrosés par un composé chimique spécifique, désactiveront le gène déclencheur de fertilité des semences brevetées. Une fois ce gène désactivé, les nouvelles semences produites par les plants de tabac ne pourront pas germer. Ce procédé a été baptisé « technologie Terminator » par la Rural Advancement Foundation International, une ONG qui signale qu'il a déjà été utilisé avec succès non seulement sur le tabac, mais sur le coton [29].

Pour Melvin Oliver, le chercheur du ministère de l'Agriculture américain à qui l'on doit l'invention du procédé

Terminator, « on ressentait le besoin criant d'un système qui garantisse une protection automatique de votre technologie agricole au lieu de vous obliger à passer par des procédures juridiques complexes pour empêcher les agriculteurs de réutiliser votre semence, ou de passer votre temps à vous défendre contre l'espionnage industriel des concurrents[30] ». Mais les critiques de ce procédé estiment qu'il n'est pas normal que les agriculteurs soient obligés de mendier chaque année le renouvellement de leur droit d'accès à une ressource qui était jadis reproduite et réutilisée systématiquement après une première acquisition.

L'hostilité au procédé Terminator des syndicats d'agriculteurs, des organisations agricoles et même de certains pays n'a pas tardé à faire boule de neige. En octobre 1998, la plus importante institution de recherche agricole au niveau mondial, le Groupe consultatif sur la recherche agricole internationale — un organisme financé par l'ONU et la Banque mondiale —, a recommandé aux seize organisations membres qui le composent de prohiber l'utilisation de Terminator dans leurs programmes de recherche. L'Inde, deuxième pays le plus peuplé du monde, interdit le procédé Terminator à l'intérieur de ses frontières[31]. En octobre 1999, en réponse à la vague mondiale de protestations qui a accueilli cette invention, Monsanto a annoncé qu'elle ne serait pas utilisée, tout en signalant qu'elle entendait explorer d'autres moyens de protéger sa propriété intellectuelle, y compris des techniques qui lui permettraient de n'activer certains traits spécifiques des plantes qu'une fois que les agriculteurs auraient payé des droits d'accès additionnels pour pouvoir les utiliser.

Pour les millions d'agriculteurs dont la survie dépend de la possibilité de recueillir des semences et éventuellement de les échanger de manière informelle avec leurs voisins, l'obligation de renégocier chaque année leur droit d'accès à ces semences auprès d'une poignée de multinationales pourrait bien les mener à la faillite. Lawrence Bush, un sociologue de l'université du Michigan qui suit de près tout le débat sur la propriété intellectuelle des semences, exprime bien le sentiment croissant des critiques : « Toutes sortes de troubles civils, de guerres ou de catastrophes naturelles peuvent se produire, et c'est typiquement le genre de phénomène qui détruit les stocks de semences. Si les paysans ne peuvent pas replanter les semences qu'ils récoltent et que vous les rendez complètement dépendants, vous mettez en place les conditions d'une famine massive [32]. »

L'élimination de la propriété diffuse des semences de la vie et leur concentration entre les mains d'une poignée de grandes entreprises est un véritable tournant dans l'histoire de l'agriculture. Tout comme d'autres secteurs commerciaux, l'agriculture est, elle aussi, en train de passer sous l'hégémonie des rapports prestataire-usager. Pour des millions d'exploitants, l'ère de la propriété fait de plus en plus partie du passé face à la logique de l'accès. Ce qui est apparu longtemps comme une des formes les plus élémentaires de patrimoine agricole, à savoir le contrôle des semences par les paysans, est devenu un anachronisme avec l'émergence des biotechnologies.

On peut également constater l'extension de cette logique du brevet à d'autres secteurs du vivant longtemps régis par une notion traditionnelle de propriété et d'échange entre vendeurs et acheteurs. Ainsi, par exemple, les agriculteurs ou les chercheurs qui acquéraient des animaux vivants étaient généralement propriétaires de leur progéniture. Ce n'est plus le cas actuellement. Techniquement, le pourvoyeur d'animaux brevetés détient les droits de propriété sur toute la descendance d'un même génotype. Ainsi, si un animal est cloné et breveté, les copies clonées sont considérées comme propriété intellectuelle du détenteur du brevet, et ce dernier encaisse des royalties pour chaque nouvelle naissance. Ce phénomène va prendre de plus en plus d'importance au cours des années qui viennent, étant donné que l'usage d'animaux clonés et brevetés va se répandre sous diverses formes, comme la production alimentaire, la greffe d'organes, la production pharmaceutique (ces animaux pouvant être utilisés comme de véritables usines chimiques) et la fourniture de cobayes pour la recherche médicale. Au lieu d'en être propriétaires, agriculteurs, chercheurs et autres utilisateurs devront acquérir un droit d'accès aux animaux clonés et brevetés et payer des droits ultérieurs pour chacun de leurs clones ou de leurs rejetons.

Beaucoup de gens seraient sans doute surpris d'apprendre qu'ils ne sont même plus propriétaires de leur propre corps et qu'ils ne peuvent pas disposer de leur ADN ni de leurs cellules comme bon leur semble. John Locke, un des principaux philosophes politiques des Lumières, ne soutenait-il pas en effet que chaque individu est légitimement propriétaire de lui-même, à savoir de son corps, de son travail et de ses aptitudes mentales ? L'âge de l'accès remet complètement en question cette conception traditionnelle de la propriété de soi.

Les tribunaux de Californie ont établi, il y a quelques années, un extraordinaire précédent juridique en matière de propriété de soi. Un homme d'affaires de l'Alaska, John Moore, découvrit en effet que des organes de son corps avaient été brevetés à son insu et sans son consentement. Souffrant d'une forme rare de cancer, Moore avait été traité par les services médicaux de l'université de Californie à Los Angeles (UCLA). Un médecin et un chercheur découvrirent que le tissu de la rate de Moore sécrétait une protéine qui facilite la production de globules blancs, lesquels sont des agents anticancéreux efficaces. En 1984, l'UCLA créa une ligne de globules grâce au tissu de Moore et fit breveter son « invention », dont la valeur est estimée à plus de 3 milliards de dollars. C'est ce qui amena Moore à poursuivre en justice l'université et à réclamer ses droits de propriété sur son propre tissu biologique.

Mais, en 1990, la Cour suprême de Californie émit un jugement défavorable à Moore, estimant qu'il ne jouissait pas des droits de propriété sur ses tissus corporels. En outre, elle accorda paradoxalement à l'UCLA le droit de faire enregistrer la ligne de globules produite à partir du tissu de Moore comme propriété intellectuelle de l'université.

Voilà qui illustre parfaitement la partialité de la nouvelle logique : la propriété matérielle de l'individu sur son propre tissu biologique n'est pas reconnue, mais la propriété immatérielle d'un tiers sur le produit de ce même tissu, sous forme de brevet, est à la fois sanctionnée et protégée par la loi. À l'avenir, si des membres de la famille ou des descendants directs de Moore se trouvent avoir besoin de ses globules blancs pour un traitement médical, ils devront payer des droits à l'université de Californie pour pouvoir y avoir accès [33].

Il est de plus en plus courant de voir breveter des cellules et des gènes humains. Aujourd'hui, une patiente qui voudrait être examinée pour savoir si elle a une prédisposition génétique pour certaines maladies comme le cancer du sein, la maladie de Canavan ou la fibrose kystique peut se voir obligée de payer des droits à l'entreprise qui détient le brevet sur le gène concerné. Un examen génétique classique coûte moins de 100 dollars ; le prix d'un examen génétique impliquant des gènes brevetés peut monter jusqu'à 2 500 dollars. Il va sans doute devenir de plus en plus fréquent que les personnes en quête d'information génétique, quelles que soient leurs motivations, aient à payer des droits exorbitants pour l'usage de tel ou tel gène.

Le risque, c'est qu'en instaurant un monopole sur le génome, la poignée de bio-industries qui accumulent des brevets sur le vivant ne mette en danger l'avenir et la viabilité même de nos systèmes de santé. Au cours des deux prochaines décennies, on pourra identifier des dizaines de milliers de gènes et de prédispositions génétiques. Nombreux seront les patients qui souhaiteront se soumettre à des tests génétiques, soit dans le cadre d'une prévention de routine, soit pour détecter l'amorce d'une maladie. Mais les médecins et les organismes prestataires de soins seront sans doute très réticents à pratiquer ce type de tests en raison de leur coût prohibitif, qui pourrait se chiffrer en dizaines, voire en centaines de milliers de dollars. De leur côté, les bio-industries maintiendront probablement le prix de leurs tests génétiques à un niveau très élevé en raison de leur monopole sur tel ou tel gène breveté, qui leur garantit des profits considérables. Mais, d'un autre côté, le patient qui s'estimera victime d'une maladie grave ou d'une erreur de diagnostic parce que son médecin a refusé de le soumettre à un test génétique risque de le traîner en justice, lui et l'organisme pour lequel il travaille. Cette surenchère juridique pourrait déboucher sur une escalade des dépenses de santé pour des millions de personnes. Dans tous les cas de figure, le brevetage des gènes ne pourra qu'entraîner un renchérissement considérable des coûts de la santé.

En 1998, des chercheurs de l'université Johns Hopkins et de l'université du Wisconsin travaillant sous licence pour une entreprise de biotechnologie californienne, Geron Corporation, ont annoncé qu'ils avaient réussi à isoler et à conserver des cellules souches, à savoir les cellules primordiales qui commandent le développement de tout être humain. Leur demande de brevet est en attente auprès du PTO. Si ce brevet est accordé, Geron aura ainsi le contrôle de la cellule fondamentale de la vie humaine pour vingt ans, ce qui lui permettra dans une large mesure de dicter l'avenir de la recherche médicale, voire l'avenir même de l'évolution de l'espèce humaine. L'espoir des chercheurs est que, grâce aux cellules souches, ils seront à même de contrôler les divers mécanismes déclencheurs qui gouvernent le développement humain. De telles recherches pourraient permettre de produire des protéines, des cellules, des tissus et même des organes humains. Et, à l'avenir, quiconque souhaitera bénéficier de thérapies ayant pour origine les recherches sur les cellules souches devra payer un droit d'accès.

En 1999, le gouvernement islandais a signé un accord de 200 millions de dollars avec une entreprise pharmaceutique suisse, Roche Holding AG, pour faire explorer le génome des 270 000 habitants de l'île dans l'espoir d'identifier des gènes ou des prédispositions génétiques qui pourraient être utiles à la recherche médicale et susceptibles d'être exploités commercialement. Cela signifie qu'à l'avenir, si les Islandais veulent pouvoir profiter de l'information génétique ou des dérivés pharmaceutiques issus de cette recherche, ils devront payer des droits à Roche pour accéder à leur propre patrimoine génétique[34].

Le contrôle des actifs immatériels et de diverses formes de propriété intellectuelle permet aux entreprises transnationales de créer de puissants réseaux de prestataires et d'usagers et d'accumuler un énorme pouvoir économique par des moyens totalement inédits. Le passage des marchés de vendeurs et d'acheteurs aux réseaux de prestataires et d'usagers, et de la propriété diffuse à l'accès à court terme au capital, aux biens et aux services, suscite de troublantes interrogations en matière économique et sociale. Ainsi, par exemple, les lois antitrust sont destinées à protéger les marchés contre les monopoles, et les marchés, ne l'oublions pas, sont ces espaces d'interaction où des acheteurs et des vendeurs échangent des biens et des services. Or, par définition, les réseaux éliminent cette interaction et la remplacent par des chaînes de prestataires et d'usagers. Si les réseaux continuent à éliminer les marchés, doivent-ils tomber sous le coup des lois antitrust, qui sont censées protéger les marchés traditionnels ? Si ce n'est pas le cas, comment la société peut-elle définir de nouvelles contraintes légales afin d'empêcher les entreprises d'exploiter leur mainmise sur les idées et le capital intellectuel pour monopoliser et contrôler les réseaux ? Dans son livre *Owning the Future*, Seth Shulman signale que « nous devons redéfinir le sens des réglementations antitrust dans le cadre d'une économie fondée sur le savoir ». Comme un grand nombre d'observateurs, Shulman suggère que « nous devons reformuler la conception des lois antitrust afin de combattre explicitement les monopoles sur l'"infostructure", qui représentent une forme de concentration de pouvoir terriblement dangereuse et sans précédent[35] ».

La discussion sur les questions que pose le fonctionnement en réseau de l'activité économique et les réponses à y apporter en termes de politiques publiques commence à peine à s'ébaucher. Mais plus la logique de la propriété cédera du terrain à la logique de l'accès dans le fonctionnement de l'économie mondiale, plus ces questions seront partout à l'ordre du jour.

5

Quand tout devient service

À quoi ressemblerait aujourd'hui notre monde si Henry Ford avait conçu l'automobile comme un service plutôt que comme un produit et avait décidé de louer des voitures au lieu de les vendre ? Le XXe siècle aurait sans doute pris un tout autre aspect. Mais, dans l'histoire réelle des rapports de propriété, l'automobile est devenue le critère suprême du succès personnel.

Pour la plupart des gens, l'achat d'un véhicule est une sorte de rite d'initiation à l'âge adulte et au statut de propriétaire. Il manifeste notre acceptation des responsabilités qu'implique notre appartenance à la classe des propriétaires. Les rites de passage sont peu nombreux dans notre société, et la possession d'une automobile exprime symboliquement le passage de l'adolescence à l'âge adulte.

En outre, dans une culture obsédée par les notions d'autonomie et de mobilité, l'automobile est la parfaite incarnation technologique de ces valeurs suprêmes. Chez les jeunes en particulier, la possession d'une automobile permet de revendiquer une identité personnelle et un statut social. Une fois au volant, j'affirme que j'existe et qu'on doit me prendre au sérieux. C'est vrai en particulier pour les hommes, qui considèrent leur voiture comme leur bien le plus précieux et la perçoivent comme un prolongement de leur personnalité et le fondement même de leur image sociale.

On ne doit donc pas s'étonner de la valeur attribuée traditionnellement à la possession d'un véhicule. Mais les temps ont changé et l'automobile, comme tant d'autres produits de notre société, est en train de passer au statut de service. Pour un bien de consommation qui a joué un rôle aussi fondamental dans la définition de notre mode de vie, de notre économie et de notre identité, le fait de devenir objet de location plutôt que de vente signale de profondes transformations dans l'organisation de l'activité économique.

En moins de dix-huit ans, la location de véhicules par des particuliers a cessé d'être une activité obscure et plus ou moins marginale pour passer sur le devant de la scène : aujourd'hui, un tiers des automobiles et des camions qui circulent sur les routes des États-Unis sont loués par leurs usagers aux producteurs ou aux concessionnaires [1]. C'est vrai en particulier de la moitié des véhicules de luxe. Ainsi, 90 % des Jaguar XJ en circulation sont utilisées en location. Dans certaines banlieues chics, comme Marin County, en Californie, plus de 60 % des automobiles sont louées [2]. Ce phénomène est également en train de se répandre en Europe et ailleurs. En Allemagne, 20 % des automobiles sont louées, même si c'est généralement par des entreprises [3].

Cette évolution s'explique pour plusieurs raisons. Le prix de vente des automobiles est de plus en plus élevé, et nombre de conducteurs n'ont tout simplement plus les moyens de verser les acomptes, mensualités et intérêts exigibles pour l'achat d'un véhicule. Il y a encore une dizaine d'années, une voiture neuve leur coûtait vingt-deux semaines de salaire. Vers le milieu des années quatre-vingt-dix, cette moyenne s'élevait à vingt-six semaines. En revanche, pour louer un véhicule, il suffit généralement de déposer une garantie qui équivaut à un mois de salaire. En outre, depuis que les intérêts sur les ventes d'automobiles à crédit ne sont plus déductibles des impôts, la location présente encore plus d'avantages. Elle permet également au consommateur de parader au volant d'une voiture qu'il n'aurait jamais pu s'offrir s'il avait dû en financer l'achat.

Et quand vous louez une voiture, vous ne payez qu'une fraction de la valeur dont vous faites usage [4].

C'est Ford qui a promu le premier la mode de la location dans les années quatre-vingt, et c'est lui qui domine actuellement le marché américain avec 26 % des locations de voitures souscrites au cours des deux premiers mois de l'année 1998 [5]. Parmi les producteurs étrangers, c'est Mitsubishi qui l'emporte, et plus de la moitié des véhicules de cette marque en circulation aux États-Unis sont loués [6]. Même la célèbre Silver Dawn de Rolls Royce est généralement louée. Nombreux sont les riches automobilistes qui préfèrent payer 1 699 dollars par mois plutôt que de débourser d'un coup entre 139 000 et 149 000 dollars pour acquérir un véhicule de luxe [7].

C'est d'ailleurs auprès de cette clientèle que la location a d'abord eu le plus de succès, et c'est encore le cas aujourd'hui. Les études marketing montrent que c'est au niveau des catégories de revenu les plus élevées que la location marche le mieux [8]. Ces consommateurs haut de gamme ne souhaitent pas immobiliser des liquidités dans l'achat d'un véhicule. En outre, ils sont déjà habitués à la prépondérance de la logique de l'accès sur celle de la propriété dans leur activité professionnelle, et ils sont plus enclins à considérer l'automobile comme un service plutôt que comme un produit, ce qui explique qu'ils se soient largement convertis à la location en quelques années à peine.

Dans une société où le cycle de vie des produits s'est sensiblement raccourci et où l'innovation est permanente, un nombre croissant de conducteurs voient dans la location un moyen de ne pas rester à la traîne. Les acheteurs d'automobiles conservent leur véhicule trois ans et demi en moyenne, tandis que ceux qui se contentent de les louer en changent tous les deux ou trois ans [9]. En outre, comme les concessionnaires savent parfaitement à quelle date le bail de leur client prend fin, ils peuvent anticiper leur désir de renégocier une nouvelle location.

C'est aussi pour eux un moyen de marchandiser leur relation à long terme avec un client. Au lieu de traiter chaque achat comme une transaction individuelle discontinue, comme c'était traditionnellement le cas, ils s'engagent dans une relation de service à long terme. Ainsi, près de 50 % des clients qui louent une Ford souhaitent relouer un véhicule de même marque à la fin de leur bail, soit un taux de fidélité deux fois plus élevé que celui des acheteurs [10].

Mercedes-Benz est allé encore plus loin en proposant des services de location « à géométrie variable » en Grande-Bretagne. Les termes du contrat de location permettent en effet au client de choisir le véhicule qu'il désire dans une gamme de prix définie et d'en changer aussitôt qu'il le souhaite. Avec ce type de pratique, l'usage d'une automobile n'est plus une forme de propriété mais une pure expérience de service. C'est la logique de l'accès qui est au cœur de la relation commerciale. Comme l'explique Helmut Werner, P-DG de Mercedes-Benz, « nous ne souhaitons plus simplement vendre une voiture de plus, ce que nous voulons, c'est offrir toute une gamme de services de transport [11] ».

Citons une expérience encore plus avancée : le European Car Sharing Network, un service de locations qui fournit à ses adhérents l'accès à différents modèles d'automobiles vingt-quatre heures sur vingt-quatre dans plus de trois cents villes européennes. Si vous êtes membre du CityCarClub, il vous suffit de déposer une garantie et l'on vous remettra une clé et un prospectus indiquant les véhicules disponibles dans telle ou telle ville. Vous pouvez alors effectuer une réservation instantanée et récupérer votre voiture sur un des parkings destinés à cet usage. Vous y trouverez un casier qui contient les clés du véhicule de votre choix. À la fin de votre voyage, il vous suffit de garer votre voiture au même endroit, de remplir une facture, d'indiquer votre kilométrage et de remettre le tout dans le casier de départ. Le club prend en charge tous les frais d'entretien, de service et d'assurance et vous facture à la fin du mois [12].

On trouve des succursales du CityCarClub en Allemagne, en Suisse, en Autriche, en Irlande, en Norvège, en Suède, au Danemark et aux Pays-Bas. Leur brochure publicitaire cite Aristote : « Il y a plus de richesse dans l'usage que dans la propriété. » Voilà une opinion que semblent effectivement partager pas mal de gens, vu que le CityCarClub compte actuellement 38 000 membres et que le taux de croissance des adhésions oscille entre 50 % et 60 % [13].

Cette évolution de la perception élémentaire de notre rapport à l'automobile, non plus comme un produit que nous achetons mais comme un service auquel nous avons accès, reflète la restructuration globale du système capitaliste. Nous ne sommes plus dans une économie qui produit essentiellement des biens mais dans une économie qui fournit des services et procure des expériences, et notre attachement traditionnel à la notion de propriété est en train de s'affaiblir en conséquence. Les nouvelles dimensions temporelles de la société hypercapitaliste nous obligent à réévaluer notre conception de l'échange et de la propriété tout comme cela put être le cas à la veille de l'ère industrielle, quand l'invention de l'imprimerie, de l'horloge mécanique, de la boussole et, ultérieurement, de la machine à vapeur a bouleversé le rythme de l'activité économique et accéléré la mobilité des individus. Dans les prochaines années, nous en viendrons de plus en plus à concevoir notre vie économique en termes d'accès à des services et à des expériences, et de moins en moins en termes de propriété. C'est véritablement un nouvel âge qui commence.

Essor et déclin de la propriété

On ne saurait douter de l'importance de la propriété privée pour le monde moderne. Pour Daniel Bell, sociologue de Harvard, la propriété privée est l'« institution axiale » de la société capitaliste [14]. Dans leur souci de légitimer le régime de la propriété privée, les économistes n'ont cessé de rechercher en vain depuis près de trois cents ans les lois quasi métaphysiques qui permettraient de l'inscrire dans la nature même des choses. Au XIXe siècle, Paul Lafargue, le gendre de Marx, signalait déjà ironiquement que, dans leur hantise de démontrer la nature universelle de la propriété privée, les économistes attribuaient des mœurs de propriétaires aux fourmis qui, c'est bien connu, accumulent des provisions. Et d'ajouter sarcastiquement : « Il est fort dommage qu'ils n'aient pas franchi l'étape suivante en affirmant que, si la fourmi accumule, c'est en vue de vendre le produit de cette accumulation et de réaliser un profit sur la circulation de son capital [15]. »

Le juriste anglais Sir William Blackstone définissait la propriété comme « cette domination singulière et despotique que l'homme entend exercer sur les objets extérieurs de l'univers, et qui en exclut de manière absolue les droits de tous les autres individus [16] ». Dans le monde moderne, la propriété est donc une convention sociale qui permet de négocier une sphère d'influence individuelle. En délimitant ce qui m'appartient de ce qui vous appartient, elle permet d'établir des distinctions et des relations réciproques dans un contexte social. Nous affrontons tous les jours des questions qui relèvent du domaine de la propriété, et une bonne partie de nos relations sociales repose sur une forme de consensus définissant clairement qui possède quoi. Tant que les rapports humains restent ancrés dans une dimension essentiellement spatiale, la propriété doit exister sous une forme ou une autre.

Et pourtant, il s'agit là d'une notion bien évasive. Dans un sens, il semble presque trop facile de l'identifier sous ses diverses formes. Même les individus les moins avertis reconnaissent la propriété quand ils y sont confrontés et comprennent viscéralement sa signification. Mais, d'un autre côté, peu de concepts se sont révélés aussi difficiles à définir.

Depuis des temps immémoriaux, philosophes et rois, théologiens et politiciens ont exploré la notion de propriété sans jamais déboucher sur une explication totalement satisfaisante. La raison en est probablement que notre conception de la propriété change avec l'histoire. La propriété, comme d'autres inventions sociales, n'est pas une idée gravée dans le marbre mais plutôt un concept fluide, sujet aux caprices de l'époque et du milieu particuliers où il est mis en pratique. Ainsi, par exemple, la notion de propriété évoquait au Moyen Âge quelque chose de très différent de ce qu'elle signifie de nos jours.

La société féodale était perçue comme partie intégrante d'une « grande chaîne des êtres », d'un univers social et naturel structuré hiérarchiquement qui reliait les créatures les plus humbles aux princes de l'Église. Cette chaîne ininterrompue était une création divine et chaque créature s'y voyait assigner par Dieu un rôle spécifique, qui incluait le devoir de servir ses supérieurs et ses inférieurs en fonction de son statut.

Étant donné que Dieu est le possesseur de sa Création, toutes choses en ce bas monde lui appartiennent en dernière instance. Ce que Dieu accorde aux êtres humains, c'est le droit d'user de sa propriété pour autant qu'ils sont vertueux et qu'ils remplissent leurs obligations d'hommage et de fidélité envers le Créateur et envers tous les occupants de la hiérarchie sociale conforme à la volonté divine. En réalité, l'Église et la noblesse ne sont que les représentants de Dieu sur terre. Elles décident par la force des armes de la façon dont le domaine terrestre de Dieu doit être subdivisé, administré et exploité.

Dans la société féodale, la propriété privée était donc un phénomène complexe, structuré par son inscription au sein de rapports interpersonnels. On ne possédait pas directement ou à titre exclusif la plupart des biens, on en partageait l'usage dans des conditions définies par un code d'obligations réciproques extrêmement contraignant. Quand le roi accordait une terre en fief à un seigneur ou à un vassal, « ses droits sur cette terre restaient en vigueur, même s'il renonçait à en exercer un aspect particulier [17] ». Comme l'explique l'historien Richard Schlatter, la conséquence de cette conception était que « personne ne possédait vraiment la terre, tous ceux qui en usaient, depuis le roi jusqu'aux occupants directs, à leurs vassaux et aux paysans qui la travaillaient, exerçaient un certain droit sur elle, mais aucun d'entre eux ne jouissait d'une domination sans partage [18] ».

La « Grande Transformation », pour reprendre la formule par laquelle Karl Polanyi désignait la révolution des rapports sociaux qui a présidé à l'avènement de l'âge moderne de la propriété et du marché capitalistes, s'amorça avec les décrets sur les *enclosures* édictés dans l'Angleterre des Tudor, au XVIe siècle. Pendant des siècles, en Angleterre comme sur le continent européen, c'étaient les individus qui appartenaient à la terre. Les actes et décrets du Parlement introduisirent l'idée que, à travers l'*enclosure*, la terre pouvait appartenir exclusivement à tel ou tel individu sous forme de propriété foncière. Ils démantelèrent les terres indivises sous forme de possessions individuelles aliénables, c'est-à-dire échangeables sur le marché. La terre se transforma donc en propriété privée, et les rapports d'usage et de tenure qui avaient gouverné la conduite d'êtres humains inscrits dans la hiérarchie divine cédèrent la place à des rapports de propriété.

C'est sans doute un véritable bouleversement des modes de socialisation qui a dû accompagner cette évolution radicale du rapport de l'individu à son terroir ancestral. N'oublions pas que, dans le droit anglais, les liens qui attachent les hommes à la terre étaient sacro-saints. Même si la vie quotidienne des serfs était le plus souvent pénible et précaire, les lois anglaises garantissaient à chacun d'entre eux le droit d'appartenir à sa terre ou à celle de ses ancêtres. Même le plus capricieux des seigneurs ne pouvait pas, sous peine de sanction, expulser à son gré ses serfs de la terre où ils étaient nés. L'*enclosure* des terres communes et leur transformation en propriété privée échangeable sur le marché libérèrent des millions de paysans de leurs obligations, mais, en même temps, elle élimina leur droit traditionnel d'appartenance à leur terroir. La possession de terres en propriété foncière amorça la restructuration de l'ensemble des relations humaines sous le signe de la propriété. Les anciens serfs déracinés et privés de leurs terres ancestrales durent vendre leur force de travail contre un salaire sur les marchés urbains et industriels qui commençaient à émerger en Angleterre et, un peu plus tard, dans le reste de l'Europe.

C'est John Locke qui, au XVIIe siècle, fut le premier à élaborer la justification philosophique de la conception moderne de la propriété. Sa théorie de la propriété fut publiée en 1690. Son *Traité sur le gouvernement civil* devint rapidement la Bible d'une classe moyenne qui émergeait tout juste sur la scène politique anglaise. Les écrits de Locke servirent de cri de ralliement aux acteurs de la Glorieuse Révolution et des réformes parlementaires de 1688, et fournirent ultérieurement une justification philosophique aux révolutions américaine et française.

Locke voyait en la propriété un *droit naturel*, et non pas un privilège conditionnel, à savoir porteur d'obligations relatives et accordé par l'Église ou l'État. Pour ce représentant des Lumières, tout individu crée sa propre propriété en ajoutant son travail au matériau brut que lui fournit la nature, créant ainsi des objets de valeur. Si Locke reconnaissait que, dans l'état de nature, la terre et toutes les créatures qui l'habitent appartiennent en commun à tous les êtres humains, il s'empressait aussitôt de signaler que chaque individu « jouit de la propriété de sa propre personne. Personne d'autre n'y a droit que lui-même ». Et d'ajouter que « le labeur de son corps, et le travail de ses mains [...] lui appartiennent en propre ». Cela étant, il concluait : « Or, donc, tout ce qu'il élève de l'état dans lequel la Nature l'a créé en y ajoutant son propre travail est quelque chose qui lui appartient en propre, il en fait par là même sa propriété. » Quant à la question de savoir quelle quantité de propriété peut légitimement revendiquer un individu pour lui-même, Locke déclarait : « Autant de terre qu'un homme peut labourer, ensemencer, améliorer et cultiver et dont il puisse consommer le fruit, telle est la quantité de propriété qu'il peut réclamer [19]. »

Cette théorie des droits naturels de propriété connut un vif succès auprès des nouvelles générations d'agriculteurs indépendants, de commerçants, de boutiquiers et de petits capitalistes qui étaient en train de transformer la vie anglaise et d'éliminer les derniers vestiges des privilèges féodaux. Mais les traités de Locke offraient plus qu'une simple explication de la théorie des droits naturels de propriété. Ils exaltaient le travail humain et célébraient l'accumulation en tant qu'accomplissement suprême de l'existence humaine. Contrairement aux hommes d'Église du Moyen Âge, qui percevaient le travail humain comme une série d'obligations à accomplir, Locke y voyait un horizon d'opportunités ouvert à l'effort personnel de chaque individu. La propriété était le signe manifeste du succès individuel dans le monde. Le passage d'un régime de tenure et d'usage à des rapports de propriété changeait la nature même des relations humaines et donnait naissance à une nouvelle sensibilité, dont les principales expressions étaient la conception moderne de l'identité personnelle, la création de la sphère privée et d'institutions comme l'État-nation et le gouvernement constitutionnel.

Si Locke se souciait de la façon dont la propriété vient aux hommes, l'économiste écossais Adam Smith s'intéressait plutôt à la façon dont elle en vient à s'échanger sur le marché. Smith divisait l'histoire de l'humanité en plusieurs stades successifs — chasse, élevage pastoral, agriculture et commerce — et retraçait les évolutions de la propriété qui accompagnaient ces diverses étapes. D'après lui, lors de l'ère de la chasse, la simple possession existait et pouvait être ritualisée, mais la notion de propriété n'avait pas encore vu le jour. C'est l'élevage qui, en introduisant la notion de propriété du bétail, établit pour la première fois un cadre légal de la propriété privée [20]. Avec l'âge de l'agriculture, la terre entra peu à peu dans des rapports de propriété. C'est à cette époque, explique Smith, que la terre et d'autres formes de propriété foncière ou mobilière commencèrent à être transférables après la mort de leurs détenteurs — par voie de testament —, marquant ainsi un tournant dans l'évolution des rapports de propriété. L'héritage introduisit la notion d'aliénabilité et d'échangeabilité de la propriété entre générations, ce qui en fit une forme de pouvoir social contribuant à la création et à la préservation des distinctions de classe. Le quatrième stade de la propriété, le stade commercial, se caractérise par l'échange et la diffusion généralisés de propriété sur le marché [21].

L'essentiel des efforts de Smith est consacré à l'économie des échanges de propriété. D'après lui, une « main invisible » régit les mouvements du marché et contrôle les péripéties de l'activité économique. Il compare cette main invisible au ressort d'une horloge mécanique : elle gouverne avec précision l'offre et la demande, le travail, l'énergie et le capital, garantissant un équilibre automatique entre la production et la consommation des ressources de la terre. Tant que l'État n'interfère pas exagérément dans ses opérations, la main invisible est le mécanisme le plus efficace pour assurer l'échange continu de propriété entre acheteurs et vendeurs.

Avec la modernité, la notion de propriété en est venue à signifier un droit de possession, d'usage et d'aliénation exclusif des biens circulant sur le marché. On parle de propriété quand un individu peut monopoliser un bien quelconque et exclure tous les autres de sa jouissance ; s'il peut en user comme bon lui semble tant que cet usage ne nuit à personne ; et s'il peut s'en défaire en le transférant ou en le vendant à un tiers. De ces trois critères, c'est le dernier qui est le plus important du point de vue du marché. La possibilité d'aliéner une propriété — de la faire circuler à volonté sur le marché — est au cœur de l'économie capitaliste.

Dans les premières étapes du capitalisme industriel, les produits qui jadis étaient fabriqués à domicile ou par des artisans locaux en vue du troc, et seulement exceptionnellement d'un échange marchand, furent peu à peu chassés de la sphère domestique et manufacturés en série dans des établissements industriels. Les meubles, les étoffes, puis les vêtements, les ustensiles, le savon et un nombre incalculable d'autres produits étaient désormais fabriqués en plus grande quantité et à moindre prix pour une meilleure qualité au sein de la sphère marchande. Longtemps habitués à produire eux-mêmes ces biens de consommation courante, des millions de travailleurs commencèrent pour la première fois dans l'histoire à utiliser leurs revenus salariaux pour acquérir des produits industriels sur le marché. Le foyer lui-même n'était plus un espace de production mais un espace de consommation.

Car nous oublions souvent que, pendant des milliers d'années, l'espace domestique était le cadre premier de toute activité économique. Le mot *économie* lui-même vient du grec *oikos* et désigne la conduite des affaires domestiques. Comme nous le rappelle l'historien du travail Harry Braverman, jusqu'à la fin du XIXe siècle, une bonne partie de la production était encore effectuée à domicile, même dans les zones urbaines denses et les cités tentaculaires des États-Unis. Ainsi, dans des régions fortement industrialisées comme les bassins miniers et sidérurgiques de Pennsylvanie, plus de la moitié des familles ouvrières produisaient encore l'essentiel de leur nourriture à travers l'horticulture et l'élevage de volaille ou d'autres animaux comestibles, n'achetant guère sur le marché que des pommes de terre, par exemple [22]. D'après les statistiques officielles, entre 1889 et 1892, plus de la moitié des familles fabriquaient elles-mêmes leur propre pain. Si les vêtements masculins étaient généralement achetés, ceux des femmes et des enfants étaient cousus à domicile, à la main ou, à une époque ultérieure, à l'aide de la machine à coudre Singer [23].

À l'aube de la production industrielle de masse, le conflit entre les produits fabriqués à domicile et les objets de consommation industriels fut souvent le principal terrain de bataille entre les immigrants à peine débarqués dans le Nouveau Monde et leurs enfants plus américanisés. Éblouis par le rêve américain, ces derniers convoitaient les produits du commerce et se sentaient gênés par l'insistance de leurs parents à vouloir consommer des produits faits à domicile. Il n'y avait pas d'ambiguïté possible, soit on était « moderne », soit on était « vieux jeu ». C'est donc la modernité qui triompha, et il n'y eut bientôt plus de biens de consommation matériels qui ne fussent fabriqués en usine et transformés en propriété privée à travers le mécanisme de la vente et de l'achat sur le marché.

Les objets matériels fabriqués en série ont dominé l'économie capitaliste américaine depuis les débuts de la production industrielle de masse des biens de consommation, dans les années 1880, jusqu'à la moitié du XXe siècle au moins. C'était une époque où l'accumulation de capital fixe définissait les termes de l'activité économique, et où la possession de biens de consommation déterminait le statut et le bien-être de millions de gens. D'où la suprématie incontestée de la logique de la propriété. Le monde n'était plus qu'une immense accumulation de marchandises, et la société tout entière baignait dans un océan de propriété privée. Les années cinquante et soixante furent le zénith de cette civilisation de la marchandise et de la propriété, avec l'émigration des classes moyennes vers les banlieues, les débuts du « tout-automobile », et la frénésie fétichiste de consommation qui les accompagnèrent. La soif de possession exclusive semblait être devenue la principale raison d'être de l'humanité en dehors du bloc soviétique.

L'émergence de l'économie des services

Cependant, alors même que la production, l'échange et l'accumulation de propriété — tant sous la forme de capital que sous celle de biens de consommation — devenaient un passe-temps national aux États-Unis, d'autres forces étaient à l'œuvre dans l'évolution du capitalisme, des forces qui allaient finir par miner les rapports reposant sur la propriété privée et le système social qui s'était développé autour de ces rapports.

La complexité croissante des activités des grandes entreprises, la plus grande souplesse des budgets familiaux et l'entrée d'un grand nombre de femmes sur le marché du travail entraînèrent l'émergence des services aux entreprises, puis des services au consommateur. Au début, les services aux entreprises n'étaient qu'un appendice de la production et de la distribution. Les compagnies de chemin de fer ou les réseaux de fournitures d'énergie exigeaient de formes d'organisation et de coordination de plus en plus complexes. C'est dans des domaines tels que la comptabilité, la planification financière, les transports et les communications que les services aux entreprises commencèrent à jouer un rôle important. Simultanément, une classe moyenne désormais prospère s'habituait à dépenser une partie croissante de ses revenus en services en tout genre, phénomène qui gagna de l'ampleur avec l'expansion du travail des femmes. En effet, les activités normalement effectuées à domicile par les mères de famille, comme la garde des enfants, les soins aux personnes âgées, la préparation des repas, le traitement des affections bénignes, les services de coiffure, etc., émigrèrent hors du foyer et vers la sphère marchande sous forme d'activités commerciales payantes. Entre 1899 et 1939, la quantité de farine consommée par les boulangeries augmenta, passant de 1/7e à 2/5e de la production totale. La production de légumes en conserve fut multipliée par cinq, celle de fruits en conserve, par douze [24]. Braverman signale que « ce n'était plus la capacité de fabriquer les produits mais celle de les acheter qui était un critère de statut social [25] ». Les activités de loisir, qui, pour l'essentiel, relevaient jadis de la sphère domestique ou du domaine public, commencèrent également à être transformées en services marchands de divers types. Braverman résume comme suit l'impact de cette transformation de la structure des relations humaines dans les premières décennies du XXe siècle :

> La population ne dépend plus de l'organisation sociale telle qu'elle se manifeste à travers la famille, les amis, les voisins, la communauté locale, les anciens ou les enfants. À quelques

exceptions près, c'est au marché, et seulement au marché, qu'elle doit s'adresser pour se procurer non seulement sa nourriture, ses vêtements et son logement, mais aussi loisirs, divertissement et sécurité, ainsi que la prise en charge des mineurs, des personnes âgées, des malades et des handicapés. Peu à peu, ce ne sont plus seulement les besoins matériels et les services de base, mais les dispositions émotionnelles qui sont canalisées par le marché [26].

À l'époque où Daniel Bell écrivait son fameux ouvrage, *The Coming of the Post-Industrial Society* (1973), l'activité des services avait déjà commencé à éclipser la production des biens et constituait le nouveau moteur du capitalisme en Amérique du Nord et en Europe. Certes, la notion de service est une catégorie attrape-tout et passablement volatile qu'on peut interpréter de façons fort diverses, mais on peut y inclure toutes les activités économiques qui ne relèvent pas de la production matérielle ou de la construction, qui présentent un caractère transitoire, dont la consommation coïncide avec la production et qui créent de la valeur immatérielle. Selon la définition humoristique de l'hebdomadaire *The Economist*, les services, « c'est tout ce qui est susceptible d'être vendu mais qui ne peut pas vous tomber sur les pieds à la livraison [27] ». Cela inclut les activités de la plupart des professions libérales (droit, comptabilité et conseil), le commerce de gros et de détail, les transports, la communication, la santé, la garde d'enfants, les soins aux personnes âgées, les activités de loisir payantes et les programmes sociaux assurés par l'État.

En 1973, 65 % des travailleurs étaient déjà employés dans les services aux États-Unis. C'était le cas de 46,5 % d'entre eux dans les pays de la Communauté européenne au début des années soixante-dix [28]. Actuellement, les secteurs des services emploient plus de 77 % de la main-d'œuvre et représentent 75 % de la valeur ajoutée produite par l'économie américaine, et plus de la moitié de celle de l'économie mondiale [29]. Percy Barnevik, ancien P-DG de Asea Brown Boveri Ltd, prévoit que les services devraient compter pour plus de 90 % de l'économie américaine en 2010, tandis qu'il ne resterait plus que moins de 10 % aux activités industrielles [30].

Cette transition massive des biens aux services diminue nettement l'importance de la propriété, tant dans le monde de l'entreprise que dans la vie privée. Comme l'écrit avec humour Peter Martin dans le *Financial Times*, à l'âge de l'accès, l'activité économique a plus de chances d'être mesurée en CCPH (coupes de cheveux par heure) qu'en nombre de machins-trucs produits et vendus [31]. Daniel Bell a relativement bien résumé la signification de cette évolution majeure du capitalisme quand il écrit que « si une société industrielle se définit par le volume des biens qu'elle produit en tant que critère d'un certain niveau de vie, la société postindustrielle se définit par la qualité de vie qu'elle offre en termes de services et de prestations diverses — santé, éducation, loisir et culture — aujourd'hui généralement considérés comme désirables [32] ».

Mais ce qui est passé relativement inaperçu dans tous les débats sur le passage à une économie de services, c'est la transformation radicale du statut de la propriété qu'il entraîne. Encore une fois, la notion de service cadre mal avec un régime de propriété. Les services sont immatériels et intangibles. Ils sont exécutés plutôt que produits. Ils n'existent que dans l'instant même où ils sont fournis. Ils ne peuvent être détenus, accumulés ou hérités. Les produits sont à vendre, les services sont disponibles. Dans une économie de services, c'est le temps humain qui est transformé en marchandise, pas l'espace ou les choses. Les services impliquent toujours une relation entre êtres humains plutôt qu'une relation entre un être humain et une chose. L'accès à autrui en tant qu'être social est de plus en plus médié par les relations monétaires.

Cette métamorphose de l'organisation des rapports humains qui voit la production et l'échange marchand de biens détenus en propriété céder la place à l'accès à des relations de services marchandisées a un caractère révolutionnaire. Et pourtant, nos sociétés continuent à se comporter comme si les rapports de propriété restaient fondamentaux, alors que la dynamique économique marginalise la propriété, ou du moins, le patrimoine matériel. Peut-être cette réticence à prendre en compte la réalité d'un monde où la production et l'échange de propriété ne sont plus les seuls critères d'évaluation de l'activité économique exprime-t-elle une crainte de perdre nos références. Les rapports de propriété ont pendant si longtemps orienté nos codes de comportement, nos valeurs civiques, et jusqu'à la signification intime de notre identité face au monde qui nous entoure, à ses institutions et à ses habitants, que nous avons peur de dériver sans retour dans l'univers éphémère et sans frontières fixes des services marchands. Cet univers pratiquement immatériel nous oblige à repenser le contrat social de fond en comble si nous voulons pouvoir affronter sérieusement les conséquences d'une économie reposant désormais beaucoup plus sur la logique de l'accès que sur celle de la propriété.

Mais le moment de vérité pourrait ne plus être très éloigné, et ce en raison de deux évolutions que Daniel Bell et d'autres prospectivistes ne pouvaient prévoir. Premièrement, les biens matériels eux-mêmes — qui furent jadis la clé de voûte du régime de la propriété — sont en train d'être transformés en purs services. Deuxièmement, c'est la nature même des services qui est train de changer. Traditionnellement, les services étaient gérés comme des produits et faisaient l'objet de transactions marchandes discontinues dans le temps et dans l'espace. Avec l'émergence du commerce électronique et de mécanismes sophistiqués de traitement rétroactif des données, la notion même de service est en passe d'être complètement réinventée sous la forme de relations polyvalentes et à long terme entre prestataires et usagers.

La transformation des biens en services

Au fur et à mesure que le contenu en information et l'interactivité de produits constamment améliorables s'intensifient, ceux-ci changent de nature. Ils cessent d'êtres des produits et deviennent des services évolutifs. Leur valeur réside moins dans leur structure physique ou dans leur enveloppe matérielle que dans leur contenu en termes d'accès à des prestations immatérielles. Taichi Sakaiya, directeur général de l'Agence pour la planification économique du gouvernement japonais, a bien perçu cette évolution : « La signification des biens matériels, écrit-il, [c'est qu'ils seront] les contenants ou les véhicules de la valeur-savoir [33]. »

Aujourd'hui, c'est la conception même des objets de consommation qui est révisée de fond en comble par les entreprises pour mieux refléter cette hégémonie des services. Au lieu de penser les produits comme des objets fixes dotés de caractéristiques immuables et ayant une valeur définitive, leurs concepteurs en font des « supports » de toutes sortes d'améliorations potentielles et de services à valeur ajoutée : ce sont ces performances évolutives qui comptent dans la nouvelle économie industrielle. Le support en question n'est plus que le véhicule de toute une gamme de services. Dans un sens, le produit brut en lui-même est plus perçu comme un coût de production que comme un article de vente. Sous sa forme spécifiquement matérielle, il sert tout au plus à établir une tête de pont sur le lieu de travail ou au domicile de l'usager. Sa présence physique permet au vendeur d'amorcer une relation de service à long terme avec son client. C'est pourquoi il est souvent vendu en dessous de sa valeur réelle dans l'espoir qu'il entraînera l'achat par le consommateur de services plus lucratifs.

Ainsi, par exemple, le fabriquant de jouets danois Lego Group AS commercialise un nouveau jouet qui combine un cerveau électronique avec des pièces de construction qui permettent aux enfants de monter un robot. Une fois construit, ce robot peut être branché sur un PC et l'enfant peut charger sur un site web de Lego de nouvelles commandes qui lui permettent d'étendre son champ d'action [34]. De même, emWare Inc., une entreprise de Salt Lake City, a créé un système d'arrosage de jardin relié à Internet. Ce système n'est en fait que le support de toute une série de services évolutifs. Pour une somme additionnelle, votre système d'arrosage peut être programmé pour contacter automatiquement le service national de météorologie afin de réguler l'arrosage en fonction du temps prévu [35].

Même le téléphone est désormais un support jetable. En 1999, Randice Lise Altschul a fait breveter un nouveau type de téléphone portable tellement peu coûteux qu'il est vendu pour une certaine durée d'usage et peut être jeté une fois votre crédit de communication épuisé. D'après son inventeur, il sera probablement fort utile aux mères débordées, aux enfants, aux voyageurs et à tous ceux qui ne veulent pas vivre dans l'obsession d'égarer leur téléphone portable. Le même type de technologie jetable pourrait être appliqué à toutes sortes d'appareils électroniques, comme les consoles de jeu portables, par exemple. Le support matériel devient secondaire par rapport au service qu'il véhicule. Ce que l'usager achète, c'est du temps sous forme d'accès plutôt que la propriété d'un bien matériel [36].

L'*Encyclopaedia Britannica* est un bon exemple de cette évolution des produits traditionnels vers la notion de service pur. Tout récemment, encore, l'acquisition des vingt-deux volumes de la célèbre encyclopédie coûtait 1 600 dollars et était considérée comme un investissement financier majeur pour la plupart des ménages américains. Au début des années quatre-vingt-dix, Bill Gates entra en contact avec les responsables de l'*Encyclopaedia Britannica* en leur proposant de créer une version numérique de leur ouvrage, qui pourrait ainsi être vendu sur CD-Rom à bien meilleur marché que la version papier. À l'époque, ces derniers déclinèrent l'offre de Microsoft, car ils craignaient que la commercialisation du CD-Rom ne mette en péril les ventes des volumes imprimés. Plus tard, Gates racheta Funk et Wagnalls et combina le contenu de cette encyclopédie avec du matériel audiovisuel d'ores et déjà disponible dans le domaine public pour créer Encarta, une encyclopédie numérique vendue sous forme de CD-Rom au prix de 49,95 dollars [37]. Outre son faible prix, Encarta présentait l'avantage d'être constamment enrichie et remise à jour. En moins d'un an et demi, elle devenait le numéro un mondial sur le marché des encyclopédies [38]. Perdant rapidement du terrain, l'*Encyclopaedia Britannica* fut contrainte de créer sa propre version *on line*. Pour une somme de 80 dollars par an, ses abonnés jouissaient d'« un accès illimité aux vastes ressources de *Britannica Online* [39] ». Mais il lui fallut bientôt se décider à aller plus loin et à offrir l'accès gratuit à l'intégralité de sa base de données. Cette vénérable institution vit désormais de ses revenus publicitaires, grâce aux annonceurs qui placent des messages sur mesure à l'entrée des sites spécifiques qu'elle met à disposition de l'usager. L'*Encyclopaedia Britannica* s'est complètement dématérialisée et s'est transformée en pur service.

Au cours des dernières années, l'univers des bibliothèques a été le théâtre d'un débat enflammé entre les partisans de l'enrichissement du fonds et ceux de l'accès aux publications *on line*. Eleanor A. Goshen et Suzanne Irving, responsables de la bibliothèque de l'université de l'État de New York à Albany, signalent que, « au cours des dix dernières années, les difficultés économiques des bibliothèques universitaires les ont amenées à réviser radicalement leur politique d'acquisition : il n'est plus question d'acquérir des collections de recherche exhaustives mais plutôt de développer des méthodes efficaces pour permettre l'accès [des usagers] à des sources peu consultées dans telle ou telle bibliothèque [40] ». Il est clair qu'en ce qui concerne les bibliothèques de recherche, une bonne partie de l'information est plus facilement accessible sur Internet et d'autres bases de données informatiques, et ce à un moindre coût, qu'à travers l'acquisition et le stockage d'une quantité considérable de revues et de livres [41].

Il existe d'ores et déjà de nombreux manuels *on line*. Ainsi, en 1999, l'éditeur John Wiley and Sons a mis à la disposition des usagers d'Internet deux ouvrages de référence classique, l'*Encyclopedia of Chemical Technology* de Kirk et Othmer et l'*Encyclopedia of Electrical and Electronics Engineering*. Il n'est plus nécessaire d'acheter la version papier de ces livres, qui sont désormais accessibles contre paiement d'un droit de consultation [42].

Il y a déjà longtemps qu'on prophétise la fin de l'ère de l'imprimerie, mais son remplacement par l'accès informatique aux données est désormais une réalité pour la première génération de jeunes qui ont grandi entourés d'ordinateurs et trouvent plus commode de consulter de l'information sur un écran que de tourner les pages d'un livre. Jeff Rothenberg, informaticien de la Rand Corporation, estime que le temps n'est pas très éloigné où nous percevrons les livres imprimés « plus comme des œuvres d'art que comme des objets usuels [43] ».

Mais les livres ne sont pas les seuls objets à connaître un processus de dématérialisation et de transformation en service informatique dans le cadre de la nouvelle économie. Le même phénomène touche toute une série d'autres secteurs. Ainsi, par exemple, les sept branches régionales de l'entreprise de téléphonie Bell, de même que d'autres multinationales des télécommunications, offrent désormais des services de boîte vocale. L'usager peut maintenant délivrer et récupérer des messages sans avoir besoin d'acheter un répondeur. Encore une fois, la propriété d'un bien est remplacée par l'accès à un service. Comme l'écrivent Jeffrey Rayport et John V. Sviokla dans un article de la *Harvard Business Review*, « si vous pouvez avoir accès au service sans avoir besoin de vous encombrer d'un répondeur, vous bénéficiez des avantages du *software* sans les inconvénients de l'acquisition et de l'entretien du *hardware* [44] ».

Robert B. Shapiro, P-DG de Monsanto, fait partie de cette nouvelle race d'entrepreneurs qui commencent à envisager le déplacement de l'axe de leurs activités de la simple vente à la prestation de service et de la logique de la propriété à celle de l'accès. Dans un entretien réalisé en 1997, Shapiro observait que les consommateurs n'achètent pas les choses pour elles-mêmes mais pour l'usage qu'ils en font et donnait en exemple la nouvelle ligne de fibre de Nylon avec laquelle Monsanto fabrique des moquettes : « Les gens ne sont pas vraiment intéressés par la possession d'une moquette, ce qu'ils veulent, c'est pouvoir marcher dessus [...]. Imaginez un peu que votre moquette appartienne en fait à Monsanto ou à un autre fabricant et que ce dernier vous promette de venir chez vous la remplacer dès que ce sera nécessaire [45] ? » C'est pourquoi la stratégie de marketing de Monsanto consiste désormais « à examiner tous nos produits et à nous demander ce que les gens ont vraiment besoin d'acheter ; le produit lui-même ou seulement sa fonction ? N'y aurait-il pas des avantages économiques à vendre un service de moquette au lieu d'une moquette ? [46] ».

Précisément, dans certains cas, le remplacement d'un produit par un service permet de faire des économies substantielles en termes de matériaux et aussi de possibles nuisances environnementales. Carrier, le plus gros fabricant de climatiseurs des États-Unis, offre désormais des services de climatisation plutôt que des produits. Il installe les appareils chez ses clients et se fait rémunérer pour le maintien d'un certain niveau de confort climatique. Avec les méthodes de vente traditionnelles, les fabricants de climatiseurs avaient tendance à essayer de vous vendre leur appareil le plus puissant et le plus performant, lequel consommait souvent plus d'énergie qu'il n'était nécessaire. Dans une relation de service fondée sur la logique de l'accès, on peut faire des économies en modulant la consommation d'énergie. Carrier fournit des services annexes, tels que des systèmes d'allumage plus performants et des vitrages ultra-hermétiques qui permettent au client d'éviter le gaspillage d'énergie tout en conservant le niveau de confort climatique désiré. Grâce à ces méthodes, Carrier augmente ses bénéfices tout en faisant des économies d'énergie et en diminuant l'émission de gaz à effet de serre.

L'industrie chimique, elle aussi, a franchi le pas qui conduit de la production de biens à la fourniture de services. Ainsi, une approche innovante des relations entre fournisseurs de produits chimiques et fabricants d'automobiles est expérimentée depuis le début des années quatre-vingt, et elle constitue un prototype des nouvelles relations de service : il s'agit du « partage des économies » (*shared savings*).

Traditionnellement, ces entreprises vendaient leurs produits aux fabricants pour satisfaire les besoins de leurs processus de production et les clients payaient au bidon, au litre ou au kilo, etc. Il s'agissait bien d'une relation entre vendeur et acheteur qui s'exprimait à travers des transactions marchandes discontinues débouchant sur un échange de propriété — de produits chimiques, en l'occurrence. L'intérêt du fournisseur consistait à vendre la plus grande quantité possible de produits chimiques tout en minimisant ses coûts de production, de manutention et de transport. Bien entendu, ce désir de maximiser le volume des ventes entrait en conflit avec le désir du client de n'acheter que le strict minimum de produits chimiques nécessaire pour satisfaire aux exigences de la production et du contrôle de qualité. Ce conflit entre intérêts divergents est d'ailleurs fréquent entre vendeurs et acheteurs. Ainsi, dans une relation vendeur-acheteur traditionnelle, le fournisseur peut souhaiter réduire la qualité des mélanges chimiques qu'il commercialise. N'ayant pas à assumer directement la responsabilité des effets environnementaux nocifs de la consommation et de l'élimination finale de ses produits, rien ne l'incite à engager des investissements coûteux pour développer des produits moins toxiques.

Dans un dispositif de type « partage des économies », en revanche, le fabricant d'automobiles n'achète pas les produits chimiques, qui restent propriété du fournisseur. Ce dernier s'engage dans un contrat de prestation qui l'amène à prendre en charge la gestion et l'utilisation de ses produits sur le site de production de son client. Au lieu d'acheter un produit, le fabricant paye l'accès à un service. Encore une fois, on passe d'une relation de vendeur à acheteur à une relation de prestataire à usager.

Ce type de contrat de prestation est conçu pour inciter les deux parties à réduire les coûts et les effets externes de l'usage des produits chimiques tout en leur permettant d'accroître leurs marges de profit. En général, il exige du fournisseur qu'il maintienne un niveau élevé de contrôle de qualité correspondant à un barème de rémunération mensuelle de sa prestation. Ainsi, le fournisseur peut augmenter ses profits tout en garantissant une utilisation réduite des produits qu'il manipule et une baisse du coût de leur utilisation grâce à l'amélioration de leur qualité et de leurs procédés d'application.

Dans son usine de Belvedere, dans l'Illinois, Chrysler a passé un contrat de partage des économies avec PPG Industries. PPG est responsable de tous les produits chimiques utilisés pour le nettoyage, le traitement et la peinture des carrosseries. Chrysler n'achète pas la peinture mais paye son fournisseur en fonction de la qualité du service par véhicule traité. Autrement dit, PPG n'est plus un simple vendeur de peinture mais un prestataire de service qui gère le processus de finition des carrosseries. Quant à Chrysler, il achète l'expertise de pointe d'un fournisseur de premier ordre au niveau mondial en matière de peinture automobile [47]. Cette démarche de partage des économies lui a permis d'économiser plus d'un million de dollars par an.

Dans les accords de partage des bénéfices, la logique de la prestation franchit une étape supplémentaire. Si, par exemple, le fournisseur réussit à introduire des innovations qui permettent de diminuer la production de déchets toxiques, le fabricant, qui est directement responsable de ces externalités, s'accorde à partager les économies réalisées avec son fournisseur, ce qui incite ce dernier à faire encore plus d'efforts d'innovation et entraîne des réductions ultérieures des coûts pour le fabricant.

C'est ainsi que le contrat de partage des bénéfices entre PPG/Chemfil et l'usine Ford de Taurus, à Chicago, a permis une réduction significative des effets écologiques indésirables du processus de fabrication. L'utilisation par Ford de plaques d'aluminium dans la fabrication des carrosseries avait pour effet d'augmenter la toxicité des eaux usées en provenance des ateliers. PPG/Chemfil réussit à modifier le traitement de ces eaux usées de manière à réduire de 27 % la production de vidange toxique, permettant ainsi à Ford de faire des économies en matière de gestion des déchets [48]. Les gains ainsi réalisés sont partagés entre les deux entreprises.

Cette nouvelle approche commerciale, qui repose sur l'accès à un service plutôt que sur la vente d'un produit, est porteuse d'un fort potentiel de réduction des coûts écologiques de la production dans de nombreux secteurs industriels. De fait, des auteurs environnementalistes comme Paul Hawken et Amory et Hunter Lovins vont jusqu'à avancer l'idée que, avec l'avènement de l'âge de l'accès, « les simples vendeurs de produits vont devenir de plus en plus suspects [...]. Tout client potentiel ne pourra pas s'empêcher de se poser la question suivante : si votre produit comporte tous les avantages opérationnels que vous lui attribuez, pourquoi voulez-vous me le vendre au lieu de bénéficier vous-même de ces avantages en me le fournissant simplement sous forme de service ? ». Et il ne pourra qu'en tirer la conclusion suivante : « Si vous voulez absolument me le vendre et me laisser prendre en charge ses coûts d'opération, c'est que sa qualité laisse en fait à désirer ! [49]. »

La fin des vendeurs

Si le partage des bénéfices a tellement de succès dans de nombreux secteurs, c'est que la vente pure et simple y est de moins en moins rentable. La baisse drastique des coûts des matériaux et des coûts de production et de transaction réduit les marges bénéficiaires. En outre, dans chaque secteur, un nombre croissant de fournisseurs rivalisent pour séduire un nombre limité de clients, ce qui renforce cette tendance à la baisse des prix. Comment défendre votre part de marché quand la qualité de votre produit est pratiquement impossible à distinguer de celle des produits de vos concurrents et que tout le monde fabrique la même chose en trop grande quantité ? La réponse à ce dilemme, pour nombre d'entreprises, c'est tout simplement de cesser d'être de simples vendeurs.

Sur un marché d'acheteurs, pour forcer la décision du client, il vaut mieux désormais laisser complètement tomber l'idée qu'on lui vend un produit ou un service, aussi radicale que puisse paraître une telle perspective. Un bon fournisseur, c'est celui qui garantit un coût zéro à son client. Mais s'il abandonne le concept de vente, comment le fournisseur va-t-il gagner de l'argent ? En cogérant les activités de son client, en lui permettant d'améliorer ses performances et de faire plus de profit, et en partageant les bénéfices de ces améliorations. Insistons donc sur ce point essentiel : au lieu de vendre quelque chose à son client, le fournisseur met à sa disposition son expertise et son savoir-faire pour l'aider à gérer sa propre affaire. Ainsi, le client devient simultanément un partenaire.

Prenons l'exemple de l'accord de partage des bénéfices entre Baxter Healthcare Corporation et le centre médical de l'université de Duke. Baxter gère l'intégralité du coût des fournitures de matériel chirurgical de Duke et garantit le non-dépassement d'un plafond annuel de dépenses en échange d'une rémunération en tant que cogestionnaire. Si ce plafond est dépassé, c'est Baxter qui paye la différence, mais, si les coûts diminuent substantiellement, Baxter empoche une partie des bénéfices réalisés grâce à ces économies [50].

Dans son souci de maîtriser la spirale des coûts, le secteur de la santé est particulièrement ouvert à ce type d'arrangements. Plusieurs entreprises pharmaceutiques ont commencé à introduire le concept de « gestion des maladies » et ont signé des contrats de partage des bénéfices avec des organismes de prestation de soins. Ces entreprises acceptent de prendre en charge l'intégralité du traitement des patients, ce qui inclut la prévention, les soins curatifs et la médication. Les laboratoires Eli Lilly ont ainsi décidé de cibler et de prendre en charge cinq maladies importantes : les diabètes, les dysfonctionnements cardiaques, les troubles du système nerveux central, les cancers et les maladies infectieuses. En ne se contentant plus de vendre des médicaments et en passant à la prestation d'un service aux patients, des entreprises comme Eli Lilly espèrent augmenter leur valeur ajoutée. Elles aident les organismes prestataires de soins à réduire leurs coûts hospitaliers en améliorant leurs performances et elles partagent en retour les bénéfices engendrés par ces améliorations [51].

Les nouveaux prestataires de services

Un bon nombre des géants des technologies de l'information qui, récemment encore, se contentaient de gagner leur vie en vendant du matériel et des logiciels, sont aujourd'hui en train de devenir des prestataires de services. Des entreprises comme IBM, General Electric, Xerox et Hewlett-Packard ont compris que la simple vente de produits matériels n'engendre plus de marges bénéficiaires substantielles. Ces supports sont devenus tellement bon marché, et leur qualité est tellement uniforme, que la seule façon de faire la différence et de gagner de l'argent est de fournir de l'expertise aux clients sous forme de services. La marge brute des produits manufacturés tourne généralement aujourd'hui autour de 30 %, tandis que celle des activités de service dépasse souvent 50 % [52].

Xerox et Pitney-Bowes gèrent des centres de courrier électronique et de photocopie et commercialisent des documents informatiques. Honeywell conçoit et gère des systèmes de données. Ses clients préfèrent louer ces systèmes plutôt que d'en devenir propriétaires : eux aussi sont acquis à la logique de l'accès et veulent disposer d'une expertise.

Des 70 milliards de dollars de bénéfices engrangés par IBM en 1995, près de 20 milliards provenaient de ses activités de service. Lloyd G. Waterhouse, directeur des services d'IBM, signale que ce chiffre continue à augmenter plus vite que celui des bénéfices engendrés par les ventes de matériel et de logiciels [53]. Il souligne également que, parmi les systèmes informatiques gérés par IBM, on compte 500 000 ordinateurs de marques concurrentes, et que les services d'IBM n'hésitent pas à recommander ces produits à leurs clients quand ils sont mieux adaptés à leurs besoins. D'après Data Quest, une importante agence d'études de marché, le chiffre d'affaires des services informatiques au niveau mondial dépassait 236 milliards de dollars en 1996 et devrait atteindre 400 milliards au cours de l'an 2000 [54].

Vers la fin de cette même année, General Electric espère voir les bénéfices de ses activités de service atteindre le chiffre de 15 milliards de dollars. Le P-DG de General Electric, John F. Welch, est également convaincu que la tendance est de passer de la vente de produits à la fourniture de services aux clients : « Mes perspectives de croissance doivent beaucoup plus à mes capacités d'améliorer la performance des équipements que j'ai déjà installés qu'au nombre d'unités supplémentaires que je peux vendre [55]. » Et le bilan de General Electric démontre effectivement que les activités de service croissent « à un taux trois fois supérieur à celui de la vente des produits [56] ».

Des produits gratuits pour des services payants

La meilleure preuve de ce bouleversement du rapport entre les produits et les services qui les accompagnent est sans doute l'évolution de leurs valeurs marchandes respectives. Récemment encore, chaque produit était affublé d'un bon de garantie détaillant les opportunités de service après-vente offertes par le vendeur, parfois pour une somme additionnelle modique, le plus souvent à titre gracieux, ce qui en faisait un argument de vente supplémentaire. Aujourd'hui, ce rapport est complètement inversé. Comme nous l'avons signalé, un nombre croissant d'entreprises offrent gratuitement leurs produits pour attirer les consommateurs, auxquels elles font ensuite payer le service et les extensions qui accompagnent le produit.

Quand Motorola lança son téléphone portable Micro-Tac en 1989, il était vendu à 2 500 dollars. À peine cinq ans plus tard, il ne valait plus que 100 dollars. Aujourd'hui, les compagnies de téléphonie cellulaire offrent souvent le portable de Motorola à leurs nouveaux abonnés pour les inciter à utiliser leurs services de télécommunication [57].

En 1993, Computer Associates International Inc. a lancé son nouveau logiciel de comptabilité, Simple Money, en l'offrant gratuitement aux intéressés. L'idée était que le bouche à oreille inciterait un grand nombre d'usagers à profiter de cette offre généreuse et que l'entreprise récupérerait largement son investissement grâce aux services et aux extensions qu'elle pourrait vendre à ses nouveaux clients. (Le coût de production de chaque nouvelle disquette porteuse du logiciel était en effet si bas qu'il n'entrait même pas en ligne de compte [58].)

Dans le secteur des technologies de l'information, on assiste en effet à une véritable course à la gratuité, qui est désormais une pratique commerciale courante. Netscape fait cadeau de son logiciel de navigation sur le web. Microsoft fait de même avec son Internet Explorer. Sun Microsystems distribue gratuitement le programme Java [59]. De fait, pour les concepteurs de logiciels, le coût de la production et de la distribution de chaque nouvel exemplaire est proche de zéro. Mais le premier qui arrive à convaincre un nombre suffisant de consommateurs d'adopter son logiciel établit de fait un standard pour tout le secteur et peut réaliser de juteux bénéfices en vendant à ses clients toutes sortes de services et d'extensions.

La distribution gratuite de *software* est une stratégie particulièrement efficace pour une entreprise d'informatique, car plus les usagers qui travaillent sur les programmes d'un même fournisseur sont nombreux, plus les avantages sont grands pour chacun d'entre eux et plus les services potentiels que peut développer ce fournisseur prennent de la valeur. Les spécialistes appellent ce phénomène l'« effet réseau ». Plus le réseau est étendu, plus le nombre des liens est élevé et plus le réseau acquiert de valeur aux yeux de ceux qui en font partie. L'offre gratuite de programmes contribue à la construction de tels réseaux, ce qui explique pourquoi elle est de plus en plus intégrée dans les coûts d'opération.

Mais encore une fois, d'où viennent les bénéfices si les coûts de fabrication sont proches de zéro dans de nombreux secteurs, réduisant la marge à presque rien ? Comment assigner un prix à un produit dont le coût de production est négligeable ? Tout réside en fait dans l'art de faire cadeau du produit au client et de le faire payer pour les services sophistiqués qui l'accompagnent.

L'hebdomadaire *Business Week* a bien saisi la signification de ce bouleversement de la relation entre produits et services dans un article au titre fort pertinent, « Le paradoxe de la technologie » :

> Les nouvelles règles du jeu exigent beaucoup plus que de la spontanéité, de l'agilité et de la vitesse. Elles appellent une redéfinition complète de la notion de valeur dans une économie où le coût de la technologie brute tend vers zéro. Tôt ou tard, cette tendance réduira à néant la valeur de n'importe quelle unité spécifique de matériel ou de logiciel. La valeur économique reposera dès lors sur la relation à long terme avec le client, même si cela signifie qu'on devra distribuer gratuitement la première génération d'un produit [60].

Dans le cadre d'une économie en réseau, qui se caractérise par un cycle de vie des produits de plus en plus court et un flux exponentiel de biens et de services, c'est la capacité d'attention des consommateurs plutôt que les matières premières qui devient une ressource rare. Les stratèges du marketing auront de plus en plus recours à la distribution gratuite des produits pour capter cette attention. Le succès à long terme de cette démarche dépendra de la capacité des entreprises à fournir des services performants et à créer ainsi des liens durables avec leurs clients.

Quand tout devient virtuellement service, le capitalisme cesse d'être un système fondé sur l'échange de biens pour devenir un système fondé sur l'accès à des segments d'expérience. Si, par exemple, les consommateurs se mettent à acheter des services de climatisation plutôt que des climatiseurs, c'est une expérience de confort climatique qu'ils acquièrent. C'est pourquoi le nouveau capitalisme se développe dans une dimension beaucoup plus temporelle que spatiale. Au lieu de transformer en marchandises de l'espace et de la matière et de les échanger sur le marché, il organise l'accès réciproque de chacun d'entre nous au temps et à l'expertise de nos semblables, que nous empruntons en fonction de nos besoins, faisant de chaque objet et de chaque activité un événement susceptible d'être acquis pour une période limitée. Le capitalisme est en train de se défaire de son enveloppe matérielle pour acquérir une dimension de plus en plus temporelle.

6

La marchandisation des rapports humains

L'utopie des uns est souvent le cauchemar des autres. Imaginez un peu que vous vous réveilliez un beau matin pour découvrir que tous les aspects de votre existence ont été transformés en marchandises et que votre vie elle-même n'est plus qu'une gigantesque expérience commerciale.

La caractéristique majeure du capitalisme moderne est sa capacité à transformer toutes sortes d'aspects de l'existence en rapports marchands. La terre, le travail humain, les diverses tâches de production et activités sociales qui étaient jadis effectuées dans le cadre familial sont autant de réalités qui ont été absorbées par le marché et transformées en marchandises. Néanmoins, tant que l'échange marchand se manifestait à travers des transactions discontinues entre vendeurs et acheteurs, ce processus de marchandisation restait limité dans le temps et dans l'espace ; il ne concernait que le moment de la négociation et du transfert des biens ou la durée d'exécution des services. Le reste de la vie sociale n'obéissait pas aux impératifs du marché et restait libre de toute considération commerciale. Dans la nouvelle économie virtuelle, les forces du réseau absorbent tout notre temps libre dans l'orbite de l'échange, faisant de chaque individu et de chaque institution l'otage du tout-marché.

L'âge de l'accès se caractérise donc avant tout par cette marchandisation croissante de l'intégralité de l'expérience humaine. Toutes sortes de réseaux commerciaux tissent leur toile autour de notre existence, transformant chaque moment de la vie humaine en expérience marchande. Dans un capitalisme fondé sur la propriété, l'important était de vendre des biens et des services. Dans la net économie, les biens et les services passent au second plan, ce sont les relations humaines qui deviennent la marchandise la plus précieuse. Pour retenir l'attention des consommateurs dans une économie de plus en plus volatile, il faut essayer d'exercer un maximum de contrôle sur leur temps. Plus question de se contenter de transactions marchandes discontinues et limitées dans le temps : c'est tout le tissu relationnel d'une existence qui est peu à peu colonisé, et la sphère marchande prend ainsi en otage une part croissante de notre vie quotidienne.

Il suffit de feuilleter n'importe lequel des ouvrages publiés à la chaîne par d'innombrables spécialistes en marketing, consultants en gestion, économistes, prospectivistes, etc. : tous proclament que la clé du succès appartient désormais aux entreprises capables de passer d'une perspective centrée sur la production à une conception axée sur le marketing et de l'obsession des ventes à la construction de réseaux de relations. Dans leur ouvrage *Blur : The Speed of Change in the Connected Economy*, Stan Davis et Christoph Meyer soulignent que, dans l'économie traditionnelle, « il s'agissait de susciter des actes d'achat répétés, une succession de transactions discontinues ». Mais, dans la nouvelle économie, l'objectif de toute entreprise est d'« établir des relations continues avec [ses] clients [1] ». Dans *The One to One Future*, Don Peppers et Martha Rogers, consultants en marketing, écrivent que « peu importe le niveau de créativité et d'innovation de votre entreprise, la seule ressource immatérielle qui compte vraiment, c'est *votre rapport au client* [2] ». Et d'ajouter : « Tous vos produits sont éphémères, seuls vos clients sont réels [3]. »

Le marché, c'est le client

Dans l'économie industrielle, centrée sur la production en série et la vente de biens, le souci prioritaire des entrepreneurs était de conquérir des parts de marché. À l'âge de l'accès, c'est la vente de services spécialisés et la fourniture d'accès à toutes sortes d'expertises qui comptent avant tout, et le rôle des fournisseurs change complètement. Comme l'explique Wim Roelandts, de Hewlett-Packard, « nous ne sommes plus de simples vendeurs de bidules électroniques, nous sommes en train de devenir des experts en conseil [4] ».

Ce qui compte désormais, ce sont les « parts de client » plutôt que les parts de marché, si l'on peut s'exprimer ainsi. Peppers et Rogers expliquent que, dans une économie en réseau, « il n'est pas question d'essayer de vendre un unique produit au plus grand nombre possible de clients. Il s'agit plutôt de vendre à un seul client le plus grand nombre de produits possible, en jouant sur la longue durée et sur plusieurs lignes de produits [5] ».

Cette conception, qui revient à établir une relation à long terme avec chaque client individuel au lieu de multiplier les transactions séparées avec un grand nombre de consommateurs, repose en fait sur l'ambition de transformer en marchandise l'intégralité des expériences qui constituent une vie humaine. Les spécialistes en marketing utilisent l'expression « *lifetime value* » (LTV) pour souligner les avantages de la logique de l'accès sur celle du produit en termes de durée de la relation marchande avec le client. Ainsi, par exemple, Carl Sewell, concessionnaire de Cadillac, estime la LTV potentielle de chaque nouveau client qui pénètre dans son magasin à plus de 322 000 dollars. Ce chiffre « exprime » le nombre d'automobiles que ce client est censé acheter au cours de sa vie ainsi que la valeur des services annexes qu'il devra probablement consommer. Mark Grainer, président du Technical Assistance Research Programs Institute (TARP), estime la valeur moyenne du client « fidèle » type d'un supermarché à 3 800 dollars par an [6]. La clé du succès, c'est justement de trouver le mécanisme le plus susceptible de fidéliser le client à vie.

Pour calculer la LTV d'un consommateur, il suffit de confronter la valeur actuelle de tous ses futurs achats potentiels aux frais de gestion d'une relation de service à long terme avec lui. Il y a déjà un certain temps que des entreprises comme les organismes de cartes de crédit, les périodiques et les catalogues de vente par correspondance, qui dépendent tous de leurs listes d'abonnés et d'usagers, utilisent des projections de type LTV. Ce type de comptabilité est désormais en train de se développer dans d'autres secteurs.

La valeur de la « part de client » dépend directement de la durée potentielle d'une existence de consommateur. C'est pourquoi nombre d'entreprises essaient de séduire leurs clients dès leur plus jeune âge afin d'optimiser leur LTV potentielle. La chaîne d'hôtels Hyatt publie une lettre spécialisée à destination de ses jeunes clients et leur propose des services hôteliers spécifiques, comme Camp Hyatt. Les magasins A & P mettent des caddies à disposition des enfants pour les habituer à faire leurs propres achats. Delta Airlines a créé le club Fantastic Flyer pour les jeunes passagers [7].

Peppers et Rogers offrent un bon exemple de la façon dont les relations de marketing centrées sur la LTV pourraient fonctionner dans la pratique. Imaginez un service de fourniture de couches-culottes qui vous livrerait régulièrement toutes les couches nécessaires à votre bébé pour le prix d'un abonnement mensuel. Au lieu d'acheter séparément chaque paquet de couches en magasin, vous jouissez d'un accès illimité à un stock de couches-culottes aussi longtemps que votre enfant en aura besoin. Ce type de service existe déjà aux États-Unis. Mais votre relation avec votre fournisseur ne s'arrête pas là. La même entreprise qui vous livre les couches-culottes peut aussi vous fournir par contrat d'abonnement toutes sortes de services, des jouets aux vêtements de bébé en passant par les petits pots et le lait en poudre. Et pourquoi en rester là, d'ailleurs ? Pourquoi ne pas poursuivre cette relation de service intégrée tout au long de l'enfance et de l'adolescence de votre progéniture ? Autrement dit, pourquoi ne pas maximiser la LTV de votre enfant ? Comme l'expliquent Peppers et Rogers :

> Dans la mesure où elle maintient cette relation et l'alimente au cours du temps, l'entreprise en question peut vous vendre ultérieurement des jouets plus évolués, des vêtements et des fournitures scolaires, des vacances familiales, des jeux vidéo, des disques compacts et même des services financiers en vue des études supérieures de vos enfants [8].

Grâce aux nouvelles technologies de l'information et des télécommunications qui caractérisent l'économie en réseau, il est possible de définir avec une certaine précision la LTV d'un individu. Les boucles de rétroaction informatique et les codes barre permettent aux entreprises de recevoir une information constamment mise à jour sur les achats des consommateurs et d'établir un profil assez détaillé de leur style de vie — goûts alimentaires et vestimentaires, état de santé, pratiques de loisir et de voyage, etc. Avec l'aide de certains modèles informatiques, on peut exploiter ce matériau brut pour anticiper les besoins et les désirs futurs de tel ou tel individu et formuler des campagnes de marketing ciblées pour engager des catégories définies de consommateurs dans une relation commerciale à long terme.

Nombre de spécialistes des sciences de l'information vont même jusqu'à suggérer qu'il convient de concevoir les nouvelles technologies comme des technologies relationnelles (des « technologies R », dans le jargon des initiés), plutôt que des technologies de l'information. D'après Michael Schrage, du Centre pour les sciences de la coordination de la Sloane School au Massachusetts Institute of Technology, « il faut se défaire de l'idée qu'il s'agit simplement de technologies adaptées à la gestion de l'information et les concevoir comme des vecteurs de relations [9] ». Pour un économiste français comme Albert Bressand, le concept de technologie R est tout à fait approprié pour les décrire, car « ce que traitent ces machines, ce sont des relations plutôt que des produits matériels [10] ».

Il est en tout cas de plus en plus clair aux yeux des chefs d'entreprise, des spécialistes en marketing et d'un nombre croissant d'économistes que les nouveaux programmes informatiques et les nouvelles technologies des télécommunications permettent d'établir de denses réseaux d'interconnexion et de relations entre prestataires et usagers. Cette évolution ouvre la porte à une quantification et une marchandisation croissantes de tous les aspects de l'existence individuelle sous la forme d'une relation commerciale à long terme. Comme l'explique Bressand : « Il est temps de passer d'une conception des technologies de l'information en termes d'ingénierie à une approche en termes de relations et de ressources humaines [11]. »

Dans les milieux du marketing, le recours aux technologies R pour établir une relation commerciale à long terme est décrit par la formule de « contrôle du consommateur ». Grâce à un mécanisme de rétroaction cybernétique permanent, les entreprises peuvent anticiper et satisfaire les besoins des consommateurs indéfiniment et avec une grande flexibilité. En transformant leurs produits en services et en informant systématiquement leurs clients de toutes les formes d'innovation, d'extension et d'application nouvelle qui les accompagnent, les prestataires deviennent un ingrédient omniprésent et indispensable de l'expérience quotidienne des usagers. Pour emprunter une formule de Hollywood, les entreprises se transforment en « agents » susceptibles de fournir toute une gamme de services. À terme, elles tendent à s'intégrer si étroitement à la routine de leurs clients qu'elles finissent par imprégner toute leur existence et à fonctionner comme un prolongement de leur individualité, comme si elles étaient leur émissaire dans la sphère marchande.

Dans cette nouvelle logique, les agents sont des « intégrateurs systémiques », selon la formule de Rashi Glazer et de Robert C. Blattberg, professeurs de commerce de la Kellogg Graduate School of Management. Ils coordonnent une fraction croissante des besoins commerciaux de leurs clients [12]. Ils fonctionnent comme des intermédiaires qui gèrent le flux continu d'information entre l'économie mondiale et les consommateurs. Leur rôle relève du marketing : il s'agit de trouver la meilleure façon d'établir, de maintenir et de renforcer les relations avec leurs clients.

Bien entendu, le type de relations que ces technologies promeuvent est par sa nature même tout à fait unilatéral.

Malgré l'interactivité d'Internet et du cyberespace, qui permet au consommateur d'exercer dans une certaine mesure un contre-pouvoir et un contrôle, les entreprises auront toujours sur lui beaucoup plus d'informations que ce qu'il pourra récolter sur leur compte. La logique du nouveau marché électronique continue à favoriser les capitalistes.

Firefly, une start-up rachetée par Microsoft, commercialise de la musique sur la toile grâce à un logiciel initialement conçu par le laboratoire de communication du MIT. Ses trois millions d'abonnés choisissent leurs artistes préférés parmi des centaines de groupes et de compositeurs. Firefly leur recommande en retour d'autres artistes susceptibles de leur plaire sur la base des préférences exprimées par d'autres consommateurs aux goûts similaires. Dans ce cas, les intéressés fournissent volontairement des données sur leurs propres goûts en échange d'une information qu'ils ont leurs raisons d'apprécier. Mais, en général, l'essentiel des données concernant les pratiques de consommation et le style de vie de millions de consommateurs est recueilli quotidiennement — et souvent vendu à des tiers désireux de l'exploiter pour leurs stratégies de marketing — sans aucune autorisation des individus ainsi dépossédés de la confidentialité de leur vie privée.

Les critiques de l'utilisation sans discernement des technologies R estiment que les cibles potentielles de ces pratiques devraient recevoir une compensation financière pour l'exploitation commerciale de données qui leur sont strictement personnelles. James Rule, sociologue de l'université de l'État de New York, suggère que tout individu a le droit

> [...] de conserver, de vendre ou de céder les droits de vente ou d'exploitation de toute information concernant sa personne [...]. Toute personne consentant à céder une part de cette information pourra utiliser les services d'un agent spécialisé qui gérera un compte informatique pour chacun de ses clients. Chaque fois qu'une entreprise vendra ou échangera sa liste de clients, elle sera légalement obligée de payer des droits aux individus concernés [13].

Dans l'économie industrielle traditionnelle, chaque individu était propriétaire de sa force de travail et pouvait la vendre sur le marché. Dans la nouvelle économie en réseau, l'accès à des données privées d'ordre existentiel, telles que le style de vie ou les pratiques de consommation de tel ou tel individu, devient une marchandise convoitée et une forme d'actif immatériel fort recherchée.

Du règne de la production à l'hégémonie du marketing

À partir du moment où l'essentiel n'est plus tant de fabriquer et de vendre des produits que d'établir et de maintenir des relations commerciales à long terme, c'est le marketing et non plus la production qui occupe le devant de la scène. L'impératif de production, qui régnait sans partage tout au long de l'ère industrielle, est désormais de plus en plus considéré comme une fonction mineure d'une stratégie de marketing généralisée. À partir du moment où les biens deviennent de simples supports de services et où les services sont le moteur du commerce mondial, la construction de relations avec les consommateurs joue un rôle clé. Dans la nouvelle économie en réseaux, le marketing est roi, et le contrôle du consommateur devient l'objectif numéro un de l'activité économique.

Cet objectif central est aussi l'étape finale d'une longue trajectoire historique caractérisée par l'expropriation progressive de toutes les formes de patrimoine et de contrôle économique, arrachées des mains de la masse de la population pour être concentrées entre celles des grandes entreprises. Souvenons-nous qu'à l'aube de la production capitaliste les entrepreneurs ont dû annexer et réimplanter dans leurs usines des tâches qui étaient effectuées dans le cadre du foyer ou de l'atelier artisanal. En monopolisant la propriété et le contrôle des outils de production, les capitalistes obligèrent des travailleurs indépendants et des familles autosuffisantes à dépendre du salariat pour leur subsistance quotidienne. L'adoption de l'organisation scientifique du travail et de la chaîne de montage, dans les premières décennies du XXe siècle, fut une étape supplémentaire dans cette élimination de toute forme de contrôle des travailleurs sur le processus de production.

Frederic Taylor en introduisit les principes dans les bureaux comme dans les ateliers, révolutionnant ainsi l'organisation de la production. À l'aide d'un chronomètre, Taylor mesurait chaque mouvement des ouvriers dans le but d'améliorer leurs performances. Il s'agissait pour lui d'exercer un contrôle pratiquement absolu sur l'activité des travailleurs au sein du processus de production.

Aujourd'hui, avec l'hégémonie croissante de l'approche en termes de marketing et la marchandisation des relations avec les clients, le contrôle du consommateur est aussi crucial que pouvait l'être le contrôle des travailleurs pendant le règne de la production. Dès lors, les nouvelles technologies de contrôle ne sont plus le chronomètre et la chaîne de montage mais les boucles de rétroaction informatiques et les codes barre. L'organisation scientifique de la consommation sera aussi importante au XXIe siècle qu'a pu l'être l'organisation scientifique de la production au siècle précédent. L'objectif est de mettre l'intégralité de l'expérience individuelle sous la coupe d'intermédiaires marchands. Certes, le consommateur aura un rôle à jouer dans ce processus, mais il sera de plus en plus dépendant des agents censés prendre en charge ses besoins. Le contrôle du consommateur a une signification bien précise : il s'agit d'attirer et de fixer son attention pour pouvoir gérer les détails les plus infimes de son expérience quotidienne. Les agents commerciaux deviennent en quelque sorte de véritables prestataires de soins.

Dans l'économie industrielle, le caractère discontinu des transactions marchandes et le transfert de propriété entre vendeur et acheteur garantissaient au consommateur un degré important de contrôle sur chacune de ses décisions de consommation. À l'âge de l'accès, en revanche, le consommateur risque de perdre progressivement toute capacité de contrôle étant donné que n'importe quelle décision d'achat à court terme peut donner lieu à des relations commerciales à long terme avec des intermédiaires éprouvés, et que toute acquisition d'un bien débouche sur la consommation de toute une gamme de services qui couvrent pratiquement le moindre aspect de son existence. Happé par un réseau dense de relations commerciales continues, il risque de tomber sous la coupe de forces économiques qu'il ne comprend guère et sur lesquelles il ne dispose pratiquement plus d'aucun moyen de contrôle. Sous certains aspects, cette nouvelle forme de dépendance commerciale ressemble beaucoup au type de dépendance sociale favorisée par l'émergence de l'État-providence après la Seconde Guerre mondiale. Au fur et à mesure que les nations occidentales étendaient la gamme des services sociaux fournis aux citoyens, l'impulsion démocratique qui avait donné naissance à ces programmes sociaux s'épuisait et cédait la place à une dépendance croissante de secteurs entiers de la population à l'égard du système qu'ils avaient encouragé.

Prenons l'exemple de la planification financière. Nombre de fonds d'investissement ne se contentent plus de simplement vendre des actions et des obligations et gérer des portefeuilles de valeurs pour leurs clients, ils souhaitent désormais être prestataires de toute une panoplie de services — des intégrateurs systémiques. Ce que les consommateurs attendent désormais de sociétés comme Merrill Lynch, c'est qu'elles les aident à élaborer des formules d'investissement adaptées à leurs besoins et à leurs objectifs spécifiques. C'est ainsi que certaines de ces sociétés sont en train de se transformer en véritables agents de leurs clients en mettant à leur disposition des services de planification intégrés comprenant des plans annuels d'investissement, une aide à la gestion de leur budget, des plans de retraite, des plans immobiliers, des services de comptabilité générale et fiscale, des services de conseil juridique, etc. Là encore, il s'agit d'intégrer le client dans une relation globale et de gérer tous les aspects financiers de son existence pendant toute la durée de celle-ci, voire au-delà. Le client y gagne un accès à une expertise spécialisée et à des conseillers de toute confiance qui agissent en son nom comme s'ils étaient ses agents ou ses émissaires personnels.

Mais, si c'est le client lui-même qui prend la décision d'engager ou de mettre fin à ce type de relations polyvalentes à long terme, il faut bien dire que la complexité des services et de l'expertise fournis est souvent difficile à déchiffrer, voire parfaitement impénétrable pour le profane, surtout si l'usager se décharge entièrement de sa responsabilité sur le prestataire. À partir du moment où il ne supervise plus personnellement tous les détails de ces prestations, il reste généralement dans l'ignorance des forces réelles auxquelles il s'est livré et risque de tomber sous la coupe des « experts » qui gèrent ses affaires privées. Ces agents deviennent alors des « passeurs » — concept que nous explorerons au chapitre 9 — qui contrôlent l'accès aux nombreux circuits de distribution qui connectent chaque consommateur au marché et au monde extérieur.

On ne doit pas s'étonner que de nombreuses entreprises franchissent l'étape qui les fait passer du statut de simple fabricant ou producteur à celui d'agent et de distributeur. C'est la preuve supplémentaire de la primauté du contrôle du consommateur sur le contrôle du produit dans le cadre de la logique de l'accès. Le produit n'est plus guère qu'un élément, entre beaucoup d'autres, de la gamme des services qui permettent de construire la relation avec le client.

Medco Containment Service, qui occupe le premier rang de la vente par correspondance de produits pharmaceutiques aux États-Unis, est l'exemple type de ces entreprises dont l'unique objectif est désormais de conquérir l'accès au — et le contrôle sur le — consommateur. Medco a réussi à se positionner avec succès en tant qu'intermédiaire majeur entre les grandes firmes de l'industrie pharmaceutique et les organismes de prestation de soins. Elle distribue à la demande toutes les grandes marques en les négociant au meilleur prix auprès de ses fournisseurs, garantissant ainsi à ses clients de substantielles ristournes ; en échange de quoi ces derniers laissent Medco « intervenir dans la gestion des diagnostics, des soins hospitaliers et du suivi des patients consommateurs de chaque produit spécifique », ce qui lui permet pratiquement de contrôler et stimuler la demande de ces produits [14]. Medco est ainsi devenu le passeur exclusif qui contrôle la communication entre les consommateurs finaux — les organismes prestataires de soins — et l'industrie pharmaceutique grâce à son monopole sur l'accès à ces consommateurs.

De fait, au cours des dernières années, l'industrie pharmaceutique s'est retrouvée de plus en plus à la merci d'une entreprise qui exerce un contrôle presque exclusif sur les préférences des consommateurs en matière de médication. C'est pour mettre fin à cette menace que les laboratoires Merck ont décidé d'acheter Medco, mais, même après cette acquisition, Medco continue à exiger de Merck des prix préférentiels pour les produits qui passent par ses circuits de distribution. Les responsables de Merck estiment que, à la fin de l'an 2000, 80 % de leur activité de commercialisation devraient passer par Medco. Mack Hannan, consultant en marketing, explique les conséquences de cette évolution : « Les 3 500 commerciaux que Merck employait au moment de l'acquisition de Medco seront superflus, puisqu'on n'aura plus besoin d'eux pour démarcher les cabinets de médecins, les cliniques et les hôpitaux [15]. » C'est tout le secteur commercial de Merck qui est donc vraisemblablement voué à la disparition, et les laboratoires Merck deviendront ce que Hannan désigne comme un « fournisseur de deuxième degré ». Le triomphe de Medco sera assuré par sa position d'intermédiaire exclusif.

Tout comme Amazon. com et Nike, Medco est une entité commerciale immatérielle qui se passe de toute infrastructure de production et n'a pas besoin de s'encombrer d'investissements lourds en recherche et développement. Virtuellement dénuée de patrimoine, elle joue essentiellement sur sa maîtrise de l'accès au consommateur et sa capacité à forger avec lui des relations à long terme. C'est tout ce dont une entreprise a vraiment besoin dans une économie en réseau qui donne la priorité au marketing sur la production.

Cette évolution s'explique largement tout à la fois par la saturation de la demande traditionnelle et par l'existence des nouvelles technologies de l'information et de la communication qui permettent de remédier à cette saturation des consommateurs en créant un tissu de relations continues et individualisées entre les entreprises et leurs clients. Pendant toute la période de l'après-guerre, les innovations dans les processus de production ont fortement accru l'offre de nouveaux produits, et la demande insatisfaite suffisait à absorber toutes ces nouveautés issues de la chaîne de montage. La dépression des années trente et la guerre avaient entraîné une forte baisse de la production. Désireuse de rattraper le temps perdu et de jouir enfin des agréments de la vie moderne, la génération des GI céda à une véritable frénésie de consommation. La migration des classes moyennes vers les banlieues, l'émergence d'une civilisation de l'automobile et la prolifération des grands centres commerciaux stimulèrent cette rage de consommer. Les années cinquante étaient typiquement un marché de vendeurs. La production était reine, et les entrepreneurs étaient essentiellement préoccupés par les coûts de fabrication et de distribution. La ruée des consommateurs sur leurs produits à peine sortis d'usine ne les amenait guère à se soucier de développer des relations à long terme avec leurs clients. Le carillon ininterrompu des caisses enregistreuses semblait garantir une prospérité durable fondée sur la simple répétition d'actes de consommation discontinus.

Cependant, pendant les années soixante, les marchés commencèrent à être saturés. La plupart des familles avaient deux voitures, une buanderie entièrement équipée avec machine à laver et sèche-linge, et un téléviseur couleur pratiquement dans chaque pièce. Les entreprises étaient confrontées à une situation inédite : surproduction et baisse de la demande. Il n'était désormais plus question de maintenir la production au rythme d'une demande en pleine croissance, mais de séduire durablement le consommateur pour pouvoir le fidéliser à long terme.

Un des premiers observateurs à saisir la signification de ce changement de paradigme, de la production au marketing, n'est autre que Peter Drucker, le père du management moderne :

> Le client est la pierre angulaire d'une entreprise et c'est à lui qu'elle doit son existence. C'est dans le but de satisfaire le consommateur que la société confie des ressources productrices de richesse à l'entreprise [...]. Dans la mesure où son objectif est de créer un consommateur, toute entreprise repose sur deux — et seulement deux — fonctions fondamentales : le marketing et l'innovation [...]. Le marketing est la fonction clé, la fonction irremplaçable de l'entreprise [...]. Il est l'entreprise elle-même vue sous l'angle du résultat final, à savoir à travers les yeux du client. Le souci et la prise en charge du marketing doivent donc imprégner tous les secteurs de l'entreprise [16].

C'est ainsi que les conseillers en gestion commencèrent à inciter leurs clients à consacrer moins de temps à la production et plus au marketing s'ils souhaitaient conquérir des parts de marché. Dans un article pionnier intitulé « Marketing Myopia », Theodore Levitt, professeur émérite de la Harvard Business School, expliquait que les entreprises étaient trop obnubilées par le produit qu'elles fabriquaient et pas assez par les consommateurs qu'elles étaient censées satisfaire. D'après lui, une bonne stratégie d'entreprise doit prendre le client comme point de départ, plutôt que partir de la production. L'objectif d'une entreprise, c'est de gagner des clients, pas simplement de produire des biens et des services [17]. L'opinion commune de toutes les nouvelles voix du marketing et de la gestion, c'est que la construction de relations à long terme avec le consommateur est beaucoup plus importante que l'objectif limité de multiplier les transactions indépendantes.

Le passage d'un marché de vendeurs à un marché d'acheteurs a accéléré l'évolution vers la prééminence du marketing sur la production, tandis que les nouvelles technologies de l'information de l'économie en réseau ont ouvert la porte à la marchandisation des relations à long terme avec les consommateurs. Mais ce sont les innovations technologiques des années quatre-vingt et quatre-vingt-dix qui ont permis au marketing de reléguer définitivement la production au rang de fonction annexe.

En permettant d'adapter intégralement les produits aux besoins spécifiques de chaque usager, elles ont obligé les entreprises à se placer du point de vue du client et à remonter en sens inverse toute la chaîne de la commercialisation et de la production, du consommateur final à l'atelier. Au lieu de fabriquer des produits en série et de chercher par la suite les marchés susceptibles de les recevoir, les fournisseurs collectent l'information sur les besoins spécifiques de leurs clients directement auprès d'eux et fournissent à la demande des produits personnalisés.

Cette évolution de la production en série à la production sur mesure a commencé dans les années quatre-vingt. La saturation des marchés se traduisait au niveau des entreprises par des capacités de production excédentaires et des stocks surabondants. Comme nombre d'entre elles travaillaient sur le même créneau et que peu de chose différenciait les produits des uns de ceux des autres, la seule façon de distancer les concurrents était de réduire drastiquement les prix et, par là même, les marges bénéficiaires. Le déclin régulier du volume des ventes et des bénéfices convainquit un certain nombre de firmes qu'elles devaient changer radicalement d'orientation si elles souhaitaient survivre. En différenciant leur offre de celle de leurs concurrents, ces entreprises pensaient pouvoir conquérir de plus grosses parts de marché. C'est ainsi qu'elles commencèrent à expérimenter de nouvelles formules d'organisation de la production pour mieux adapter leurs produits aux désirs de chaque client. L'introduction des équipements modulaires leur permit de révolutionner les processus de fabrication et d'élaborer chaque produit en fonction des besoins spécifiques du consommateur.

Motorola est un des pionniers de cette pratique. La concurrence féroce des industries japonaises avait largement entamé ses ventes. C'était au niveau des *pagers* que Motorola était le plus touché. Les Japonais commercialisaient dans le monde entier des *pagers* d'excellente qualité et moitié moins cher que leurs équivalents américains. La plupart des producteurs américains furent rapidement éliminés et, pour ne pas subir le même sort, Motorola décida de différencier sa ligne de produits et de répondre aux exigences personnalisées de ses clients. C'est ainsi que naquit sa nouvelle ligne de *pagers*, dont le boîtier et le software étaient conçus de manière à pouvoir être combinés de vingt-neuf millions de façons différentes. Chacune de ces combinaisons pouvait être assemblée instantanément et produite à l'unité. Le temps de fabrication fut également réduit, passant de plus de cinq heures à moins de vingt minutes. Pour séduire et retenir ses clients, Motorola réorganisa complètement son système de commande en introduisant des procédures informatiques qui représentaient une économie considérable de temps et d'argent. Une commande qui demandait auparavant un bon mois pour être satisfaite ne nécessitait plus qu'une heure et demie [18].

Bally Engineered Structures, une entreprise de Pennsylvanie qui fabrique des congélateurs et des chambres froides, s'est engagée dans la même voie. Comme Motorola, elle était victime d'une concurrence acharnée et de la saturation du marché. Dans les années quatre-vingt, Bally réorganisa son processus de production en introduisant des panneaux et des accessoires modulaires adaptables aux besoins spécifiques de chaque client. Ces innovations sont si performantes que Bally peut désormais livrer un produit sur mesure quatre fois plus vite que ses concurrents qui fabriquent des produits standardisés [19].

L'adaptation des produits aux besoins et aux désirs des clients offre un énorme avantage compétitif à ceux qui la mettent en pratique. À partir du moment où les nouvelles stratégies commerciales prennent comme point de départ le consommateur pour remonter jusqu'à l'atelier, la structuration de la relation entre l'entreprise et son client — qui relève de la fonction marketing — est le facteur clé du succès. En même temps, la collaboration entre le consommateur et le producteur dans la conception du produit crée entre eux une relation qui ressemble plus à celle qui unit un prestataire à un usager qu'à celle entre un vendeur et un acheteur. De fait, la production sur mesure ressemble plutôt à un service.

Des communautés de type nouveau

Les technologies R sont capables d'embrasser la totalité de l'existence d'un individu. La puissance de ces outils de marketing réside dans leur capacité à créer un espace englobant, porteur d'une réorganisation de la vie privée et d'une restructuration du discours public. En devenant peu à peu le véhicule essentiel de la communication entre les individus, les technologies R peuvent servir à recomposer les catégories les plus fondamentales de notre vie sociale. Entre spécialistes du marketing, certains parlent déjà de la possibilité d'utiliser ces technologies pour créer de nouveaux types de communautés d'individus rassemblés par un intérêt commun pour une activité ou un produit quelconque. Les experts en gestion et en marketing sont de plus en plus conscients que l'instauration de ces « communautés d'intérêt » est la meilleure façon de séduire les consommateurs et d'engager avec eux des relations susceptibles de durer tout au long de leur existence. En s'érigeant en passeurs vis-à-vis de ces communautés de type nouveau, les entreprises fournissent à de nouveaux clients l'accès payant à des espaces sociaux exclusifs et désirables.

Richard Cross et Janet Smith, tous deux consultants en marketing, décrivent comme suit les étapes clés de la création de communautés d'intérêt. Il faut d'abord créer une conscience du produit. Le consommateur doit prendre connaissance de l'existence du produit ou du service que vous offrez et que vous pouvez alors espérer lui vendre. La deuxième étape consiste à créer une identité. Le consommateur commence à s'identifier avec votre produit ou votre service et à l'intégrer à son identité personnelle. Votre produit devient pour lui une des nombreuses caractéristiques à travers lesquelles il se différencie de ses semblables. On sait, par exemple, que conduire une Cadillac ou une Volkswagen Coccinelle est l'expression d'un statut social tout autant qu'un simple moyen de transport. La troisième étape consiste à susciter une relation, phénomène que nous avons déjà décrit précédemment. L'entreprise et son client entrent dans un rapport d'interactivité plus intime. C'est là que les technologies R jouent un rôle important. Elles contribuent à créer cette intimité avec le consommateur. L'entreprise Hallmark, qui fabrique des cartes postales, conserve dans ses archives électroniques une liste des dates familiales importantes pour chacun de ses clients et leur envoie un message e-mail avant chaque fête ou anniversaire en suggérant le choix de cartes postales appropriées [20].

La quatrième et dernière étape est la création du lien communautaire proprement dit. L'entreprise met ses clients en relation entre eux sur la base de leur intérêt commun pour le produit ou le service qu'elle fournit. La création de ces communautés de consommateurs lui sert à établir des relations commerciales à long terme avec chacun d'entre eux et à établir leurs LTV respectives. « Il s'agit là d'une relation extrêmement durable, expliquent Cross et Smith, et pour la briser, les concurrents éventuels doivent franchir l'obstacle des liens qui se sont créés entre amis, collègues et parents [21]. »

Pour consolider une communauté d'intérêt, il est important d'organiser des événements, des rencontres et des activités qui permettent aux clients de se retrouver et de confronter directement leur intérêt commun. Le Priority Club de Holiday Inn rassemble deux fois par an entre cinq cents et mille de ses clients les plus assidus dans un de ses établissements pour un week-end de loisir et de détente assaisonné de diverses tables rondes et de discussions avec la direction de l'hôtel. Parmi les privilèges dont jouissent les membres du Priority Club, signalons l'accès à des cliniques sportives, des conférences prononcées par des célébrités et des voyages organisés. L'objectif est de donner aux membres du club l'occasion de se rencontrer et d'entretenir des liens affectifs entre eux et avec les responsables de Holiday Inn. Ils sont encouragés à participer à des groupes de discussion « pour partager des idées et des sentiments avec nous », explique Ken Piercy, vice-président du département relations-clientèle de Holiday Inn [22]. Une partie des 3,8 millions de membres du club est également invitée à participer aux nombreux comités régionaux d'orientation de la chaîne hôtelière. Il est avéré que les membres du Priority Club sont des clients fidèles et passent 60 % de leurs nuits d'hôtel dans les établissements de Holiday Inn [23].

Backroads est une agence de tourisme haut de gamme qui organise des randonnées à pied et à bicyclette dans certains des plus beaux paysages du monde. Elle fournit les tentes, l'alimentation et le transfert en camionnette de ses clients sur les sites de randonnées. La vraie valeur du service offert par Backroads, expliquent Larry Downes et Chunka Mui, auteurs de *Unleashing the Killer App*, repose sur « la qualité de son réseau de clients ; ces derniers payent en partie pour pouvoir se retrouver et se divertir ensemble [...]. Quand nous choisissons ce type de voyage, c'est parce que nous savons que l'agence attire un certain type de clientèle et que nous allons nous y faire de nouveaux amis [24] ». Pour ces auteurs, le sens de Backroads, c'est de « créer des communautés de valeur en misant sur la valeur communauté [25] ». Il est clair que des entreprises comme Backroads vont de plus en plus dépendre des technologies R pour attirer des clients potentiels en fonction de leur style de vie et de leurs pratiques de consommation. Les nouvelles techniques informatiques permettent aujourd'hui de définir avec de plus en plus de précision le profil d'un consommateur, et une agence de tourisme peut ainsi adapter en finesse ses voyages aux goûts et aux intérêts de diverses clientèles spécifiques, garantissant ainsi aux voyageurs une expérience beaucoup plus satisfaisante et la probabilité de nouer entre eux des liens communautaires forts.

Le Kids Club de Burger King développe lui aussi une « communauté d'intérêt » entre ses jeunes clients. Les quatre millions de membres du club ont droit à des promotions sur les repas et à un certain nombre de cadeaux annexes, comme trois types de magazines pour enfants. Le Kids Club organise également un club de correspondance en mettant à la disposition des enfants du papier à lettres et des stylos. En 1994, ce club fonctionnait déjà dans plus de vingt-cinq pays. Burger King ne fait pas mystère de ses objectifs. Comme l'explique un de ses responsables, Michael Evans, « nous voulons conquérir le cœur et l'esprit de ces enfants et en faire des clients jusqu'à l'âge de soixante ans [26] ». Les ventes de Burger King ont triplé depuis la création du club en 1990.

Les producteurs de véhicules de loisir parrainent de leur côté plus de trente clubs d'amateurs. Les adhérents de ces clubs sont propriétaires du même type de véhicule. Pour Warren MacKenzie, de Foretravel Inc., « il s'agit là d'un cas d'école en matière de relations entre consommateurs, digne d'une étude psychologique [27] ». À quoi il ajoute que « ce qui nous motive dans l'animation de ce club, c'est de développer la fidélité à long terme à nos produits et à notre entreprise [...]. Nous sommes pratiquement en mesure d'identifier le pourcentage de nos ventes qui est dû au club et à notre parrainage [28] ».

Les clubs d'amateurs de véhicules de loisir ont souvent leurs propres parkings, ou bien disposent d'aires de stationnement réservées dans les centres de loisir en plein air. Le Winnebago-Itasca Travelers Club, avec ses 14 000 membres et ses 250 sections, organise régulièrement des rallyes aux États-Unis et au Canada. Ses adhérents reçoivent un magazine mensuel et bénéficient de divers privilèges : services de mécanique auto, guides routiers, assurance, remises sur divers produits, et même un service de transfert du courrier pendant leurs voyages On attribue à ce club plus de 20 % des ventes de l'entreprise qui le parraine [29].

Quand la simple vente de produits cède la place à la transformation des relations en marchandise et à la création de communautés, c'est bien le signe qu'on est en train de changer d'ère en matière économique. La sphère marchande s'étend toujours plus et ses tentacules pénètrent pratiquement tous les aspects de l'existence humaine. Au XXIe siècle, l'économie devient l'espace où les êtres humains vivent l'essentiel de leur expérience quotidienne. Dans cet univers sans précédent, il n'est plus aussi important de posséder des objets. Ce qui l'emporte sur la propriété, c'est l'accès payant à des réseaux de relations et d'intérêt mutuel, à des communautés affinitaires. Dans cette nouvelle ère, le sentiment d'appartenance repose sur le fait d'être connecté aux nombreux réseaux qui constituent l'économie globalisée. Être abonné, adhérent, client devient aussi important qu'être propriétaire. C'est de l'accès plus que de la propriété que dépendra désormais notre statut social.

Au cours des dernières années, la déréglementation des services publics et la privatisation de nombreux secteurs dépendant précédemment de l'État ont donné lieu à nombre de controverses. En revanche, la tendance à l'absorption de la sphère privée individuelle par la logique du marché est passée relativement inaperçue. La transformation en marchandise des relations humaines est une entreprise pour le moins troublante. L'assignation d'une valeur marchande à la totalité de l'existence des individus dans le but de transformer l'intégralité de leurs expériences vécues en transactions commerciales représente en quelque sorte le stade suprême du capitalisme. Mais que devient la nature humaine dans son essence quand elle est complètement absorbée par le réseau tentaculaire des rapports marchands ?

Cette marchandisation du temps et de l'expérience humains, qui succède à celle de l'espace et des biens matériels, nous pouvons la constater partout autour de nous. Il n'est pas de moment de notre existence qui ne soit insidieusement colonisé par une forme quelconque de relation marchande, et le temps disponible lui-même devient la plus rare des ressources rares. Notre attention est constamment sollicitée par toutes sortes de médias et d'activités, qu'il s'agisse de fax, de courriers électroniques, de boîtes vocales, de marchés financiers fonctionnant sans interruption, de services bancaires *on line*, de commerce électronique nocturne, et de toute une gamme de services prêts à nous fournir vingt-quatre heures sur vingt-quatre nourriture, médicaments et autres prestations. Cette offre omniprésente s'insinue dans notre esprit, accapare nos pensées et occupe une bonne partie de notre temps de veille, ne nous laissant guère de moments de répit.

Si toute forme d'activité ou d'expérience devient un service marchand, nous risquons de nous retrouver prisonniers d'une sorte de piège temporel malthusien. S'il n'y a que vingt-quatre heures dans une journée, il n'y a *a priori* pas d'autres limites que celles de l'imagination des entrepreneurs à la tendance à transformer tout notre temps disponible en marchandise. Et pourtant, alors même que nous ne sommes qu'à l'aube de l'âge de l'accès, cette disponibilité est déjà saturée. Il n'est pas d'être humain ou d'institution qui ne soit sollicité par une forme ou une autre de relation ou de service marchand. Le paradoxe, c'est que plus nous élaborons des procédés et des technologies qui nous permettent de gagner du temps et d'économiser du travail, plus nous avons l'impression d'être débordés et d'avoir moins de temps à nous que toutes les générations qui nous ont précédés sur cette planète. La prolifération de toutes ces techniques censées nous faire gagner du temps ne fait que stimuler la diversité, le rythme et le flux des activités marchandes qui nous encerclent de toutes parts.

Il est indéniable que l'économie en réseau se caractérise par une plus grande rapidité de connexion, un raccourcissement des délais, une plus grande efficacité et la conquête d'un certain confort à travers la transformation de toutes les activités imaginables en services. Le problème, c'est que, quand l'essentiel de nos relations devient des rapports marchands et que la vie de chaque individu est transformée en marchandise vingt-quatre heures sur vingt-quatre, que reste-t-il de tout ce qui fait la sociabilité non marchande — parenté, voisinage, affinités culturelles, affiliation religieuse, identification ethnique et formes d'engagement civique et solidaire ? Quand c'est le temps lui-même qui devient un objet de transaction marchande et que l'existence n'est plus qu'une série d'actes de vente et d'achat délimités par des relations contractuelles et des procédures financières, que deviennent les relations traditionnelles de réciprocité fondées sur l'affection, l'amour et le dévouement ? Le fait que les professionnels du marketing envisagent sérieusement de développer de plus en plus ce qu'ils appellent l'« intimité à long terme avec le client » et s'emploient activement à perfectionner diverses techniques et procédures de création de « liens communautaires » a de quoi susciter bien des interrogations. Le plus inquiétant, c'est que tous ces efforts considérables pour créer un ersatz de vie sociale entièrement colonisée par le marché passent largement inaperçus et ne suscitent guère de critiques, malgré les profondes conséquences qu'ils peuvent avoir sur la société. Avec la monétarisation de tous les aspects de notre expérience, c'est la vie humaine elle-même qui devient la marchandise suprême, et le marché se transforme en arbitre de notre existence individuelle et collective.

7

L'accès comme style de vie

La nouvelle étape du capitalisme ne ressemble à rien de ce que nous avons pu connaître auparavant. Tous les tabous économiques familiers tombent un à un. De nouvelles idoles commerciales se dressent à leur place aux portes de la nouvelle ère.

L'émergence de l'économie en réseau, la dématérialisation croissante des produits, le déclin du capital fixe, l'hégémonie des actifs immatériels, la transformation des produits en purs services, le passage du paradigme de la production à celui du marketing et la transformation des relations et des expériences humaines en marchandises sont autant d'expressions de la restructuration radicale de l'économie globalisée permise par les technologies de pointe. L'humanité abandonne peu à peu la conception traditionnelle du marché et de l'échange de propriété pour entrer dans un nouvel âge, l'âge de l'accès.

Dans tous les secteurs, la logique de l'accès est désormais de plus en plus le critère d'évaluation des rapports sociaux. Nos moyens de transport, nos établissements de commerce, notre santé, et jusqu'aux processus biologiques et aux semences mêmes de la vie, tout notre environnement obéit à cette restructuration en fonction de la logique de l'accès. Si la notion traditionnelle de propriété privée a pu faire en son temps l'objet de grands débats philosophiques et politiques, celle d'accès a pu s'infiltrer dans nos institutions et dans les moindres recoins de notre vie publique et privée sans susciter d'interrogations majeures.

C'est que cette évolution est le plus souvent tellement graduelle qu'elle passe pratiquement inaperçue et ne devient évidente qu'*a posteriori*. Ainsi, l'évolution des pratiques de logement au cours du dernier quart de siècle est un bon exemple du type de transformation subtile que connaissent toute une série d'autres secteurs de l'économie et de la société dans cette transition de la logique de la propriété à celle de l'accès.

Aux États-Unis, comme dans de nombreux autres pays, c'est la notion même de logement qui est en train de changer de sens. Cette nouvelle configuration reflète bien la mentalité qui caractérise l'âge de l'accès. Si la logique de l'accès n'a pas encore entièrement colonisé nos pratiques de logement, le processus de gestation de ce phénomène est sans doute déjà assez avancé pour nous permettre d'entrevoir à quoi ressemblera l'environnement résidentiel façonné par la nouvelle économie.

Les communautés résidentielles fermées

Un nouveau type de communautés résidentielles, les « *common-interest developments* » (CID), est en train d'apparaître un peu partout sur le territoire des États-Unis. La plupart d'entre elles sont entourées de murs ou de clôtures et conçues spécifiquement pour en restreindre l'accès aux non-résidents. Des agents de sécurité en gardent l'entrée et vérifient que seules les personnes autorisées — résidents, hôtes et vendeurs ayant annoncé leur visite — puissent y pénétrer. Il y a une trentaine d'années, ce type de communauté était encore une exception ; aujourd'hui, il est en train de devenir la norme dans la plupart des nouveaux projets immobiliers. Plus de 30 millions d'Américains, soit 12 % de la population, habitent actuellement dans un des 150 000 CID existant sur le territoire des États-Unis [1].

Toutes ces communautés ont un certain nombre de points communs qui se distinguent des autres types de logements, y compris les diverses formes de contrat de copropriété. Les résidents des CID sont propriétaires de leur propre maison et copropriétaires des « parties communes », ce qui inclut les espaces verts, les aires de stationnement, les piscines, les courts de tennis et les aires de loisir. Quand il ne s'agit pas de maisons individuelles mais d'immeubles en copropriété, les résidents sont collectivement propriétaires du bâtiment et chacun d'entre eux ne possède que l'espace habitable occupé par son appartement, et non les murs. Chaque propriétaire individuel est membre d'une association de copropriétaires et doit payer une cotisation mensuelle pour les frais de gestion et d'entretien du CID. Là aussi, comme dans beaucoup d'autres secteurs de l'économie, le concept d'adhésion payante est un axe central de ces nouveaux dispositifs de vie fondés sur la logique de l'accès.

Il naît entre 4 000 et 5 000 nouveaux CID par an aux États-Unis [2]. Robert H. Nelson, économiste au ministère de l'Intérieur, signale que, si l'expansion de ces communautés se poursuit au même rythme — et tout semble indiquer que leur taux de croissance sera encore plus rapide au cours des deux prochaines décennies —, elles pourraient peu à peu en venir à rivaliser avec les collectivités locales en termes de pouvoir et de ressources [3]. Si les CID devenaient hégémoniques, explique Nelson, « cela pourrait avoir des conséquences aussi importantes que celles de l'adoption de l'entreprise capitaliste privée comme forme dominante de l'activité économique aux États-Unis [4] ».

Contrairement aux zones résidentielles traditionnelles, qui sont constituées par une mosaïque de maisons individuelles, de commerces et d'équipements publics, les CID sont des espaces à caractère totalement privé et marchand [5]. Aucune autorité publique n'y jouit d'un quelconque droit de contrôle ou de propriété. Et, contrairement aux espaces résidentiels traditionnels, qui permettent la libre circulation des personnes, des biens et des services, l'accès aux CID est strictement limité, ce qui est d'ailleurs une des principales raisons pour lesquelles leurs habitants choisissent d'y vivre.

Dans un CID, on ne vous vend pas seulement un logement, mais tout un mode de vie. Votre domicile est inséré dans tout un réseau de services qui constituent une forme unique d'expérience vécue, et il ressemble en cela à toute une série d'autres biens et formes de propriété qui ne sont plus que les supports des prestations et des expériences qui les accompagnent.

Celebration, une ville entièrement créée par Walt Disney en Floride, tout près du parc Disney World d'Orlando, est sous bien des aspects un prototype de cette nouvelle catégorie de projet immobilier, des communautés où l'achat d'une propriété n'est que le ticket d'entrée à un nouveau mode de vie entièrement préfabriqué.

Celebration est un ensemble résidentiel intégré d'une valeur de 2,5 milliards de dollars [6]. Les brochures publicitaires qui le présentent consacrent beaucoup plus d'espace à décrire le mode de vie de ses habitants qu'à vanter ses caractéristiques immobilières, laissant fortement l'impression que, comme son nom l'indique, il s'agit plus de la célébration d'un style de vie que d'une zone d'habitation. Mais citons plutôt :

> Il était une fois une ville où, dans la tranquillité des soirs d'été, les habitants échangeaient des saluts amicaux avec leurs voisins. Où les enfants s'amusaient à chasser les lucioles. Où une dure journée de travail était couronnée par un juste repos dans une berceuse sous la véranda. Où les cinémas projetaient des dessins animés tous les samedis. Où l'épicerie vous livrait à domicile. Et où l'instituteur avait toujours une pensée particulière pour chaque enfant. Ça vous rappelle quelque chose ? Peut-être bien la ville de votre enfance. Ou une histoire que vous avez lue quelque part. En tout cas, elle avait un charme tout particulier. Le charme particulier d'une petite ville typiquement américaine [7].

Joe Barnes, architecte travaillant pour Disney, définit comme suit le motif central du type d'expérience qui caractérise Celebration : « Faire construire à Celebration, ce n'est pas seulement acquérir une maison ou un terrain individuel, c'est créer de la communauté [8]. »

Mais la communauté Disney n'est pas une communauté comme les autres. Il ne s'agit pas d'une création organique construite avec peine, au long des années, à travers toute une série d'essais et d'erreurs, de conflits d'intérêts et d'engagements civiques partagés. Il s'agit plutôt d'une entité entièrement préfabriquée, d'un projet commercial soigneusement planifié, tout à la fois zone résidentielle et espace scénique réservé à ceux qui payent leur droit d'entrée. En achetant une maison et en adhérant à l'association des propriétaires de Celebration, on entre dans le monde de Disney.

Les entreprises d'immobilier qui, comme Disney, créent des CID visent toutes sortes de clientèles aux modes de vie différents, célibataires, couples sans enfants, retraités ou ménages où les deux conjoints travaillent. Les CID les plus populaires sont respectivement les espaces résidentiels réservés aux retraités, les communautés centrées autour de terrains de golf et d'équipements de loisir et les villes nouvelles des banlieues riches. Les CID séduisent particulièrement la génération née dans l'immédiat après-guerre, qui voit s'approcher la retraite et entend se consacrer de plus en plus à des activités de loisir.

Un autre type de CID est constitué par les zones résidentielles de luxe. Les très riches préfèrent le plus souvent résider dans le voisinage de leurs semblables, et ils sont très demandeurs des mesures de sécurité et de l'accès limité qui caractérisent les CID.

Les villes nouvelles sont des projets immobiliers à grande échelle qui reproduisent toutes les aménités d'une collectivité locale. Dans des villes nouvelles comme Reston, en Virginie, ou Columbia, dans le Maryland, aucun des services qui caractérisent une ville traditionnelle ne manque : écoles, bureaux, centres commerciaux, jardins publics, etc. La différence, c'est que tout y est structuré par les rapports marchands. Il n'y existe pas d'espace public au sens où nous sommes habitués à les concevoir. Certes, ces villes artificielles ont une administration en partie soumise au vote de leurs habitants, mais il ne s'agit plus tant de citoyenneté que d'expression du consommateur.

On peut faire remonter le concept de CID à l'utopie des « cités-jardins » développée en Angleterre au début du XXe siècle par un sténographe auprès des tribunaux, Ebenezer

Howard, qui rêvait d'un nouveau modèle d'urbanisme susceptible d'intégrer le meilleur de la ville et le meilleur de la campagne. Howard était choqué par ce qu'il considérait comme le développement anarchique des milieux urbains traditionnels. D'après lui, la tâche des ingénieurs, architectes, urbanistes et autres spécialistes était de concevoir une ville dans son intégralité, en la planifiant dans ses moindres détails à partir de zéro : « Il est essentiel, écrivait-il, qu'existe une unité de conception et d'objectif. Une ville doit être planifiée comme un tout au lieu d'être laissée à elle-même et de croître de façon chaotique, comme toutes les villes anglaises, ainsi que la plupart de celles des autres pays [9]. » Il rêvait de grandes agglomérations circulaires traversées par d'amples boulevards et parsemées de parcs, de jardins et de galeries couvertes. Autour de ce cercle, une zone industrielle, elle-même entourée d'une ceinture agricole qui en ferait une création humaine totalement intégrée. Ces cités de rêve seraient administrées par une technocratie privée soumise au contrôle démocratique des habitants. Grâce à l'efficacité de cette gestion assurée par des administrateurs et des techniciens professionnels, les rivalités habituelles qui découlent de la politique partisane et des conflits d'intérêt corporatistes n'auraient pas lieu d'être. On peut dire que cette forme d'administration privée anticipait de plusieurs décennies le modèle organisationnel des CID actuels.

Pendant la première moitié du XXe siècle, le nombre des CID resta peu élevé. En 1928, Charles Stern Ascher construisit la première communauté entièrement planifiée des États-Unis : Radburn, dans le New Jersey. Il s'agissait d'un ensemble résidentiel privé dont l'administration était responsable devant l'association des propriétaires [10]. En 1962, on comptait moins de 500 collectivités de ce type aux États-Unis [11]. Ce n'est que vers la fin des années soixante que le modèle CID prit de l'essor. La pénurie croissante et la cherté des terrains à bâtir, en particulier à proximité des grands centres urbains, obligèrent les investisseurs immobiliers à repenser la gestion de l'espace résidentiel. Les CID représentaient une solution idéale. En réduisant l'espace entre les maisons individuelles et en prévoyant des aires de loisir collectives — espaces verts, piscines, courts de tennis —, les promoteurs pouvaient réduire leurs coûts tout en offrant aux résidents le même type de services que les banlieues de classe moyenne traditionnelles. Les acheteurs étaient prêts à renoncer à leurs espaces de jardin hors de prix si on mettait à leur disposition des aires de loisir communes réservées aux résidents. Avec l'aide et les garanties financières apportées par le ministère du Logement, les CID ont depuis poussé comme des champignons. Les spécialistes prévoient qu'ils seront plus de 225 000 vers la fin de l'an 2000, accueillant une population de plus 48 millions de personnes [12].

Beaucoup de gens choisissent de vivre dans un CID à cause des aménités et des services qui les accompagnent. Mais la marchandisation intégrale de la vie des résidents se fait souvent aux dépens de leurs droits de propriété. En effet, les principes de gestion et les dispositifs contractuels qui caractérisent les CID dépouillent insidieusement les propriétaires d'une bonne partie de leurs droits et présentent tous les avantages, mais aussi tous les inconvénients, de la logique de l'accès appliquée à la vie quotidienne. Beaucoup de gens considèrent la maison individuelle comme la forme la plus précieuse de patrimoine qu'ils puissent acquérir. Il est donc instructif d'examiner ce que devient cette vision traditionnelle de la propriété dans le cadre des CID, qui définissent en fait les fondements philosophiques et juridiques d'une tout autre conception : la possession d'un domicile y devient en effet beaucoup moins importante que l'expérience vécue d'un style de vie.

En premier lieu, les statuts et règlements qui gouvernent ce type de communautés accordent aux résidents beaucoup moins de droits sur leur propriété que ceux dont ils jouiraient dans un habitat plus traditionnel. Ce sont des promoteurs immobiliers qui créent les CID, souvent conçus comme des municipalités privées ou des quasi-municipalités. Ce sont également eux qui en établissent les statuts et les règlements. La charte municipale privée qui régit les CID « décrit tous les droits de jouissance et d'usage en vigueur au sein de la communauté, édicte des normes architecturales et immobilières impératives, définit les restrictions aux droits des résidents sur leur propriété et impose statutairement l'observation de ces restrictions par les nouveaux résidents [13] ». Comme le promoteur est propriétaire des terrains non encore vendus et dispose ainsi d'un plus grand nombre de voix, il maintient un contrôle efficace sur toutes les décisions de l'association des propriétaires pendant une bonne partie de l'existence initiale des CID. Il peut nommer ses employés aux principaux postes d'administration et a généralement le droit de disposer de trois voix pour chaque terrain vacant, ce qui lui assure un contrôle indiscuté de la situation tant que la dernière parcelle n'est pas vendue. Mais, même alors, la direction du CID le conserve pendant une période de transition, qui ne se terminera que quand les résidents auront pu remplacer par voie d'élection tous les administrateurs. Dans son ouvrage intitulé *Privatopia*, Evan McKenzie explique que « les promoteurs ont une conception passablement "bétonnée" de la façon dont les gens doivent vivre [14] ».

Car le droit de vote ne garantit nullement le respect de la volonté majoritaire. Seuls les propriétaires en jouissent, et ils ne disposent que d'une voix par unité d'habitation. Peu importe qu'un domicile abrite plusieurs adultes — les deux conjoints et des grands-parents, par exemple —, ces derniers ne peuvent exprimer qu'un seul point de vue, ce qui fait que de nombreux résidents se retrouvent littéralement sans voix au chapitre. En outre, de nombreux propriétaires louent leur maison. En Californie, par exemple, près de 20 % des résidences en CID sont louées. Or, les locataires résidents sont tenus de respecter les statuts et les règlements de la communauté sans pour autant avoir leur mot à dire sur des décisions qui affectent directement leurs conditions de vie [15].

Cette restriction de l'accès aux décisions administratives n'est pas dénuée de conséquences. Les administrateurs des CID exercent un pouvoir substantiel sur la vie privée des résidents et affectent ainsi les droits des propriétaires sur l'exclusivité du contrôle de leur patrimoine. Entre autres, explique McKenzie, « la plupart des CID donnent aux administrateurs le droit de pénétrer dans votre domicile quand bon leur semble sous prétexte de préserver les intérêts de la communauté des copropriétaires [16] ». L'administration des CID peut imposer aux résidents des restrictions à l'usage de leur espace domiciliaire, à leur comportement privé et même à celui de leurs hôtes.

Les restrictions réglementaires imposées à l'usage du domicile privé sont nommées « servitudes ». Certains de ces règlements sont si exhaustifs et si envahissants qu'ils en viennent à faire mentir la formule selon laquelle chacun est maître chez soi. À Rancho Bernardo, un CID de 33 000 habitants au nord de San Diego, la liste de ces servitudes est interminable et confine souvent à l'absurde. Dans son ouvrage *America II*, Richard Louv en décrit quelques-unes :

> Même les potagers sont très mal vus [...]. Clôtures, haies et murets ne peuvent pas dépasser un mètre de hauteur. Toute inscription est interdite, à l'exception des écriteaux « À VENDRE ». Les arbres doivent être soigneusement taillés et ne pas dépasser la hauteur des toits, lesquels doivent être couverts de tuiles rouges. Les résidents n'ont pas le droit de garer des véhicules de loisir ou des bateaux dans leur allée privée, ils disposent pour ce faire d'une aire de stationnement collective. Dans un village réservé aux retraités, les petits-enfants des résidents n'ont pas le droit d'accéder au centre de loisirs et, en général, les visites à domicile des enfants sont strictement limitées [17].

Rancho Bernardo n'est pas le seul CID à appliquer des règles aussi draconiennes. On trouve des règlements de ce type dans tout le pays. McKenzie cite un certain nombre d'exemples. À Ashland, dans le Massachusetts, un vétéran de la guerre du Vietnam s'est vu interdire de déployer la bannière étoilée le jour de la fête nationale du drapeau. À Monroe, dans le New Jersey, un homme à été poursuivi en justice par l'administration du CID parce que sa femme, âgée de quarante-cinq ans à l'époque des faits, avait trois ans de moins que le minimum exigé par les statuts de l'association des résidents. Les tribunaux ont donné raison aux plaignants et ont ordonné à la personne en question de choisir entre vendre ou louer sa propriété et cesser de cohabiter avec son épouse. À Fort Lauderdale, en Floride, l'administrateur d'une copropriété a ordonné à un couple de cesser d'utiliser leur porte de derrière pour entrer et sortir de leur domicile, car leur va-et-vient laissait des traces sur la pelouse. À Boca Raton, toujours en Floride, une association a traîné un résident devant les tribunaux parce que son chien dépassait le poids limite autorisé de 13,6 kilos [18].

Certains CID vont jusqu'à prescrire le type de meubles qui peuvent être installés près des fenêtres et la couleur des murs intérieurs. D'autres fixent des limites à la durée des visites et imposent un couvre-feu qui interdit aux voisins de bavarder entre eux à l'extérieur après une certaine heure [19]. La plupart des résidents des CID se déclarent prêts à renoncer à une partie de leurs droits de propriété pour pouvoir accéder à un réseau d'individus qui partagent les mêmes valeurs, la même sensibilité et le même style de vie. Après tout, être membre d'un CID présente des avantages inaccessibles au propriétaire isolé. Au type d'autonomie qui accompagne un régime intégral de propriété privée succède l'interdépendance qui caractérise l'adoption d'une relation marchande avec autrui.

Pour défendre ces atteintes aux droits de propriété exclusifs des résidents de CID, les promoteurs soutiennent que ces derniers peuvent toujours vendre leur maison et déménager s'ils ne sont pas satisfaits. Le problème, explique McKenzie, c'est qu'« il est de plus en plus difficile de trouver des logements non soumis à un régime de type CID dans de nombreuses régions des États-Unis [20] ».

Les spécialistes en droit constitutionnel commencent à s'inquiéter d'une tendance qui ne porte pas seulement atteinte aux droits de propriété des Américains. Ils soulignent qu'en limitant l'accès à leur territoire, les CID violent le droit fondamental des citoyens de se déplacer comme bon leur semble, de s'associer avec qui ils le souhaitent et de s'exprimer librement en public. La logique de l'accès est un axe central du fonctionnement des CID, tout comme de celui des organismes de soins privés et autres prestataires de services payants fondés sur le principe de l'adhésion à des communautés marchandes. Dans le cas des CID, où chaque mètre carré de terrain est soumis à la logique du marché, qu'advient-il de la notion d'espace public et des libertés fondamentales de réunion et d'expression énoncées par le Premier amendement à la Constitution des États-Unis ? Ainsi, par exemple, pour décider qui a le droit ou non de pénétrer dans un CID, les agents de sécurité appliquent souvent des critères fort subjectifs. Dans la plupart des cas, ces critères reflètent les préjugés dominants de la société. Ainsi, comme l'explique sans détour un consultant immobilier, « si jamais un Noir se présente à l'entrée, il risque de passer un mauvais quart d'heure [21] ». Comme les CID sont des espaces privés, leurs administrateurs estiment qu'ils n'ont pas à respecter la liberté de mouvement garantie par le Premier amendement. Il n'y a pas d'« espace public » dans un CID, et il n'est donc pas question qu'il soit ouvert au public.

Soucieux de ne pas donner une impression d'exclusivisme excessif, certains CID accordent un droit d'entrée à tous les visiteurs payants, ce qui élimine évidemment les pauvres. Ainsi, l'ensemble Sea Pine Plantations, à Hilton Head, en Caroline du Sud, accorde aux non-résidents le droit de se promener dans ses rues pour une somme de 3 dollars [22].

On peut comprendre que les résidents d'un CID s'accordent à formuler des normes restrictives en matière d'accès à leur communauté, mais les non-résidents ne sont nullement consultés. La question de la liberté de mouvement et d'expression de ces derniers suscite un nombre croissant de plaintes devant les tribunaux. C'est ainsi que la Cour d'appel de l'État de Californie a émis un jugement refusant à l'administration de Leisure World le droit d'interdire aux non-résidents de distribuer et de faire circuler des publications extérieures à cet ensemble résidentiel. Commentant cette décision dans le *Yale Law Journal*, le procureur David J. Kennedy signale que « la tentative de restriction de la liberté d'expression des non-résidents par Leisure World illustre de façon particulièrement dramatique la capacité des promoteurs immobiliers à créer une clientèle captive dont ils peuvent ensuite vendre l'accès au plus offrant [...]. Là où ce type de communauté résidentielle devient hégémonique, les points de vue minoritaires et les médias dotés de faibles ressources financières risquent de ne pas pouvoir se faire entendre [23] ».

Si l'ère moderne est bien celle de la propriété privée, elle est aussi liée à son corollaire immédiat, l'existence d'un régime de propriété publique et des droits qui accompagnent la participation des citoyens à l'espace public. Si la propriété privée a pu être pratiquement sacralisée, elle n'a jamais été conçue comme hégémonique pour autant. La société a toujours ménagé un espace pour le discours public et l'engagement civique. Mais, comme nous l'avons vu, les CID éliminent ces espaces publics et les droits constitutionnels qui leur sont attachés. Ce sont des communautés entières qui sont intégralement marchandisées, et c'est là que le bât blesse. Ce ne sont pas seulement les droits qui accompagnent la participation à la sphère publique qui y sont supprimés, mais la notion même d'espace public. Dans la conclusion de son livre, McKenzie écrit que, « quand vous achetez une maison dans un CID, c'est comme si vous deveniez membre d'une entreprise, et vous devez obéir aux règles qu'elle édicte [...]. De ce point de vue, les CID sont un reflet de la tendance à l'universalisation des valeurs de l'entreprise [24] ».

La croissance phénoménale des CID au cours du dernier quart de siècle en dit long sur la transformation des mentalités qui a vu les valeurs marchandes occuper peu à peu le devant de la scène, au détriment des valeurs civiques. Pour un nombre croissant de citoyens de États-Unis, écrit Bettina Drew, toujours dans la *Yale Law Review*, le fait que « le lien communautaire soit désormais quelque chose qui peut s'acheter plutôt que le produit d'une création collective met en évidence le degré de pénétration des valeurs du marché au sein de la sphère domestique [25] ».

Dans le débat qui est en train de s'instaurer sur la signification économique et sociale des CID, on ne doit pas oublier le fait que, pour des millions d'Américains, l'acquisition d'un domicile dans un CID est censée mieux protéger leurs droits de propriété. Une grande partie de la séduction de ces ensembles résidentiels fermés repose sur la conviction que la cohabitation avec des individus partageant les mêmes valeurs et bénéficiant d'un même niveau de revenu, ainsi que l'exclusion des indésirables garantissent la valeur de l'investissement immobilier des résidents. Mais, nous l'avons vu, le choix de vivre dans un CID repose aussi sur le désir d'accéder à un certain mode de vie, à certains réseaux de sociabilité et à toute une série de prestations qui permettront à leurs bénéficiaires de jouir d'un style de vie unique en son genre. Tout autant que la sécurité d'un investissement immobilier, c'est l'idée d'une vie entièrement transformée en expérience marchande que promeuvent les CID. En ce sens, il s'agit d'un phénomène de transition. Pour des millions de familles, il s'agit d'une étape entre deux réalités : un mode de vie traditionnel fondé sur la primauté des notions de propriété et de patrimoine, et une nouvelle forme de relation fondée sur l'hégémonie des rapports marchands et l'accès payant à une expérience collective.

Styles de vie à louer

Si les CID sont l'expression la plus visible de cette nouvelle sensibilité en matière de logement, on peut citer d'autres exemples de cette redéfinition des dispositifs résidentiels. S'il est vrai que le nombre des ménages propriétaires de leur logement (66,7 %) a atteint un niveau record aux États-Unis, on commence à observer une contre-tendance qui pourrait bien impliquer une redéfinition fondamentale de la notion même de propriété, en particulier au sein des couches les plus prospères de la population et parmi les jeunes générations [26].

Le marché de la location, qui était longtemps resté le domaine quasi exclusif des ménages les plus pauvres, des célibataires et des jeunes couples n'ayant pas encore les moyens d'acquérir leur propre logement, est en train d'évoluer profondément et de s'orienter vers la satisfaction des besoins de nouvelles générations marquées par une forte mobilité sociale ascendante et plus intéressées par l'accès à court terme à toute une gamme de prestations et d'expériences que par le fardeau des responsabilités qui accompagnent la possession d'un patrimoine immobilier.

Un ensemble résidentiel comme Les Villas de Beaver Creek, dans la riche banlieue de Las Colinas, à Dallas, illustre parfaitement ce phénomène. En échange d'un loyer mensuel variant de 645 dollars à 1 365 dollars, les locataires ont accès à des appartements de une à trois chambres dotés de tous les avantages d'une véritable maison individuelle, avec cheminée, vaste cuisine entièrement équipée, placards intégrés et garage. Le complexe d'appartements forme un ensemble résidentiel fermé offrant une parfaite sécurité et comporte un club, une salle de gymnastique, un centre d'affaires, deux piscines, un bain turc, un jacuzzi et un sauna. Robyn Muller, qui y loue un appartement de trois chambres et deux salles de bains avec son épouse, explique que « c'est comme vivre dans une grande maison individuelle, avec un certain nombre d'avantages additionnels et sans l'inconvénient d'avoir à s'occuper du jardin [27] ».

Les Muller font partie des 34,7 millions de ménages qui louent leur logement aux États-Unis — soit 33 % de la totalité des ménages dans ce pays [28]. Mais la différence entre les « nouveaux » locataires et les anciens, c'est que ces derniers choisissaient la location faute d'avoir les moyens d'acquérir leur propre logement, tandis que, pour les premiers, qui sont en pleine ascension sociale, le choix de la location est l'expression d'un style de vie.

Les promoteurs ciblent désormais ces nouvelles couches aisées et commencent à construire des appartements spacieux avec moulures et hauts plafonds qui présentent toutes les caractéristiques d'une maison individuelle sans les inconvénients de la propriété. Comme c'est une expérience qui est louée plutôt qu'un simple domicile, ces nouveaux ensembles immobiliers accordent tout autant sinon plus d'importance aux diverses prestations annexes qu'à l'espace d'habitation. Vivre dans un de ces appartements de luxe signifie souvent avoir accès à un centre d'affaires, à des équipements de communication, à une bibliothèque et à une salle de gymnastique dernier cri où des entraîneurs s'occupent spécialement de votre cas. Dans certains cas, vous avez même droit à un concierge, aux journaux du matin et à un petit déjeuner continental gratuit.

Pour beaucoup d'Américains, la séduction de la propriété immobilière reposait en partie sur sa valeur en tant qu'investissement. De l'immédiat après-guerre au début des années quatre-vingt, la valeur de l'immobilier n'a en effet pas cessé de grimper. Mais, depuis une quinzaine d'années, cette valorisation continue ne se poursuit plus qu'à un rythme beaucoup plus lent, quand elle ne cède pas la place à une stagnation des prix ou à une dépréciation dans certaines régions du pays. Ce qui évidemment réduit singulièrement l'attrait de l'investissement à long terme dans l'immobilier.

Pour un nombre croissant d'Américains aux revenus élevés, la question n'est donc plus tellement de savoir ce que peut leur rapporter à terme la propriété de leur domicile mais combien de temps ils sont obligés de consacrer à son entretien. Une enquête récente, effectuée à la demande du National Multi Housing Council et de la National Appartment Association par Coates et Jarratt Inc., un bureau de conseil de Washington, montre que les considérations d'emploi du temps sont cruciales dans les choix de logement des nouvelles générations de professionnels à hauts revenus, et recommande toute une gamme de prestations et de services à domicile pour rendre la vie en appartement plus pratique — livraisons de repas, équipements électriques « intelligents », gardiennage d'animaux, crèches et services informatiques et de télécommunications dernier cri. Citons la conclusion de ce rapport :

> Le temps est universellement considéré comme la marchandise la plus précieuse [...]. Qu'il s'agisse de ménages où les deux conjoints travaillent ou de familles monoparentales, l'exécution des tâches domestiques traditionnelles exerce une pression constante sur des individus au temps et aux ressources limités. Ce dont ils ont besoin, c'est donc avant tout d'avoir accès à des procédures, des produits et des services qui leur font gagner du temps ou éliminent les activités qui dévorent leur temps. Il s'agit d'augmenter la valeur ajoutée du temps de ces personnes [29].

L'enquête de Coates et Jarratt Inc. reconnaît que le principal obstacle à l'expansion de la location est la représentation traditionnelle de la maison familiale individuelle comme le parangon du rêve américain, mais suggère que « la pression croissante exercée sur le budget-temps des individus peut contribuer à modifier cette croyance [30] ». Tout comme dans le cas des entreprises, qui préfèrent désormais l'accès à court terme à la possession à long terme dans leur stratégie économique, c'est la pénurie de temps disponible qui amène les membres des jeunes générations à hauts revenus à passer de la propriété immobilière à la location.

Mais ce n'est pas seulement le temps disponible qui prime dans ce changement d'attitude. Il faut également compter avec l'évolution du marché du travail. La « réingéniérie » et les réductions d'effectif permanentes effectuées par les entreprises augmentent considérablement la précarité de l'emploi. Plus question de compter sur un travail régulier auprès d'un même employeur pour toute la durée d'une existence, ce qui prime désormais c'est l'accomplissement de missions temporaires pendant la durée de vie d'un projet, et cela vaut pour les cadres supérieurs comme pour le personnel des ateliers. Face à un marché du travail de plus en plus volatil, tous les salariés doivent s'adapter à des changements permanents dans leur carrière et leur existence professionnelle. Posséder un domicile à long terme n'a plus guère de sens dans un monde où un taux accéléré d'obsolescence ne caractérise pas seulement les produits et les services, mais aussi les emplois.

Sans parler du fait que l'acquisition ou la vente d'un domicile présentent des coûts additionnels forts dispendieux : mensualités, commissions, etc. Et, si la durée moyenne de possession d'un domicile continue à diminuer à cause des déménagements entraînés par les changements d'emploi, l'appréciation de sa valeur immobilière risque d'être insuffisante pour couvrir les frais de vente, qui peuvent monter jusqu'à 6 % ou 7 %. Le propriétaire se retrouve donc perdant.

Le magazine *Real Estate Issues* a abordé ce problème dans un numéro de l'été 1998. John R. Knight et Cynthia Fiery Eakin y soulignent qu'étant donné que l'acquisition d'un domicile est le plus gros investissement jamais réalisé au cours de l'existence de la plupart des ménages, on peut supposer qu'ils y réfléchiront à deux fois avant d'hypothéquer leurs ressources financières dans l'achat d'une propriété, surtout s'ils envisagent de changer d'emploi et de déménager assez régulièrement. Dans leur article, ces deux auteurs écrivent que

> [...] l'évolution récente du marché du travail affecte simultanément la durée moyenne de la possession d'un patrimoine immobilier et la possibilité d'évaluer cette durée avec un minimum de précision. La mobilité croissante des salariés implique que les ménages seront plus souvent confrontés au choix entre louer et acheter, et la cause sous-jacente de cette

mobilité, à savoir la précarité croissante des situations professionnelles, implique qu'ils se décideront de plus en plus souvent en faveur de la location [31].

Si on n'en est pas encore à assister au déclin de la propriété immobilière, il est probable qu'un nombre croissant d'Américains des nouvelles générations vont peu à peu passer à la location, adaptant ainsi leur mode de vie aux forces qui entraînent le reste de la société vers l'âge de l'accès.

Le temps partagé

La location haut de gamme, tout comme les CID, reflète l'intérêt croissant de secteurs entiers de la population pour un mode de vie fondé sur la logique de l'accès. Il ne s'agit pourtant là que d'un aspect du changement qui investit les pratiques résidentielles. À un niveau plus profond, c'est la façon même d'habiter, traditionnellement ancrée dans l'identité spatiale et territoriale, qui acquiert une dimension existentielle beaucoup plus éphémère et volatile.

La notion de temps partagé est en train de révolutionner la conception même de l'immobilier dans le monde entier. Elle présente en effet une alternative séduisante à l'acquisition d'une résidence secondaire, en particulier pour les cadres ultramobiles qui aiment bien prendre des congés régulièrement mais ne veulent pas s'embarrasser du fardeau de l'entretien d'une maison de vacances, ni hypothéquer leurs ressources financières dans l'achat d'une propriété. Des entreprises de niveau mondial comme Hyatt, Marriott, Disney, Inter-Continental, Embassy Suites, Hilton et Radisson investissent toutes dans le marché du temps partagé. Elles sont en effet convaincues qu'à l'avenir, et dans tous les pays, les consommateurs les plus aisés seront plus enclins à acheter l'accès à une résidence secondaire qu'à acheter la résidence elle-même.

Le temps partagé, comme son nom l'indique, consiste à se partager l'usage d'une copropriété. N'oublions pas que, dans le cas d'une copropriété traditionnelle, chaque propriétaire achète l'espace habitable de son propre appartement ainsi qu'une partie du bâti commun et du terrain. Dans le cas du temps partagé, chaque propriétaire achète l'accès à la jouissance d'une habitation pour une certaine période de l'année. Le prix d'achat inclut les frais d'entretien des parties communes.

C'est dans les années soixante, dans les stations de ski des Alpes, qu'est née l'idée du temps partagé. Soucieux de s'assurer la fidélité de leur clientèle, mais bien conscients que peu d'amateurs de ski iraient jusqu'à acheter un chalet dans leur station, les promoteurs locaux formulèrent l'idée du temps partagé. Cette idée se propagea aux États-Unis dans les années soixante-dix, dans le sillage de la crise de l'énergie. Dans les stations balnéaires de Floride ou de Californie, les complexes de résidences secondaires ne trouvaient plus d'acheteurs. En vendant l'accès à ces copropriétés en temps partagé, les promoteurs immobiliers rentrèrent de nouveau dans leurs frais.

L'industrie du temps partagé connaît une croissance de 15 % par an, soit un chiffre plus élevé que pour l'ensemble du secteur du tourisme. En 1980, on vendait pour 490 millions de dollars de copropriétés en temps partagé ; aujourd'hui, ce chiffre est de plus de 5 milliards [32]. Le nombre de copropriétaires pratiquant le temps partagé devrait passer de 4 millions à 11 millions vers l'année 2010. Les Américains représentent 52 % du marché du temps partagé, et les Européens 21 % [33].

Le grand défi auquel s'attaquent les promoteurs du temps partagé, explique le *Wall Street Journal*, c'est de « convaincre les riches qu'acheter en temps partagé est préférable à l'acquisition d'une résidence secondaire, symbole traditionnel de statut social [34] ». Tout comme pour les CID, ce sont les services et les prestations qui accompagnent le logement en temps partagé qui fournissent l'argument de marketing le plus convaincant, expliquent les spécialistes.

Le complexe Franz Klammer Lodge, à Telluride, dans le Colorado, est un « club résidentiel privé » pour les amateurs de ski. Les adhérents de ce club payent une cotisation de 118 000 à 154 000 dollars pour avoir accès à cette résidence de luxe cinq semaines ou plus par an. Le club entend être beaucoup plus qu'un hôtel pour ses clients. Il se charge de conserver vos vêtements et équipements de ski personnels pendant toute l'année et, quand vous arrivez, vous trouvez tout à sa place dans votre appartement, y compris vos photos de famille et un réfrigérateur rempli de vos aliments et boissons préférés. « Disons que tout y est fait pour susciter l'illusion de la propriété », écrit Mitchell Pacelle dans le *Wall Street Journal*[35].

Les grandes chaînes hôtelières investissent de plus en plus dans le temps partagé, dont les marges bénéficiaires sont plus importantes que celles des hôtels : 25 %, soit plus du double dans le cas des résidences haut de gamme. En outre, les logements en temps partagé sont vendus avant même d'être construits, ce qui permet de financer une bonne partie des projets immobiliers. Enfin, le taux d'occupation annuel est de 80 %, contre une moyenne de 60 % dans l'industrie hôtelière[36].

À ses débuts, le marché du temps partagé souffrait d'un handicap : ses clients étaient obligés de prendre leurs vacances tous les ans au même endroit. Or, pour ce type de clientèle, en particulier quand il s'agit de jeunes cadres et professions libérales, la mobilité et la possibilité de faire de nouvelles expériences sont un facteur aussi important que la pénurie de temps disponible. C'est pourquoi des entreprises comme Resort Condominium International (RCI) et Interval International ont commencé à pratiquer une nouvelle forme de temps partagé : leurs clients sont connectés en réseau et peuvent échanger des périodes de vacances avec d'autres copropriétaires de résidences en temps partagé à travers le monde. On peut ainsi échanger une période de vacances dans un complexe résidentiel de Vail, dans le Colorado, contre une semaine dans une villa en Toscane. Le club d'échange de RCI compte actuellement plus de 2 millions d'adhérents, et celui d'Interval près de 700 000[37]. Disney, Marriott et Hilton ont également chacun leur propre club d'échange de temps partagé.

L'étape suivante a déjà été franchie par certaines entreprises qui, au lieu de vous vendre l'accès à une copropriété en particulier, vous vendent des coupons qui constituent une espèce de monnaie vous permettant d'acheter des unités de temps partagé en général. Cette dématérialisation du temps partagé représente le couronnement du processus qui voit le temps, plutôt que l'espace et la matière, devenir une ressource rare, et la logique de l'accès l'emporter sur celle de la propriété. Les clients achètent des coupons — et chaque coupon représente une unité de temps — qui peuvent être échangés contre toute une gamme de produits et de services touristiques : logements, billets d'avion, croisières, terrains de golf, location de voitures, et toutes les prestations imaginables en matière de voyage et de loisir [38].

La location, le temps partagé, l'achat de coupons polyvalents sont autant de façons de « temporaliser » l'activité économique. On n'achète plus une propriété, on achète l'accès à cette propriété, le droit d'utiliser un appartement, une résidence, une villa ou n'importe quel autre type de service pour une période définie. Encore une fois, et conformément à l'évolution qui caractérise d'autres secteurs de la nouvelle économie en réseau, la relation vendeur-acheteur cède peu à peu la place à une relation prestataire-usager, et l'ère de la propriété à celle de l'accès.

De l'immobilier

C'est ainsi qu'une part croissante de notre existence est littéralement empruntée sous forme de location, leasing, adhésion à des clubs, etc. Mais le passage de la propriété à l'accès change-t-il fondamentalement les choses ? D'un côté, on peut estimer que le fait de satisfaire la majorité de nos besoins sous cette forme, par acquisition provisoire de courtes séquences temporelles d'expérience, a un effet libérateur. Ne dit-on pas que « plus nous possédons, plus nous sommes possédés par nos possessions » ? Nous émanciper de la propriété, c'est donc peut-être aussi nous libérer des hantises qui l'accompagnent. Mais, d'un autre côté, n'y a-t-il pas un risque de voir la logique de l'accès mettre en danger le sentiment de responsabilité personnelle qui accompagne la possession d'un patrimoine ? Dans une culture où tout est emprunté, ne risque-t-on pas de voir disparaître une certaine conception des devoirs et des obligations qui caractérise l'*ethos* du propriétaire ? Il est bien connu que, quand on est propriétaire de son domicile, on est beaucoup plus soucieux de le maintenir en bon état que quand on est simple locataire. Dans une société fondée sur la propriété, le souci de protéger notre patrimoine — et même son environnement immédiat — n'est pas moins vif que celui de préserver notre propre existence, car l'ensemble de nos possessions y est perçu comme une extension de notre personnalité.

Georg Friedrich Hegel, le célèbre philosophe allemand, fut un des premiers à reconnaître ce caractère de la propriété comme prolongement de notre être. D'après lui, chaque individu exprime son identité personnelle à travers le choix et l'usage de ses possessions. C'est en projetant sa volonté sur tel ou tel objet du monde extérieur que la personne exprime son être propre et se constitue comme présence différenciée face à ses semblables. Dans la cosmologie de Hegel, le travail est une expression créatrice plutôt qu'une activité productive, et le fruit de ce travail est une forme d'expropriation d'une parcelle de la nature qui est incorporée à la personnalité de l'individu propriétaire. C'est ainsi qu'il écrit :

> La personnalité est ce qui lutte pour [...] accéder à sa propre réalité ou, en d'autres termes, pour s'approprier le monde extérieur [39].

Étant donné que la personnalité du propriétaire se reflète systématiquement dans l'objet qu'il possède, sa propriété devient le prolongement de son identité. De la même façon, c'est à travers les objets qu'il possède que ses semblables reconnaissent la personnalité d'un individu. Pour Hegel, il y a, par conséquent, beaucoup plus dans la propriété que la simple expression de la satisfaction des besoins. Ce qu'elle exprime en fait, à un niveau plus profond, c'est la liberté de l'individu. En s'entourant de possessions, l'homme projette son individualité dans le temps et dans l'espace et crée une sphère d'influence personnelle. Sa présence dans le monde acquiert une nouvelle dimension [40]. Rien d'étonnant à ce que l'orgueil d'être propriétaire ait été une caractéristique fondamentale de l'ère moderne.

Mais, dans une société où c'est la logique de l'accès qui prédomine, qu'advient-il de cette fierté attachée au patrimoine et du sentiment de responsabilité qui l'accompagne ? Et qu'en est-il de la relative autonomie qu'accorde le statut de propriétaire ? Être propriétaire, c'était jouir d'une certaine indépendance dans le monde. Mais, à partir du moment où nous échangeons la propriété de nos moyens d'existence contre le simple accès à ces moyens, nous en sommes réduits à dépendre en grande partie de nos semblables. Être plus connecté et plus interdépendant signifie-t-il nécessairement être moins autonome et plus vulnérable ?

Il n'est pas vraiment clair que, dans cette transition de la logique de la propriété à celle de l'accès, nous ayons plus à gagner qu'à perdre. Est-ce que s'émanciper de nos possessions ne nous amènera pas à perdre tout sentiment d'obligation à l'égard des objets que nous fabriquons et dont nous faisons usage ? Est-ce qu'en nous connectant à toutes sortes de réseaux de relations, nous ne risquons pas d'être prisonniers des liens tissés par de toute-puissantes entreprises prestataires de services ?

Ces interrogations acquièrent d'autant plus d'importance quand on prend en compte le phénomène de temporalisation des dispositifs existentiels que nous avons décrit. Avec l'âge de l'accès, la valeur du temps l'emporte sur celle de l'espace et, dans une société ultramobile et volatile, c'est la disponibilité humaine qui devient une ressource rare, bien plus que la dimension territoriale, alors même que celle-ci a longtemps été le support essentiel de l'identité des individus.

Un autre philosophe allemand, Martin Heidegger, faisait remonter l'étymologie du mot « humain » au latin *humus*, qui désigne la terre nourricière. Dans la mythologie biblique, Dieu façonne Adam à partir d'un peu d'argile. Notre attachement millénaire au sol et au territoire, qui se manifestait à travers nos rapports de propriété et contribuait à définir la nature même de notre être, est en train de s'estomper peu à peu. La révolution des médias électroniques a joué un rôle majeur dans ce phénomène de déterritorialisation et de temporalisation de l'existence en annulant la distance et en mettant en contact les individus en temps « réel », quelles que soient les barrières spatiales qui les séparent. Avec le téléphone, la radio et la télévision, le contexte spatial perd de son importance dans la construction des rapports sociaux.

Évoquant les souvenirs d'une enfance antérieure à l'invention de l'automobile, le poète Siegfried Sassoon observait que toute personne vivant à plus d'une quinzaine de kilomètres restait pratiquement injoignable : « Dumborough Park était à près de vingt kilomètres de la maison de ma tante [...]. Ce qui signifie que ma tante vivait quelques kilomètres trop loin, hors de portée des invitations de Lady Dumborough [41]. » De nos jours, la distance entre deux individus résidant en n'importe quel point de la planète n'est presque toujours que celle d'un simple coup de téléphone.

Pour l'historien et critique des médias Joshua Meyrowitz, les médias électroniques ont pour effet une désorientation fondamentale de notre sentiment géographique : « Notre existence et notre position sociales ne sont plus déterminées par notre position dans l'espace physique [42]. » C'est d'autant plus vrai dans le cas du cyberespace, où un nombre de plus en plus grand d'individus passent une fraction croissante de leur temps insérés dans des réseaux de relations totalement dénuées de cadre de référence géographique. Nous sommes désormais des millions à travailler et à entretenir des relations sociales sans aucun ancrage territorial. Dans le monde entier, les adresses virtuelles remplacent de plus en plus les adresses traditionnelles. La facilité avec laquelle les individus se sont débarrassés de ces références spatiales dans le cadre de leur activité économique et sociale est tout à fait remarquable et témoigne de cette déterritorialisation croissante de nos existences.

Si une bonne partie de notre vie consciente a déjà émigré vers l'univers temporalisé des relations d'accès sans que nous nous en inquiétions outre mesure, une autre partie de notre nature humaine, plus primordiale, résiste à cette évolution et reste enracinée dans le sol et la notion de territorialité. Même dans un monde de connectivité électronique généralisée, notre principale connexion reste territoriale. Notre être physique même plonge ses racines dans son environnement terrestre. C'est du moins ainsi qu'Erwin Schrödinger, le grand physicien du XXᵉ siècle, caractérisait l'essence de notre être quand il écrivait :

> Nous pouvons ainsi nous jeter au sol, les bras en croix sur le sein de la Terre mère, nous convaincre que nous ne faisons qu'un avec elle et elle avec nous, et nous sentir aussi inébranlables et invulnérables qu'elle [...]. Et avec la même certitude qui nous fait sentir qu'elle continuera à nous faire don de ses présents, nous savons qu'elle nous soumettra à de nouvelles luttes et de nouvelles épreuves [43].

Notre nature la plus originelle plonge ses racines dans l'espace géographique tout autant que dans la durée. Nous sommes reliés à la terre tout comme au flux du temps. Notre ancrage dans le territoire n'est pas seulement un artifice social, mais un principe existentiel. C'est sans doute la raison qui explique la popularité de l'idée de propriété. Posséder notre propre domicile, c'est éprouver ce sentiment immémorial d'enracinement qui constitue le sens du lieu, du territoire et des origines.

Et pourtant, pour les millions de personnes qui choisissent de vivre dans des CID, la propriété de la terre et du domicile passe au second plan face à l'accès aux services, aux prestations et à l'expérience marchande qu'offrent ces communautés résidentielles. Les CID n'ont pas d'histoire, ou du moins pas celle dans laquelle s'enracinent les communautés traditionnelles. Ils sont entièrement préfabriqués, conçus sur mesure et parachutés sur un espace vacant sans aucun ancrage historique. Habiter dans un CID n'a plus tellement à voir avec le fait d'« être de quelque part ». Les seules références géographiques pertinentes sont celle qui permettent de mesurer les trajets quotidiens entre domicile et travail. Et ces communautés anhistoriques ne suscitent pas les mêmes formes d'attachement affectif que les communautés traditionnelles. De ce point de vue, la valeur profonde du patrimoine immobilier comme forme d'enracinement local n'a plus de sens pour un nombre croissant de gens qui lui préfèrent la valeur commode et déterritorialisée de l'accès payant à un réseau social de styles de vie et d'expériences partagés.

Bien entendu, on pourrait soutenir avec non moins de ferveur que mieux vaut laisser la propriété foncière et immobilière, avec tout son cortège d'enracinement territorial et de revendications patrimoniales, mourir de sa belle mort. L'histoire de l'humanité n'est-elle pas entachée du sang des innombrables individus sacrifiés au nom d'un territoire défendu ou convoité ? Si la propriété enracine les hommes dans leur existence terrestre, elle engendre aussi divisions et xénophobie. Conflits, guerres et souffrances représentent la face obscure de l'« impératif territorial ». On pourrait donc estimer qu'en dévaluant peu à peu la signification du territoire et en sublimant celle des relations et de l'expérience, on ferait accéder les rapports humains à un niveau supérieur de civilisation. Mais d'autres répondront à cet argument que l'âge de l'accès, en brouillant les frontières entre ce qui nous appartient en propre et le reste de la réalité, risque de nous faire perdre tous nos repères et de perturber irrémédiablement notre communion intime avec le terroir physique et biologique auquel nous devons notre présence au monde.

Telles sont donc les questions auxquelles nous sommes aujourd'hui confrontés : notre insertion dans des réseaux temporalisés suffit-elle à compenser la perte de notre enracinement dans un territoire ? L'espace géographique est-il le contexte intégral de notre existence ou simplement l'héritage résiduel d'une ère révolue ? Représente-t-il une contrainte et une référence fondamentales, ou n'est-il qu'un des nombreux critères à prendre en considération ? Si la nostalgie de l'enracinement est encore un puissant mobile pour beaucoup de gens, le désir d'annihiler la dimension spatiale et de temporaliser intégralement leur existence n'est pas moins virulent pour beaucoup d'autres. C'est à travers la tendance à la transformation de nos dispositifs existentiels et la tension entre la logique de la propriété et celle de l'accès que se manifeste l'affrontement entre ces deux sensibilités diamétralement opposées et que se définira ce que nous serons et ce que nous choisirons d'être au cours du XXIe siècle.

II

La privatisation de la sphère culturelle

8

La nouvelle culture du capitalisme

Bien souvent, les grandes transformations historiques, celles qui sont capables de bouleverser nos façons de penser et d'agir, ont une façon à elles d'altérer lentement et insidieusement la réalité sociale sans que nous nous en rendions vraiment compte, et ce jusqu'au jour où nous nous apercevons que tout ce que nous tenions pour évident est désormais révolu et que nous habitons un univers entièrement nouveau. C'est ainsi que l'expression « ère industrielle » ne vit l'existence, sous la plume de l'historien britannique Arnold Toynbee, qu'à la fin du XIXe siècle, soit une centaine d'années après l'émergence de la réalité qu'elle était censée décrire [1].

De même, pendant une bonne partie du XXe siècle, une nouvelle forme de capitalisme a mûri lentement, et ce n'est qu'aujourd'hui qu'il s'apprête à remplacer le capitalisme industriel. Après avoir passé des siècles à transformer les ressources matérielles en biens aliénables, ce sont désormais les ressources culturelles que nous entreprenons de transformer en expériences marchandes.

À l'ère du capitalisme culturel, la logique de l'accès est beaucoup plus pertinente que celle de la propriété, qui avait un sens dans un monde où la fonction essentielle de l'activité économique était le traitement, l'élaboration et la diffusion de biens matériels. Il est facile de mesurer et de quantifier des objets inertes, et donc de leur attribuer un prix. Leur matérialité leur permet d'être échangés sans problème, puisqu'ils ne peuvent être la propriété que d'une seule personne réelle ou morale à la fois et se prêtent à l'exercice d'une possession exclusive. En outre, ils sont à la fois autonomes et généralement mobiles — sauf les biens immobiliers, justement. Toutes ces caractéristiques leur permettent d'obéir à la logique relativement simple qui est celle de la propriété.

Mais, dans la nouvelle économie culturelle, l'organisation des activités commerciales n'est plus aussi simple. Nous sommes immergés dans un univers de symboles, de réseaux et de boucles de rétroaction, de connectivité et d'interactivité, au sein duquel les frontières sont floues et tout ce qui était solide devient volatil.

Nous entrons dans une ère nouvelle fondée sur les technologies de communication numériques et l'économie culturelle, deux forces dont la synergie crée un nouveau et puissant paradigme économique. C'est une fraction croissante de notre vie quotidienne qui est médiatisée par ces nouveaux canaux d'expression numérique. C'est par la communication que les êtres humains créent un monde doté de sens et partagent l'expérience de ce monde commun ; transformer en marchandises toutes les formes de communication numérique signifie par conséquent réduire à l'état de marchandise toutes les relations qui constituent l'expérience vécue et la vie culturelle de l'individu et de la communauté.

La culture, à savoir le sens de notre commune expérience d'êtres humains, a pu exister de façon semi-autonome pendant des milliers d'années sans être jamais absorbée par la sphère marchande, même si elle avait des points de contact occasionnels avec le marché. Mais, avec l'emprise que les nouvelles technologies de la communication commencent à exercer sur notre vie quotidienne, elle est peu à peu colonisée par l'économie. Dans cet univers mondialisé de plus en plus dominé par des réseaux de communication électroniques à visées commerciales qui fournissent à la demande toutes sortes de marchandises et de produits culturels, il devient vital de s'assurer l'accès aux expériences fondamentales de la vie, tout comme il était vital de posséder un patrimoine du temps où régnait la production de biens industriels.

Culture et communication

Même les partisans les plus enthousiastes de la nouvelle révolution des communications n'ont pas encore une vision très claire de la relation étroite qui s'instaure entre culture et communication. Si la culture est constituée par les « réseaux de signification » que les êtres humains tissent autour de leur existence, pour reprendre la définition de l'anthropologue Clifford Geertz, alors les moyens de communication — langage, arts plastiques, musique, danse, écriture, films, enregistrements, logiciels — sont autant d'outils que nous utilisons pour interpréter, reproduire, préserver et transformer ces réseaux de signification[2]. « Un être humain, explique Lee Thayer, théoricien des médias, c'est quelqu'un qui participe à la communication au sein d'une culture humaine *spécifique*, et, faire partie d'une culture humaine spécifique, c'est percevoir et connaître le monde — communiquer — d'une manière qui permette la reproduction quotidienne de cette culture[3]. » L'anthropologue Edward T. Hall nous rappelle que « la communication est le noyau central de la culture, et en fait de la vie elle-même[4] ». Il y a donc un lien inséparable entre culture et communication. « La culture communique », comme l'expliquait un autre anthropologue de renom, Edmund Leach[5].

Les ingénieurs et les professionnels de l'information tendent à assumer une définition plus étroite de la communication en tant que simple transmission de messages. Ce qui les intéresse, c'est essentiellement de savoir comment émetteurs et récepteurs encodent et décodent ces messages et sont capables de transmettre de l'information avec le moins de déperdition possible. Dans cette approche de la communication comme processus, qui remonte aux travaux de Norbert Wiener et d'autres pionniers de la cybernétique au tournant des années quarante et cinquante, ce qui est important, c'est de savoir comment les individus ont recours à la communication pour affecter le comportement ou l'état d'esprit d'autres individus.

L'anthropologie, en revanche, conçoit la communication comme une production de significations sociales à travers la transmission de textes. La sémiotique, une discipline anticipée par le linguiste suisse Ferdinand de Saussure et le philosophe américain Charles Sanders Peirce, étudie la façon dont la communication instaure du sens, reproduit les valeurs communes et relie les individus entre eux à travers des rapports sociaux. Le structuralisme s'intéresse aux usages du langage, du mythe et d'autres systèmes symboliques dans l'attribution de sens aux expériences sociales communes [6]. C'est de ce point de vue que culture et communication entrent en relation réciproque.

On ne saurait donc être surpris de constater que les mots « communication » et « communauté » aient la même racine. Les communautés humaines n'existent qu'en partageant des significations et des formes de communication. Cette relation réciproque peut sembler évidente, mais elle est souvent négligée dans les débats sur la communication, qui reposent sur l'hypothèse implicite que la communication est un phénomène autonome, complètement indépendant du contexte social qu'il interprète et reproduit. Pour les anthropologues, en revanche, on ne peut pas séparer la communication de son contexte communautaire et culturel. Elle ne peut pas exister sans lui, ni lui sans elle. Par conséquent, quand toutes les formes de communication deviennent des marchandises, la culture elle-même, qui en est la substance, est également réduite à l'état de marchandise. C'est exactement ce qui est en train de se passer actuellement. La culture — l'expérience commune qui donne sens à la vie humaine — est inexorablement absorbée par le marché de la communication et les biens culturels sont transformés en produits commerciaux. Quand les experts en marketing et les théoriciens du cyberespace suggèrent d'utiliser les nouvelles technologies de l'information et de la communication comme des outils relationnels et prêchent un nouvel évangile commercial fondé sur la vente d'expériences vécues, la marchandisation des relations à long terme avec les consommateurs et la formation de communautés d'intérêt, leur objectif final, qu'ils en soient conscients ou pas, est l'*enclosure* et l'absorption par la sphère marchande de notre patrimoine culturel commun.

Comme le souligne avec une acuité dramatique Herbert Schiller, professeur émérite de communication à l'université de San Diego, en Californie, « la parole, la danse, le théâtre, les rites, la musique et tous les arts plastiques et visuels sont des expressions vitales et irremplaçables de l'expérience humaine depuis la nuit des temps ». Ce qui est nouveau, aujourd'hui, « c'est le caractère implacable de l'entreprise qui consiste à séparer ces expressions élémentaires de la créativité humaine de leurs origines sociales et communautaires dans le but de les *vendre* à ceux qui ont les moyens de se les offrir [7] ».

Il suffit de regarder autour de nous. Les industries culturelles — un terme forgé par les sociologues allemands Theodor Adorno et Max Horkheimer dans les années trente — sont le secteur de l'économie mondiale qui connaît la plus forte croissance. Le cinéma, la radio, la télévision, l'industrie discographique, le tourisme, les complexes de loisir, les parcs et les villes à thème, la mode, la cuisine, les sports et les jeux professionnels, les casinos, les activités de santé et de remise en forme, ainsi que les univers simulés et les réalités virtuelles du cyberespace sont au premier rang de l'activité économique de l'âge de l'accès.

Parce qu'elle repose sur une expérience partagée, la vie culturelle fonctionne largement sur une logique d'accès et d'inclusion. Soit vous êtes membre d'une communauté ou d'une culture spécifiques et vous avez accès aux réseaux de signification et d'expérience partagées qui la constituent, soit vous en êtes exclus. La fragmentation de cette expérience culturelle commune sous forme de produits marchands au sein d'une économie en réseau ne peut qu'accélérer le passage des droits d'accès de la sphère sociale à la sphère marchande. La logique de l'accès n'obéit plus à des critères intrinsèques — traditions, rites de passage, relations de parenté, origine ethnique, religion ou sexe — mais essentiellement à celui du porte-monnaie.

L'essor de la production culturelle

La transition du capitalisme industriel au capitalisme culturel et des droits de propriété aux droits d'accès ne s'est pas faite en un jour. On peut faire remonter l'origine de cette transformation à la fin du XIXe siècle. À la fin de l'ère victorienne, on a pu assister à l'émergence de toute une série de facteurs sociaux dont l'influence ne se fait pleinement sentir qu'aujourd'hui, avec la consolidation finale de la production culturelle comme forme dominante de l'activité économique.

Daniel Bell distingue trois sphères en interaction réciproque au sein de la civilisation moderne : la sphère économique, la sphère politique et la sphère culturelle. Le principe fondamental de la sphère économique est, comme son nom l'indique, l'économisation des ressources. Dans la sphère politique, c'est la participation qui est la valeur dominante. Enfin, dans la sphère culturelle, c'est l'épanouissement personnel qui prime [8]. Tout au long du XXe siècle, les valeurs des sphères politique et culturelle ont été progressivement absorbées par la sphère économique.

Les notions de droits individuels et de participation démocratique se sont frayé un chemin dans la sphère marchande, où elles ont connu une nouvelle vie sous la forme des droits et de la souveraineté du consommateur. Pour des millions d'Américains, le droit d'acheter et de posséder est une expression beaucoup plus significative de la liberté individuelle que le droit de vote. N'oublions pas que, jusqu'au début du XXe siècle, l'idée de consommation était surtout porteuse de connotations péjoratives. Consommer, c'était consumer, épuiser, achever. En anglais, le nom courant de la tuberculose était *consumption.* Ce n'est qu'avec l'introduction et la diffusion des biens de consommation vendus en magasin et porteurs d'une marque reconnue, ainsi que l'essor de la publicité et du marketing, que l'acte de consommer est devenu légitime et positif. Pour les vagues d'immigrants séduits par le rêve américain, les idéaux de participation civique, s'ils étaient honorés à l'école et à l'occasion des cérémonies officielles, n'avaient pas le même pouvoir d'attraction que la profusion de marchandises disponibles dans ces palais de la consommation qu'étaient les grands magasins. L'idée de participation fut donc amenée à descendre de son piédestal politique pour être recyclée sous la forme du choix illimité du consommateur sur le marché.

De son côté, la sphère culturelle restait le refuge de tous ceux qui entendaient résister à l'omniprésence des valeurs matérielles. Les romantiques et, plus tard, la bohème artistique recherchaient leur épanouissement personnel à travers la nature et les arts, en quête d'une modernité émancipée du matérialisme vulgaire. Eux aussi pensaient que l'homme ne vit pas seulement de pain. Soucieux d'exalter l'esprit humain, ils concevaient l'art et l'expérience esthétique comme étant seuls susceptibles de racheter une vie de labeur impitoyable et d'accumulation matérielle incessante.

La transformation de l'individu, plutôt que la richesse matérielle, était l'aspiration profonde de ces critiques de la société. Ce qui n'empêcha pas ce désir d'épanouissement personnel d'être lui aussi peu à peu colonisé par la sphère marchande, de la même façon que l'idéal de participation démocratique avait été vidé de son contenu civique et transformé en valeur consumériste.

Comment l'éthique de la consommation et celle de l'épanouissement personnel ont fini par converger malgré leur hostilité initiale, voilà qui est sans doute l'un des chapitres les plus importants et les plus intéressants de l'histoire économique du XXe siècle. Le principal vecteur de la convergence de ces deux valeurs apparemment inconciliables n'est autre que l'activité artistique, véhicule primordial des normes culturelles.

L'art est la forme la plus sophistiquée de l'expression humaine. Il est apte à communiquer les significations culturelles les plus profondes. Il organise et transmet l'expérience sociale en pénétrant les couches les plus intimes de l'esprit humain, celles auxquelles les formes de communication politique et économique n'ont pas accès. Les effets durables du rock et des nouvelles formes de danse et d'activité artistique sur la psychologie sociale des générations qui ont mûri au cours des années soixante et soixante-dix attestent de la puissance de l'art en tant que vecteur de significations sociales et source de valeurs communes.

C'est la révolution romantique de la fin du XVIIIe et du début du XIXe siècle qui a consacré l'artiste dans son rôle de dissident. Il était désormais voué à exprimer les sentiments et les désirs réprimés par le rationalisme des Lumières et les exigences de la société industrielle. Dans un monde qui reposait sur l'efficacité, l'utilité, l'objectivité, le froid détachement et les valeurs matérialistes de l'accumulation et de la propriété, l'artiste se devait de dévoiler la face cachée de l'expérience humaine, celle qui étouffait dans les limites étroites du mode de vie industriel. Il était le véritable Janus de la modernité. À l'objectivité, il préférait la subjectivité, et la créativité l'emportait à ses yeux sur le labeur assidu. Célébrant l'abandon et l'extase, il appelait chaque individu à s'émanciper de la routine d'un mode de vie puritain qui l'asservissait à l'atelier et à la machine. Il interpellait ainsi son désir d'expression et d'épanouissement personnel dans un univers de masses anonymes et de production en série.

Cette conception de l'art comme dissidence fut reprise par de nouvelles générations d'artistes et d'intellectuels qui participaient à la vie de bohème de lieux mythiques comme Greenwich Village, dans le New York des années vingt. Ils rejetaient la vieille éthique protestante qui continuait à promouvoir les valeurs ascétiques du sacrifice, du travail intensif et de la sublimation du plaisir et des émotions. Comme l'explique Mike Featherstone, professeur de théorie sociale à l'université de Nottingham, en Grande-Bretagne, cette nouvelle génération d'artistes « célébrait la jouissance de l'instant présent, l'hédonisme, l'expression personnelle, la beauté physique, le paganisme, le rejet des obligations sociales, l'exotisme des terres lointaines, le culte du style et la stylisation de la vie tout entière [9] ». Et pourtant, alors même que leur sensibilité se voulait hostile aux valeurs dominantes du système capitaliste, leur destin était de fournir un stimulant idéal à la transition douloureuse entre une économie de production et une économie de consommation.

Le premier siècle du capitalisme industriel était obnubilé par l'épargne, la formation du capital, l'organisation de la production et le contrôle de la force de travail. Mais le succès même de ce capitalisme suscita de nouveaux défis dès le début du

XXe siècle : comment se débarrasser des tonnes de marchandises dévidées par les chaînes de montage à travers le pays ? La solution, vite assimilée par les capitalistes, était simple : il suffisait de récupérer les valeurs contestataires auxquelles les artistes avaient eu recours dans leur critique du mode de vie capitaliste.

Si le vieux capitalisme productiviste avait réprimé la créativité, l'expression personnelle et les pulsions ludiques et hédonistes, le nouveau capitalisme consumériste saurait libérer cette énergie psychique contenue en ayant recours à l'expression artistique pour forger une culture omniprésente de la consommation. Le nouveau marché de la consommation délogea l'art de la sphère culturelle, où il jouait le rôle de vecteur essentiel des valeurs de la communauté, pour le mettre au service du commerce et en faire l'otage des grandes agences de publicité et de marketing prêtes à vendre un « mode de vie » clé en main.

C'est dans les années vingt que se répandit pour la première fois l'expression « société de consommation ». Les agences de publicité firent main basse sur les meilleurs jeunes écrivains, artistes et intellectuels de l'époque et leur assignèrent la tâche de donner une aura culturelle aux produits du commerce. Créativité, épanouissement, convivialité et spiritualité — toutes choses qui relevaient normalement de la sphère culturelle — devinrent rapidement accessibles sur le marché sous forme de biens et de services culturels. Simultanément, la valeur d'usage des biens et des services en général se confondit de plus en plus avec leur valeur psychologique.

Les publicitaires utilisèrent avec succès toutes sortes de techniques, annonces lumineuses, cinéma, presse et radio, pour détourner l'énergie psychique des consommateurs de la sphère culturelle vers la sphère marchande. Les nouvelles technologies de communication et d'expression artistique offraient aux capitalistes un avantage notable sur les formes culturelles traditionnelles telles que la peinture, la danse, la chanson, le théâtre, les parades, les fêtes, les sports et les jeux, ainsi que sur les formes d'engagement civique, qui reposaient toutes sur la transmission des expériences communes à travers une interaction directe et souvent intime. Désormais, la culture pouvait être reproduite sous forme de pièces détachées par les médias électroniques et retransmise sur des distances considérables, rassemblant des masses énormes d'individus dans un simulacre d'expérience culturelle commune, sans doute moins profonde mais souvent plus séduisante et plus distrayante. Les formes d'art et de culture locales étaient entraînées dans une concurrence inégale avec des médias électroniques comme le cinéma et la radio.

Une fois récupérés par la sphère marchande, l'art et les artistes ne pouvaient plus guère prêter leur voix aux exigences de l'interprétation, de la transmission et de l'élaboration des valeurs et des significations propres à la sphère culturelle. Mais ce n'est que dans les années soixante que la perception de ce phénomène devint massive, au moment même où Andy Warhol commençait à exhiber en tant qu'œuvres d'art ses reproductions de boîtes de conserve de soupe Campbell et autres produits de consommation. La transition de la culture traditionnelle à la culture consumériste était désormais bien avancée. L'art, jadis expression de l'hostilité aux valeurs marchandes, était devenu leur principal thuriféraire.

Mais le capitalisme doit aujourd'hui faire face à de nouveaux défis. Comme le signalait pertinemment l'artiste vidéo Nam June Paik, « il n'y a désormais plus rien à vendre [10] ». Dans les pays développés, et en particulier pour les 20 % les plus riches de la population mondiale qui continuent à jouir des nombreux bienfaits de l'abondance capitaliste, la consommation de biens et de services est en train d'atteindre un point de saturation. Quelle plus-value intellectuelle peut-on désormais retirer de la possession de deux ou trois automobiles, d'une demi-douzaine de téléviseurs et de toutes sortes de gadgets destinés à satisfaire les besoins et les désirs les plus extravagants ?

C'est à ce moment critique que le capitalisme amorce sa transition finale vers une économie pleinement culturelle en s'appropriant non seulement les signifiants de la vie culturelle et les formes de communication artistiques qui les interprètent, mais également l'expérience vécue elle-même. Alvin Toffler est l'un des nombreux futurologues qui voient l'entreprise du futur s'emparer de pans entiers de notre vie quotidienne pour la planifier et la gérer : « Les fabricants d'expérience finiront par être un des secteurs fondamentaux — voire le secteur fondamental — de l'économie. » Quand ce jour viendra, ajoute Toffler, « nous serons devenus la première société de l'histoire à utiliser la haute technologie pour fabriquer ce qui est à la fois le plus volatil et le plus durable des produits : l'expérience humaine [11] ».

Assumant un point de vue plus critique, et se faisant l'écho des sentiments du penseur français Guy Debord, Norman Denzin, professeur de sociologie à l'université de l'Illinois, décrit comme suit le bouleversement radical des rapports humains provoqué par les forces du capitalisme culturel : « La transformation en marchandise de l'expérience vécue est le stade suprême de la réification marchande. En d'autres termes, l'expérience vécue [...] est l'ultime marchandise engendrée par la circulation du capital [12]. »

À l'âge de l'accès, chacun achète l'accès à sa propre expérience vécue. Des expressions comme « industries de l'expérience » et « économie de l'expérience », qui n'existaient pas il y a à peine quelques années, sont aujourd'hui fréquemment utilisées par les prévisionnistes et les consultants. Les industries de l'expérience, qui incluent toute la gamme des activités culturelles, depuis le tourisme jusqu'aux diverses formes de spectacle et de divertissement, occupent une position dominante dans la nouvelle économie mondialisée. Pour le futurologue James Ogilvey, « la croissance des industries de l'expérience exprime la saturation du marché des biens matériels suscité par la révolution industrielle [...]. Le consommateur d'aujourd'hui n'est plus aussi souvent dans la position de se demander s'il souhaiterait posséder tel ou tel objet qui lui fait défaut ; il en vient plutôt à se poser la question suivante : "Quelle nouvelle expérience souhaiterais-je vivre ?" [13] ».

Ogilvey, tout comme d'autres observateurs des nouvelles tendances du capitalisme, commence à percevoir la signification de la transition d'une économie industrielle à une économie de l'expérience. D'après lui, « le marché des industries de l'expérience, c'est tout ce qui fait augmenter votre rythme cardiaque [14] ». Il reconnaît que « cette marchandisation des passions suscitera bien des critiques », mais il estime que « les passions sont beaucoup moins dangereuses » quand elles sont confinées à la sphère marchande « au lieu de se déchaîner à travers leur expression religieuse ou politique [15] ».

B. Joseph Pine et James Gilmore, consultants en gestion, rappellent à leurs clients que, « dans la nouvelle économie de l'expérience, les entreprises doivent réaliser qu'elles ne fabriquent plus des produits, mais des *souvenirs* [16] ». Ils suggèrent donc aux fabricants d'« expérientialiser » leurs produits. Les producteurs d'automobiles devraient avant tout penser à fournir une meilleure « expérience de conduite », les fabricants de meubles une « expérience de confort », les fabricants d'électroménager une « expérience de nettoyage et une expérience de cuisine » et les spécialistes de la confection une « expérience vestimentaire [17] ».

D'après Pine et Gilmore, le taux de croissance de l'emploi dans les industries de l'expérience est deux fois supérieur à celui qui prévaut dans les services en général [18]. L'émergence des industries de l'expérience est une nouvelle étape de l'évolution du capitalisme, qui a commencé avec la marchandisation de la terre (le phénomène des *enclosures*) et s'est poursuivie par celle de la production domestique et artisanale pour finir par transformer en marchandises des fonctions relevant autrefois de la famille ou de la communauté. C'est désormais la totalité de notre existence qui est marchandisée : la nourriture que nous consommons, les biens que nous produisons, les services que nous nous rendons réciproquement et jusqu'aux expériences culturelles que nous partageons.

La plus vieille des industries culturelles

Dans tous les pays, de nombreuses entreprises s'emploient à conditionner l'expérience culturelle sous forme de marchandise. L'expression la plus visible et la plus prospère de cette nouvelle économie de l'expérience est l'industrie du tourisme mondial — une forme de production culturelle encore assez marginale il y a à peine un demi-siècle et qui est devenue aujourd'hui un des principaux secteurs de l'économie. Le tourisme n'est en effet rien d'autre qu'une forme de marchandisation de l'expérience culturelle.

Les voyages d'agrément occupent désormais le troisième rang après la nourriture et le logement dans le budget des ménages [19]. D'après le World Travel and Tourism Council (WTTC), le secteur du tourisme représente plus de 11 % du PIB mondial et ce pourcentage devrait doubler d'ici à 2008 [20]. Le chiffre d'affaires des voyages et du tourisme est passé de 1 900 milliards de dollars en 1987 à 3 700 milliards en 1998, et on s'attend à un chiffre de 7 500 milliards en 2008 [21]. Le tourisme est le principal atout de nombreux pays en matière de commerce extérieur et représente 7,5 % des investissements au niveau mondial. En 1998, plus de 779 milliards de dollars ont été investis dans le tourisme et on prévoit que ce chiffre devrait atteindre 1 800 milliards en 2010 [22].

Ce sont plus de 230 millions de personnes dans le monde — soit 10 % de la main-d'œuvre mondiale — qui travaillent dans des secteurs liés au tourisme et au voyage [23]. En Australie, au Canada, en France, en Allemagne, en Italie, au Japon, aux États-Unis, en Grande-Bretagne et au Brésil, l'industrie du tourisme et des voyages est le premier employeur [24]. En Amérique du Nord, ce secteur représente 20,8 millions de salariés, dans l'Union européenne plus de 22 millions, en Asie du Nord-Est 77,6 millions, en Asie du Sud-Est 33,7 millions, en Europe de l'Est 15,2 millions, en Amérique latine 9,9 millions [25]. On escompte la création de plus de 100 millions de nouveaux emplois d'ici dix ans dans une industrie qui devrait fournir 11,4 % des revenus fiscaux au niveau mondial — soit 1 800 milliards de dollars — en 2010 [26].

Il y a une vingtaine d'années, 287 millions de personnes voyageaient à l'étranger. En 1996, les voyages internationaux en concernaient déjà plus de 595 millions. D'après l'Organisation mondiale du tourisme, en 2020, plus de 1,6 milliard de personnes — sur les 7,8 milliards que devrait compter la population mondiale — effectueront au moins un voyage à l'étranger [27]. Les ressortissants des pays du G7 — États-Unis, Japon, Allemagne, Grande-Bretagne, Italie, France et Canada — représentent 30 % du tourisme mondial [28]. Alors que les économistes continuent à concevoir l'économie mondiale en termes de production industrielle, de services traditionnels et de biens informationnels, le tourisme est en train de rendre obsolètes ces catégories.

Il semble que le terme « touriste » ait été utilisé pour la première fois au début du XIXe siècle, en référence aux jeunes aristocrates qui effectuaient un long voyage d'environ trois ans à travers l'Europe pour compléter leur formation culturelle avant de se lancer dans une carrière professionnelle [29]. Vers le milieu du siècle, la diffusion du chemin de fer rendit le tourisme et les voyages accessibles aux familles des classes moyennes, et même dans certains cas à celles de la classe ouvrière. Les trains britanniques, par exemple, transportaient les habitants de Birmingham et d'autres grandes villes au bord de la mer pour des excursions de fin de semaine [30].

C'est Thomas Cook, souvent considéré comme le fondateur du tourisme moderne, qui transforma cette activité en véritable industrie. Il fut le premier à proposer des voyages organisés et à faire du voyage une expérience payante. Sa première et modeste tentative en la matière consista à organiser une excursion en train à prix réduit pour plusieurs centaines de membres d'une ligue antialcoolique devant se rendre à un meeting à Leicester et venant de Derby et Nottingham [31].

Cook sut attirer un nouveau type de clients. Il s'agissait souvent d'honorables membres des professions libérales — enseignants, pasteurs, avocats, comptables — soucieux d'enrichir leur formation personnelle. Cook mit l'expérience touristique à leur portée en lançant une révolution commerciale dont l'énorme potentiel commence à peine à se faire sentir au niveau de l'économie mondiale.

Les succès de l'entreprise de Cook n'auraient pas été possibles sans les innovations révolutionnaires en matière de technologie des transports et de la communication. Le train et le bateau à vapeur réduisaient drastiquement les distances, permettant à un grand nombre de gens de faire des excursions de quelques jours ou plus. Le télégraphe, puis le téléphone, permettaient d'organiser des voyages depuis des agences locales et de garantir un service sûr et fiable. La machine à vapeur et l'électricité domestiquaient l'espace et le temps et réduisaient considérablement la pénibilité des voyages. Des sociétés et des cultures jadis séparées par l'histoire et la géographie devenaient soudain accessibles et susceptibles d'êtres transformées en marchandises.

En 1856, Cook lança son premier « grand tour » de l'Europe, suivi quelques années plus tard par des visites organisées des États-Unis et de la Terre Sainte [32]. Son premier voyage autour du monde date de 1872. Vers 1880, les trois fils Cook dirigeaient soixante agences à l'étranger et publiaient en outre un guide touristique, *The Excursionist*, en cinq langues [33]. Cook fut également le premier à utiliser des campagnes massives de publicité et de marketing, ainsi que des promotions spéciales, pour construire sa clientèle. Et, de fait, l'agence Cook fut une des premières grandes entreprises à jouir d'un rayonnement international. L'écrivain Mark Twain ne tarissait pas d'éloges sur Cook :

> Grâce à Cook, il n'y a aujourd'hui pas de plaisir plus accessible que celui du voyage. Cook peut vous vendre un ticket d'accès à n'importe quelle contrée du globe [...]. Un hôtel vous attendra partout dans le monde [...] et vous ne risquez pas de mauvaises surprises, car votre coupon de voyage indique le prix exact que vous devez payer. Dans toutes les grandes gares, les employés de Cook se chargeront de vos bagages et vous réserveront un fiacre [...], un guide sera à votre disposition [...], tous vos désirs seront des ordres et tout sera fait pour vous rendre la vie plus facile et plus agréable. Cook sera votre banquier sous toutes les latitudes, et ses établissements seront pour vous un refuge si vous êtes surpris par la pluie [...]. Je recommande à Votre Grâce de voyager avec Cook, et je le fais sans aucun embarras, car je ne reçois pas de commission. Je n'ai pas l'honneur de connaître Monsieur Cook [34].

Ce que Henry Ford devait accomplir pour l'automobile, à savoir introduire la production en série et la standardisation, Cook le fit pour le voyage et le tourisme avec cinquante ans d'avance, permettant ainsi aux classes moyennes et populaires d'accéder à une activité qui leur était jadis interdite. Ses méthodes d'organisation de la production d'expériences culturelles jetèrent les fondations de l'industrie touristique et sont encore aujourd'hui le fondement des principes qui inspirent une bonne partie de l'industrie de l'expérience.

Cook comprenait bien que la marchandisation de l'expérience exigeait un tout autre type de sensibilité que celle requise par la vente de biens ou de services traditionnels. Il fut un des premiers à percevoir que la clé du succès résidait dans la capacité à transformer la relation vendeur-acheteur en relation prestataire-usager. Il rejetait l'idée de fragmenter la prestation touristique en une série de transactions marchandes discontinues entre différents acheteurs et vendeurs, et inaugura l'ère du partenariat individuel avec le client, fondé sur le principe de l'accès payant à un service intégré. En échange d'une rémunération prédéterminée, il fournissait à ses clients toute la gamme de prestations exigibles pendant la durée de leur voyage, du transport aux visites guidées et au change de devises en passant par la nourriture et le logement. Il y a là une sorte d'anticipation du fonctionnement des organismes prestataires de soins et autres entreprises de services contemporaines qui garantissent un ensemble de prestations exhaustif en fonction d'un barème fixé à l'avance. En cela, Cook mérite probablement d'être considéré comme le père de la production culturelle et le premier praticien du « capitalisme expérientiel ».

Avec ses voyages organisés, Cook greffait le marché sur la culture. De nos jours, c'est plutôt le contraire qui est vrai et la culture qui devient un appendice du marché. Le tourisme est aujourd'hui plus une mise en scène commerciale qu'une expérience culturelle. Si l'aspect culturel des voyages organisés est encore vanté par leurs promoteurs, le fait est qu'ils ressemblent de plus en plus à des simulacres d'expérience. Il s'agit de distraire et de divertir tout autant que d'instruire et d'éclairer, et, quand l'ambiance locale ne fournit pas son quota d'expériences excitantes et évocatrices, on se charge de les recréer artificiellement pour garantir que chaque client aura droit à son lot de poncifs exotiques.

Les secteurs du tourisme et du loisir sont donc en train de fusionner dans une industrie de la production culturelle qui repose sur une simulation systématique de l'expérience. Dans son ouvrage intitulé *A Continent of Islands*, Mark Kurlansky rapporte l'histoire d'une fondation de Curaçao qui a décidé d'élargir le patrimoine touristique local, y incluant non seulement les vieilles églises et les demeures coloniales mais aussi les cabanes des paysans, car les touristes sont intéressés à frayer avec les « indigènes ». C'est ainsi que cette fondation signa un contrat avec John Scoop, un vieillard de quatre-vingts ans, pour qu'il préserve en l'état la cabane au toit de chaume de son père esclave et en fasse un musée vivant :

> Scoop faisait visiter aux touristes l'unique pièce de son humble domicile ornée d'outils traditionnels et d'une copie de l'acte d'émancipation de 1868. [...] Sa mère avait fait obstacle à son souhait de moderniser son habitat. Il était désormais payé pour préserver les choses en l'état [35].

Ce type de reconstruction d'un état « naturel » ou « historique » est de plus en plus populaire auprès d'un public habitué à Disney World et autres parcs à thème. Ainsi, par exemple, Williamsburg, en Virginie, est la reconstitution intégrale et fort bien faite d'une petite ville du Sud de la fin du XVIIIe siècle, avec ses commerçants en costume d'époque faisant de la figuration devant leurs étalages bien fournis pour le bonheur des hordes de touristes venus faire l'expérience d'une ère révolue. Cette mise en scène de l'authenticité est désormais la norme dans nombre de régions des États-Unis. Certaines villes américaines ont réhabilité leur centre-ville en en faisant des quartiers à thème historique. C'est le cas, par exemple, de South Street Seaport, à New York, et de Harbor Place, à Baltimore. Ces attractions touristiques, mélanges de réalité et de fantaisie, séduisent des visiteurs en quête d'un dépaysement tout à la fois ludique, spectaculaire et inoffensif.

Si Cook entendait encore vendre une expérience éducative, les nouvelles entreprises du tourisme « expérientiel » misent plutôt sur la distraction, le loisir et l'aventure. En 1950, Gérard Blitz et Gilbert Trigano créèrent une entreprise qu'ils baptisèrent Club Méditerranée. En 1990, le Club Med gérait directement ou en location 98 villages de vacances, du Brésil à la Malaisie. Passer ses vacances au Club Med, c'est mélanger le tourisme, le voyage et le divertissement. Chaque type de village a son propre type de clientèle, caractérisée par des exigences et des styles de vie différents. Il y a des villages pour les familles, des villages pour les célibataires et d'autres encore pour les amateurs de sport. En 1995, plus de 1,4 million de personnes ont passé leurs vacances au Club Med [36].

Tout comme les voyages organisés de Cook, le Club Méditerranée établit un prix d'ensemble pour toute une gamme de prestations qui sont autant d'expériences vécues. Vous pouvez voyager sans un sou de liquide, car les experts du Club Med vous prennent entièrement en charge et sont prêts à satisfaire vos moindres caprices et à gérer l'intégralité de votre expérience de vacances. Chaque village est soigneusement mis en scène pour refléter l'« authenticité » de l'environnement local. Ainsi, par exemple, Playa Blanca, sur la côte Pacifique du Mexique, est censé représenter un « authentique village mexicain ». Dans un ouvrage intitulé *Tourism : How Our Fastest Growing Industry Is Changing the World*, Larry Krotz souligne pourtant qu'« on trouverait difficilement un authentique village mexicain offrant climatiseur dans chaque pièce, apéritifs au bord de la piscine et cours gratuits de plongée sous-marine [37] ».

Les reconstitutions de sites historiques ou naturels, les villes « à thème », les vacances dans un environnement « authentique » sont autant d'avatars d'une industrie touristique florissante qui installe la production culturelle au cœur même de l'activité économique. Dans le monde entier, on assiste à la création de ce nouveau type d'espaces, les « espaces touristiques », faits exclusivement pour accueillir les visiteurs. « Ces attractions [touristiques], explique Daniel J. Boorstin, offrent une expérience indirecte fabriquée de toutes pièces, un produit artificiel qui peut être consommé au même endroit où son équivalent réel continue d'exister à titre gratuit [38]. » Dans son livre intitulé *The Tourist : A New Theory of the Leisure Class*, Dean McCannell ajoute que ces espaces artificiels permettent aux touristes de visiter un site quelconque sans avoir à entrer en contact direct avec ses habitants. Il s'agit d'oasis confortables où tout un chacun peut contempler le monde comme il le ferait sur son écran de télévision, à distance et en toute sécurité [39].

Il s'agit là d'un phénomène relativement nouveau. Les espaces publics ayant quelque signification culturelle sont désormais de plus en plus entourés d'un cordon de sécurité hérissé de gardiens et d'entrées payantes. Certains des sites les plus précieux du patrimoine culturel d'une nation sont transformés en « zones à accès restreint », réservées à ceux qui peuvent se payer le luxe de faire l'expérience d'une culture étrangère.

La sphère culturelle mondiale, à travers ses merveilles naturelles, ses cathédrales, ses musées, ses palais, ses parcs, ses cérémonies et ses fêtes, est de plus en plus colonisée par le marché, qui en transforme chaque expression en production culturelle destinée à la distraction et à l'édification des membres les plus riches de la population mondiale. Ce qui fut jadis l'expression généreuse du rayonnement de ces cultures devient le simple décor d'une série d'expériences payantes.

Le capitalisme industriel arraisonnait et exploitait les ressources naturelles et la main-d'œuvre locale pour pouvoir produire des biens et des services. Le nouveau capitalisme exproprie les ressources culturelles au profit de la production culturelle. Si les sociétés locales font payer un droit d'accès à leurs richesses culturelles, à leurs sites sacrés et aux activités sociales et cérémonielles qui s'y déroulent, ce droit d'entrée est généralement presque symbolique. Il est de seulement 1,40 dollar au Costa Rica, par exemple, et d'un peu plus de 10 dollars au Kenya [40]. Seul le Bhoutan, petit royaume enclavé entre l'Inde et le Tibet, fait payer 450 dollars à chaque visiteur, en partie pour en contrôler le nombre et décourager le tourisme [41].

Mais, en général, les habitants des pays dont le patrimoine culturel est transformé en marchandise ne voient guère la couleur des dollars du tourisme. S'il est vrai que le tourisme est créateur de richesses et d'emplois au niveau mondial, on a pu démontrer que seule une très faible partie de cette richesse atteint la masse des habitants des pays concernés. On parle d'« effet de fuite » (*leakage*) pour décrire cette circulation de l'argent qui, loin de bénéficier aux pays récepteurs du tourisme, est immédiatement réorientée vers les pays dont est originaire l'essentiel des visiteurs. La plupart des hôtels, des compagnies aériennes, des clubs de vacances, des agences de tourisme et des chaînes de restaurants sont en effet des succursales d'entreprises transnationales ayant leur siège dans une poignée de métropoles des pays du G7. D'après Robert Burns, ancien président du WTTC, l'effet de fuite ne concerne que moins de 10 % des dépenses touristiques. D'autres analystes contestent ce chiffre, comme Kreg Lindberg, spécialiste du tourisme dans le tiers monde, qui estime que le montant de l'effet de fuite est beaucoup plus élevé, en particulier dans les pays en voie de développement : 70 % au Népal, 45 % au Costa Rica et 60 % en Thaïlande. D'après Lindberg, ce sont en moyenne 55 % des ressources du tourisme qui échappent aux pays récepteurs du tiers monde [42].

Quoi qu'il en soit, l'essor du tourisme et des voyages va vraisemblablement se poursuivre au cours du XXIe siècle étant donné que la part du budget consacrée à la consommation culturelle et aux expériences vécues des 20 % d'habitants les plus riches de la planète continue d'augmenter régulièrement. Le WTTC, l'Organisation mondiale du tourisme et les institutions financières internationales comme la Banque mondiale consacrent de plus en plus d'études au tourisme et aux voyages, car ils se rendent bien compte que le système capitaliste est en train de vivre une transition historique de la production industrielle à la production culturelle. Le WTTC a lancé un programme en quatre parties qu'il a baptisé « Millenium Vision ». Il s'agit de faire du tourisme et des voyages un secteur stratégique prioritaire pour le développement économique et l'emploi en encourageant la concurrence et l'ouverture des marchés, et en éliminant les barrières à la croissance [43]. Le WTTC insiste particulièrement sur le développement des infrastructures — aéroports, routes, voies ferrées, ports et services de base comme la fourniture d'énergie, les télécommunications, les hôtels, les restaurants, les commerces et les équipements de loisir. « Alors que le nombre de touristes augmente inexorablement, expliquent les experts du WTTC, il apparaît clairement que l'incapacité d'étendre et de moderniser les infrastructures est sans doute le principal obstacle à la réalisation du potentiel de création d'emplois et de richesses du secteur touristique [44]. » En convainquant les pays hôtes de financer la modernisation de leurs infrastructures, on subventionne de fait l'industrie touristique, ce qui explique l'insistance sur cet aspect crucial pour le développement futur du secteur.

L'autre priorité majeure pour le tourisme mondial est le développement soutenable. La protection des espèces naturelles, la préservation de la biodiversité, des écosystèmes et des habitats locaux, ainsi que la création de parcs et de réserves naturels sont considérées comme non moins importantes que la construction d'infrastructures. Cette insistance sur la préservation de l'héritage naturel des sociétés locales tout autant que de leur héritage culturel fait partie intégrante de la logique de l'accès à des expériences vécues. Après avoir passé plus de deux siècles à exploiter les ressources naturelles au service de la production industrielle, les pays développés se rendent compte que les plus riches de leurs habitants, pour le moins, éprouvent plus d'intérêt à contempler les merveilles de la nature qu'à les exploiter. Ils ne veulent plus fabriquer des objets à partir de la nature, ils veulent jouir de la nature elle-même.

Une illustration caractéristique de cette tendance est la construction du Yellowstone Club à Pionnier Mountain, dans le Montana. Ce club, comme d'autres villages de vacances et communautés résidentielles de l'Ouest des États-Unis, entend attirer un nouveau type de résidents, ayant choisi de vivre dans la région et prêts à mettre le prix pour s'assurer une certaine qualité de vie dans un cadre naturel exceptionnel. Pour pouvoir faire partie des 864 adhérents exclusifs du Yellowstone Club, il faut « peser » au moins 3 millions de dollars. Les frais d'adhésion sont de 250 000 dollars et la cotisation annuelle de 16 000 dollars. En échange de quoi les membres du club jouiront du panorama spectaculaire qu'offrent les sommets des Spanish Peaks, au nord du parc national de Yellowstone, et auront accès à toutes sortes d'activités de loisir, de la pêche au golf en passant par l'équitation [45].

L'afflux de ces nouveaux pionniers, parfois désignés comme « migrants de luxe », est en train de changer la face des plaines de l'Ouest et des Rocheuses. Ils sont riches et disposés à payer de coquettes sommes pour faire l'expérience de ce qui reste de la beauté et de la majesté des paysages de l'Ouest. C'en est au point que certaines personnalités, comme l'ex-archevêque catholique de Denver, J. Francis Stafford, en viennent à s'inquiéter des transformations que connaît le paysage démographique de ces régions. Dans une de ses lettres pastorales, il écrit que « ce que le nouveau modèle de développement régional risque de créer, c'est une "réalité alternative" semblable à celle des parcs d'attraction et réservée exclusivement à ceux qui ont les moyens de s'en payer l'accès. [Et] autour de cette espèce de parc à thème des Montagnes Rocheuses s'étendra une ceinture de pauvreté [46] ». D'après l'archevêque, l'Ouest américain est en train devenir une « colonie de loisir » pour les couches les plus aisées de la société.

Nombre de ces nouveaux résidents sont engagés dans de féroces batailles juridiques avec les agriculteurs, les mineurs et les exploitants forestiers locaux, dont le mode de vie repose sur une logique d'appropriation des ressources naturelles. Les nouveaux arrivants, pour leur part, préfèrent que ces ressources demeurent à l'état vierge pour pouvoir faire l'expérience d'une nature intacte. Il est beaucoup plus important pour eux de contempler le territoire que de l'exploiter.

Le conflit entre, d'un côté, la propriété et l'exploitation et, de l'autre, l'accès et la jouissance esthétique est en train de diviser les individus et les entreprises en deux camps adverses dans le monde entier. Plus l'économie mondiale va s'émanciper de ses priorités extractives et productives traditionnelles, et plus le secteur du tourisme et des voyages va probablement se trouver impliqué dans les conflits politiques qui opposeront la production industrielle à la production culturelle.

Le centre commercial comme espace culturel

Tandis que le tourisme colonise peu à peu l'intégralité du patrimoine culturel en le réduisant à une série d'espaces marchands fragmentés, un processus analogue est en train de toucher l'espace public. Pendant des siècles, les places publiques ont été considérées comme des biens culturels communs, des espaces ouverts où les gens pouvaient se rassembler, communiquer entre eux, échanger leurs expériences et mettre en œuvre diverses formes d'échange culturel — fêtes, parades, cérémonies, compétitions sportives, divertissements divers et activités civiques. Si, par tradition, la place publique accueillait également des activités commerciales, celles-ci étaient toujours secondes par rapport à ses autres fonctions, et en particulier par rapport à la création et à la préservation d'un certain capital social, plutôt que du capital strictement marchand. Il s'agissait d'un espace ouvert à tous, aux pauvres comme aux riches, sans gardien ni droit d'entrée. La place publique était l'arène consensuelle où se déployait et se reproduisait la culture d'une société sous toutes ses formes.

En moins de trente ans, cette version de la place publique comme espace d'échange culturel a pratiquement disparu pour être remplacée par une conception radicalement nouvelle de l'interaction entre les êtres humains, fondée essentiellement sur les rapports marchands. Pendant des siècles, c'est le marché qui a dépendu de la culture environnante mais, de nos jours, cette relation s'est inversée. L'activité culturelle sur la place publique est désormais prisonnière de l'enceinte des centres commerciaux et réduite à l'état de marchandise. Le centre commercial a créé une nouvelle architecture pour les relations humaines, et la culture n'y existe plus que sous la forme d'expériences marchandes. De ce point de vue, le centre commercial ressemble beaucoup à l'activité touristique moderne.

D'ailleurs, le Conseil international des centres commerciaux a même publié un guide touristique des *malls* américains. Il n'y a là rien de bien étonnant. Dans l'Alabama, par exemple, l'attraction touristique numéro un est un centre commercial, le Riverside Galleria. Même chose dans l'Arkansas, où le lieu le plus visité par les touristes est le McCane Mall. Dans l'Illinois, le centre commercial Gurnee Mills ne le cède en fréquentation qu'au zoo Lincoln. Dans un État comme la Virginie, pourtant riche en sites naturels et historiques, c'est également un centre commercial, le Potomac Mills, qui séduit le plus les foules. Enfin, le Mall of America de Minneapolis — le plus grand centre commercial des États-Unis — attire chaque année plus de visiteurs que Disney World, Graceland et le Grand Canyon réunis. Le ministère du

Commerce américain signale que 85 % des touristes étrangers citent le shopping comme leur activité prioritaire lors d'une visite aux États-Unis [47].

Les centres commerciaux sont désormais des endroits où l'on peut acheter l'accès à toutes sortes d'expériences vécues. On peut y suivre des cours, faire garder ses enfants, passer des examens médicaux, manger, visiter une exposition, assister à un concert, faire du sport ou du jogging, participer à un service religieux, passer une nuit d'hôtel, faire ses courses, contempler un défilé, prendre part à une fête, rencontrer des amis ou se réunir avec des voisins.

La culture du *mall* est un produit du développement des banlieues et du tout-automobile. Ce phénomène jadis strictement américain existe désormais pratiquement sous toutes les latitudes. On compte plus de 43 000 centres commerciaux — dont 1 800 *malls* fermés — aux États-Unis [48]. Plus de la moitié des ventes du commerce de détail est effectuée au sein de structures de ce type [49]. Plus important encore, c'est dans les centres commerciaux que la plupart des gens passent l'essentiel de leur temps libre. Vers le milieu des années quatre-vingt, les adolescents américains passaient plus de temps dans les centres commerciaux que partout ailleurs, à l'exception de leur domicile et des établissements scolaires [50]. C'est l'espace où les gens mènent une bonne partie de leur vie sociale et où se déroule l'essentiel de leurs rencontres et de leurs interactions en dehors du travail et du foyer. C'est dans les allées des centres commerciaux, sous la lumière artificielle de leurs atriums et de leurs arcades, que se déploie et se reproduit une bonne partie de ce qui fait la culture de notre société.

Les centres commerciaux sont des moyens de communication sophistiqués qui reproduisent des fragments de cette culture sous forme de simulations marchandes. Ils s'appuient sur les technologies électroniques les plus avancées pour créer un milieu culturel artificiel. La mise en scène élaborée des motifs architecturaux, le contrôle automatisé des conditions climatiques, les systèmes d'éclairage sophistiqués et les dispositifs de surveillance informatisés sont autant de facteurs qui contribuent à « communiquer » l'idée que vous êtes dans un espace culturel unique en son genre, et complètement différent des espaces partagés qui subsistent à l'extérieur du centre commercial.

Bien entendu, la plus importante de ces différences est le fait que les centres commerciaux sont des espaces privés régis par des règles qui en définissent les conditions d'accès. Leurs allées, leurs bancs et leurs esplanades bordées d'arbres peuvent laisser croire qu'ils appartiennent à la sphère publique, mais il n'en est rien. Les activités culturelles qui s'y déroulent ne sont jamais une fin en soi mais sont toujours au service de leur mission prioritaire, à savoir la marchandisation de l'expérience vécue et la consommation payante de biens et de loisirs.

On doit le premier centre commercial des États-Unis à l'initiative d'un promoteur du nom de J. C. Nichols. Inauguré à Kansas City en 1924, le Country Club Plaza devint le prototype des centres commerciaux créés après la Seconde Guerre mondiale. Son architecture méditerranéenne, avec ses fontaines couvertes de tuiles et ses balcons en fer forgé, créait un environnement de fantaisie susceptible de séduire et de retenir les consommateurs [51].

Le premier *mall* fermé, Southdale, fut construit à Edina, une banlieue de Minneapolis, en 1956. En contrôlant sa température tout au long de l'année, son concepteur, Victor Green, entendait créer un environnement pratiquement hermétique où les consommateurs pourraient oublier le monde extérieur, ses bruits, ses encombrements, son agressivité et son imprévisibilité [52].

Les centres commerciaux d'aujourd'hui sont des espaces dramaturgiques, des scénographies complexes où se joue le spectacle de la consommation. Les promoteurs et les architectes y font des emprunts massifs à l'esthétique de Hollywood. En premier lieu, l'espace des centres commerciaux est conçu pour produire le même effet de mise entre parenthèses de la réalité qu'une salle de cinéma. Dans les centres commerciaux, le temps n'existe plus — et, en général, on n'y trouve pas d'horloges. Tout y respire un mélange de confort et d'exotisme : jets d'eau et bassins parsemés de nénuphars, palmiers offrant une ombre factice sous l'éclairage artificiel, vitrines ouvrant sur de véritables cavernes aux multiples trésors. Penché sur la balustrade du deuxième étage du patio central d'un centre commercial baptisé Greengate, William Kowinski, auteur de *The Malling of America*, décrit ses impressions comme suit : « C'est comme si j'étais au balcon d'un théâtre, contemplant la scène dans l'attente du début du spectacle [53]. »

Dans les coulisses, les producteurs et les metteurs en scène de ces productions culturelles ont développé une stratégie extrêmement élaborée pour s'assurer que toute cette dramaturgie débouche sur des ventes. Promoteurs immobiliers, experts en marketing, économistes, architectes, ingénieurs, planificateurs, paysagistes, décorateurs et experts en relations publiques travaillent en commun pour définir ce qu'ils appellent un « scénario commercial » — soit le mélange idéal de boutiques (les acteurs), de décors et de prestations censé garantir l'expérience dramaturgique optimale et le maximum de recettes. Cette formule magique repose en particulier sur le choix des détaillants autorisés à s'installer dans le centre commercial. Les propriétaires sélectionnent le meilleur assortiment de commerces — grands magasins, bijouteries, magasins de sport, de vidéo, librairies, restaurants, boutiques de mode et autres — pour créer l'environnement de consommation le plus adéquat. Cet assortiment correspond en outre au niveau de revenus, à la composition ethnique, au sexe et au style de vie des clients potentiels. Ceux-ci sont classés en différentes catégories reflétant leur style de vie. Les « battants » (« consommateurs traditionnels ayant un haut niveau d'éducation, travaillant dur, valeurs matérialistes ; clientèle prioritaire pour les produits de luxe ») feront vraisemblablement leurs achats chez Brooks Brothers, Bloomingdale's ou Neiman Marcus. Les « ambitieux » (« jeunes, obsédés par leur statut social, consommateurs ostentatoires ») fréquenteront plus volontiers Ann Taylor ou Ralph Lauren. Les « rameurs » (« des pauvres qui essaient de s'en sortir ») et les « installés » (« classe moyenne, conservateurs, acheteurs conformistes, revenus faibles à modérés ») accordent plus d'importance aux valeurs traditionnelles et ont une préférence pour K-Mart et J. C. Penney [54].

Chaque Américain visite un centre commercial en moyenne une fois tous les dix jours et y passe plus d'une heure et quart. Le motif le plus souvent mentionné pour justifier ces visites quasi hebdomadaires, c'est le besoin de distraction [55]. « Le *mall* est une espèce de télévision en trois dimensions », explique Kowinski [56]. Le flot d'images, l'alternance constante des décors, le martèlement publicitaire et la mise en scène permanente sont autant de caractéristiques tout à fait familières pour une génération qui a grandi avec la télévision. La seule différence, c'est que, dans un centre commercial, le spectateur franchit l'écran et devient un acteur à part entière. Mais dans ces deux types de « médias », des productions culturelles très élaborées sont mises en scène pour divertir le « public » ou les « clients » et en profiter pour leur vendre une forme d'expérience, qu'il s'agisse d'un produit, d'un service ou d'un événement mémorable.

Les centres commerciaux sont souvent vantés par leurs créateurs pour leur architecture exceptionnelle. À Scottsdale, dans l'Arizona, la Borgata — un *mall* à ciel ouvert dans le désert — est une version miniature de San Gimignano, une pittoresque cité médiévale de Toscane. La place centrale de ce *mall* est ornée d'une tour en briques italiennes. Dans le Connecticut, Old Mystic Village est la reproduction de la rue principale d'une petite ville coloniale de Nouvelle-Angleterre.

Le centre commercial de West Edmonton, au Canada, est le plus grand du monde. C'est aussi le plus grand espace scénique susceptible d'accueillir ce type de productions culturelles à visées commerciales. S'étendant sur une superficie équivalant à plus d'une centaine de terrains de football, il s'agit d'une structure fermée qui accueille le plus grand parc de loisirs, le plus grand parc de jeux aquatiques (avec sa flotte de sous-marins) et le plus grand terrain de golf couvert du monde, 800 boutiques, 11 grands magasins, 110 restaurants, une patinoire, une église œcuménique, un hôtel de 360 chambres, 13 boîtes de nuit, et 20 cinémas. Entre deux changements de décor, les visiteurs peuvent y flâner le long d'un boulevard parisien ou y déambuler sur une reproduction de Bourbon Street, à la Nouvelle-Orléans [57]. Une végétation luxuriante s'y déploie et les plafonds sont construits dans un matériau réfléchissant qui imite la lumière naturelle du soleil [58].

L'idée des promoteurs du *mall* géant de West Edmonton était de rassembler la totalité de la culture mondiale dans un gigantesque espace fermé, et de la reproduire sous forme de séquences récréatives pour distraire les visiteurs et stimuler leur désir de consommation. Lors de son inauguration, l'un d'entre eux, Nader Ghermezion, expliquait avec enthousiasme que, « grâce à nous, vous n'avez plus besoin d'aller à New York, à Paris, à Disneyland ou à Hawaii, vous avez tout sur place, ici même, à Edmonton, Alberta, Canada ! [59] ».

Le centre commercial de West Edmonton est un vaste espace théâtral dans lequel, où que vous alliez, vous tombez sur un fragment de réalité culturelle mis en scène sur un mode ludique. Vous pouvez vous y promener en pousse-pousse, monter à bord d'une réplique grandeur nature de la caravelle de Christophe Colomb, y veiller sur des animaux de ferme dans un zoo, vous faire photographier avec un vrai lion, un tigre ou un jaguar, et prendre part à un « authentique » barbecue mongol. Pour Ghermezion, il s'agit d'un véritable succédané de culture, et pas seulement d'une simulation. Le centre commercial de West Edmonton « remplit simultanément des fonctions communautaires, sociales et récréatives [60] ». Avec tout de même un petit détail à ne pas oublier : il s'agit d'un espace privé où la culture est une marchandise et dont les propriétaires définissent les conditions d'accès. Pour Peter Hemingway, l'objectif de ses concepteurs et de ses architectes était avant tout de nous fournir « un monde de rêve à la guimauve où nous pouvons faire nos achats, nous distraire et vivre plaisirs et périls imaginaires sans jamais mettre le nez dehors ; où nous pouvons zapper de sensation en sensation [...] et où la carte de crédit nous ouvre la porte de toutes les expériences possibles [61] ».

Ce n'est là qu'un exemple pionnier des formidables changements que connaît l'économie mondiale dans son évolution d'un capitalisme largement industriel à un capitalisme essentiellement culturel. Dans les premiers centres commerciaux, la production culturelle et les activités récréatives n'étaient qu'un arrière-plan de la vente de marchandises. Dans les *malls* d'aujourd'hui, ce sont ces activités qui sont en train de devenir la marchandise numéro un, alors que, dans bien des cas, l'achat de produits et d'articles divers n'y est plus qu'une fonction annexe de la consommation d'expériences vécues.

Ce nouveau type de centre commercial est désigné en anglais par le terme de « *destination entertainement center* ». On n'y vient plus prioritairement pour fréquenter des grands magasins comme Bloomingdale's ou Nordstrom. Ce qui motive avant tout les visiteurs, ce sont d'abord les salles de cinéma à écran géant, les établissements de restauration « à thème » comme le Hard Rock Café ou le Rainforest Café, et tous les équipements de loisir *high tech*, jeux vidéo, réalité virtuelle, appareils de simulation divers, etc.

C'est ainsi que Sony a construit à San Francisco le Metreon, un « centre de loisirs urbains » dernier cri dont le coût est estimé à 160 millions de dollars. Ce complexe de plus de 30 000 mètres carrés de superficie abrite 13 cinémas, dont une salle IMAX, 8 restaurants de luxe, une salle de jeux baptisée « Airtight Garage », et une station Sony où les visiteurs peuvent commander des jeux vidéo au « bar électronique ». On y trouve aussi des boutiques de matériel Sony et Microsoft et des magasins vendant des articles de Discovery Channel. Citons aussi deux attractions majeures, « The Way Things Work » et « Where the Wild Things Are ». Cette dernière est une aire de jeux de la taille d'un terrain de football qui reproduit l'univers des livres pour enfant de Maurice Sendak. Elle est habitée par des monstres aux grandes dents et aux yeux jaunes suspendus au plafond ou tapis dans le paysage. Pour 7 dollars, les enfants peuvent y explorer grottes et tunnels, y construire des tours et manœuvrer des jeux de cordes et de leviers qui font s'animer les monstres. La construction de deux autres Metreon — combinaison de *metropolis* et du suffixe grec *eon*, qui indique un lieu de rassemblement — est prévue à Tokyo et à Berlin [62].

À l'âge de l'accès, ce type de centre commercial géant et de complexe de loisirs à thème est l'antichambre d'une nouvelle culture marchande. Étant donné qu'une partie croissante des occasions de rencontre et des expériences vécues des gens va avoir lieu au sein de ces environnements commerciaux, la question de l'accès à ces espaces fermés va prendre une importance sociale de plus en plus grande.

« C'est nous qui décidons qui a le droit d'entrer ici », prévient le directeur du Westmoreland Mall de Greenburg, en Pennsylvanie [63]. Les entrées du centre commercial de Tyson Corners, en Virginie, arborent toutes l'avertissement suivant :

> L'espace utilisé par les visiteurs de Tyson Corners n'est pas un espace public ; il est avant tout réservé aux commerces et à leurs clients. L'autorisation de s'y déplacer peut être suspendue à tout moment [64].

La question de savoir qui a le droit de pénétrer dans un centre commercial et sous quelles conditions est en train de devenir un enjeu politique et juridique majeur. Aux États-Unis, elle est interprétée en termes de droits civiques. Tout citoyen jouit du droit de réunion, d'expression et de pétition dans l'espace public. Mais ces droits ont-ils une quelconque validité dans ces nouveaux espaces pseudo-publics que sont les centres commerciaux géants ? Pour leurs propriétaires, les droits constitutionnels ne sont plus en vigueur une fois que vous avez franchi l'entrée d'un *mall*. « Ça ne me dérange pas qu'il y ait des gens qui veulent sauver les baleines, explique le directeur d'un centre commercial de Floride, mais je ne veux pas qu'on embête mes clients avec des pétitions [65]. »

Depuis un certain temps déjà, les tribunaux américains affrontent le problème sans avoir jamais vraiment réussi à définir une solution dénuée d'ambiguïtés ou de contradictions. On peut citer le cas d'un jugement émis en Californie, *Diamond v. Bland*, où la cour permit à un militant écologiste de distribuer sa propagande antipollution dans un centre commercial de San Bernardino, estimant que, « dans bien des cas, le centre commercial contemporain est l'équivalent de la place publique des villes traditionnelles [66] ». En revanche, un jugement émis ultérieurement par la Cour suprême en 1972 interdisait à un militant pacifiste de distribuer des tracts dans un centre commercial en vertu de l'avis majoritaire des juges, selon lequel un tel exercice du droit d'expression et de pétition « enfreignait de façon injustifiable » les intérêts du propriétaire [67].

Feu Thurgood Marshall, fameux juge progressiste de la Cour suprême, soutenait une position minoritaire quand il estimait que la colonisation rampante de la sphère culturelle et de l'espace public par les centres commerciaux géants mettait en péril un certain nombre de garanties constitutionnelles fondamentales. Il signalait que, dans ces nouveaux espaces, « il devenait de plus en plus difficile aux citoyens de pouvoir communiquer entre eux[68] ».

Qui aura accès à la production culturelle et aux formes marchandes de l'expérience vécue ? Qui en sera au contraire exclu ? Telle sera la véritable mesure du succès dans l'univers compétitif défini par les centres commerciaux et les complexes de loisir géants, ainsi que par les communautés résidentielles fermées et les espaces touristiques réservés. Dans une société qui affrontera la question de savoir qui seront les inclus et les exclus de la nouvelle économie culturelle, les problèmes d'accès risquent fort de dominer l'ordre du jour politique du XXIe siècle.

De la culture à la distraction

La culture est censée être une expérience partagée — une communion autour de valeurs collectives. La production culturelle, en revanche, est un jeu de pièces détachées consommables sous forme de distraction payante et privée. Pour Neal Gabler, historien et critique des médias, la révolution des loisirs et du spectacle est d'ores et déjà la tendance économique et sociale la plus marquante de notre temps[69]. « Dès la fin du XXe siècle, la principale activité des Américains n'était plus les affaires, mais les loisirs [...]. Les grandes industries de croissance des États-Unis [sont] de plus en plus directement liées à tout ce qui relève des loisirs traditionnels ou des activités qui [permettent] aux gens de mettre leur vie en scène d'une façon ou d'une autre[70]. »

Les chiffres confirment le point de vue de Gabler. Vers le milieu des années quatre-vingt-dix, le secteur des loisirs et du spectacle, sous toutes ses formes, était effectivement celui qui connaissait la plus forte croissance aux États-Unis, avec un chiffre d'affaires de plus de 480 milliards de dollars. Ce qui représente plus que toutes les dépenses d'éducation (publique et privée) du primaire et du secondaire [71].

D'après le ministère du Commerce américain, le montant des dépenses de loisir est passé de 7,7 % de la consommation totale des ménages — dépenses médicales non incluses — en 1979 à 9,43 % en 1993 [72]. Les industries du secteur employaient plus de 5 millions de salariés en 1993 et offraient plus de 12 % des nouvelles embauches, soit plus que le secteur de la santé à la même date, par exemple [73]. En Californie du Sud, les recettes de l'industrie du spectacle et des loisirs ont dépassé celles de l'aéronautique, ce qui illustre bien la réorientation des priorités économiques : on ne fabrique plus des objets, on produit de l'expérience [74]. Les consommateurs américains consacrent plus d'argent aux spectacles et aux loisirs qu'à leurs dépenses en matière de véhicules, de santé, d'équipements ménagers, de chaussures, de logement et d'énergie [75]. « L'industrie des loisirs est désormais la force motrice de l'innovation technologique, tout comme ont pu l'être jadis les industries d'armement », explique Edward McCraken, ancien P-DG de Silicon Graphics Inc. [76]

Nombre d'historiens font remonter le début de l'économie des loisirs à la révolution qu'a connu l'imprimerie pendant la seconde moitié du XIXe siècle. C'est à cette époque que les imprimeurs américains ont commencé à pouvoir produire des affiches en couleurs de bonne qualité, créant pour la première fois un marché de masse pour les arts visuels. Les chefs-d'œuvre de la peinture, qui jusque-là n'ornaient que les demeures des riches ou n'étaient accessibles au public que de manière limitée dans le cadre des musées, étaient désormais mis à la portée des masses sous forme de reproductions fidèles et bon marché. On pouvait les acheter en magasin, voire les obtenir gratuitement sous forme de cadeaux publicitaires. Le marché culturel émergent permettait ainsi une véritable démocratisation des plaisirs de l'art, jadis réservés à une élite fortunée et qui devenaient un passe-temps populaire à la portée de tous. En 1893, un porte-parole de l'Association nationale des imprimeurs s'enthousiasmait :

> En quelques décennies, le goût du public s'est émancipé de l'indifférence léthargique à l'égard du beau qui prévalait jadis [...] et il cherche aujourd'hui à se procurer les accessoires décoratifs dont les bienfaits du progrès ont permis de réduire le coût au point de les mettre à portée de tout un chacun [77].

Cette démocratisation de l'image fut passablement ridiculisée par les riches, qui la percevaient comme une forme d'avilissement de la culture légitime. Mais, pour la plupart des Américains, cette nouvelle accessibilité des arts visuels semblait annoncer des temps meilleurs et anticiper le paradis terrestre qui se dessinait à l'horizon de la civilisation moderne.

L'ancien esclave Frederick Douglass, devenu un des principaux critiques sociaux de son temps, y voyait lui aussi un facteur d'émancipation susceptible de faire tomber les vieilles barrières sociales et culturelles et de mettre les joies de l'art à la portée des plus humbles :

> Jusqu'à ce jour, les Américains de couleur ne songeaient guère à orner leurs murs de tableaux [...]. L'esclavage, l'oppression et la misère ne se prêtent guère au culte des arts, qui ne peut prospérer que dans un univers de liberté, d'équité, de loisir et de raffinement. Ces conditions sont désormais accessibles aux citoyens de couleur, et je crois que les murs de leurs demeures ne sauraient tarder à témoigner de cette nouvelle relation avec leurs anciens maîtres [78].

Si les techniques de reproduction en couleurs préparèrent le terrain à la production culturelle de masse, c'est l'avènement du cinéma qui en fit un véritable pilier du marché capitaliste et installa l'industrie du spectacle au cœur de la vie sociale des Américains. Avec le cinéma, on assista à une fusion de la grande culture et de la culture populaire dans une même logique de consommation et à la naissance du capitalisme culturel.

Pour des millions d'immigrants en provenance de cultures traditionnelles, le cinéma devient un parfait succédané d'acculturation au sein d'une société si jeune qu'elle n'avait pas eu le temps de forger ses propres traditions. Pour tous ces nouveaux venus — c'est vrai en particulier pour les femmes —, la production cinématographique fournissait une version idéalisée de ce qu'était censée signifier l'Amérique. Le plus grand désir de ces Américains de la première génération était de s'intégrer et de déchiffrer les secrets de l'*american way of life*, et le cinéma était tout à la fois leur université et leur source d'inspiration. Dès 1909, New York possédait déjà plus de 340 salles de cinéma, dont la fréquentation quotidienne était de 250 000 spectateurs en semaine et de plus de 500 000 le dimanche[79].

Comme l'écrivent Stuart et Elizabeth Ewen dans leur livre *Channels of Desire*, « c'est à travers le cinéma que les immigrants purent faire pleinement l'expérience de la culture américaine[80] ». D'après une étude effectuée en 1911, la plupart des individus qui fréquentaient les salles obscures — plus de 72 % — étaient membres des classes laborieuses et seuls 3,5 % d'entre eux appartenaient à l'élite oisive. Ce qui montre bien qu'à ses débuts le cinéma attirait surtout les nouveaux Américains, ceux qui n'étaient pas encore passés par le moule de l'expérience américaine[81].

Aller voir un film, c'était un moment d'évasion tout autant qu'une occasion d'apprentissage culturel. Dans l'obscurité des salles de cinéma, des individus de toutes générations pouvaient oublier la routine fastidieuse de leur vie quotidienne et accéder à un univers plus séduisant et plus prestigieux. Pour quelques heures chaque semaine, ils pouvaient transcender leur vie ordinaire et mener une existence idéalisée. Tout comme les voyages organisés par Cook, le cinéma fournissait à volonté de l'expérience vécue sous forme de marchandise. Pour une modique somme, vous étiez transporté vers d'autres horizons géographiques ou sociaux et vous pouviez donner libre cours à vos fantasmes, projeter vos émotions les plus profondes, vivre vos espoirs et vos rêves les plus fous.

Stuart et Elizabeth Ewen soulignent que des metteurs en scène comme Cecil B. DeMille surent assaisonner leurs recettes cinématographiques d'une bonne dose de sexe, d'argent et de romantisme, installant le désir au centre de la nouvelle culture consumériste. Le grand écran devint une sorte de vitrine derrière laquelle s'exhibait un monde de personnages merveilleux vivant dans le luxe et le confort, tout ce qu'un consommateur pouvait désirer un jour acquérir. Le cinéma, observe Neal Gabler, « offrait une nouvelle gamme d'expériences collectives à la nation tout entière, faisant de chaque spectateur le citoyen d'un pays imaginaire susceptible d'éclipser et d'absorber le pays réel[82] ».

De nos jours, l'économie des loisirs et du spectacle, une économie du jeu et de l'imagination, des sensations et de l'expérience, est une force omniprésente dans la vie d'un nombre croissant d'Américains qui privilégient désormais les services et les produits culturels sur les biens de consommation industriels. En achetant l'accès à des expériences agréables et significatives, c'est tout un mode de vie qui s'offre en particulier aux membres des classes moyennes du monde entier. L'essor du marché des loisirs et du spectacle montre qu'une nouvelle génération ne songe plus tant à accumuler des objets qu'à accumuler des expériences, passant ainsi du monde de la propriété à celui de l'accès. Les consommateurs américains dépensent des milliards de dollars par an en films, vidéos, jeux, équipements sportifs, spectacles, jeux de hasard, parcs d'attraction, livres et magazines, musique enregistrée et autres formes d'activité récréative[83].

Every business is show business

L'économie mondiale n'est plus une gigantesque usine mais plutôt une grandiose scène de théâtre. La nature même des images et des métaphores qui sont mises au service de l'activité économique reflète cette hégémonie de la production culturelle. On ne parle plus guère d'efficacité, de productivité, d'utilité, de transportabilité et de calculabilité, autant de termes liés à l'ère des machines qui cèdent la place au nouveau lexique dramaturgique de la production culturelle. En témoignent les titres des ouvrages publiés par les nouveaux gourous du management : *Le Management en tant que performance : de nouvelles idées pour un monde en perpétuel bouleversement* ; *Improviser : l'art et la manière d'être créatif en affaires* ; *L'Économie de l'expérience : quand l'entreprise est un théâtre et le travail une performance d'acteur* ; *L'Économie du spectacle : comment les géants de la communication changent nos vies*. John Kao, auteur de l'un de ces livres, *Jamming (« Improviser »)*, estime lui aussi que « le management est un art de la scène [84] ». Comme nombre de ses collègues, il pense que « les grandes entreprises peuvent tirer profit de l'adoption de nombre d'aspects du modèle hollywoodien d'organisation du travail » en faisant collaborer des prestataires et des artistes indépendants autour de la production d'une marchandise culturelle [85] : « Un chef d'entreprise doit imiter les magnats des médias qui savent utiliser tous les outils à leur disposition pour communiquer de façon pertinente [86]. »

Dans un autre de ces ouvrages, *The Experience Economy*, B. Joseph Pine et James Gilmore, consultants en gestion, exploitent encore plus à fond la métaphore théâtrale en estimant que, à l'ère de la production culturelle, c'est l'intégralité des activités de l'entreprise qui doit obéir aux règles des arts de la scène : « L'application des règles du théâtre à l'entreprise commence avec le *casting*, à savoir le processus de sélection des acteurs en fonction des divers rôles. » Les producteurs, expliquent ces auteurs, sont les hommes et les femmes qui financent l'entreprise et qui déterminent la nature de la production qu'ils souhaitent voir mettre en scène. Les metteurs en scène, de leur côté, sont responsables de transformer les matériaux conceptuels en scénarios opérationnels. Les scénaristes définissent « les processus qui permettront d'engendrer la représentation finale » — ce que la théorie du management classique appelle « qualité totale » ou « réingéniérie des processus ». Les techniciens conçoivent le décor, fournissent les accessoires divers, choisissent les costumes et supervisent le cadre matériel de la production. Enfin, les machinistes travaillent dans les coulisses pour garantir un enchaînement fluide et sans contretemps des diverses séquences de la production [87].

Si l'époque industrielle se caractérisait par l'impératif de production, la phase culturelle du capitalisme est régie par une logique de performance, au sens artistique du terme. Pour Tom Peters, consultant en gestion, « on exagère à peine en disant que *tout le monde* travaille désormais dans le spectacle ». Peters explique à ses clients que « l'important, dans les affaires, c'est l'ensemble des scénarios créés *ex nihilo* par nos clients ». D'après lui, le nouveau lexique opérationnel de l'entreprise repose sur des mots clés comme « mythe », « fantaisie », « illusion »[88].

Désormais, ce ne sont plus tant l'efficacité et l'assiduité dans le travail qui comptent que la *créativité*, et d'ailleurs il est plus question de jeu que de travail. Dans tous les secteurs, les entreprises réinventent leur environnement organisationnel pour le rendre plus compatible avec les exigences de créativité et de talent quasi artistique qui sont la clé de voûte de l'économie culturelle. D'ailleurs, nombre de chefs d'entreprise ne parlent plus de leurs travailleurs mais plutôt de leurs *joueurs* (*players*).

Et, de fait, l'environnement de travail adopte des aspects de plus en plus ludiques qui reflètent l'essor de la logique de la performance culturelle et du « marketing de l'expérience ». On introduit dans l'entreprise toutes sortes d'innovations susceptibles de créer une atmosphère plus détendue et plus propice à la créativité artistique. Canon a installé des salles de méditation dans les bureaux de son siège de Tokyo. Kodak a prévu dans son usine de Rochester, dans l'État de New York, une « salle d'humour » pleine de jouets, de jeux et de vidéos. Les murs de Body Shop sont couverts de sculptures censées distraire les salariés[89].

Ce sont souvent des œuvres classiques de la sociologie qui ont fourni une bonne partie de l'arsenal intellectuel de cette théâtralisation de l'entreprise. Dans l'immédiat après-guerre, des chercheurs comme Kenneth Burke, Erving Goffman et Robert Perinbanayagam ont développé une approche radicalement nouvelle en matière d'analyse et de compréhension du comportement humain. La « perspective dramaturgique » repose sur l'idée que toutes les interactions humaines ont un caractère théâtral et obéissent à des règles similaires à celles qui régissent les représentations scéniques. Kenneth Burke subdivisait ainsi l'interaction humaine en cinq grandes catégories dramaturgiques. Premièrement, il y a l'« acte » — ce qui se passe effectivement entre les gens quand ils entrent en interaction. La « scène », pour sa part, est l'arrière-fond sur lequel se déroule l'acte. Les « acteurs » sont bien évidemment les sujets en interaction, tandis que la « performance » (*agency*) est la façon dont l'acte est accompli. Enfin la « visée » (*purpose*) définit l'intention ou la motivation qui détermine l'acte [90].

Si l'on doit à Burke l'introduction de ce nouveau paradigme comportemental, c'est le sociologue Erving Goffman qui, dans son œuvre pionnière *La Mise en scène de la vie quotidienne : la présentation de soi*, fut le premier à appliquer de façon rigoureuse et détaillée la métaphore dramaturgique à la vie quotidienne. Goffman décrit tous les comportements sociaux intentionnels comme des performances théâtrales dans lesquelles les acteurs circulent entre un second plan (les coulisses) où ils répètent leur rôle et un premier plan (la scène) où ils le récitent.

Au cours des dernières années, les professionnels du marketing ont exploité le travail de Goffman et l'ont appliqué aux prestations économiques et à la marchandisation de l'expérience humaine. La méthodologie qui sous-tend la perspective dramaturgique de Goffman est désormais un outil aussi important pour l'analyse et la compréhension des problèmes du marketing que la description weberienne de la bureaucratie a pu l'être pour l'analyse de l'organisation du travail dans les usines et les bureaux.

Stephen J. Grove et Raymond P. Fisk, professeurs de marketing respectivement à la faculté des sciences administratives de la Clemson University et à la University of Central Florida, soutiennent que le marketing des services — et de l'expérience — est une activité de nature fondamentalement théâtrale qui ne peut être comprise que dans ce contexte dramaturgique :

> De même que les membres d'une troupe de théâtre doivent prendre en compte une vaste gamme de considérations s'ils veulent pouvoir produire une représentation crédible, les « acteurs » du secteur des services doivent répondre à toute une série d'exigences s'ils veulent produire l'impression désirée auprès de leur public [91].

Code vestimentaire, gestualité, *hexis* corporelle, manières, style d'interaction et compétences cognitives et communicationnelles sont autant de facteurs qui contribuent à la qualité de l'échange dramaturgique et au succès de la performance auprès du client.

Cet aspect dramaturgique de la prestation de service est particulièrement important dans les interactions les plus individualisées entre prestataires et clients — par exemple entre un serveur et les clients d'un restaurant. La revue médicale britannique *The Lancet* a publié il y a quelques années un article, très controversé, qui soutenait que les médecins effectuent une performance théâtrale chaque fois qu'ils entrent en interaction avec un patient. Dans cet article, les docteurs Hillel Finestone et David Conter, de la University of Western Ontario, écrivaient :

> Si un médecin n'est pas capable d'évaluer les besoins émotionnels de son patient [...] et de lui offrir une réponse efficace et sans ambiguïtés, il n'est pas à la hauteur de sa tâche. Par conséquent, nous estimons que la formation du jeune médecin devrait inclure des cours d'art dramatique centrés sur la production de réponses appropriées et bénéfiques aux exigences émotionnelles des patients [92].

L'école supérieure de management de la Northwestern University et la Columbia Business School ont toutes deux introduit des principes dramaturgiques dans leurs programmes de management avancés. Des acteurs et des metteurs en scène y enseignent aux cadres d'entreprises les secrets de l'art dramatique et les soumettent à des séances intensives d'interprétation de rôles divers pour les familiariser avec l'usage des techniques dramaturgiques susceptibles de leur être utiles dans leurs relations avec leurs collègues et leurs clients. Pour Grove et Fisk, l'approche dramaturgique du comportement social peut s'appliquer à tous les aspects de l'activité de l'entreprise et à toutes les branches des affaires, car elle fournit à la fois un lexique et un fondement conceptuel — ce qu'ils appellent un « cadre unificateur » — à l'analyse des échanges marchands [93].

Dans les années quatre-vingt, certains croyaient pouvoir critiquer l'économie américaine en l'affublant du sobriquet d'« économie de Mickey ». Mais la réalité a invalidé cette intention caricaturale. Les exportations de l'industrie du spectacle et des loisirs américaine donnent le ton au reste de l'économie mondiale. Kim Campbell, ancien Premier ministre du Canada, souligne que la production culturelle est le véhicule essentiel de l'américanisation de la planète : « Les images de l'Amérique sont tellement omniprésentes dans le village global que c'est comme si, au lieu de voir le monde entier immigrer vers l'Amérique, c'était l'Amérique qui avait émigré dans le reste du monde, permettant ainsi aux gens d'aspirer à devenir américains sous toutes les latitudes et sans sortir de chez eux [94]. »

La production culturelle s'annonce comme l'enjeu principal du commerce mondial au XXIe siècle. À l'âge de l'accès, elle passe au premier plan de l'activité économique, devant l'information et les services, qui relèguent eux-mêmes en troisième position l'industrie et, loin derrière, l'agriculture. Mais, dans tous ces secteurs, on continuera à assister à une évolution de la logique de la propriété à celle de l'accès et à un fonctionnement en réseaux faisant interface entre les territoires réels et l'espace virtuel.

9

L'exploitation du filon culturel

Le film *The Truman Show*, sorti en salles en 1998, raconte l'histoire d'un personnage qui vit sans le savoir à l'intérieur d'un environnement télévisuel totalement simulé. Quand il finit par découvrir la vérité, le héros essaie désespérément de s'échapper et de rejoindre le monde « réel » qui s'étend au-delà du gigantesque décor de télévision qui l'encercle. N'y a-t-il pas une certaine ironie dans le fait que, alors que Truman cherche à s'évader de son environnement artificiel, chacun d'entre nous s'y enferme un peu plus chaque jour ?

Nous vivons entourés d'appareils de simulation électronique et notre expérience quotidienne se déroule de plus en plus dans un environnement artificiel. Il y a là un véritable bouleversement de la façon dont les êtres humains mènent leur existence. N'oublions pas que, il y a à peine une centaine d'années, le mot anglais « *broadcast* », qui désigne la transmission radiophonique ou télévisuelle (comme dans British Broadcasting Corporation, par exemple), était un terme du lexique agricole qui décrivait le geste du semeur.

De nos jours, pour la plupart des habitants des pays industrialisés, la consommation des médias est la deuxième activité après le travail. Au Japon, chaque ménage regarde en moyenne huit heures dix-sept minutes de télévision par jour [1]. Aux États-Unis, le téléviseur reste allumé plus de sept heures par jour et les adultes lui consacrent environ quatre heures et demie par jour [2]. Vers le milieu des années quatre-vingt-dix, il y avait plus d'un milliard de téléviseurs dans le monde [3].

Les moyens de communication électroniques peuvent être décrits comme des formes d'environnement artificiel destinées à recréer le réel. Les téléphones, le cinéma, la radio et la télévision sont autant d'instruments producteurs d'une puissante illusion sensorielle. Quand vous parlez au téléphone, vous et votre interlocuteur communiez dans une illusion de présence même si vous êtes à des milliers de kilomètres l'un de l'autre. En anglais, l'expression « *phony* », qui décrit tout ce qui est un peu douteux ou factice (« bidon », dirait-on en français), évoquait en fait au début du XXe siècle le caractère artificiel des voix entendues au téléphone et le peu de confiance qu'on pouvait leur accorder [4].

De même, le cinéma et la télévision se jouent de notre perception naturelle du temps, de l'espace et de la réalité. Nous sommes amenés à croire à l'existence des personnages projetés sur l'écran, et nous entretenons avec eux des relations souvent très intimes et très personnelles : le progrès des nouvelles technologies de communication n'a fait que multiplier ces environnements technologiques artificiels, toujours plus performants dans leur capacité de produire un simulacre de « réalité » convaincant. C'est particulièrement vrai de tous les environnements créés dans le cyberespace.

Ce nouvel outil de communication distille l'essence symbolique de notre expérience culturelle et la transforme en une série de trompe-l'œil numériques qui apparaissent encore plus authentiques et vivants que les phénomènes originaux et se substituent ainsi à l'expérience réelle. Le cyberespace, c'est une réalité virtuelle qui remplace la réalité factuelle, un environnement symbolique électronique qui arrive à convaincre de sa réalité ceux qui en font l'expérience. Pour les philosophes de la postmodernité comme pour les professionnels des médias, ces expériences simulées dans le cyberespace constituent en fait une espèce d'hyperréalité.

Les chercheurs du laboratoire de communication du Massachusetts Institute of Technology, ainsi que ceux d'autres centres de recherche et développement en haute technologie, travaillent sur la création d'environnements totalement intégrés, susceptibles de remplacer entièrement le monde naturel. Comme le dit Ken Karakatsios, un ancien employé de Apple, « le seul problème avec l'univers, c'est qu'il obéit à un logiciel d'origine inconnue [5] ». Mark Slouka, professeur d'anglais à l'université de Columbia, nous suggère d'imaginer une espèce d'écosystème *high tech* constitué par « une forêt de machines qui vous reconnaissent et perçoivent tous vos changements d'humeur : des ordinateurs capables de vous identifier, des téléphones si sensibles qu'ils sont à même de repérer l'information implicite que véhicule la moindre nuance de votre expression — le ton de votre voix, un bégaiement, une hésitation, un hoquet étouffé, etc. —, bref, un univers intégralement personnalisé et complètement soumis à la volonté humaine [6] ».

La révolution numérique a le potentiel de transformer une bonne partie de l'expérience culturelle vécue en une gigantesque accumulation de marchandises dans l'espace virtuel, tout comme l'argent a jadis facilité l'échange des biens matériels à travers l'espace géographique. Un auteur comme Manuel Castells a bien compris les conséquences culturelles de la révolution numérique et du commerce électronique : « Tous les messages sont désormais prisonniers du médium, car ce médium est devenu tellement englobant, diversifié et malléable qu'il est capable d'absorber, au sein d'un même gigantesque texte multimédia, la totalité de l'expérience passée, présente et future de l'humanité [7]. »

Le cyberespace est un environnement de communication tellement exhaustif que d'autres formes de communication culturelle plus traditionnelles qui passaient par l'interaction directe — rituels, cérémonies, fêtes, représentations théâtrales, arts, religions, discours civiques — perdent de leur importance et n'ont plus autant d'influence sur les relations humaines.

Pour Brenda Laurel, artiste et consultante en gestion de l'Interval Research Corporation à Palo Alto, en Californie, la simulation de l'expérience vécue dans le cyberespace est un phénomène de nature fondamentalement dramaturgique [8]. Mais, dans le cyberespace, au lieu de vous contenter de contempler une scène ou un écran, vous participez en tant qu'acteur à la représentation en cours. C'est ce qu'explique Randall Walser, théoricien du cyberespace :

> Là où le cinéma montre une réalité à un public, le cyberespace offre un corps virtuel et un rôle actif à chacun des membres de ce public. Le livre et la radio relèvent de la narration, la scène et le cinéma, de la représentation, mais le cyberespace met en œuvre une véritable incarnation [...]. Les metteurs en scène de théâtre ou de cinéma essaient de nous communiquer l'idée d'une expérience, tandis que, dans le cyberespace, c'est l'expérience elle-même qui est communiquée. C'est tout un univers qui est programmé pour que le spectateur y joue un rôle actif et en fasse l'expérience directe, au lieu de simplement y projeter son imagination [9].

Le cyberespace est le nouveau théâtre universel où une quantité infinie de productions culturelles pourront désormais être mises en scène. Et, là aussi, pour accéder à cette scène virtuelle, il faudra acheter un ticket d'entrée, payer un abonnement ou un droit d'adhésion. Mais, contrairement au théâtre traditionnel, votre ticket d'entrée vous donnera le droit de participer à la représentation comme s'il s'agissait de votre expérience réelle. Pour Howard Rheingold, écrivain et éditorialiste, « nous sommes sur le point de pouvoir créer toutes les expériences que nous pouvons désirer vivre [10] ». C'est également l'opinion de Mark Slouka, qui écrit :

> Nous passons une partie de plus en plus grande de nos journées dans des environnements synthétiques [...], et notre vie elle-même est transformée en marchandise. On se charge de la fabriquer pour nous et nous l'achetons à des fournisseurs. Nous sommes en train de devenir les consommateurs de notre propre vie [11].

Rheingold lance un cri d'alarme : « La réalité est en train de disparaître derrière un écran » et, dans le nouveau monde qui s'annonce, « elle pourrait ne plus être qu'une marchandise industrielle standardisée [12] ». Quelles relations pourront avoir entre eux les êtres humains, s'interroge-t-il, quand « ils commenceront à mener une bonne partie de leur existence consciente dans un univers entièrement créé par des ordinateurs [13] » ?

Bien entendu, à l'aube du nouveau siècle, nous ne savons pas encore exactement quelle part de notre expérience quotidienne sera vécue dans l'espace physique et quelle part dans le cyberespace. Mais nous pouvons être certains d'une chose : la part de notre vie quotidienne qui se déploiera dans des environnements électroniques artificiels ne peut que croître. Dans le monde de la réalité virtuelle, où se déploie l'abstraction d'événements purement symboliques et immatériels, l'idée de propriété et les vieux principes patrimoniaux perdront beaucoup de leur importance. Dans le cyberespace, la production culturelle éclipse la production industrielle et le mécanisme de la concurrence repose désormais sur la logique de l'accès.

La culture aux mains du marketing

On ne sera pas surpris de constater qu'à partir du moment où la production culturelle devient le principal secteur créateur de valeur économique, les activités de marketing prennent une importance qui va bien au-delà de la sphère strictement commerciale. Le marketing devient le principal instrument de l'exploitation du patrimoine culturel. C'est grâce à lui que le minerai brut des significations culturelles potentielles peut être transformé par la créativité artistique en expériences standardisées disponibles sur le marché.

Nous avons déjà longuement discuté de cette évolution d'une perspective centrée sur la production à une logique reposant essentiellement sur le marketing, et nous avons montré qu'elle représente un des tournants les plus importants de l'histoire du capitalisme. Vers le milieu des années quatre-vingt-dix, les entreprises américaines dépensaient plus de 1 000 milliards de dollars par an — soit un sixième du PIB des États-Unis — en marketing. La publicité comptait pour 140 milliards de dollars, et la promotion des ventes pour plus de 420 milliards [14]. Le marketing est l'instrument qui permet au système capitaliste de traduire le contenu des activités, des pratiques et des normes culturelles dans le langage de la marchandise. Avec l'aide des technologies de l'art et de la communication, les professionnels du marketing assignent une valeur culturelle aux produits, aux services et aux expériences qu'ils commercialisent, aura culturelle qui se transmet à nos pratiques de consommation. En contrôlant les technologies de l'information et des télécommunications qui permettent à un nombre croissant d'individus de communiquer entre eux, ils en viennent à jouer le rôle qui était jadis celui des institutions scolaires, des Églises, des organismes d'entraide et des associations civiques et communautaires, à interpréter, transmettre et élaborer les formes d'expression culturelle et préserver les grandes catégories de notre culture.

Le phénomène qui illustre le mieux la réalité du nouveau marketing est celui de la consommation des produits de marque. Quand vous achetez une chemise Zegna, une lampe Bill Blass ou un véhicule customisé par Eddie Bauer, vous achetez un style de vie, une image de l'existence que vous souhaiteriez mener. La griffe de Ralph Lauren apparaît désormais sur des pots de peinture vendus dans les magasins Home Depot. À Beverly Hills ou à New York, on trouve un petit nombre choisi de restaurants de luxe qui arborent le label Giorgio Armani. La vente des licences d'utilisation des noms des grandes marques a atteint un montant de 12,6 milliards de dollars en 1997 et continue à progresser [15].

En achetant une marque prestigieuse, vous êtes censé partager les valeurs et les significations culturelles qu'elle véhicule. Peu importe qu'il ne s'agisse que d'un truc de marketing sophistiqué pour embobiner le client. Des millions de gens n'hésitent pas à suspendre tout jugement critique pour se payer l'accès à cette réalité stylisée. Les vêtements, les appareils et les gadgets de marque deviennent les éléments d'un décor qui leur permet de vivre des styles de vie et des expériences imaginaires. Et, quand tout le monde joue le même jeu sur le marché culturel, cet univers de simulacres devient une réalité par défaut.

La fonction du marketing a évolué au cours des années, le problème n'étant plus tant aujourd'hui de vendre des produits que de vendre de l'expérience. Pendant l'ère industrielle, où c'était la première préoccupation qui prédominait, le marketing jouait un rôle non négligeable mais néanmoins secondaire en utilisant des formes d'expression culturelle pour attirer les clients vers le produit concerné. Désormais, le souci prioritaire des professionnels du marketing est d'aller puiser des bribes de sens dans le grand réservoir de la culture populaire et, avec l'aide de différentes techniques artistiques — musique, film, design, publicité —, de mettre en scène les produits dans le but de susciter de la part du consommateur un type de réponse émotionnelle qui corresponde à telle ou telle catégorie culturelle. Vendre le produit lui-même devient moins important que vendre une expérience. Nike, nous l'avons vu, ne vend pas tant des chaussures de sport que l'imaginaire associé au fait de porter des chaussures Nike. A. Fuat Firat et Alladi Venkatesh, professeurs de marketing respectivement à l'université de l'Arizona et à l'École supérieure de gestion de l'université d'Irvine, en Californie, soulignent que, dans cette nouvelle forme de marketing, « ce n'est pas l'image qui représente le produit [mais] le produit qui représente l'image [16] ».

À partir du moment où la production culturelle s'impose à l'économie tout entière, les produits deviennent de plus en plus les simples supports de la mise en scène de significations culturelles complexes. Ils perdent leur importance matérielle pour acquérir une importance symbolique majeure. Du statut d'objets autonomes, ils passent à celui d'outils censés faciliter la mise en scène de l'expérience vécue. Ils n'appartiennent plus à l'univers de la propriété, qui est une fin en soi, mais sont instrumentalisés au service de la production d'une performance.

Le nouveau rôle des professionnels du marketing, beaucoup plus ambitieux, est donc celui d'être les imprésarios de la production culturelle. À partir de fragments de la culture contemporaine, ils tissent des scénarios sophistiqués qu'ils commercialisent en tant qu'expériences vécues. Le marketing fabrique de l'hyperréalité. Son succès se mesure à sa capacité de rendre les simulacres qu'il engendre plus séduisants que la réalité à laquelle ils entendent se substituer. Ainsi, par exemple, s'il est vrai que certains amateurs d'expériences fortes préfèrent s'aventurer sur les sentiers escarpés de la véritable nature sauvage, des millions de consommateurs choisissent de fréquenter le parc Wild Kingdom de Disney World, qui leur permet de contempler la vie animale dans un décor artificiel. Dans cette formidable mise en scène, le monde animal apparaît paradoxalement plus vivant, puisque chaque détour de l'itinéraire y réserve une surprise au visiteur. Dans un milieu naturel, en revanche, il faut souvent faire preuve d'une longue patience avant de faire des rencontres qui, parfois, n'arrivent jamais. La production culturelle, de son côté, garantit un taux d'excitation constant. Et, si vous n'avez pas votre ration d'émotions, vous pouvez exiger d'être remboursé.

Il s'agit donc, pour les professionnels du marketing, d'écumer sans relâche le patrimoine culturel pour y dénicher de nouveaux vecteurs d'émotion. Ce qui les amènera parfois à en explorer les profondeurs pour annexer les ressources imaginaires les plus inattendues au service de leur entreprise commerciale. Il y a quelques années, une campagne d'affichage de Benetton suscita un torrent de polémiques en raison de la troublante crudité des images qu'elle mobilisait : une victime du sida au stade terminal, un oiseau couvert de mazout, un prêtre embrassant une nonne et les effets d'un attentat à la bombe. La juxtaposition du drame de la misère, de l'hypocrisie et de la cruauté humaines et du logo de Benetton multipliait l'impact publicitaire de la marque dans le monde entier. Certains ne manquèrent pas de critiquer ce qu'ils considéraient comme une tentative cynique de monopoliser la une des médias et d'attirer l'attention du public. Et, de fait, Benetton entendait bien ainsi positionner sa marque au cœur même de la culture populaire. En ayant recours à cette mise en scène artistique, il s'appropriait ces ressources imaginaires pour les mettre au service de son entreprise de production culturelle [17].

Tous les signes et les symboles qui relevaient jadis de la contre-culture sont particulièrement convoités par les publicitaires. Désormais, il n'est pas rare de voir la thématique de l'environnement, du féminisme, des droits de l'homme ou de la justice sociale alimenter les campagnes de marketing. En associant les biens et les services qu'elles vantent à des problèmes culturels controversés, les entreprises entendent s'approprier la charge subversive de ces thèmes et convaincre le consommateur que son acte d'achat a la portée d'un engagement personnel symbolique au service des causes évoquées. Quand les clients de Body Shop achètent des parfums et des savons dans leur boutique favorite, ils achètent en fait une expérience de défenseur des animaux.

Dans la nouvelle économie, expliquent Firat et Venkatesh, « le consommateur est de plus en plus un consommateur de culture et la culture est de plus en plus une marchandise [18] ». Il n'est guère de meilleure illustration de cette tendance que la vogue du « marketing événementiel ». Un nombre croissant d'entreprises associent leur marque, leurs produits et leurs services à toutes sortes d'événements culturels, en en assumant parfois même directement la gestion.

Le premier de ces grands événements à attirer l'attention des médias et de l'opinion fut l'opération Hands Across America, « la plus grande action collective jamais organisée au cours de l'histoire [19] ». Conçu par des organisations à but non lucratif, cet événement entendait mobiliser l'opinion autour de la faim et de la pauvreté dans le monde et aux États-Unis. Il s'agissait d'organiser une chaîne humaine de plus de six mille kilomètres de l'Atlantique au Pacifique en signe de solidarité avec les pauvres.

Presque dès le début, Coca-Cola se joignit aux ONG organisatrices locales et nationales et commença à transformer cet événement en expérience culturelle de type commercial. Un des éléments de ce parrainage était l'organisation d'un réseau de plus de deux mille stations de radio diffusant des appels visant au recrutement des participants à la chaîne humaine. Les usines locales de Coca-Cola organisèrent des séances d'adhésion sur les terrains de base-ball et distribuèrent des centaines de milliers d'autocollants. Dix-sept parcs d'attraction nationaux furent transformés en centres d'enregistrement des candidats à la chaîne humaine. Les établissements scolaires organisèrent des conférences et des réunions spéciales et mobilisèrent leurs autocars pour transporter lycéens et étudiants sur les sites de l'opération.

Le 25 mai 1986, plus de 4 millions de personnes se donnèrent la main à travers les États-Unis, tandis que deux autres millions, rassemblés dans les écoles et les églises, manifestaient leur soutien à cet événement couvert par les plus importants médias internationaux. La une de la plupart des grands quotidiens lui fut consacrée. Et l'image de Coca-Cola était omniprésente. L'entreprise fit même fabriquer des kilomètres de corde rouge et blanche aux couleurs de la boisson gazeuse pour relier entre eux les habitants des régions les moins peuplées du pays.

La participation à un tel événement n'a pas de prix pour une entreprise comme Coca-Cola. Anthony J. Tortorici, alors vice-président du département de relations publiques, résuma comme suit les raisons de cette participation active à une opération de nature avant tout culturelle :

> Hands Across America arrivait au moment opportun pour l'Amérique et aussi au bon moment pour nous. La préoccupation des Américains pour la faim et le sort des sans-abri était à son plus haut niveau. Quant à nous, nous venions juste de sortir des polémiques qui avaient accompagné le lancement du New Coke et la réintroduction du Classic Coke, nous avions besoin de renouer les liens avec la société américaine. C'était l'occasion idéale [20].

Alfred L. Schreiber, qui conseille les entreprises en matière de marketing événementiel et de style de vie, estime que Hands Across America fut le grand tournant à partir duquel les entreprises se lancèrent institutionnellement dans ce type d'activité sociale. Dans son livre *Lifestyle and Event Marketing*, Schreiber explique que cette journée exceptionnelle « marque clairement qu'une nouvelle ère de partenariat entre les entreprises et les consommateurs avait commencé ». À partir de ce jour-là, le message était le suivant : « Ce n'est plus seulement votre argent qui nous intéresse, c'est votre vie, ce sont vos valeurs [21]. »

Les grandes entreprises dépensent plus de 3 milliards par an en parrainage d'événements socioculturels à travers le monde. Les bières Carlsberg sponsorisent la Coupe d'Europe de football, le marathon de Boston a lieu sous les auspices de Citgo

Petroleum, la marque de gin Beefeater coorganise les épreuves d'aviron qui voient s'affronter les universités d'Oxford et de Cambridge, Philip Morris finance le Grand Opéra de Houston et les montres Omega parrainent la Bermuda Gold Cup et d'autres épreuves de voile de niveau mondial. On a même vu une marque d'alcool comme Dewars Scotch sponsoriser des rencontres de littérature à New York.

L'entreprise est désormais presque omniprésente dans la sphère culturelle. Il n'est point d'icône culturelle qui ne soit à l'abri de cette colonisation. Les championnats de football universitaires, jadis symboles d'un esprit communautaire et expressions des rivalités régionales, sont devenus dans une large mesure des événements de nature strictement commerciale. Les noms mêmes de ces compétitions sportives témoignent de cette omniprésence du secteur privé : Nokia Sugar Bowl, Outback Bowl (parrainé par la chaîne Outback Steakhouse), Insight. Com Bowl, Micron PC Bowl, Tostidos Fiesta Bowl, Chick-Fil-A Peach Bowl et Jeep Aloha Bowl.

L'objectif de ce type de marketing est de créer des relations durables avec des niches de clientèle définies en termes de liens communautaires ou affinitaires en positionnant l'entreprise en tant qu'acteur et partenaire culturel. Schreiber explique à ses clients qu'au moment de sélectionner un événement ou un style de vie ils doivent veiller à lier l'image de l'entreprise à une institution ou une activité culturelle qui « joue déjà un rôle actif dans la vie des individus avec lesquels vous essayez d'entrer en relation [22] ». Il suggère donc toute une gamme de cibles culturelles potentielles du parrainage et du marketing événementiel : festivals d'art ou de musique, hôpitaux, organismes de services, troupes de danse ou de théâtre, équipes de sports amateurs, fondations de lutte contre telle ou telle maladie, garderies, campagnes de dépollution ou de réhabilitation, associations de préservation du patrimoine et programmes scolaires locaux.

Le plus important, ajoute Schreiber, est d'avoir une idée claire de vos objectifs, à savoir ce que vous souhaitez obtenir à travers telle ou telle opération de parrainage [23]. Le marketing événementiel est particulièrement approprié pour positionner un produit, lancer une nouvelle ligne, ouvrir un nouveau marché ou combattre les campagnes de dénigrement à l'encontre de vos produits ou de votre entreprise.

Les spécialistes du marketing estiment que la grande tendance qui s'annonce en matière de marketing événementiel est celle qui associera le secteur privé aux activités et événements sociaux les plus enracinés dans la réalité locale. La lettre de l'International Events Group explique à ses abonnés que « ce type d'événements et d'initiatives locaux est une cible prioritaire pour les entreprises américaines », car ils sont intimement liés à la vie quotidienne des clients potentiels. Ainsi, par exemple, le nombre de fêtes organisées par des quartiers ou des communautés locales a augmenté de 10 % chaque année au cours des cinq dernières années, et les entreprises s'emploient à promouvoir la visibilité de leur intervention, tant au niveau du financement que de l'organisation de ces événements [24].

Le volume des ressources financières et technologiques mobilisées par les entreprises transnationales engagées dans la production culturelle est tout à fait impressionnant. Comme l'explique Ronald Collins dans la *Columbia Journalist Review*, « chaque jour, ce sont douze milliards d'annonces imprimées, deux millions et demi de publicités radiophoniques et trois cent mille spots télévisés qui sont déversés dans le grand dépotoir de la conscience collective [25] ». Chaque habitant des États-Unis reçoit en moyenne 3 500 messages publicitaires par jour — soit plus du double du volume de publicité diffusé il y a trente ans, époque depuis laquelle les dépenses publicitaires, tous médias compris, se sont multipliées par dix. Les chaînes de télévision américaines diffusent 6 000 spots publicitaires par semaine, chiffre qui a augmenté de 50 % depuis 1983. En outre, les Américains reçoivent dans leur boîte aux lettres plus de 600 prospectus publicitaires par an. Comme le souligne l'hebdomadaire *Business Week*, « les consommateurs sont littéralement submergés par la publicité ». Et d'ajouter que les entreprises « affichent leurs messages publicitaires sur tout et n'importe quoi ». La publicité occupe en effet les moindres espaces disponibles, des toilettes publiques aux salles de classe. Rien qu'aux États-Unis, les entreprises dépensent plus de 555 dollars de publicité par an et par personne. En Europe et au Japon, les dépenses de publicité progressent encore plus vite qu'aux États-Unis [26].

Les publicitaires se rendent bien compte que les gens consomment d'abord des symboles plutôt que des produits. C'est pourquoi la publicité doit assumer le rôle d'interprète des significations culturelles. Elle est un pont, un médiateur entre l'histoire personnelle des individus et les grands récits de la culture environnante. C'est en partie à travers les messages publicitaires qui leur sont adressés que les consommateurs ont accès à la culture et à ses diverses significations. La publicité s'en fait le véhicule et informe ses destinataires des connotations culturelles et « expérientielles » de chacun des produits qu'elle recommande. Dans le capitalisme avancé, il n'est donc plus seulement question de fabriquer des biens ou d'offrir des services, ni même d'échanger des informations, mais bien d'élaborer des productions culturelles sophistiquées.

Les nouveaux passeurs

Dans la nouvelle économie, le pouvoir appartiendra désormais aux passeurs, qui contrôleront simultanément l'accès à la culture populaire ainsi qu'aux réseaux matériels et virtuels, qui exploiteront, transformeront et commercialiseront cette culture sous forme de consommation payante de loisirs et d'expériences vécues. Le recours aux termes de « passage » et de « passeurs » (*gateways* et *gatekeepers*) est de plus en plus fréquent dans le discours public et privé. Leur usage était encore assez limité il y a quelques décennies. Ils évoquaient essentiellement la notion de passage géographique, comme quand on parle de la ville de Saint-Louis comme « la porte de l'Ouest » (*gateway to the West*). Les passeurs des temps modernes pouvaient être, par exemple, les employés des péages autoroutiers. Aujourd'hui, ces métaphores sont omniprésentes. Le terme *gateway* est de plus en plus utilisé pour décrire les divers passages et parcours possibles au sein des réseaux, des univers parallèles et des mondes virtuels qui peuplent le cyberespace. Les *gatekeepers*, les passeurs, sont désormais les institutions ou les individus qui édictent les règles et les conditions d'accès à une société organisée en réseau et définissent ainsi qui sera inclus et qui sera exclu.

La logique de l'accès, tout comme celle de la propriété, crée des distinctions. Dans le cas de la propriété, la principale distinction sépare les possédants et les dépossédés. La logique de l'accès, pour sa part, distingue ceux qui sont connectés et ceux qui ne le sont pas. Dans les deux cas, il est donc bien question d'inclusion et d'exclusion. Dans le premier cas, il s'agit soit d'une différence quantitative, qui peut se mesurer objectivement en fonction de la valeur du patrimoine détenu, soit d'une différence qualitative en termes de contrôle exercé sur la force de travail d'autrui en vertu de ce patrimoine. Dans le cas de l'accès, la mesure quantitative de l'inclusion ou de l'exclusion repose sur le nombre de réseaux auxquels tel ou tel individu participe, l'aspect qualitatif étant défini par le degré d'intégration et d'interconnexion de ces réseaux. Dans une société bâtie autour de la notion de propriété privée, ceux qui détiennent le patrimoine matériel et contrôlent les moyens de production sont à même de décider du sort de tout un chacun. Dans une société fondée sur la logique de l'accès, ceux qui possèdent les circuits de communication et contrôlent les points d'accès aux réseaux déterminent par là même qui participera au jeu et qui en sera exclu.

La popularité de la notion de *gatekeepers* est venue avec la diffusion d'Internet. Pour avoir accès à la toile mondiale, les usagers souscrivent à un fournisseur d'accès comme America Online ou CompuServe. Pour obtenir des informations spécifiques, ils utilisent des moteurs de recherche comme Excite, Infoseek ou Lycos. Ces entreprises sont à la fois les passages et les passeurs qui donnent accès aux nombreux univers qui peuplent le cyberespace. Des millions de navigateurs virtuels admettent sans problème de devoir payer un droit d'entrée à des entreprises privées qui leur garantissent l'accès au labyrinthe du cyberespace. La puissance de ces entreprises ne fait qu'augmenter avec la fréquentation de plus en plus intense de la toile par les individus comme par les entreprises. Yahoo, par exemple, attire chaque mois plus de 31 millions de visiteurs sur son site[27].

Les entreprises dominantes du secteur des loisirs, de l'informatique et des télécommunications sont conscientes du potentiel commercial que leur offre le contrôle des points d'accès aux réseaux virtuels, c'est pourquoi elles s'empressent de racheter les fournisseurs d'accès et les moteurs de recherche les plus populaires. Elles savent que, au XXIe siècle, contrôler les portes du cyberespace reviendra à acquérir un potentiel de contrôle considérable sur la vie quotidienne des individus. C'est ainsi qu'en juin 1998 Disney a racheté Infoseek pour une somme de 473 millions de dollars [28]. En janvier 1999, At Home Network, un service d'accès rapide à Internet pour abonnés au câble, a fait l'acquisition de Excite Inc. pour 6 milliards de dollars [29].

Les géants des médias voient un certain nombre d'avantages dans le contrôle de ces points d'accès. Premièrement, les utilisateurs de ces fournisseurs d'accès et de ces moteurs de recherche forment un public captif pour les publicités diffusées sur les sites concernés. La publicité sur Internet, bien qu'elle ne fasse que débuter, représentait déjà plus de 500 millions de dollars de recettes en 1997, et on estime qu'elle devrait engranger plus de 6,5 milliards de dollars en 2001 [30]. Les fournisseurs d'accès et les moteurs de recherche obtiennent également une part du gâteau quand ils orientent leurs clients vers des entreprises qui vendent des biens ou des services sur Internet. Le potentiel commercial de ce type de positionnement à l'entrée des réseaux est donc colossal.

Les enjeux financiers sont si énormes que Jeff Mallett, de Yahoo, estime qu'une poignée de géants des médias risque fort d'obtenir le contrôle de tous les points d'entrée au cyberespace d'ici à quelques années, ce qui leur permettra de dicter les termes de l'accès des usagers au nouveau monde du commerce électronique : « Tout ce qui se passera sur votre écran d'ordinateur sera contrôlé par trois multinationales [31]. »

D'après feu Paul F. Lazarsfeld, le célèbre sociologue, et Elihu Katz, chercheur de l'Annenberg School of Communication, « la position de passeur vous assure le contrôle d'une section stratégique des réseaux — que ce soient des biens, des informations ou des personnes qui y circulent — qui vous permet de décider de ce qui a le droit d'y circuler [32] ».

Maintenant que c'est la société tout entière qui est en train de se réorganiser sous forme de réseaux territoriaux ou informatiques, la fonction de passeur joue un rôle crucial. C'est elle qui définit les conditions de l'accès à cet univers de réseaux. Quand la propriété était hégémonique, c'est elle qui déterminait les conditions d'exercice de la volonté des individus. N'oublions pas que, pendant longtemps, le droit de vote était réservé aux détenteurs d'un certain patrimoine. Dans un univers entièrement interconnecté, c'est l'accès au réseau qui vous garantit un droit de participation à la vie sociale. Comme l'explique Manuel Castells, tous les réseaux exercent cette fonction d'inclusion et d'exclusion : « À l'intérieur des réseaux, la gamme des possibilités s'enrichit en permanence. À l'extérieur des réseaux, la survie devient de plus en plus problématique[33]. »

La portée sociale des notions de passeur et de passage fut explorée pour la première fois dans un article de psychologie sociale écrit en 1947 par Kurt Lewin. Lewin s'intéressait aux rapports entre processus décisionnel et contrôle des points d'accès. Ainsi, pour étudier la consommation alimentaire d'un ménage, il importe de savoir qui contrôle ces points d'accès — à savoir qui détermine la nature des aliments achetés et les modalités de leur préparation et de leur consommation. Ce qui intéressait Lewin, c'était la dynamique sociale qui oriente ce processus : comment sont sélectionnés les passeurs, comment se manifeste leur influence sur les décisions prises, quelles sont leurs prédispositions psychologiques et comment leurs motivations personnelles stimulent et déforment à la fois le processus de décision. Il était convaincu qu'il s'agissait là d'un phénomène social fondamental et qu'une analyse de la nature et de la dynamique de la fonction de passeur ouvrirait la voie à une meilleure compréhension de la façon dont les individus structurent leur existence et leurs institutions. Lewin citait ainsi la persistance des problèmes de discrimination sociale et institutionnelle comme un exemple du rôle majeur, mais mal compris, qu'exerce la fonction de passeur :

> La discrimination à l'encontre des minorités ne changera pas tant qu'on n'agira pas sur les facteurs qui déterminent les

> décisions des passeurs. Ces décisions dépendent en partie de leur idéologie — à savoir le système de valeurs et de croyances qui leur permet de définir ce qui est « bien » et ce qui est « mal » de leur point de vue [...]. Par conséquent, si nous souhaitons lutter contre la discrimination dans une usine, une école ou toute autre forme d'institution organisée, nous [...] allons constater que certains dirigeants ont le pouvoir de décider qui peut être embauché, qui doit être promu, etc. Les techniques de discrimination qui sont mises en œuvre au sein de ces organisations sont intimement liées aux mécanismes qui font que l'existence de leurs divers membres obéit à des parcours balisés. La discrimination est donc fondamentalement liée à certaines modalités de gestion et à l'action de passeurs qui déterminent les critères du faisable et du non-faisable [34].

Pamela J. Shoemaker, professeur de communication de la faculté de communication publique de l'université de Syracuse, souligne que des millions de décisions quotidiennes souvent éphémères et triviales, mais qui affectent profondément la vie publique et privée de tout un chacun, peuvent être analysées en termes de passage et de passeurs. Les passeurs sont les médiateurs et les arbitres de notre existence. Ils contrôlent les points d'accès au processus social et décident de l'inclusion ou de l'exclusion des êtres et des choses : « Il s'ensuit que la façon dont nous définissons notre existence et le monde qui nous entoure est largement le reflet des décisions des passeurs [35]. »

C'est dans leurs rapports avec les organismes prestataires de soins que la plupart des Américains peuvent se faire une idée du pouvoir qui s'exprime à travers la fonction de passeur. Au sein de structures privées et étroitement liées aux compagnies d'assurance comme les HMO (Health Maintenance Organization), c'est le médecin généraliste qui joue le rôle de passeur. C'est lui qui contrôle l'accès exclusif de ses patients attitrés aux autres services médicaux. Il décide si tel adhérent d'une HMO doit être orienté ou non vers un spécialiste, soumis à un traitement ou un examen spécifique, hospitalisé dans un service de chirurgie, bénéficier d'un traitement ou des services d'une infirmière, etc. Sa position de contrôle à l'entrée du processus de prestation de soins en fait un chaînon fondamental de ce processus.

Pour appréhender la dynamique de l'accès, la compréhension de la fonction de passeur est un facteur aussi important qu'a pu l'être la notion de « main invisible du marché » pour comprendre les règles gouvernant l'échange de biens et de propriétés. On ne sera donc pas étonné de constater que l'analyse de la fonction de passeur est de plus en plus à l'ordre du jour à travers l'ensemble des disciplines universitaires, accompagnant le mouvement qui voit la société entrer peu à peu dans l'âge de l'accès.

Les étudiants en journalisme et les analystes des médias étudient la fonction de passeur pour mieux comprendre comment l'information circule dans les salles de rédaction et comment sont prises les décisions éditoriales qui définissent quels sont les sujets à couvrir en priorité et ceux qu'on peut négliger ou ignorer [36]. Les spécialistes de la radio examinent le rôle de la fonction de passeur dans les choix de programmation qui déterminent à quel type de musique ont droit les auditeurs. De même, les analystes de la télévision s'emploient à identifier le rôle des décisions des passeurs dans l'élaboration du menu télévisé offert à des millions de téléspectateurs.

Le contrôle des points d'accès est souvent un processus complexe à plusieurs étapes qui met en jeu toute une série de passeurs. Ainsi, par exemple, dans l'édition. Les passeurs de premier niveau sont les agents littéraires. S'ils ne sont pas représentés par un agent reconnu, les auteurs n'ont généralement que peu de chances d'accéder aux maisons d'édition. Les divers éditeurs sont eux-mêmes des passeurs de second niveau dans ce processus. Ce sont eux qui décident quels textes, parmi les nombreux manuscrits promus par les agents, auront le droit d'être publiés. Enfin, les critiques de la presse sont aussi des passeurs en dernière instance. On a pu montrer, par exemple, qu'une critique favorable ou défavorable dans la *New York Times Book Review* influence fortement les décisions d'achat des libraires, des bibliothèques et des lecteurs. Les mêmes études montrent également que les livres publiés par les éditeurs qui achètent le plus de publicité dans les pages de la *New York Times Book Review* sont aussi les plus susceptibles d'être recensés dans lesdites pages. Le *New York Times* est donc un passeur stratégique et peut jouer un rôle déterminant dans le niveau d'accès dont dispose un auteur [37].

De même, une étude sur les galeries d'art new-yorkaises a montré qu'il faut compter à peu près trente-six galeries au nombre des principaux passeurs qui décident des modes et des tendances en matière de peinture et exercent ainsi une influence considérable sur le marché de l'art [38].

Les intermédiaires culturels

Pendant l'ère industrielle, c'était la classe bourgeoise, propriétaire du capital, qui dominait la sphère politique et dictait les normes et les valeurs de la société. Mais, au moment où le capitalisme évolue vers la production culturelle et la marchandisation de l'expérience vécue, c'est une nouvelle élite qui commence à exercer une vaste influence en matière politique et sociale. Le véritable pouvoir de la nouvelle classe des « intermédiaires culturels » réside dans les actifs immatériels qu'ils possèdent — savoir et créativité, sensibilité artistique et talents d'imprésarios culturels, expertise professionnelle et flair commercial. Qui sont les membres de cette nouvelle élite ? Des artistes et des intellectuels, des génies de la publicité et de la communication, et des célébrités travaillant au service des entreprises nationales et transnationales pour promouvoir auprès des consommateurs des productions culturelles susceptibles de s'inscrire dans la trame même de leur expérience. Il fut un temps où ce type d'acteur social occupait une position semi-indépendante dans la sphère culturelle, mais c'est vers la sphère marchande qu'ils ont désormais émigré, où ils sont devenus de simples outils de la fonction marketing. À une époque où l'accès est un atout plus précieux que le patrimoine, les nouveaux intermédiaires culturels sont les passeurs qui permettent aux consommateurs d'accéder aux expériences culturelles qu'ils recherchent. « Les nouveaux maîtres du goût, explique Mike Featherstone, constamment à l'affût de nouvelles expériences et de nouveaux produits culturels, s'emploient également à définir les styles de vie désirables à travers la production de guides et de manuels *ad hoc*[39]. » Il s'agit d'un groupe social obnubilé par « une quête incessante de nouvelles expériences » qu'ils vont puiser au vivier de la culture populaire pour les transformer en marchandises[40].

Au milieu des années quatre-vingt-dix, on vit émerger un nouveau type d'intermédiaires culturels, les « *cool hunters* », sorte de braconniers de la mode et des tendances branchées. Il s'agit généralement de jeunes gens et de jeunes femmes à l'affût des moindres tendances spontanées de la culture juvénile et entraînés à repérer tout ce qui peut être transformé en produits commerciaux standardisés. Des entreprises aux noms emblématiques comme Trendology, Brain Reserve, Cool Works, Lambesis, Youth Intelligence, Bureau de Style, Icono Culture, Sputnik et Agent X envoient leurs agents sur les terrains de basket-ball de Harlem, dans les écoles de Chicago, les centres commerciaux d'Atlanta, les terrains de skateboard de Denver et les boîtes de nuit de San Francisco en quête de ressources culturelles susceptibles, une fois réélaborées, de susciter de juteux bénéfices publicitaires et commerciaux. Leur cible principale est les 104 millions de consommateurs — soit quatre Américains sur dix — qui constituent le marché de la mode juvénile et dépensent plus de 300 milliards de dollars par an[41]. Ce sont des entreprises comme Nike, Coca-Cola, Disney, Chanel, Polo, McDonald's, Sony, IBM et Calvin Klein qui paient au prix fort ces braconniers de la mode pour être leurs espions et leurs informateurs privilégiés sur les dernières tendances de la culture juvénile. La capacité de prévoir ces nouvelles tendances et de s'en emparer aussitôt pour les transformer en produits de consommation peut en effet se traduire par des gains supplémentaires de millions de dollars.

C'est ainsi qu'une de ces *cool hunters*, DeeDee Gordon, fut la première à repérer la mode des tennis en plastique. Elle remarqua que les rues de Los Angeles étaient pleines d'adolescentes vêtues de débardeurs blancs moulants (surnommés « *wife beaters* »), de chaussettes tube et de tennis en plastique. Elle se convainquit rapidement que ces dernières allaient être le prochain *must* et s'associa à un designer qui créa sur ses conseils un modèle de tennis rétro semblable à la Converse

One Star, très populaire dans les années soixante-dix. Effectivement, la mode prit, et Converse engrangea des millions de dollars[42].

Sa collègue Baysie Wightman, vice-présidente de Mullen Advertising, remarqua en explorant la sous-culture juvénile qu'un nombre croissant d'adolescents allaient au lycée en pantalons de flanelle type « pyjama », ce qui ne pouvait manquer d'intéresser un de ses principaux clients, le fabricant de vêtements de flanelle L. L. Bean[43]. Le « look pyjama » est une des nouvelles tendances de la mode juvénile, une espèce d'apparence casanière et négligée qui fait fureur auprès des membres de la « génération Y » (douze à vingt et un ans). Greg Chapman, autre braconnier de la culture juvénile, explique que « les jeunes n'ont plus tellement envie de fréquenter la dernière boîte branchée, ils préfèrent rester entre eux à bavarder[44] ». Le dernier truc branché, en fait, c'est d'inviter des amis à dîner à la maison.

Jane Rinzler Buckingham, P-DG de Youth Intelligence, explique que la prochaine tendance qui va probablement faire fureur chez les jeunes branchés des deux côtés de l'Atlantique, c'est la spiritualité : « Que Madonna arbore un point rouge sur le front, comme une femme hindoue, ce n'est pas l'essentiel. Mais ça montre que les gens sont en quête d'une vie plus spirituelle[45]. » Le rôle de chasseurs de tendance comme Jane Buckingham, c'est de transmettre à leurs clients cette précieuse information culturelle pour qu'ils puissent en tirer profit en fabriquant et en commercialisant les produits correspondants, « comme des bijoux de style indien, ou des bracelets de charme vaguement chinois[46] ». Sachant que cette quête de spiritualité est une nouvelle tendance de la culture juvénile, les entreprises peuvent incorporer des thèmes, des images et des symboles censés évoquer une dimension spirituelle dans leurs campagnes de marketing et de publicité, « pour montrer à leur clientèle potentielle qu'elles parlent le même langage qu'elle[47] ».

Ces nouveaux intermédiaires culturels n'ont pas manqué d'essuyer de féroces critiques de la part des artistes, des intellectuels et des universitaires qui continuent à défendre l'autonomie partielle de la sphère culturelle. Cette colonisation intégrale de l'univers culturel au service du profit ne plaît pas à tout le monde. Norman Denzin dénonce ainsi « ces intermédiaires culturels qui jouent à fond le jeu du marché et de la consommation ». D'après lui, les nouveaux passeurs perpétuent « un contrôle hégémonique sur la culture populaire en normalisant systématiquement les images qui sont censées définir le rêve américain [48] ».

À l'ère du commerce électronique, l'influence des nouveaux intermédiaires culturels ne s'arrête pas aux frontières nationales. En définissant l'essentiel des contenus culturels transmis par le cinéma, la télévision et Internet, ils sont à même d'affecter l'expérience vécue de personnes vivant sous toutes les latitudes. Étant donné que la plupart des intermédiaires culturels travaillent pour des multinationales américaines ou japonaises dont les réseaux de communication et de distribution couvrent la planète tout entière, on peut comprendre la préoccupation de ceux qui craignent soit le pillage et la destruction des cultures locales par l'industrie du spectacle et des loisirs, soit leur lente marginalisation par le marché et leur extinction par ignorance ou indifférence. « Que deviendra notre imaginaire collectif », se demande Michel Colonna d'Istria dans les colonnes du *Monde*, quand une poignée de géants américains du multimédia contrôlera l'essentiel des marchés mondiaux [49] ?

Cette inquiétude est plus que confirmée par les chiffres. Les films américains représentent désormais plus de 70 % du marché en Europe — contre seulement 56 % en 1987 — et 83 % en Amérique latine. Les recettes de Hollywood, estimées à plus de 30 milliards de dollars en 1997, proviennent pour plus de la moitié de l'étranger — contre seulement 30 % en 1980. Une bonne partie des programmes télévisés diffusés à travers le monde est également d'origine américaine. D'après une étude de l'UNESCO effectuée en 1998, 62 % des programmes diffusés en Amérique latine viennent de Hollywood [50].

Le commerce des produits culturels en tout genre a augmenté de plus de 200 % au cours des dix dernières années, et de plus en plus de gens s'inquiètent des effets d'une possible mondialisation homogénéisante de la culture [51]. Ce processus d'homogénéisation, d'ores et déjà bien avancé, se reflète à travers l'extinction de nombreux langages et l'adoption de l'anglais comme porte-drapeau du nouveau commerce culturel. Il y a environ 6 000 langues en usage dans le monde, mais seulement 300 d'entre elles sont parlées par plus d'un million de personnes, et près de la moitié auront sans doute disparu d'ici la fin du XXIe siècle. Pendant ce temps, l'anglais, principale langue du cinéma et de la télévision et idiome dominant du cyberespace, ne cesse de progresser. Plus de 20 % de la population mondiale parle aujourd'hui anglais, en grande partie à cause de l'hégémonie des géants des médias américains sur le marché mondial de la culture. D'ici un siècle, cette domination risque d'être totale.

« La mort d'un langage, c'est un peu comme si le Louvre était détruit par un bombardement », estime Ken Hale, professeur de linguistique au Massachusetts Institute of Technology [52]. Car le langage nous communique les valeurs, les expressions et les significations communes d'une culture, comme nous l'avons vu au chapitre 8. « Quand un langage disparaît, c'est une culture qui meurt », écrit Wade Davis dans un numéro récent du *National Geographic* sur la mondialisation culturelle : « Non seulement le monde perd de son intérêt, mais c'est du savoir brut qui disparaît, l'œuvre intellectuelle de millénaires d'histoire [53]. » Le gouvernement français est tellement préoccupé par la possibilité de voir la langue et la culture de son pays succomber à l'influence et à la puissance des intermédiaires culturels américains et des entreprises pour lesquelles ils travaillent qu'il a proposé à l'Union européenne d'adopter une directive qui imposerait que 51 % du contenu des programmes télévisés et des films diffusés en Europe soient d'origine européenne [54].

Pendant l'ère industrielle, les grands conflits géopolitiques tournaient autour du contrôle colonial, puis néocolonial des ressources naturelles et de la main-d'œuvre. C'est la question des droits de propriété qui définissait la nature de la lutte entre les nations et les peuples. Désormais, nous l'avons vu, c'est l'accès aux cultures locales, à la culture mondiale et aux réseaux de communication qui est susceptible de susciter des conflits géopolitiques. Les nouveaux intermédiaires culturels, qui travaillent au service des entreprises transnationales, jouent un rôle clé de par leur position de passeurs dans un monde où la logique de l'accès détermine les paramètres de l'expérience vécue de millions d'entre nous.

10

Le théâtre de la postmodernité

Nous sommes en train d'assister à l'émergence d'un nouveau type d'êtres humains. Complètement à l'aise dans le cyberespace, où ils passent une partie de leur vie, connaissant parfaitement le fonctionnement de l'économie en réseau, plus intéressés par l'accumulation d'expériences excitantes et distrayantes que par l'accumulation d'objets, capables d'interagir simultanément dans des univers parallèles, prêts à changer de personnalité pour s'adapter à de nouvelles réalités — authentiques ou simulées —, ces hommes et ces femmes de type nouveau ne ressemblent guère à leurs parents et leurs ancêtres bourgeois de l'ère industrielle.

Le psychologue Robert J. Lifton y voit une nouvelle génération d'individus « protéiformes ». Ils ont grandi dans des espaces résidentiels fermés ; leur santé dépend d'organismes prestataires de soins privés de type HMO ; ils louent leur automobile ; ils font leurs achats sur Internet ; ils sont habitués à la gratuité des softwares qu'ils utilisent, mais ne rechignent pas à payer les services et les extensions qui les accompagnent. Ils vivent dans un monde de spots de sept secondes, sont accoutumés à avoir accès quasi instantanément à toutes sortes d'informations, n'ont pas une très grande capacité de concentration et se montrent plus spontanés et moins réfléchis que les générations précédentes. Ils conçoivent leur activité professionnelle comme un jeu et préfèrent être perçus comme des créateurs plutôt que comme de bons travailleurs. Ils ont grandi dans un monde de travail « juste-à-temps » et sont habitués aux emplois temporaires. De fait, leur vie est beaucoup plus marquée par le provisoire et la mobilité que celle de leurs parents. Leur vision du monde est plus thérapeutique qu'idéologique et leur langage est fait d'images plus que de mots. S'ils sont moins doués pour composer par écrit une phrase grammaticalement correcte, ils n'ont pas leur pareil en matière de traitement des données informatiques. Ils se fient plus à l'émotion qu'à l'analyse. La réalité, pour eux, c'est Disney World et le Club Med, ils considèrent les centres commerciaux comme un espace public privilégié et tendent à identifier la démocratie à la souveraineté du consommateur. Ils passent autant de temps en compagnie de personnages de fiction, qu'il s'agisse de héros de télévision, de cinéma ou de créatures virtuelles du cyberespace, qu'avec leurs semblables, et ils en viennent même à intégrer ces créatures fictives à leurs conversations avec leurs amis, les transformant ainsi en éléments de leur biographie. Les frontières de leur univers sont fluides et imprécises. Ils ont grandi dans un monde d'hypertexte, de liens entre sites web et de boucles de rétroaction, et leur perception de la réalité est plus systémique et participative que linéaire et objective. Ils peuvent envoyer un courrier à une adresse électronique sans se soucier un seul instant de connaître l'adresse géographique de leur correspondant. Pour eux, le monde est une scène et leur existence une série de représentations. Ils sont constamment en train de recréer leur propre identité et d'expérimenter de nouveaux styles de vie à chaque étape de cette existence. Ces hommes et ces femmes protéiformes n'éprouvent guère d'intérêt pour l'histoire, mais connaissent une véritable passion pour la mode et tout ce qui touche au style. Ils ont une mentalité expérimentale et courent après l'innovation. Dans leur univers marqué par le rythme effréné du changement, coutumes, conventions et traditions n'ont pratiquement pas leur place.

Ces hommes et ces femmes de type nouveau commencent tout juste à laisser derrière eux l'univers de la propriété. Leur monde est de plus en plus celui de l'hyperréalité et de l'expérience éphémère — un monde de réseaux, de passeurs et d'interconnexion généralisée. Pour eux, c'est la logique de l'accès qui compte avant tout. Être déconnecté, c'est la mort. Ils sont les premiers à vivre dans l'« âge postmoderne », pour reprendre l'expression introduite par l'historien britannique Arnold Toynbee [1]. Tout tend à différencier cette nouvelle ère de l'époque moderne, au cours de laquelle les rapports de propriété informaient pratiquement toutes les transactions économiques et imprégnaient la plupart des interactions sociales. Mais la postmodernité repose plus sur des distinctions en termes d'accès qu'en termes de propriété.

Qu'est-ce qui rend la postmodernité si différente de la modernité ? Il y a une réponse à la fois simple et complexe à cela, à savoir le fait que la postmodernité correspond à une nouvelle époque du capitalisme qui repose sur la transformation en marchandises du temps, de la culture et de l'expérience, tandis que la modernité était liée à une phase antérieure reposant sur la marchandisation de la terre et des ressources naturelles, l'extension du salariat, la production industrielle de biens matériels et la fourniture de services de base.

La modernité

La modernité — une époque qui s'étend en gros depuis le siècle des Lumières jusqu'à la fin de la Seconde Guerre mondiale — s'est caractérisée à la fois par le triomphe de la propriété privée en tant que fondement essentiel des rapports humains et par l'essor du rationalisme, du scientisme, du matérialisme, de l'idéologie et d'une conception linéaire du progrès en tant que grande superstructure philosophique correspondant à ce régime de propriété. L'ensemble des idées des Lumières sur la nature, la société et la conscience ne pouvait que renforcer dans tous ses aspects le système capitaliste émergent fondé sur la propriété privée et l'échange marchand.

La modernité se caractérisait par une croyance — certains parlent même de foi — en l'existence de lois immuables de l'univers, lois susceptibles d'être déchiffrées et mises au service du progrès de l'humanité. Remplaçant la foi religieuse par l'idéologie, les modernes étaient convaincus que l'esprit humain était capable de synthétiser la vaste accumulation des connaissances disponibles et d'en induire des théories susceptibles d'expliquer l'origine, l'évolution et le fonctionnement du monde naturel. Francis Bacon, parfois considéré comme le père de la science moderne, développa une méthode pour l'exploration adéquate des secrets de la nature. Il estimait possible pour l'esprit humain de se détacher de celle-ci et de l'étudier en tant qu'observateur neutre. Bacon voyait la nature comme une « fille publique » qu'il fallait apprivoiser et amener à la raison pour « élargir les frontières de l'empire humain et les limites des capacités de l'homme ». Armé de la méthode scientifique, Bacon était convaincu que nous disposions enfin d'un instrument qui nous accorderait le pouvoir de « conquérir et subjuguer » la nature et de « la secouer jusque dans ses fondations [2] ».

De son côté, le philosophe et mathématicien René Descartes remplaça la vision thomiste d'une grande chaîne des êtres par la conception mécaniste d'un univers dont le fonctionnement était aussi prévisible et automatique que les mouvements d'une horloge. Descartes dépouilla la nature de toutes ses qualités substantielles et la réduisit à ce qu'il considérait comme ses composantes quantitatives et mathématiques élémentaires. L'univers computationnel de Descartes est stable, régulier et divisible. C'est un monde au sein duquel l'étendue et la vitesse sont les principaux facteurs d'organisation de la réalité.

Ce sont les modernes qui introduisent l'idée de progrès. D'après eux, l'âge d'or ne réside pas dans un passé lointain mais dans un futur envisageable. Ce sont la volonté et l'ingéniosité humaines, et non pas l'intervention divine, qui ouvriront à l'humanité les portes d'un nouveau paradis terrestre, un monde utopique d'abondance matérielle. Le marquis de Condorcet, aristocrate français, était plein de confiance dans l'avenir :

> Il n'est point de limites au perfectionnement des facultés humaines [...], la perfectibilité de l'homme est absolument indéfinie ; [...] le progrès de cette perfectibilité échappe donc au contrôle de toute puissance qui voudrait lui faire obstacle, et il n'a d'autre limite que la durée du globe sur lequel la nature nous a placés [3].

La vision du monde des Lumières nous offrait un grand récit — un théorie exhaustive — susceptible d'expliquer le fonctionnement d'un ordre social nouveau reposant sur les rapports de propriété et animé par la dynamique du développement capitaliste. Les philosophes et les intellectuels de l'époque étaient convaincus que la pensée rationnelle et le calcul mathématique rigoureux pouvaient nous permettre de déchiffrer les secrets de l'univers et de doter l'humanité du pouvoir divin de contrôler la nature, y compris la nature humaine. Au XXe siècle encore, le philosophe et mathématicien Bertrand Russell écrivait que la science finirait par produire une mathématique du comportement humain aussi précise que l'analyse mathématique du mouvement des machines [4].

À la base de cette confiance inédite, on trouve une conviction ardente, celle de l'existence d'une réalité objective connaissable. Armée d'une science qui en explorait les mécanismes et d'une technique qui en exploitait les ressources, la propriété privée était l'institution chargée de redistribuer les fruits de cette conquête de la nature.

C'est Isaac Newton qui a le mieux décrit la nouvelle réalité perçue par les philosophes modernes. Pour ce savant et mathématicien des Lumières, l'univers était peuplé d'entités matérielles autonomes — qu'elles soient inertes ou vivantes — entrant en interaction de façon prévisible en vertu des lois inébranlables de la gravité. On compare souvent l'univers de Newton à un espace parsemé de boules de billard — des objets solides aux frontières tranchées qui entrent en collision en vertu des lois de la physique.

La sensibilité moderne s'accorde bien avec l'idée de propriété privée. Si le monde naturel est à la fois connaissable et exploitable, tous ceux qui, grâce à leur dur labeur et leur ingéniosité, sont capables de transformer la nature en produits artificiels et en marchandises sont justement récompensés par la légitime possession des fruits de leur travail. C'est là précisément l'argumentation de John Locke dans sa théorie de la propriété fondée sur le travail. Et, de fait, si toutes les entités naturelles — qu'elles soient animées ou inanimées — se comportaient de manière aussi autonome et avaient des limites aussi clairement définies que des boules de billard, il serait facile d'assigner un statut de propriété à chacune d'entre elles.

Les philosophes des Lumières n'avaient pas de mots assez durs pour la pensée médiévale. Ils bouleversèrent l'idée même de la perception humaine, remplaçant la conception médiévale d'un univers organisé hiérarchiquement par la distinction entre sujets et objets. Cette partition du monde entre subjectivité et objectivité doit beaucoup au développement de la perspective dans l'art pictural de la Renaissance. Les artistes du Moyen Âge n'ignoraient pas la perspective, mais n'en faisaient guère usage. Dans un univers constitué par un tissu continu de relations hiérarchiques et qui s'étend des flammes de l'enfer aux portes du paradis à travers une grande chaîne des êtres, tous les rapports entres ces êtres s'accumulent sur un même plan — réalité qu'expriment nombre de peintures médiévales.

Mais, dans le nouveau monde horizontal où se déploient paysages bien délimités, territoires coloniaux et marchés capitalistes, le regard n'est plus fixé vers les cieux mais se déplace vers l'horizon, et la perspective devient le point de vue le plus avantageux pour l'observateur qui souhaite dominer son environnement. Par sa nature même, la perspective fait de l'artiste le centre de l'univers et réduit tout ce qu'elle englobe à l'état d'objet appropriable. La méthode scientifique de Bacon, ainsi qu'une bonne partie des notions ultérieures concernant la nature à l'époque des Lumières s'appuient sur l'idée d'une division binaire de l'univers en sujets et objets. Dans le monde de Bacon, toute activité peut être réduite à une lutte à mort entre sujets concurrents cherchant à s'approprier les objets de valeur qui les entourent. En fin de compte, seule la volonté subjective existe. Tout le reste n'est qu'un objet potentiel de sa convoitise. Un système de propriété privée fondé sur la possession et le contrôle exclusifs des « choses » ne peut que s'épanouir dans un contexte où tout est soit un sujet actif, soit un objet passif.

La postmodernité

La postmodernité, en revanche, repose sur un tout autre système de prémisses concernant la nature de la réalité — des prémisses qui invalident complètement la conception moderne de la propriété et peuvent servir de fondement à la restructuration des rapports humains autour de la logique de l'accès.

En premier lieu, les penseurs postmodernes rejettent l'idée même d'une réalité stable et connaissable. On peut dater la première entaille dans l'armure rationaliste des Lumières du début du XXe siècle, quand le physicien Werner Heisenberg introduisit le concept d'indétermination dans le débat scientifique. En vertu du principe d'indétermination de Heisenberg, l'idée d'un observateur impartial et détaché — qui est au cœur de la vision scientifique de Bacon — enregistrant les secrets de la nature de façon objective est une impossibilité. Le simple fait d'observer implique que l'observateur interfère avec l'objet de son investigation et biaise les résultats. Heisenberg démontra que tout ce que nous faisons — même une pure observation — a des effets concrets. Loin d'être détaché, tout être humain est à la fois acteur et agi, affectant et affecté, dans une double relation avec le monde qu'il tente de manipuler et d'influencer. Après Heisenberg, il était difficile de continuer à soutenir que le monde se divisait nettement en sujets connaissants actifs et en objets passifs de cette connaissance. De même, la conception newtonienne d'entités autonomes naviguant à travers l'univers devenait pour le moins douteuse. Si même l'acte d'observation amène l'observateur à participer à la réalité des phénomènes qu'il observe, alors la notion d'autonomie devient assez problématique.

Les nouvelles théories de la matière et de l'énergie déstabilisèrent encore plus le grand récit des Lumières. Souvenons-nous que la physique classique définissait la matière comme une substance physique impénétrable. Les lois de Newton reposent sur l'idée que deux particules de matière ne peuvent occuper le même espace au même moment car chacune d'entre elles est une entité physique discrète ayant une extension quantitativement bien déterminée. Mais, dès le début du XXe siècle, cette vision orthodoxe des phénomènes physiques a dû céder la place à une conception totalement nouvelle. Au fur et à mesure que les physiciens exploraient plus avant l'univers des atomes, ils se rendaient compte que leurs idées antérieures sur l'existence d'une matière compacte dans un espace stable étaient bien naïves. Les objets physiques n'étaient guère que des coagulations d'énergie. La matérialité des choses — leur stabilité et leur être même — n'était qu'une apparence approximative.

À leur grande surprise, les physiciens découvrirent qu'un atome est loin d'être quelque chose de stable. De fait, il apparut de plus en plus clairement que les atomes n'étaient pas des « choses », au sens matériel et conventionnel du terme, mais plutôt des champs de forces en interrelation. Mais de telles interrelations ne peuvent exister en dehors du temps. Comme l'expliquait le philosophe et historien d'Oxford Robin G. Collingwood, il ne peut y avoir de relations que s'il existe « un laps de temps suffisant pour qu'un certain rythme s'instaure [5] ». Le philosophe Henri Bergson observait un jour qu'« une note de musique n'est rien dans le cadre d'un instant isolé [6] ». Elle exige une note qui la précède et une note qui la suit. Si chaque atome est un ensemble de relations se déployant dans le temps, alors, « à un moment donné, l'atome ne possède aucune des qualités qu'on lui prête [7] ».

C'est ainsi que la vieille idée d'une structure indépendante de tout procès dut être abandonnée. Pour la nouvelle physique, il est impossible de séparer ce qu'une entité est de ce qu'elle fait. Rien n'est statique. Les choses n'existent plus indépendamment du temps, mais leur existence s'exprime à travers le temps lui-même.

Dans la nouvelle physique, la matière est une forme d'énergie et l'énergie est pure activité. La notion de substances solides existant au sein d'un « contexte de relations spatiales fixes » n'a plus lieu d'être. Le savant et philosophe Alfred North Whitehead a formulé une critique dévastatrice contre l'idée d'espace comme phénomène dominant de la nature :

« La notion d'espace comme réceptacle de relations passives, statiques et géométriques est totalement inappropriée [...], il n'y a que de la transition dans la nature, et il n'y a pas de transition sans durée [8]. »

Quelles conséquences tout cela a-t-il pour l'idée de propriété ? Si les physiciens déconstruisent la réalité physique solide du monde moderne, comment peut-on s'estimer propriétaire d'une force, d'une dynamique, d'une relation temporelle ? Comment distinguer entre ce qui m'est propre et ce qui vous appartient dans un univers où toutes les frontières ne sont que des fictions sociales ? On sait que, quand des individus ont perdu la vue au cours de leur petite enfance et la récupèrent à un âge avancé, l'expérience peut être extrêmement traumatisante. Comme leur esprit n'a jamais été entraîné à distinguer isolément les objets individuels, ils perçoivent le monde comme un *continuum* flou de couleurs indéfinies et un kaléidoscope de motifs sans cesse changeants. Il leur est difficile de distinguer des formes discrètes aux frontières nettement définies, ce qui laisse à penser que même notre perception spontanée des objets en tant qu'entités délimitées et isolées est le produit d'un processus d'apprentissage cognitif.

Alors que la plupart des êtres humains continuaient à se comporter comme si le monde était bien constitué de sujets et d'objets, d'entités stables et appropriables, les sciences physiques transformaient lentement mais sûrement le cadre philosophique qui nous permet de penser la réalité. La théorie du chaos, la théorie des catastrophes, la théorie de la complexité et la théorie des structures dissipatives sont autant d'expressions de la contingence, de l'indétermination, de l'interdépendance et de la diversité qui caractérisent la nature d'après la nouvelle science. Là où les savants modernes cherchaient des vérités ultimes et des particules fondamentales, la nouvelle physique explore des phénomènes imprévisibles et des structures émergentes. La nature est perçue comme une série d'actes de création plutôt que comme le déploiement d'une réalité fondée sur des lois inaltérables. Elle regorge de surprises et crée sa propre réalité à chaque étape.

C'est sans doute dans les sciences humaines que les nouvelles idées surgies dans les domaines de la physique, de la chimie et des mathématiques ont eu le plus d'impact. S'il n'existe pas de réalité stable et connaissable, mais seulement les réalités singulières que nous créons par le seul fait de participer au monde qui nous entoure et d'en faire l'expérience, alors l'existence d'un grand récit englobant — d'une perspective susceptible d'embrasser la réalité tout entière — est également impossible. Pour les penseurs postmodernes, le monde est une construction de l'esprit humain. C'est à travers les récits que nous produisons pour l'expliquer et la façon dont nous choisissons de l'habiter que nous le créons, comme nous l'expliquent les sémioticiens. Il ne s'agit plus d'un monde d'objectivité mais de contingence, il ne repose plus sur des vérités mais sur des options et des scénarios. Nous nous trouvons face à un univers créé par le langage et consolidé par des métaphores et des significations collectives qui peuvent évoluer à travers le temps. La réalité n'est pas quelque chose que nous héritons mais quelque chose que nous créons entièrement en communiquant son existence.

Le philosophe espagnol José Ortega y Gasset soulignait qu'il y a autant de réalités que de points de vue. Cette théorie perspectiviste oppose à la conception d'une réalité simple, connaissable et objective celle de multiples réalités dont chacune exprime la trajectoire unique d'un individu vivant sur cette planète. La nouvelle approche postmoderne de la réalité est bien résumée par la formule de Ortega y Gasset : « Je suis moi et mes circonstances [9]. » Même la science, expliquent les postmodernes, est une construction discursive sophistiquée, une série de textes et de récits dont l'autorité repose en dernière instance sur leur capacité de convaincre leurs lecteurs de sa validité. Heisenberg soulignait que, dans l'investigation scientifique, « ce que nous observons n'est pas la nature, mais la nature soumise à notre méthode de questionnement. En physique, tout notre travail scientifique consiste à poser des questions à la nature dans le langage que nous possédons [10] ». La réalité est donc une fonction du langage auquel nous avons recours pour l'expliquer, la décrire et entrer en interaction avec elle. Pour paraphraser Hamlet, la réalité, ce sont « des mots, des mots, des mots ».

Dans un monde postmoderne, les récits et les performances deviennent aussi sinon plus importants que les faits et les chiffres. L'ère nouvelle chérit la sémiotique — l'étude des signes et des signifiants — et est aussi obsédée par les lois de la grammaire et de la sémantique que les modernes l'étaient par celles de la physique. Dans le monde universitaire, la recherche scientifique de la vérité passe au second plan derrière la quête individuelle et collective du sens. Le langage est la clé de cette exploration du sens car il est l'instrument qui nous sert à communiquer nos pensées et nos sentiments à nos semblables. Dans un monde postmoderne, le langage est donc « lui-même la réalité primaire de nos expériences quotidiennes », comme l'explique le psychologue William Bergquist[11].

Si le monde des modernes était marqué par l'objectivité du projet, celui des postmodernes est ouvert à l'aléatoire et au jeu. Toute forme d'ordre y est considérée comme contraignante, voire oppressive… En revanche, l'anarchie créative y est tolérée, et même encouragée. La spontanéité est à l'ordre du jour, elle *est* l'ordre du jour. Dans un environnement postmoderne, la réalité perd de son sérieux. L'ironie, le paradoxe et le scepticisme sont omniprésents. Il ne s'agit plus de faire l'histoire mais de produire des histoires intéressantes à vivre. En effet, il n'existe plus de structure historique exhaustive englobant la nature et la société. L'histoire n'est plus un cadre référentiel qui nous permet de comprendre le passé et de nous projeter dans l'avenir, mais une série de fragments narratifs plus ou moins flexibles, susceptibles d'êtres recyclés et intégrés aux scénarios de la société contemporaine.

Le rythme effréné d'une culture hyperréelle qui compte la durée en nanosecondes réduit l'horizon temporel des individus et de la société à la dimension de l'instant présent. Héritages et traditions ne suscitent plus guère l'intérêt. Le mot qui compte, c'est « maintenant », et l'important est de faire l'expérience du moment présent. Pour l'individu comme pour la collectivité, les notions d'intensité et de *catharsis* l'emportent sur celles d'efficacité et de productivité. Le monde est une scène complexe où se déploie une profusion de spectacles, de divertissements et de représentations sophistiqués. Le principe de réalité, qui a régi le comportement humain depuis la Réforme jusqu'à la révolution industrielle, y est détrôné par le principe de plaisir.

Cette dimension ludique et hédoniste est omniprésente. Prenons l'exemple de l'architecture. Par contraste avec le sérieux de l'architecture moderne, avec son insistance sur la régularité et la fonctionnalité, l'architecture postmoderne met l'accent sur l'ironie et le plaisir immédiat. Les constructions postmodernes sont souvent des collages de références historiques juxtaposées pour choquer, émoustiller et divertir. On y voit des colonnes et des chapiteaux gréco-romains côtoyer tout un bric-à-brac néo-baroque. La façade d'une demeure patricienne du XIXe siècle peut y être intégrée dans un bâtiment aux allures de science-fiction. Aux côtés d'un atrium orné d'une création de Rube Goldberg, le vestibule arborera une fresque en trompe-l'œil simulant la représentation en trois dimensions d'un village français. L'orthodoxie architecturale a cédé la place à une forme d'iconoclasme, une attitude ouverte à tous les mélanges pour autant que le résultat soit susceptible de captiver l'attention et de susciter débats et controverses.

Dans les sciences sociales, les penseurs postmodernes expliquent que la tentative moderniste de produire une vision unifiée du comportement humain n'a fait que déboucher sur des idéologies oppressives encourageant la domination de classe, le racisme et le colonialisme. La sociologie postmoderne valorise le pluralisme et l'ambivalence et préconise la tolérance à l'égard des différents récits qui composent l'expérience humaine. Il n'existe pas de système social idéal et unique auquel l'humanité devrait aspirer, mais une multitude d'expérimentations culturelles toutes aussi valides les unes que les autres. Les postmodernes renoncent totalement à l'idée d'un progrès linéaire inévitable en direction d'un idéal utopique consensuel. Ils célèbrent la diversité des expériences locales qui constituent l'écologie de l'existence humaine.

L'ère nouvelle est faite d'ambiguïté et de diversité, de jeu et d'ironie, de tolérance et de chaos. Elle est éclectique et irrévérencieuse. L'idéologie, les vérités inaltérables et les lois immuables cèdent la place aux représentations en tout genre.

La modernité était industrieuse, la postmodernité est ludique. Dans un système reposant sur le travail, c'est le paradigme opérationnel de la production qui domine, et la propriété y est le fruit du labeur humain. Dans un monde régi par le jeu, c'est le principe de représentation qui règne et l'accès marchand aux expériences culturelles devient l'objectif essentiel de l'activité humaine. Produire des objets, échanger et accumuler des propriétés, voilà qui ne joue plus qu'un rôle secondaire à l'âge de l'accès, où il s'agit avant tout de produire des scénarios, de composer des récits et de vivre des fantasmes.

La dureté d'une époque vouée à l'exploitation et à la transformation des ressources physiques s'évanouit. La postmodernité est toute en douceur et en légèreté, son univers est celui des sentiments et des attitudes. C'est vraiment le monde à l'envers. L'univers conscient de la pensée rationnelle et analytique y devient suspect, tandis que le monde inconscient du désir érotique, de l'illusion et des rêves éveillés occupe le devant de la scène et devient la réalité, ou plutôt, l'hyperréalité. L'arrière-monde de l'imagination y passe au premier plan et y fait l'objet d'un véritable culte.

Pour Jean Baudrillard, Frederic Jameson et d'autres penseurs de la postmodernité, ce tournant historique — ce triomphe de l'inconscient — est dû aux immenses progrès des technologies de la communication mises au service du marché qui ont transformé le monde entier en un vaste théâtre et l'intégralité de l'expérience en une sorte de jeu de simulation. Comme le soulignait un penseur postmoderne français, si un enfant passe l'essentiel de ses heures de veille devant un écran, scrutant la réalité virtuelle, cette réalité finit par ne plus être simplement virtuelle. Elle devient *sa* réalité. Pour Baudrillard, la télévision, par exemple, n'est plus un succédané de réalité, elle ne se contente plus d'interpréter ou de mettre en scène le monde : « La télévision est le monde [12]. »

Une étude effectuée en 1999 par la Kaiser Family Foundation sur le thème « Nos enfants face aux médias à l'aube du nouveau millénaire » signale que les enfants américains consacrent désormais une moyenne de cinq heures et demie par jour, sept jours par semaine, à une forme ou une autre de média électronique. Pour les jeunes de plus de huit ans, cette moyenne est encore plus élevée : ils passent environ six heures et quarante-cinq minutes de leur temps libre devant leur téléviseur, leur ordinateur, leurs jeux vidéo, Internet et autres distractions électroniques. Autre fait important, la plupart des ces enfants sont seuls pendant ces activités. Les enfants de plus de huit ans, par exemple, sont seuls pendant plus de 95 % du temps qu'ils passent devant l'écran de télévision. Ce chiffre est de 81 % pour les enfants de deux à sept ans [13].

La chaîne MTV reflète sans doute beaucoup mieux que n'importe quel autre média télévisé les divers aspects du nouvel *ethos* postmoderne. Des millions d'adolescents et de préadolescents dans le monde passent des heures à regarder des vidéo-clips sur leur écran. Sur MTV, toutes les distinctions soigneusement établies qui caractérisaient l'ère moderne sont déconstruites. En ce sens, on peut dire que la célèbre chaîne musicale est une forme d'art révolutionnaire. Mais n'oublions pas qu'elle est aussi un outil de marketing : il s'agit en fin de compte de vendre le plus de CD possible. Pour Stephen Levy, journaliste de *Rolling Stone*, « le plus grand succès de MTV, c'est d'avoir acclimaté le rock au monde de la vidéo, au sein duquel on ne peut plus distinguer ce qui est divertissement de ce qui est pure propagande commerciale [14] ».

MTV efface toutes les frontières. Elle nivelle toutes les riches nuances de l'expérience humaine en les réduisant à un unique plan, sans profondeur, où tous les phénomènes n'existent plus que sous forme de pures images qui s'enchaînent à toute vitesse sans aucune cohérence contextuelle apparente. C'est la totalité de la culture humaine qui est soumise au pillage pour y puiser des images qui sont juxtaposées pour produire un bombardement de *stimuli* visuels à même de fixer l'attention du spectateur tout en l'étourdissant. Les catégories sont brouillées, les frontières effacées. Les phénomènes ne sont plus isolés dans l'espace et le temps, ils perdent leur autonomie et leur unicité. Pour Ann Kaplan, directrice de la faculté de sciences humaines de l'université de Stony Brook, dans l'État de New York, « MTV refuse de reconnaître les sacro-saintes frontières esthétiques traditionnelles : les images de l'expressionnisme allemand, du surréalisme ou du dadaïsme français [...] y sont mélangées indistinctement et systématiquement avec celles qui proviennent du film noir et des films d'horreur [15] ».

L'esthétique de MTV ne relève pas de la parodie mais plutôt du pastiche. Elle n'émet aucun jugement, ne transmet aucune critique. De fait, elle ne fournit aucun point de référence d'où pourrait être produit le moindre commentaire — son discours n'est qu'une succession infinie de fragments culturels qui provoquent ce que Jean Baudrillard appelle une véritable « extase de la communication ».

MTV, c'est de l'expérience hors de tout contexte, quelque chose qui ressemble à l'inconscient, un royaume hors du temps où les fantasmes remontent comme des bulles qui viennent crever à la surface de l'écran, laissant la place à de nouveaux fantasmes dans une succession infinie... MTV a la qualité du rêve, ses images ne s'encombrent pas du poids de références historiques ou géographiques. Elle met en scène des bribes de culture sous forme de simulations fantasmatiques qui fournissent un succédané d'expérience vécue, qui plus est distrayante et excitante, à des millions de jeunes. MTV est le signifiant idéal de la postmodernité.

La télévision et le cyberespace sont désormais les réalités auxquelles nous consacrons la majeure partie de notre temps et au sein desquelles nous produisons une bonne partie des récits individuels et collectifs qui donnent sens à notre existence. Pour les nouvelles générations, il est normal de comparer le monde « réel » et les événements qui s'y déroulent aux événements imaginaires qu'ils ont vus à la télévision. Comme le suggère le critique O. B. Hardison, « aujourd'hui, pour beaucoup de gens, ce qui ne passe pas à la télévision n'est pas vraiment authentifié et reconnu comme "réel" [16] ». Dès lors, la question se pose de savoir où est réalité et où est la fiction. Pour les postmodernes, la réponse est claire : c'est l'intensité de l'expérience qui fournit le critère du réel — et, pour un nombre croissant de jeunes, c'est la réalité simulée qui est la plus intense. Baudrillard écrit : « Nous vivons désormais dans le monde imaginaire des écrans, des interfaces [...] et des réseaux. Toutes nos machines sont des écrans. Nous-mêmes sommes devenus des écrans, et l'interactivité des hommes est devenue l'interactivité des écrans [...]. Nous vivons désormais entièrement dans une hallucination "esthétique" de la réalité. »

De nouvelles formes de conscience

Les critiques sociaux et les penseurs postmodernes parlent souvent de la « génération .com » — la première génération a avoir grandi dans un environnement commercial simulé. Mais quelle est la différence entre les jeunes d'aujourd'hui et les enfants de la bourgeoisie de la fin du XIXe et du début du XXe siècle ? Malgré de nombreuses similitudes, elle est considérable, ce qui laisse à penser que c'est un nouveau type d'être humain qui se dessine à l'aube du XXIe siècle, à savoir un individu dont l'identité repose moins sur le volume de ce qu'il produit et accumule que sur le nombre et l'intensité des expériences auxquelles il a accès.

Le dernière grande révolution de la conscience humaine correspond à l'aube de l'ère moderne et à l'essor de la bourgeoisie. Produit des nouvelles métropoles qui sont le berceau du capitalisme, cette classe bourgeoise rassemblait tous les marchands, propriétaires d'usine, boutiquiers, savants et professions libérales qui se trouvaient à l'avant-garde de la révolution industrielle. Dans la transition entre une société d'ordres et une société de classes, elle représentait les couches moyennes en pleine ascension, prises en sandwich entre une aristocratie féodale agonisante et un prolétariat opprimé et instable, ainsi qu'une masse de paysans marginalisés. Entrepreneurs et accumulateurs de capitaux, champions de l'identité nationale et de l'ouverture des marchés, les bourgeois étaient dotés d'un esprit réaliste et optimiste, et convaincus que la raison humaine est capable de déchiffrer tous les secrets de la nature et de codifier les vérités d'une réalité objectivement connaissable. Abandonnant la théologie pour l'idéologie et la promesse du salut éternel pour celle d'une utopie bien terrestre, ils se firent les propagandistes de l'évangile de la prospérité terrestre et louèrent les vertus de la propriété privée.

Si la vie quotidienne du Moyen Âge se déroulait sous les yeux de tous, la bourgeoisie, elle, tenait à son intimité. À l'abri de ses boutiques et de ses salons, elle organisait sa vie privée de la même façon qu'elle gérait ses propriétés. Chaque aspect de son existence était soigneusement calfeutré, privatisé, contrôlé, délimité, catégorisé, protégé, thésaurisé et soustrait à la vue du public. Son espace privé était entièrement agencé et organisé pour que tout y trouve sa place exacte.

À cette privatisation de l'existence physique correspondait une intériorisation de la vie spirituelle. C'est sous le règne de la bourgeoisie que les êtres humains commencèrent à cultiver leur intériorité. L'identité personnelle avait bien entendu connu un développement progressif et inexorable pendant toute l'histoire de l'Occident, mais c'est avec l'avènement de la bourgeoisie qu'elle devint l'objet d'une préoccupation quasi obsessionnelle. Les demeures de la nouvelle classe bourgeoise étaient emplies de miroirs. L'examen de conscience et l'introspection devinrent un souci permanent en même temps qu'un passe-temps privilégié. Dans le monde anglo-saxon, on ne parlait plus que de « *self-confidence* », de « *self-love* », de « *self-pity* », de « *self-esteem* », de « *self-worth* », et les notions de « caractère », de « moi » et de « conscience » étaient au centre du discours public et de l'impératif de développement personnel. L'autoportrait et la biographie devinrent deux genres culturels éminemment populaires.

Au moment de son apogée victorienne, l'existence de la bourgeoisie était synonyme de confort matériel. Le terme même de « bourgeois » évoque l'image d'une surabondance de meubles luxueux, de lourdes tentures et de moelleux tapis, une sensation de confort et de sécurité, de tranquillité et de bienséance, à l'abri de l'agitation et des péripéties du monde extérieur. Donald M. Lowe, auteur de l'ouvrage *History of Bourgeois Perception*, souligne que « la bourgeoisie était obsédée par le besoin de saturer l'espace domestique d'une pléthore de meubles et d'objets décoratifs. La moindre pièce croulait sous les babioles. Le regard bourgeois semblait abhorrer la vision du vide [17] ».

Tout était structuré autour de la propriété privée, et toute l'existence de la bourgeoisie était vouée à la glorification de cet idéal. Les bourgeois traçaient systématiquement des frontières entre leur biens et ceux d'autrui. La notion de possession en vint même à être intériorisée, et il n'y avait pas d'ambition bourgeoise plus légitime que de rester « maître de soi » (*self-possessed*) en toutes circonstances.

Au Moyen Âge, où il s'agissait surtout d'assurer son salut dans l'autre monde, le bon chrétien aspirait avant tout à la vertu. Vivre une vie vertueuse était la clé du salut éternel. Avec la modernité, cette centralité de la vertu n'avait plus lieu d'être dans une société de plus en plus obsédée par la production. La bourgeoisie substitua le caractère à la vertu. Au XIXe siècle, *character* était devenu un des termes descriptifs les plus importants de la langue anglaise. Le plus beau compliment qu'on pouvait faire à un bourgeois ou à son épouse était de louer sa force de caractère. L'idée de caractère évoquait avant tout les notions de maîtrise de soi et de *self-control*. Elle charriait avec elle toute une série d'associations : citoyenneté, culte du travail, détermination, frugalité, intégrité et, par-dessus tout, maturité. Il s'agissait tout à la fois d'une sécularisation des valeurs de l'éthique protestante et d'une réaffirmation de la valeur du travail productif qui était au cœur de la promotion du système capitaliste et de la propriété privée.

Mais, vers le début des années vingt, cette notion de caractère était déjà sur le déclin et une nouvelle conception du moi était en train d'émerger, d'abord dans les manuels de psychologie populaire, puis dans la culture de masse. Les autorités du jour incitaient les Américains à développer leur « personnalité ». Un auteur comme Orison Swett Marden, qui s'employait dix ans plus tôt à chanter les louanges du *character*, publiait en 1921 un livre intitulé *The Masterful Personality* où il engageait ses lecteurs à mettre en évidence leur charme personnel. Marden rappelait à son public qu'« une bonne partie de notre succès dans le monde dépend de ce que les autres pensent de nous ». De bonnes manières, des vêtements de goût, une conversation choisie (« savoir quoi dire et comment le dire »), une allure énergique, le sens de l'efficacité et un certain aplomb étaient autant de qualités utiles pour « convaincre les masses [18] ».

Les termes qui servaient à décrire la personnalité étaient fort différents de ceux qui étaient attachés au caractère. On a de la personnalité quand on est séduisant, créatif, fascinant, énergique, magnétique, attrayant, enjoué, démonstratif et chaleureux. Avoir de la personnalité, c'est sortir du commun, se faire remarquer, savoir influencer les autres. « Être soi-même », « exprimer son individualité », « avoir confiance en soi » devinrent les cris de ralliement de toute une génération. Ces mêmes qualités devinrent simultanément la matière première des techniques de marketing et des campagnes publicitaires nationales destinées à transformer une nation d'épargnants et de producteurs en nation de consommateurs compulsifs.

Si la bourgeoisie du XIXe siècle accumulait la richesse et les propriétés, elle conservait une vision ascétique de l'existence et ne songeait guère à jouir de la consommation pour elle-même. Dans les années vingt, l'Amérique nageait déjà dans l'abondance et réclamait un nouveau type d'être humain, plus ouvert aux plaisirs de la consommation, moins engoncé dans sa respectabilité, moins maître de soi, plus ludique, plus aventureux, et plus soucieux de « faire impression ».

Les experts en marketing n'étaient que trop heureux de venir au secours de ces êtres assoiffés d'apparence. Être à la dernière mode, être dans le coup, moderne, voire d'avant-garde, voilà qui vous posait un homme ou une femme. C'était là la meilleure façon d'exprimer une personnalité unique aux yeux de tous. Le marketing moderne et le « culte de la personnalité » travaillaient main dans la main pour créer un nouveau type d'humanité, plus préoccupé par l'épanouissement personnel que par la maîtrise de soi. Si la propriété privée restait la principale valeur de la société, elle changeait toutefois quelque peu de signification à travers cette évolution du caractère à la personnalité, reflétant le passage de la centralité de la production à celle de la consommation.

La personnalité protéiforme

L'économie mondiale connaît aujourd'hui une nouvelle révolution, celle qui voit succéder à la prédominance de la consommation des biens et des services la consommation de culture et d'expérience vécue, et la nature humaine connaît une nouvelle transformation en conséquence. Les nouveaux êtres humains protéiformes de l'âge de l'accès ont une perception du monde et de leur propre identité fort différente de celle de leurs parents et de leurs grands-parents. Les générations précédentes étaient celles des « hommes et des femmes de caractère » ou des « fortes personnalités » — conformément aux valeurs dominantes respectives de la production, puis de la consommation. Les nouvelles générations se perçoivent plutôt comme peuplées de « créatifs » qui évoluent confortablement entre les scènes et les représentations du marché culturel, et en adoptent successivement les divers scénarios.

Ce nouveau moi protéiforme doit beaucoup à la densité croissante des interactions humaines qui caractérisent la vie urbaine, avec ses nombreux moyens de transport et de communication. Le XXe siècle a été celui de l'urbanisation. Les villages se sont transformés en villes, et les villes en métropoles géantes, mettant en relation pour la première fois dans l'histoire une énorme quantité d'individus. Le train, le bateau à vapeur, l'automobile, l'avion, le télégraphe et le téléphone, puis la radio et la télévision se sont conjugués pour raccourcir, voire abolir, les distances spatiales et temporelles. Il y a encore un siècle, le cercle de vos connaissances ne risquait guère de dépasser quelques centaines de personnes tout au long de votre existence. Aujourd'hui, vous êtes susceptible de croiser le même nombre de personnes en moins d'une semaine. Ce changement qualitatif dans la nature de l'interaction humaine requiert une personnalité plus flexible, plus capable de s'adapter à un environnement changeant, à des circonstances nouvelles et à des attentes diversifiées. Dans une petite communauté, tout le monde connaît tout le monde, et la personnalité de chacun se stabilise généralement assez tôt, puis reste constante et prévisible tout au long de son existence. Dans un univers urbain à la fois plus anonyme et plus stimulant, l'individu est obligé de se comporter un peu comme un caméléon s'il veut répondre à la multiplicité des opportunités qui se présentent à lui.

Le philosophe Georg Simmel, réfléchissant sur le type de personnalité produite par l'univers urbain frénétique du XXe siècle, parlait d'une existence marquée essentiellement par une effervescence permanente. Le rythme de l'activité humaine y est si effréné que toute forme stable y disparaît : « Nous y survolons du regard un abîme de vie informe [19] », écrivait Simmel. L'agir humain y est si volatil, et la conscience humaine si fluide, ajoutait-il, que l'existence « y mène une lutte constante contre ses propres manifestations qui tendent à se figer et ne la suivent plus dans son évolution perpétuelle [20] ».

Au XIXe siècle, l'identité personnelle était quelque chose de beaucoup plus statique. On percevait souvent l'existence comme un patrimoine dont la valeur augmentait avec le temps. Mais, au XXe siècle, les individus en vinrent peu à peu à se percevoir comme des réalités évolutives. L'« être » cédait la place au « devenir ».

À cette évolution de la conception du moi correspond un affaiblissement de la notion de propriété en tant que métaphore susceptible de définir tant les individus que les rapports sociaux. Dans leur livre *The Development of a Postmodern Self*, Michael R. Wood et Louis A. Zurcher Jr, sociologues respectivement à Hunter College et à l'université du Texas, signalent cette évolution « d'un moi conçu comme un objet construit à travers un effort cumulatif à un moi orienté vers le présent qui s'épanouit, se découvre et s'actualise à travers un processus continu [21] ». Le moi n'est plus un objet dont on aurait la propriété — d'où l'expression « faire quelque chose de soi-même » —, mais plutôt un récit évolutif, constamment mis à jour et réédité...

La métaphore de la propriété devait également être victime de ce que les chercheurs désignent comme le déclin de la conscience historique et l'essor d'une conscience de type thérapeutique. La bourgeoisie des XVIIIe et XIXe siècles, et jusqu'au début du XXe siècle, se percevait elle-même comme une réalité historique. Elle avait l'impression de participer à un vaste drame dont le dénouement promettait une utopie d'abondance matérielle. Pour les capitalistes, la fin de l'histoire signifiait la colonisation et la privatisation intégrales du patrimoine naturel de l'humanité et la diffusion généralisée de la propriété privée au sein de la population. Pour les marxistes, en revanche, c'était l'abolition de la propriété privée et son remplacement par la propriété collective du capital et des ressources naturelles. Mais, dans les deux cas, c'étaient les rapports de propriété qui expliquaient la dynamique de l'histoire et chaque être humain n'y était qu'un modeste figurant au sein d'une vaste narration. Toute cette époque était mue par l'idéologie et la conviction intime que les efforts productifs de chaque individu menaient inexorablement à un avenir d'abondance.

Vers le milieu du XXe siècle, cette conscience historique commença à céder la place à une conscience de type thérapeutique. Les individus ne pensaient plus tant à leur rôle dans l'histoire qu'à la construction de leur propre histoire personnelle. Comme le souligne le sociologue Philip Reiff, dans cette phase posthistorique, « les individus [...] n'hésitaient plus à mener leur existence sans guère d'autre prétention que celle de la vivre le plus agréablement possible [22] ». Les adeptes de cette perspective thérapeutique, explique-t-il, « sont capables de jouir de la vie sans ériger de hautes barrières symboliques autour d'elle [23] ». L'idée de productivité ou celle de « faire quelque chose de soi-même » — valeurs correspondant à une conscience historique centrée sur la production — n'étaient plus vues que comme une corvée ingrate. La vie est trop courte pour la sacrifier à l'histoire ou à un avenir lointain de bien-être, surtout quand les opportunités de bien-être et d'épanouissement sont à portée de main ici et maintenant. Si l'« homme historique » sacrifie son présent et sa vie pour le futur, l'« homme thérapeutique » vit pour le présent et renonce à toute perspective grandiose de mission historique. L'historien et critique social Christopher Lasch a bien décrit cette sensibilité thérapeutique :

> Aujourd'hui, les individus n'aspirent plus au salut personnel, encore moins à la restauration d'un âge d'or, mais à la sensation, à l'illusion éphémère du bien-être, de la santé et de la sécurité psychique personnels [...]. La passion dominante est celle de vivre dans le présent — vivre pour soi-même, pas pour vos prédécesseurs ou votre postérité [24].

Lasch explique que « nous en sommes en train de perdre le sentiment de la continuité historique, celui d'appartenir à une succession de générations qui s'enracine dans le passé et se projette vers l'avenir. Il s'agit d'un véritable déclin de la perception du temps historique [25] ». D'après lui, ce déclin de la conscience historique et l'essor parallèle de la conscience thérapeutique accompagnent la transition vers un monde où l'accumulation de propriété est tout à la fois la mesure de notre accomplissement personnel et celle de notre contribution au devenir historique d'un monde où l'accumulation d'expériences vécues ne mesure que notre trajectoire psychologique en quête d'une transformation individuelle : « La recherche de notre intérêt personnel, jadis identifiée à la poursuite rationnelle du profit et à l'accumulation de richesses, s'est transformée en recherche du plaisir et de la survie psychique [26]. » La conscience thérapeutique a jeté les bases d'un nouveau type d'être humain, l'homme et la femme postmodernes.

La reprogrammation de l'esprit

On peut sans doute attribuer cette évolution de la conscience humaine à un nombre considérable de facteurs différents, mais le plus important de ces facteurs est probablement l'évolution des technologies de la communication et, plus précisément, le passage de l'imprimerie à l'informatique. L'évolution des formes de communication auxquelles ont recours les humains pour gérer leurs rapports sociaux a toujours entraîné des modifications profondes de la conscience. La dernière grande révolution des technologies de la communication, celle qui a fait passer l'humanité d'une culture orale et manuscrite à la culture du livre imprimé, a coïncidé avec l'aube de l'ère moderne et transformé à jamais la nature de la conscience humaine. L'invention de l'imprimerie a facilité la cristallisation d'un mode de pensée parfaitement adapté à une société organisée autour des notions de propriété privée et d'échange marchand.

Ce nouveau médium qu'était l'imprimerie a entièrement redéfini la façon dont les êtres humains organisent leur savoir. À la redondance mnémonique de la communication orale et aux excentricités subjectives de la culture manuscrite médiévale succédait une approche plus rationnelle, plus calculatrice et plus analytique du savoir. La mémoire humaine était remplacée par les tables des matières, les index, les notes de bas de page et une pagination rigoureuse, libérant l'esprit humain de la tâche de se rappeler constamment le passé pour pouvoir se consacrer plus pleinement au présent et à l'avenir. Cette évolution de la conscience prépara le terrain au nouvel état d'esprit marchand qui célébrait le gain matériel et le progrès humain illimités.

Avec l'imprimerie, on vit apparaître les listes, les graphiques, les tableaux et autres auxiliaires visuels qui devaient jouer un rôle majeur dans l'émergence d'une description toujours plus précise du monde. On vit également apparaître les cartes géographiques standardisées et aisément reproductibles, ce qui facilita grandement les expéditions terrestres et maritimes. Les progrès de la navigation et des voyages terrestres permirent l'ouverture de nouveaux marchés. L'impression de brochures d'information constamment remises à jour et produites en grande quantité facilita l'organisation des voyages en chemin de fer et en bateau.

C'est également à l'imprimerie qu'on doit l'émergence d'une « culture du contrat ». Elle permit aux commerçants et aux capitalistes de coordonner des activités d'échange de plus en plus complexes et de se tenir au courant des transactions les plus lointaines. La comptabilité moderne, les horaires, les inventaires, la facturation, les chèques et les billets à ordre sont autant d'outils indispensables à l'organisation du marché capitaliste. Enfin, l'imprimerie permit la création d'un système de prix uniforme sans lequel la conception moderne de l'échange de propriété n'aurait pas pu se développer.

Les techniques d'imprimerie anticipent également sur une composante essentielle de la production industrielle, la chaîne de montage. La séparation de l'alphabet en unités standardisées, uniformes, interchangeables et réutilisables fait de l'imprimerie le premier procédé industriel de type moderne. Les objets manipulés y sont distribués de façon parfaitement homogène. Les typographes disposent les caractères sur un châssis et fixent ce châssis sur la presse. Le texte ainsi composé peut dès lors être reproduit indéfiniment, chaque copie étant parfaitement identique à la précédente et impossible à distinguer de l'original. L'assemblage d'éléments uniformes et interchangeables, la distribution homogène de ces éléments dans l'espace et la production en série sont les pierres angulaires de l'activité industrielle. L'imprimerie est le prototype de cette nouvelle manière d'organiser la nature.

L'imprimerie a également contribué à la propagation du nationalisme et à la création des États-nations. Les langues vernaculaires, une fois qu'elles furent fixées par l'imprimé, fonctionnèrent comme un vecteur majeur d'identification collective. Les individus commencèrent à se penser comme Français, Anglais, Allemands, Espagnols ou Suédois. En outre, l'imprimerie facilita la tenue d'archives détaillées, éléments indispensables à la formation des bureaucraties gouvernementales de type moderne.

L'imprimerie organise les phénomènes d'une façon cohérente, rationnelle et objective et, ce faisant, encourage un mode de pensée linéaire, séquentiel et causal. L'idée même de « composer » ses pensées évoque l'image d'une progression réfléchie des idées se succédant en fonction d'un ordre logique, c'est-à-dire un mode de pensée très différent de celui qui prévaut dans une culture orale, où la discontinuité et la redondance du discours sont souvent la règle.

En éliminant cette redondance de la parole et en garantissant la précision des descriptions et des mesures, l'imprimerie a jeté les bases de la vision du monde scientifique moderne. Tous les phénomènes pouvaient désormais être observés, examinés et décrits avec exactitude, et les expériences pouvaient être reproduites en fonction de critères et de protocoles rigoureux, ce qui était beaucoup plus difficile à réaliser dans une culture orale ou manuscrite.

L'imprimerie est également associée à l'essor de l'idée d'auteur. Certes, il existait des auteurs individuels reconnus avant l'imprimerie, mais ils étaient peu nombreux. Les livres manuscrits étaient souvent le produit anonyme de la contribution de nombreux scribes à travers le temps. L'idée d'auteur assigna à l'individu un rôle unique, le dissociant de la voix collective de la communauté.

Avec l'idée d'auteur, on vit apparaître la notion de propriété intellectuelle. La législation sur les droits d'auteur transforma pour la première fois dans l'histoire la communication entre les êtres humains en marchandise. L'idée qu'un individu puisse être propriétaire de ses mots et de ses pensées, et que ses semblables doivent payer pour les lire ou les entendre, marqua un tournant majeur dans l'histoire des relations entre les hommes.

Avant l'invention de l'imprimerie, les gens échangeaient leurs pensées oralement, dans un dialogue face à face. Même les manuscrits étaient lus à voix haute et étaient plus faits pour les oreilles que pour les yeux. La révolution de l'imprimerie contribua à créer un environnement plus méditatif. On lisait désormais les livres en silence et dans la solitude, et, ce faisant, on accédait à une nouvelle conception de l'intimité, de la réflexion personnelle et de l'introspection. On peut voir là l'origine lointaine du mode de pensée thérapeutique.

La possibilité de l'alphabétisation universelle est également un résultat de l'invention de l'imprimerie. Elle a permis à plusieurs générations d'acquérir les outils de communication dont elles avaient besoin pour affronter la complexité de l'économie moderne et les nouvelles formes de travail et de socialisation. Pour résumer, l'imprimerie forgea une vision du monde et un état d'esprit parfaitement adaptés aux exigences d'un mode vie et d'une façon d'être au monde marqués par l'« industrie », au sens propre comme au sens figuré [27].

De nos jours, c'est l'ordinateur qui provoque une révolution dans les communications et se présente comme l'outil idéal d'une économie centrée sur la logique de l'accès et la commercialisation des ressources culturelles et des expériences vécues. Ce faisant, il est lui aussi en train de changer la nature même de la conscience humaine. L'organisation de la communication électronique est de nature cybernétique et non pas linéaire. Les notions de séquentialité et de causalité y sont remplacées par celle d'un champ d'activité intégré et totalisant, celles de sujet et objet par les notions de nœud et de réseau, et celles de structure et de fonction sont subsumées par le concept de processus. Les modalités d'organisation d'un ordinateur — en particulier le traitement des données en parallèle — reflètent le fonctionnement des systèmes culturels, dont chaque élément n'est qu'une intersection au sein d'un réseau dynamique de relations soumis à un processus de réajustement et de renouvellement permanents à tous les niveaux.

La communication électronique organise le savoir différemment de l'imprimerie. L'hypertexte remplace les systèmes de référence, plus limités, qui accompagnent le texte imprimé. Au lieu d'un livre fermé sur soi-même, contenant un nombre déterminé de faits, on a un champ d'information ouvert, où les notes de bas de page et les renvois se déploient potentiellement à l'infini, créant incessamment de nouveaux subtextes et métatextes.

Le livre imprimé se signale par son caractère linéaire, clos et invariable ; l'hypertexte fonctionne par associations virtuellement illimitées. La forme du livre imprimé est autonome et excluante ; celle de l'hypertexte est relationnelle et incluante. En d'autres termes, les livres imprimés ont un début et une fin qui leur confèrent une sorte de complétude. Les hypertextes n'ont pas de début ni de fin clairement délimités, ils ont simplement un point d'accès à partir duquel les usagers se connectent sur divers types de données interreliées. Leur mode d'existence est l'incomplétude et la métamorphose permanente. Le livre imprimé est un produit, l'hypertexte est un processus. Le premier se prête bien à la possession à long terme ; le second, à l'accès provisoire à court terme.

L'hypertexte sape également une des caractéristiques centrales de la conscience liée à l'imprimé, à savoir la notion d'auteur individuel propriétaire de ses mots et de ses idées. L'hypertexte brouille la conception traditionnelle de l'auteur. Dans un médium fondé sur l'inclusivité et la connectivité plutôt que sur l'exclusivité et l'autonomie, on ne peut guère distinguer la frontière entre les contributions respectives de différents « auteurs ». Les usagers ne cessent d'y prélever, recombiner, éditer et réarranger des matériaux recueillis à partir d'un nombre infini de sources et de médias, en y ajoutant leur propre apport avant de les réexpédier vers diverses intersections des nombreux réseaux auxquels ils sont connectés. Quand des données en tout genre s'inscrivent dans un processus ouvert qui exploite de nombreuses contributions dispersées dans l'espace et dans le temps plutôt que le produit fini de l'effort créatif d'un seul individu, il est parfois difficile de décider ce qui appartient aux uns ou aux autres.

L'hypertexte mène tout droit à ce que Roland Barthes définissait comme la « mort de l'auteur », et avec elle à la disparition des notions d'exclusivité et d'autonomie qui jouèrent un rôle majeur dans la formation de l'esprit moderne et la consolidation de la propriété privée. Michael Heim, de la faculté de communication du Arts Center College of Design de Pasadena, en Californie, souligne que la révolution numérique « transforme l'espace privé de la lecture et de l'écriture réflexives et solitaires en un réseau public où le cadre symbolique personnel nécessaire à l'épanouissement de l'idée d'auteur et d'originalité est menacé par une textualité globale qui reflète la totalité de l'expression humaine [28] ». Au sein d'un réseau, chaque individu est plongé dans un océan de textes mis en abîme et travaille en collaboration permanente avec d'autres individus, ce qui a pour effet de brouiller presque totalement les frontières entre expression personnelle et expression collective. « Avec l'autorité du texte original, c'est aussi la reconnaissance de la personne privée du créateur qui s'efface », explique Heim [29]. Dans un univers d'ordinateurs, d'hypertextes, d'intersections, de liens et de réseaux, le moi ne peut plus être une île comme au XIXe siècle — une entité autonome, compacte, fermée sur elle-même, tout comme les livres imprimés et les produits matériels de l'industrie disponibles sur le marché. Son identité devient relationnelle. Le philosophe Jean-François Lyotard souligne que, dans le monde du cyberespace et des réseaux informatiques, « le *moi* ne représente pas grand-chose […] le moi n'est pas une île ; chaque moi individuel s'inscrit dans un tissu de relations […]. Jeune ou vieux, homme ou femme, riche ou pauvre, un individu est toujours situé au “point nodal” de circuits de communication spécifiques [30] ». Au sein de la nouvelle économie en réseau, le fait d'avoir accès à de nombreux circuits — d'être connecté — est aussi important que pouvaient l'être l'autonomie et la propriété dans l'économie de marché traditionnelle.

L'ordinateur contribue à la création d'un nouveau type de conscience relationnelle, tout comme l'imprimerie a contribué à créer la notion d'un être autonome. Une génération d'individus accoutumés précocement à l'usage de l'hypertexte et à la navigation au sein de multiples réseaux sera vraisemblablement bien disposée à l'égard d'un univers marchand imprégné par la logique de l'accès et de la connectivité. La nouvelle forme de conscience produite par l'ordinateur et la nouvelle organisation de l'économie ont partie liée. À terme, elles ne feront plus qu'une.

Les nouveaux tragédiens

En ce début de XXIe siècle, la conception du moi est en train de connaître un bouleversement profond et durable : d'un être autonome existant dans l'espace, on passe peu à peu à un récit relationnel en constante évolution à travers le temps. Aux États-Unis, en particulier, l'ancienne conception du moi autonome correspond à l'univers de la frontière, où les individus étaient séparés par de vastes distances et vivaient relativement isolés les uns des autres. En ce temps-là, être autosuffisant, maître de soi et propriétaire était une stratégie de survie. Dans ce monde révolu, on savait clairement ce qui appartenait à chacun. Le moi bourgeois, autonome, avec ses frontières nettement tracées, est la forme de conscience la plus adaptée pour affronter un monde de vastes étendues physiques et de ressources naturelles encore vierges.

Mais la génération actuelle a plus à faire avec le temps qu'avec l'espace. Elle s'inscrit dans un univers temporel beaucoup plus complexe et interdépendant, un tissu de relations et d'activités humaines en constante évolution. Où qu'ils portent leur regard, nos contemporains sont confrontés à une nouvelle possibilité de connexion humaine. Le fait est, explique Kenneth Gergen, professeur de psychologie à Swarthmore College, « que nous sommes impliqués dans un nombre croissant de relations d'une intensité sans précédent et sous des formes de plus en plus variées [31] ». Nous sommes littéralement enveloppés dans un tissu de relations réelles et virtuelles. Nos téléphones portables, nos boîtes vocales, nos fax, nos courriers électroniques, nous maintiennent en communication constante avec des individus du monde entier. Nos réseaux économiques et sociaux nous impliquent dans un nombre encore plus grand de relations. Les messages publicitaires, les campagnes par e-mail, la radio, la télévision et le cyberespace retiennent encore plus notre attention. Notre temps disponible est saturé ; c'est pratiquement à chaque instant que se présente l'opportunité de se brancher sur une nouvelle connexion. Nous vivons dans un monde où l'essentiel est d'attirer et de retenir l'attention de nos semblables, et les relations sous toutes leurs formes sont au centre de notre existence. La formule de Descartes « Je pense donc je suis » peut désormais être remplacée par une nouvelle devise : « Je suis connecté, donc j'existe. » L'ancienne conception de l'autonomie personnelle cède la place à l'idée d'une multiplicité de relations qui ne font que brouiller encore plus les frontières entre ce qui m'est propre et ce qui appartient à autrui. Gergen remarque que,

> [...] avec la multiplication des relations, ce sont aussi les compétences sociales des individus qui changent [...]. L'identité personelle relativement cohérente et unifiée qui était en vigueur au sein d'une culture traditionnelle cède la place à toute une gamme de potentialités variées et concurrentes. Le résultat, c'est une forme de personnalité « multiphrénique » qui évolue au milieu de courants tout à la fois mouvants, interactifs et contradictoires [32].

Ce tourbillon d'interaction sociale exerce une pression contradictoire sur la conscience individuelle, produisant un véritablement décentrement du moi. Constamment sollicités par un flot de discours sociaux concurrents et souvent incompatibles, nous sommes tous obligés de diviser notre faible capacité d'attention, et notre conscience se fragmente en fonction des innombrables exigences de chaque instant. Ce faisant, nous risquons de perdre le fil même de notre existence dans le labyrinthe de connexions mouvantes et éphémères où nous évoluons. Gergen écrit encore :

> Cette fragmentation de l'identité reflète une multiplicité de relations incohérentes et déconnectées qui nous tiraillent dans tous les sens, nous invitant à adopter une telle quantité de rôles différents que l'idée même d'un « moi authentique » ayant des

caractéristiques identifiables s'évanouit. Le moi intégralement saturé disparaît en tant que moi [33].

C'est là pour Gergen comme pour d'autres auteurs le trait fondamental de la « conscience postmoderne [34] ».

Cet univers postmoderne de réseaux et de relations marchandisées où toutes les frontières sont floues et toutes les activités de plus en plus interconnectées rend parfaitement anachroniques les formes de conscience autonomes et autocentrées du passé. La nouvelle forme d'identité personnelle qui les remplace ressemble plutôt au point d'intersection d'une myriade de relations. « Le stade suprême de cette transition à la postmodernité, explique Gergen, c'est le moment où le moi se dissipe pour devenir pure relation [...]. L'individu cesse de croire en un moi indépendant des relations au sein desquelles il s'inscrit [...] ces relations occupent ainsi désormais la place centrale occupée par le moi individuel au cours des derniers siècles de l'histoire occidentale [35]. »

On a pu observer récemment un curieux phénomène linguistique, qui touche essentiellement la population juvénile des couches les plus aisées des pays industrialisés. Les adolescents y ont tendance à finir toutes leurs phrases sur un ton légèrement interrogatif, comme si tous leurs énoncés constituaient plus des questions que des affirmations. Psychologues et sociologues sont fort intrigués par cette pratique linguistique très répandue — désignée en anglais par le terme de *upspeak* — et se demandent s'il ne s'agirait pas d'un symptôme du passage d'une identité autonome à une identité relationnelle. Cet espèce de façon de parler au conditionnel suggère que la pensée du locuteur a constamment besoin d'être alimentée par autrui pour avoir un sens et être validée comme telle. Les énoncés affirmatifs, si caractéristiques de la personnalité autonome, semblent céder la place à des énoncés interrogatifs qui reflètent une identité plus relationnelle.

Gergen reconnaît que « le moi relationnel n'est pas encore une condition généralisée », mais soutient que c'est dans cette direction que s'oriente la conscience humaine au fur et à mesure qu'elle explore le cyberespace. Jean Baudrillard partage l'analyse de Gergen tout en se montrant profondément pessimiste quant aux résultats de cette évolution : « Notre sphère privée a cessé d'être la scène où se joue le drame du sujet en conflit avec ses objets. » Nous n'existons plus en tant que sujets, explique Baudrillard, mais plutôt « en tant que terminaux de multiples réseaux ».

Le nouveau moi relationnel est aussi fluide et transitoire que les réseaux sur lesquels il navigue. Sherry Turkle, professeur au Massachusetts Institute of Technology, qui a mené une enquête approfondie sur les jeunes gens et les jeunes femmes qui passent une bonne partie de leur temps dans les mondes virtuels du cyberespace, observe que certains des membres de cette nouvelle génération commencent à être victimes de ce que les psychologues appellent le « syndrome des personnalités multiples ». Dans le cyberespace, explique-t-elle, « des centaines de milliers, voire des millions d'usagers se forgent des personnalités *on line* dont chacune évolue au sein d'une communauté virtuelle différente, et cette accoutumance à la création de personnalités multiples leur fait perdre toute perception de l'existence d'un moi réel et unitaire [36] ».

L'expérience de Sherry Turkle avec les jeunes adeptes du cyberespace mérite d'être prise en compte. Elle cite l'exemple des domaines à usagers multiples (MUD), qui sont des univers virtuels créés sur ordinateur par une série de coparticipants. Les joueurs y créent des versions *on line* des identités qu'ils choisissent d'adopter et incarnent ces personnages virtuels à travers leurs interactions avec les autres joueurs. L'anonymat des MUD permet aux participants d'expérimenter de multiples identités. Au bout d'un certain temps, expliquent certains des joueurs les plus enthousiastes, ils ont l'impression que les rôles qu'ils incarnent dans le cyberespace, ou du moins certains d'entre eux, expriment leur véritable personnalité. Comme l'explique un des joueurs, « vous êtes ce que vous prétendez être ». Pour un autre de ces jeunes gens, qui passe le plus clair de son temps dans le cyberespace, « une part très importante de moi-même n'existe qu'à l'intérieur de l'univers de Pern-MUD [37] ». Sherry Turkle signale que certains de ces jeunes évoluent chaque jour dans plusieurs univers virtuels différents, adoptant successivement les identités respectives qui leur correspondent.

Pour nombre d'usagers des ordinateurs, l'image de la fenêtre « est une métaphore très efficace qui leur permet de penser le moi en tant que système multiple et diffus [38] ». Dans le nouveau monde du cyberespace, l'individu joue plusieurs rôles, et ce souvent en parallèle. Chaque fenêtre s'ouvre sur un nouvel univers virtuel au sein duquel chacun peut projeter une nouvelle personnalité. Tout en étant connectée à un réseau de relations, l'existence de l'individu subit un décentrement radical.

Robert J. Lifton est beaucoup plus optimiste que Baudrillard ou d'autres critiques de la postmodernité en ce qui concerne ce nouvel archétype de personnalité protéiforme. D'après lui, l'adoption de personnalités multiples est un mécanisme de survie, une façon pour la psyché humaine de négocier les exigences croissantes auxquelles la soumet l'hyperréalité de la société postmoderne. Loin de signifier la disparition du moi, l'existence de personnalités multiples signale à la fois une plus grande plasticité et une plus grande maturité de la conscience, qui permet à l'individu d'affronter un univers d'ambiguïté et des priorités complexes et souvent contradictoires. De nos jours, souligne-t-il, n'importe qui peut se permettre « d'accéder à la totalité des images et des idées véhiculées par le monde contemporain ou par n'importe quelle période culturelle de l'histoire humaine [39] ». Cette possibilité « miraculeuse » d'accès universel, comme dit Lifton, n'a pas de précédent dans l'histoire de l'humanité. Pour pouvoir vivre autant de réalités potentielles que possible, parfois simultanément, le moi a besoin d'adopter une forme de conscience protéiforme.

L'homme et la femme de la postmodernité sont constamment à la recherche de nouvelles expériences, de même que leurs parents et leurs grands-parents bourgeois étaient constamment en quête de nouvelles acquisitions. Les nouvelles industries culturelles, de leur côté, produisent une quantité presque infinie de scénarios permettant de mettre en scène ces expériences, de même que l'industrie traditionnelle mettait à la disposition du consommateur une vaste gamme de produits.

La consommation de biens matériels est une activité séquentielle où les transactions s'enchaînent de façon linéaire, tandis que l'expérience vécue est de nature polymorphe et cybernétique. Dans un environnement saturé d'expériences culturelles marchandisées — qu'il s'agisse d'expériences virtuelles ou qu'elles soient vécues dans le temps et l'espace réels —, l'esprit doit être présent partout à la fois. Il lui faut à la fois négocier son droit d'accès, en évaluer les bénéfices expérientiels, ouvrir de nouveaux canaux de communication, réorganiser ses relations et explorer de nouveaux univers de connexion possible. « Être protéiforme, c'est chercher un compromis entre la capacité de métamorphose et l'exigence de consolidation et de cohérence », explique Lifton [40].

Mais même en admettant que Lifton ait raison, cela signifie-t-il nécessairement que le seul horizon de cette conscience protéiforme soit un monde entièrement marchandisé où l'existence tout entière n'est plus qu'un enchaînement de représentations, de divertissements et de fantasmes tarifés ? On pourrait estimer que cette insistance sur la connectivité, l'implication et l'interaction offre à la conscience humaine la possibilité de s'orienter vers un horizon entièrement différent, caractérisé par l'omniprésence d'un sentiment d'unité et de participation avec nos semblables. Après tout, la forme de conscience autonome de l'ère industrielle, obnubilée par la distinction entre moi et autrui, la colonisation extensive de l'espace et l'accumulation de patrimoine, nous a laissé un monde profondément divisé où les riches s'opposent aux pauvres, les humains aux autres espèces animales, et où les ressources de la planète sont gravement menacées.

Tant que les êtres humains continueront à percevoir la nature presque exclusivement comme un objet à s'approprier et à exploiter, et à considérer leurs semblables comme des combattants dans une lutte à mort pour la possession de biens rares, il est inévitable que l'humanité vive dans un état de guerre perpétuel. Tel est, hélas, l'essentiel de l'héritage que nous a laissé une modernité définie par la propriété et l'échange marchand.

Est-il pensable qu'une forme de conscience plus relationnelle, celle de la postmodernité, mette fin à cette obsession de la propriété privée et à la longue lutte entre les hommes pour s'emparer de la plus grande part possible des ressources planétaires ? Il y a de bonnes raisons de penser que certains des membres des jeunes générations font preuve d'un état d'esprit moins agressivement compétitif que leurs prédécesseurs nourris d'un *ethos* marchand et propriétaire. La pensée systémique, le travail en équipe et la construction de consensus sont autant de manifestations de l'éthique des réseaux. En outre, la pratique du traitement en parallèle de l'information, de plus en plus fréquente chez les jeunes, peut contribuer à engendrer une perception plus profonde de l'interconnexion de tous les phénomènes et à donner naissance à une mentalité et un comportement plus participatifs.

L'expérimentation de multiples personnalités pourrait également avoir pour effet une meilleure compréhension et une plus grande tolérance envers les différences entre les individus, et une plus grande disponibilité au dialogue et à la coopération. Ce n'est sans doute pas un hasard si les acteurs de théâtre sont souvent considérés comme plus ouverts et plus tolérants. La capacité d'adopter une autre personnalité — de se mettre dans la peau de quelqu'un d'autre et d'imaginer ce que cela signifierait d'être à sa place — est un puissant instrument conceptuel de déconstruction de l'opposition entre moi et autrui. Si on peut concevoir, comme s'en alarment certains psychologues, qu'une conscience protéiforme puisse déboucher sur une fragmentation de l'identité, on peut aussi supposer que l'expérimentation de personnalités multiples engendre une nouvelle capacité d'empathie avec nos semblables et, ce faisant, ouvre la voie d'un renouveau culturel.

Cela ne convaincra sans doute pas les critiques. Certains d'entre eux, comme Frederic Jameson, porteront vraisemblablement un regard assez cynique sur cette nouvelle plasticité du psychisme humain. Dans une économie obsédée par la consommation de marchandises culturelles et d'expériences vécues, pourraient argumenter Jameson et d'autres, la fragmentation de la psyché en autant de personnalités multiples ne peut qu'élargir la gamme des niches de marché culturel. Après tout, si l'horizon expérientiel de chaque individu se confond avec le marché de la production culturelle, plus cet individu adopte d'identités différentes, plus il y a de débouchés pour cette production.

Le monde entier est une scène

Le caractère dramaturgique de l'âge de l'accès saute aux yeux de quiconque se penche sur ses divers aspects. L'organisation en réseau, le marketing relationnel, les communautés résidentielles fermées, les complexes de loisir, les villes-musées, le tourisme, la production culturelle et les mondes virtuels du cyberespace sont autant de manifestations de cette théâtralité. Pendant l'ère industrielle, structurée autour de la transformation des ressources en produits de consommation, les êtres humains acceptaient volontiers la perception darwinienne de la nature comme un immense champ de bataille et de l'existence comme une lutte pour l'accumulation de ressources rares. Le summum de l'évolution semblait pouvoir s'incarner dans l'appropriation de fragments de la nature transformés en patrimoine privé. Mais, dans une époque structurée par la production culturelle et la consommation d'expériences vécues, la nature est perçue comme un gigantesque théâtre susceptible d'accueillir toutes sortes de représentations. Plus un individu est protéiforme, plus il a de chances d'accéder à la production des scénarios de sa propre existence.

Cette métamorphose des êtres humains — du travailleur productif au consommateur informé et de celui-ci au protagoniste de représentations créatives — représente un tournant dans l'histoire de leurs relations sociales. Bien entendu, la métaphore théâtrale appliquée à l'existence n'était pas inconnue des époques antérieures. Les êtres humains ont constamment eu recours aux arts de la scène pour imiter la nature et créer un univers symbolique. Quand les hommes primitifs peignaient leur visage, tatouaient leur peau et se livraient à des formes d'automutilation rituelle, quand ils se paraient de plumes et de peaux de bêtes, exécutaient des rites compliqués ou des danses censées recréer l'excitation de la chasse ou la naissance du monde, quand ils enterraient leurs morts avec toute la solennité voulue, que faisaient-ils d'autre que théâtraliser leur existence ? « La naissance d'un enfant, son éducation, la chasse, le mariage, la guerre, l'administration de la justice, les cérémonies religieuses et les rites funéraires — le primitif fait de chaque moment important de la vie [...] l'occasion d'une mise en scène purement théâtrale », écrit l'auteur dramatique russe Nicolas Evreinoff[41]. La vie entière du primitif, explique-t-il, n'est qu'« une succession de "spectacles" de ce genre[42] ».

L'existence tout entière des êtres humains est un processus de transformation permanente. Chacun ne cesse d'altérer son identité et de devenir quelque chose ou quelqu'un d'autre. Le terme même de « personne » vient du latin *persona*, qui désigne un masque de théâtre.

Si la métaphore théâtrale n'est qu'une des nombreuses perspectives possibles du comportement humain, ce qui rend la théâtralité postmoderne si différente de ses précédents historiques, c'est que, du moins pour les représentants des couches les plus aisées de la société, l'idée de la vie comme représentation théâtrale est aujourd'hui beaucoup plus consciente et beaucoup plus liée à la sphère marchande. Un nombre croissant d'individus, en particulier les jeunes, conçoivent leur existence comme une représentation artistique, une sorte de chef-d'œuvre inachevé. Les industries culturelles contribuent largement à produire et à exploiter simultanément cette nouvelle forme de conscience. C'est ce que nous rappelle Neal Gabler :

> Une fraction croissante de l'économie américaine est désormais vouée à la conception, à la construction et au montage du décor de notre existence, de notre travail, de notre consommation et de nos loisirs ; elle prend en charge costume et maquillage, se soucie de notre ligne et nous fournit tous les accessoires nécessaires[43].

Des « gestionnaires d'image » comme Ralph Lauren et Martha Stewart préparent les costumes et installent le décor dans lequel se produisent des acteurs, incarnant qui un viril cow-boy, qui un sémillant courtier de Wall Street ou un surfeur californien. Chaque choix vestimentaire est un emblème visuel du type de personnalité adopté par les différents consommateurs. Martha Stewart est sans doute la plus populaire de ces nouveaux « décorateurs ». Elle conseille ses clients sur la meilleure façon de combiner leurs accessoires pour maximiser l'effet dramatique. Tout comme au théâtre, rien n'est laissé au hasard. Elle va jusqu'à fournir des conseils sur la meilleure façon de balayer la neige devant sa porte : « Il faut toujours laisser une couche de deux ou trois centimètres de neige, c'est plus agréable à l'œil [...]. L'esthétique du balayage de la neige est importante pour votre image [44]. »

La théâtralisation de l'expérience vécue et sa colonisation par la sphère marchande sont un phénomène social de première importance, à tel point que l'historien américain Daniel J. Boorstin laisse entendre que « nous sommes peut-être le premier peuple de l'histoire à avoir réussi à rendre nos illusions si intenses, si prégnantes et si "réalistes" qu'elles en deviennent le décor même de notre existence [45] ». Ces mots ont pourtant été écrits avant l'avènement du cyberespace. Les nouveaux univers virtuels au sein desquels les individus travaillent et se distraient sont, par leur nature même, des environnements simulés, des scènes électroniques où des millions d'acteurs exécutent des représentations en tout genre.

Rien d'étonnant, donc, à ce que la perspective dramaturgique que nous avons examinée au chapitre 8, et qui s'adapte si bien à la reformulation des techniques de marketing, soit également une des métaphores les plus prisées en matière d'interprétation et de d'orientation du comportement humain. Si l'existence n'est que la mise en scène d'une succession de drames personnels et collectifs, plus les réseaux économiques et sociaux dans lesquels s'inscrivent les individus sont complexes, plus ces derniers seront amenés à adopter de rôles différents.

Dans cette conception dramaturgique du comportement humain, le moi n'est plus la propriété privée de l'individu, comme John Locke nous l'enseignait, mais plutôt, selon la formule de Goffman, « une identité signifiante assignée à la personne par ceux-là mêmes avec qui elle entend la partager ». Loin d'être une entité stable, le moi, expliquent Dennis Brissett et Charles Edgley, respectivement professeur de sciences du comportement à l'université du Minnesota et professeur de sociologie à l'Oklahoma State University, est « un phénomène fictionnel, construit, validé collectivement », produit de l'interaction et de la communication entre les individus[46]. Il s'ensuit que l'identité de chacun d'entre nous dépend de notre accès au monde et aux autres et de notre participation à des réseaux de relations, chacun d'entre eux validant une partie de notre personnalité. Voilà qui diffère fortement de la conception hégelienne selon laquelle chaque individu a une identité unique qui s'exprime à travers les possessions qu'il accumule au cours de son existence. Avec la postmodernité, nous l'avons vu, ce n'est plus la propriété qui est la « seule mesure de l'homme ».

Bien entendu, les tenants de la perspective dramaturgique ne la conçoivent pas comme une simple métaphore utile à la sociologie du comportement humain. Il sont convaincus que la vie elle-même est de nature profondément dramaturgique. Robert Perinbanayagam souligne que « ce n'est pas tant que la réalité soit théâtrale ou dramatique, c'est plutôt que tout ou partie de ce qui est considéré comme la réalité par la société est une mise en scène et une construction théâtrales[47] ». De fait, explique-t-il, la perspective dramaturgique

> [...] part du principe que, d'une part, les hommes ne peuvent pas faire autrement que communiquer entre eux par symboles et, d'autre part, qu'ils ne peuvent pas ne pas se rendre compte que leurs semblables ne cessent d'interpréter le monde qui les entoure [...]. Le monde est constitué par des faits sociaux ou des objets sociaux susceptibles d'être communiqués, qui se présentent sous un angle dramaturgique et déploient une thématique [...]. Le théâtre n'est donc pas quelque chose qui serait à part de la société [...]. Il est en fait une cristallisation et une typification de ce qui se passe constamment dans la société — plus précisément, toute relation sociale est en fait de nature théâtrale[48].

Même notre patrimoine, explique Perinbanayagam, s'inscrit dans cette perspective dramaturgique. Nous nous entourons de possessions matérielles et ne cessons de les recombiner, « les transformant en symboles censés susciter des réactions spécifiques de notre entourage[49] ». Elles en viennent à faire partie de ce que Goffman appelle la « présentation de soi ».

À l'heure où le moteur de l'activité économique n'est plus tant la vente de biens et de services que l'accès à des expériences vécues, à des productions culturelles et à des relations marchandisées, la perspective dramaturgique fournit le meilleur instrument de compréhension de cette nouvelle façon de faire des affaires. Elle installe la communication au cœur de l'agir humain, redéfinit l'identité personnelle en termes relationnels, transforme l'expérience elle-même en représentation théâtrale et la propriété en un outil symbolique qui permet aux individus d'incarner leurs multiples rôles en fonction des nombreux réseaux au sein desquels ils évoluent, chacun d'entre eux représentant un aspect différent de leur trajectoire existentielle. En fin de compte, la perspective dramaturgique décrit assez fidèlement l'état d'esprit qui accompagne cette nouvelle étape du capitalisme mondialisé. Notre perception du comportement humain a changé, et répond désormais aux exigences de la production culturelle et de la marchandisation de l'expérience vécue.

Quant aux jeunes gens qui ont grandi devant les écrans et au sein des univers virtuels, leur conscience théâtrale et leur identité protéiforme leurs seront utiles pour pouvoir adopter les nombreux rôles qu'ils seront amenés à incarner sur la scène électronique. Nous pouvons être certains que les experts en marketing, les publicitaires et les intermédiaires culturels seront tout disposés à se transformer en passeurs et à leur fournir l'accès payant à toutes sortes de nouvelles expériences vécues et marchandises culturelles signifiantes. Ils écumeront les cultures locales à la recherche de bribes d'expérience culturelle encore vierge susceptible d'être exploitée et transformée en marchandise. Ils exploreront l'histoire de l'humanité en quête de scénarios « expérientiels » excitants ou divertissants. Ils célébreront le culte de l'individu et de son histoire personnelle et créeront pour lui des univers simulés pour lesquels il n'aura plus qu'à acheter son entrée. Des millions de scénarios individuels attendent encore d'être écrits et mis en scène. Chacun d'entre eux représente une niche de marché durable et dotée d'un vaste potentiel commercial. Dans cet univers théâtral, les seuls vestiges de propriété individuelle seront les divers accessoires qui constitueront le décor des représentations exécutées par ces acteurs et ces actrices des temps nouveaux, constamment en quête de scénarios, de scènes, de partenaires et d'un public susceptibles d'alimenter leurs personnalités multiples. Représentations et métamorphoses permanentes, tel sera désormais le sens de leur existence.

11

Les connectés et les déconnectés

La question de l'accès va probablement susciter des débats passionnés au cours du XXIe siècle, tout comme celle des droits de propriété a pu prêter à controverse tout au long de l'ère moderne. Et, de fait, l'accès est un phénomène encore plus prégnant que la propriété. Les droits de propriété étaient simplement censés tracer la limite entre mes possessions et celles de mes semblables, tandis que la logique de l'accès pose un problème culturel bien plus vaste, celui du contrôle de l'expérience.

Le passage du territoire au cyberespace permis par la révolution des communications numériques ouvre la voie à une nouvelle organisation des relations humaines. La convergence des ordinateurs, des télécommunications, de la télévision par câble, de la radio, de l'édition et des loisirs en un vaste réseau de communication intégré offre aux entreprises une capacité de contrôle sans précédent sur la façon dont les êtres humains communiquent.

Il y a plus de vingt ans, Daniel Bell soulignait qu'à l'avenir « le contrôle des services de communication [serait] une source de pouvoir, et l'accès à la communication un facteur de liberté [1] ». Le philosophe français Jean-François Lyotard précisait cette remarque en disant que « la question centrale [de la postmodernité] était celle de l'accès [2] ».

Les nouveaux magnats

Une poignée de transnationales des médias se livrent une lutte épique pour le contrôle des réseaux de communication et des ressources culturelles qui seront au centre de l'activité économique au XXIe siècle. Alors qu'au siècle précédent des entreprises comme Standard Oil, DuPont, Ford, US Steel et Sears dominaient un marché essentiellement voué à la production et à la commercialisation de biens matériels, de nos jours, ce sont des firmes comme Disney, Time Warner, Bertelsmann, Viacom, Sony, News Corporation, TCI, General Electric, PolyGram et Seagram qui contrôlent le marché des médias et fixent les conditions dans lesquelles les consommateurs ont accès aux ressources culturelles et aux expériences marchandisées. Le chiffre d'affaires annuel de ces dix entreprises était estimé entre 10 milliards et 25 milliards de dollars en 1997. Quarante autres géants régionaux d'Europe de l'Ouest, des États-Unis, d'Asie et d'Amérique latine contrôlent une bonne partie des réseaux et des productions restantes, avec des chiffres d'affaires oscillant entre 1 et 5 milliards de dollars [3].

Ce sont les multinationales américaines qui dictent les règles fondamentales de cette compétition mondiale pour le contrôle des communications et des ressources culturelles marchandisées. *Vanity Fair* a récemment consacré un article à l'importance historique de ce passage de la production industrielle à la production culturelle dans l'Amérique de l'après-guerre froide :

> Le fondement de la puissance américaine [...] s'est déplacé du domaine militaro-industriel à celui de la suprématie absolue en matière d'information et de spectacle [4].

L'évolution de l'empire Disney illustre parfaitement la façon dont les nouvelles forces du marché consolident leur contrôle sur une grande partie des médias et des ressources culturelles. En 1995, Disney a fusionné avec Capital

Cities/ABC. Cet accord de 19 milliards de dollars a créé un empire médiatique mondial déclarant 16,5 milliards de dollars de chiffre d'affaires [5]. Disney contrôle également, en partie, les éditeurs de livres pour enfants Hyperion et Chilton, 4 groupes de publication de la presse magazine, dont *Women's Wear Daily*, 681 boutiques Disney, et a des intérêts dans divers réseaux de télévision et de câble, dont Lifetime, A & E, The History Channel et ESPN. Enfin, Disney est propriétaire d'une équipe de hockey et d'une équipe de base-ball de première division, de 11 journaux et de 4 entreprises d'édition musicale [6].

On peut citer d'autres mégafusions du même type effectuées dans le but de s'assurer le contrôle d'une bonne partie du paysage médiatique et culturel. La fusion de Paramount et de Viacom s'est traduite par la mise en commun du catalogue de 50 000 films de Paramount, des 300 000 titres d'ouvrages détenus par Simon & Schuster, des 500 magasins de disques de Blockbuster Entertainement, de Nickelodeon et de MTV, ainsi que de plusieurs parcs d'attraction, stations de radio et chaînes de télévision [7]. On imagine le degré de puissance que cette fusion permet à une seule et même entreprise d'acquérir. Mais Viacom ne s'en est pas tenu là et a fusionné avec CBS fin 1999, devenant ainsi le leader absolu du secteur. Cette fusion de 36 milliards de dollars a créé une entreprise mondiale qui pèse 80 milliards de dollars et fait plus de 20 milliards de chiffre d'affaires par an.

L'essor du capitalisme culturel a été facilité par le passage de la loi sur les télécommunications de 1996, qui ouvrait le secteur des médias à de nouveaux compétiteurs, y compris les grandes sociétés régionales de téléphonie et de télévision par câble. Ce type d'entreprise peut désormais passer des alliances stratégiques avec les studios de Hollywood ou les grandes entreprises de logiciels et participer à des mégafusions pour contrôler des pans entiers du marché des communications. L'objectif de chacune d'entre elles est de devenir le fournisseur exclusif des entreprises et des ménages en matière de services médiatiques et culturels. C'est ainsi que, immédiatement après la promulgation de la loi de 1996, US West, une des plus grosses sociétés de téléphonie des États-Unis, racheta

Continental Cablevision, la troisième entreprise de câble du pays. Pour être à la hauteur de la concurrence, l'entreprise de téléphonie de longue distance Sprint forma de son côté une joint-venture avec les sociétés de câble TCI, Comcast et Cox [8].

De leur côté, les sociétés locales de câble et de téléphonie commencent à saisir les avantages stratégiques que leur offre le contrôle des ultimes kilomètres de câble qui arrivent jusque chez leurs clients. Cela leur assure en effet une position particulièrement favorable pour commercialiser toute une série de services, de la transmission de données aux jeux et aux loisirs. Il y a quelques années, Pacific Telesis, Bell Atlantic et Nynex ont formé une joint-venture avec la Creative Artists Agency de Michael Ovitz pour distribuer de la vidéo sur leurs lignes VDT. Les entreprises de téléphonie locales comprennent que le succès dépend tout autant du contrôle du contenu que de celui du réseau. Ce dernier leur donne accès au client, tandis que le premier est source de juteux bénéfices. Comme l'explique Paris Burstyn, analyste chez GeoPartners Research Inc., « la transmission est une marchandise. Le contenu est un service à valeur ajoutée, et les profits sont plus importants sur la valeur ajoutée [9] ».

Au niveau mondial, la plupart des géants des médias sont en voie de rachat, de fusion ou d'association pour mieux contrôler les marchés. Les six plus grandes entreprises mondiales du secteur ont signé des accords de joint-venture avec en moyenne six partenaires. Elles ont également des accords de partenariat stratégique avec des entreprises de taille plus modeste qui exploitent les marchés régionaux. Seagram, par exemple, qui possède les studios Universal, contrôle également 15 % de Time Warner. TCI, de son côté, est également un actionnaire important de Time Warner [10]. Dans une économie en réseau fondée sur des alliances à court terme, explique le P-DG de TCI John Malone, « vous ne pouvez pas vraiment vous permettre de manifester une violente hostilité à vos concurrents, parce qu'ils sont aussi le plus souvent vos partenaires dans tel ou tel secteur [11] ».

Jusqu'en 1997, il était difficile pour ces multinationales de fusionner ou d'entrer dans des joint-ventures en raison des nombreuses restrictions imposées à l'industrie des télécommunications dans beaucoup de pays. Dans certains d'entre eux, les opérateurs de télécommunication étaient des entreprises publiques. Dans d'autres, elles étaient privées mais jouissaient d'un monopole réglementé par l'État. Mais, en 1997, les représentants de soixante pays signèrent sous les auspices de l'Organisation mondiale du commerce (OMC) un accord mettant fin au monopole public et ouvrant le marché mondial des télécommunications, estimé à 600 milliards de dollars, à la libre concurrence et aux investisseurs étrangers [12]. Renato Ruggiero, alors directeur général de l'OMC, salua ainsi cet accord : « C'est une bonne nouvelle pour l'économie internationale, c'est une bonne nouvelle pour les entreprises et une bonne nouvelle pour les usagers actuels ou potentiels du téléphone dans le monde entier [13]. » Le président Clinton se fit l'écho de cet enthousiasme et déclara que le nouvel accord « permettra d'étendre les bénéfices de la révolution technologique aux citoyens du monde entier [14] ». Certains se demandèrent toutefois si l'élimination des monopoles publics en matière de téléphonie et leur ouverture à tous les vents de la concurrence mondiale allaient vraiment apporter des bénéfices appréciables aux populations les plus défavorisées de la planète, en particulier dans les pays en voie de développement. Quoi qu'il en soit, tout le monde était convaincu que l'accord ne pouvait qu'accélérer le rythme des fusions.

Les termes de l'accord patronné par l'OMC prévoient par exemple qu'une société étrangère peut détenir 100 % du capital d'une entreprise de téléphonie américaine si le pays d'origine de cette société autorise le même niveau d'accès à son marché intérieur. (Certains pays, comme le Japon ou le Canada, ont établi des conditions plus restrictives [15].) Au cours des premières étapes de la déréglementation, un des marchés les plus convoités est celui des 5 000 entreprises qui dépensent plus de 90 milliards de dollars par an en services de télécommunication sophistiqués indispensables à leurs opérations commerciales [16]. Un exemple typique de joint-venture lancée à la suite de la signature de l'accord de l'OMC est le partenariat annoncé en juillet 1998 entre AT & T et British Telecom, deux des plus importantes entreprises de téléphonie au monde. Elles ont formé une société commune qui fournit des services téléphoniques sur Internet et autres transmissions de données pour une valeur de 10 milliards de dollars par an, à des entreprises transnationales dans plus d'une centaine de pays [17].

Avant même la signature de l'accord, le président de MCI, Gerald H. Taylor, prédisait : « D'ici cinq ans, une fois que la fièvre sera un peu retombée, on se retrouvera probablement avec quatre à six grands conglomérats mondiaux [18]. » Le *Financial Times* partage l'avis de Taylor et prévoit que ne survivront « qu'une poignée de géants dominant les marchés mondiaux [19] ». Les enjeux sont énormes. Le marché mondial des télécommunications occupe la troisième place, après celui de la santé et des services financiers, et sa croissance est deux fois plus rapide que celle du reste de l'économie [20]. Avec des bénéfices qui devraient dépasser 1 000 milliards de dollars en 2010, on comprend que la bataille pour les parts de marché s'annonce particulièrement féroce [21].

Les entreprises de télécommunication consacrent une bonne partie de leurs efforts à essayer de contrôler l'accès à Internet et au cyberespace, dans l'espoir de conquérir les mondes virtuels où des millions d'individus risquent demain de passer le plus clair de leur temps, que ce soit pendant leur travail ou pendant leurs loisirs. Tout comme l'industrie des télécommunications, le cyberespace a été déréglementé en 1995, quand le réseau NSFnet, parrainé par l'État américain, a cédé ses fonctions opérationnelles au secteur privé. Désormais, ce sont des opérateurs commerciaux qui garantissent aux usagers l'accès au cyberespace. Demain, les réseaux seront aux mains des conglomérats géants des télécommunications, des médias et de l'informatique. Là aussi, il s'agit de contrôler le marché de la transmission numérique de données informatiques et de messages et produits audiovisuels dans toutes les régions du monde. La plupart des grandes chaînes de télévision, CNN, NBC, ABC et Fox, ont créé des services *on line*. Quant à Microsoft, elle a intégré son logiciel de navigation à son système Windows et a commencé à racheter des entreprises créatrices de contenu.

Face à la fièvre commerciale qui s'empare d'Internet, l'enthousiasme de ceux qui voyaient dans ce nouveau média un instrument idéal de démocratisation de la sphère publique s'est passablement refroidi. La publicité est omniprésente sur le net. Étant donné que les usagers se refusent à voir augmenter le coût de l'accès, les portails n'ont pas d'autre choix que de passer un contrat avec des annonceurs pour pouvoir continuer à fonctionner. En conséquence, chaque fois qu'ils veulent se connecter, les usagers subissent un véritable bombardement publicitaire. C'est le prix de l'accès au cyberespace.

La capacité de contrôler l'infrastructure communicationnelle des portails et des points d'accès que des millions d'usagers empruntent pour communiquer entre eux, ainsi qu'une bonne partie des contenus culturels qui circulent sur les réseaux, donne aux géants internationaux des médias un pouvoir sans précédent. Comme le souligne l'historien et critique des médias Ben Bagdikian :

> Rien dans l'histoire de l'humanité n'est comparable avec le pouvoir de pénétration de ces grandes entreprises au cœur du paysage social. Technologies nouvelles ou anciennes, participations croisées, joint-ventures et partenariats en tout genre, telles sont les armes de cette poignée de géants qui ont de fait créé un véritable cartel de la communication [...]. Ce n'est pas simplement l'énormité des chiffres qui est en cause, comme s'il s'agissait de production de réfrigérateurs ou de vêtements. Le vrai problème, c'est le pouvoir que ces firmes acquièrent sur la totalité de notre environnement [...] imaginaire et cognitif, leur capacité à former des générations entières d'Américains et à altérer l'orientation politique de notre pays. Ce pouvoir leur confère une influence sous bien des aspects beaucoup plus forte que celle de l'école, des Églises, de la famille et même de l'État [22].

La fin de l'État-nation

La déréglementation et la marchandisation des systèmes de diffusion et de télécommunication du monde entier dépouillent les États-nations de leur capacité de contrôler les flux de communication à l'intérieur de leurs frontières. Les multinationales des médias sont en train d'instaurer un réseau planétaire de communication qui transgresse les frontières des États et, ce faisant, bouleverse le caractère même de l'activité politique.

À l'aube de l'ère de la mondialisation médiatique, il y a plus de vingt ans, un membre du gouvernement américain observait que, « désormais, le commerce n'obéit plus au drapeau ; il obéit aux systèmes de communication [23] ». Les réseaux de communication privés forgent de nouvelles communautés d'intérêt de moins en moins ancrées dans une réalité territoriale. Nombreuses sont les professions dont les membres passent plus de temps dans le cyberespace que dans le monde réel et s'identifient plus à leur adresse virtuelle qu'à leur adresse géographique. Les grandes multinationales s'appuient de nos jours sur des technologies de communication sophistiquées pour faire fonctionner leurs réseaux opérationnels planétaires. Leur puissance est impressionnante. Moins de 500 entreprises transnationales sont responsables d'un tiers de toutes les exportations industrielles, des trois quarts du commerce des matières premières et des quatre cinquièmes des échanges de technologie et de services aux entreprises [24]. Le partenariat entre les géants des médias et les plus gros fabricants et prestataires de services mondiaux a un potentiel énorme. Leur capacité conjointe de contrôler le flux de communication, de biens et de services représente un formidable défi pour l'autorité politique traditionnelle exercée par les États.

Les ultralibéraux soutiennent que la déréglementation des télécommunications et des médias est la meilleure façon d'abolir les barrières au libre-échange et de stimuler l'innovation. En encourageant la concurrence, estiment-ils, on crée de nouvelles opportunités commerciales et on garantit un accès plus facile aux nombreux nouveaux réseaux qui naissent chaque jour. Esther Dyson, George Gilder, George Keyworth et Alvin Toffler, quatre des principaux thuriféraires de la révolution du cyberespace, soutiennent que « le progrès technologique est en train de transformer le marché des télécommunications, jadis censé être voué aux "économies d'échelle" et aux "monopoles naturels", en l'exemple même d'un authentique marché concurrentiel. Le vrai défi pour les pouvoirs publics, c'est d'encourager cette évolution — de créer les circonstances dans lesquelles de nouveaux acteurs compétitifs armés de nouvelles technologies pourront s'affronter aux monopoles naturels d'hier [25] ».

Convaincus que la privatisation du secteur des médias et de la communication est la meilleure façon de stimuler le développement, les organismes de crédit internationaux, comme la Banque mondiale, ont fait de la déréglementation des télécommunications une condition *sine qua non* à l'octroi de prêts aux pays en voie de développement. Ce qui n'empêche pas certains d'affirmer qu'il s'agit là d'une nouvelle forme de colonialisme, qui ne fait qu'appauvrir un peu plus les pays les plus défavorisés [26]. Jill Hill, professeur d'économie politique internationale à la City University de Londres, explique que, quand un pays du tiers monde cède ses réseaux de télécommunication à un opérateur étranger, il s'ensuit le plus souvent « une perte de revenu et une fuite des capitaux sous forme d'expatriation des profits [27] ». Le fond du problème, c'est que « quand des entreprises privées contrôlent à la fois les réseaux internationaux et l'infrastructure locale, les pays en voie de développement en sont réduits au statut d'appendice colonial qu'ils connaissaient avant la dernière guerre [28] ».

L'accord international sur les télécommunications de 1997 a beaucoup contribué à l'affaiblissement des États en les dépouillant de la capacité régulatrice la plus élémentaire de leur arsenal politique : le droit de décider des termes et des conditions dans lesquels les communications sont structurées et accessibles à l'intérieur de leurs frontières. Une nouvelle proposition qui circule dans les milieux politiques aux États-Unis menace de couronner ce processus de déréglementation. Si elle aboutit, les États du monde entier auront perdu le dernier vestige d'autorité qu'ils pouvaient exercer sur les flux de communication à l'intérieur de leurs frontières.

Le spectre électromagnétique est l'ensemble des fréquences radio présentes dans l'atmosphère terrestre. C'est le médium à travers lequel sont véhiculées les transmissions radio, télévision et autres. Dans chaque pays, ce spectre est considéré comme un bien public contrôlé et administré par le gouvernement au profit des citoyens. Les États-Unis sont le premier pays à avoir instauré un monopole d'État sur le spectre électromagnétique, en 1927, avec l'établissement de la Commission fédérale des communications (FCC). Depuis lors, la FCC a alloué des fréquences à des radios, des télévisions, des sociétés de téléphonie cellulaire et de messagerie, des services satellitaires, des radio-taxis, etc. Chacun de ces opérateurs possède une licence d'exploitation de sa fréquence pour une durée définie. Pour pouvoir la renouveler, il doit se conformer à certaines règles définies par le gouvernement dans l'« intérêt du public ». Or, il se trouve qu'une coalition de quelques-unes des plus puissantes fondations politiques des États-Unis a proposé que la FCC abandonne son contrôle sur le spectre électromagnétique et organise une vente massive de la totalité des fréquences à des opérateurs privés, qui en deviendraient propriétaires et pourraient les commercialiser sur le marché, un peu comme s'il s'agissait d'une forme de patrimoine électronique privé.

Dans les années cinquante, l'avocat Leo Herzel fut le premier à proposer la privatisation du spectre électromagnétique dans un article de la *University of Chicago Law Review*[29]. Cette idée fut reprise dans les années soixante-dix par la Progress and Freedom Foundation, un groupe d'experts de Washington très lié à l'ex-président de la Chambre des Représentants, Newt Gringrich. Les experts de cette fondation soulignent que l'industrie de l'information représente un marché estimé à 3 000 milliards de dollars pour le début du XXIe siècle et que la réglementation publique du secteur date des années trente : elle est tellement dépassée qu'elle fonctionne comme un obstacle à l'innovation. À l'appui de leurs propos, ils citent les délais interminables d'attribution des fréquences et des licences, comportement à leur avis parfaitement défavorable à l'esprit d'entreprise.

La solution, estiment les auteurs du rapport de la Progress and Freedom Foundation — intitulé *The Telecom Revolution : An American Opportunity* —, est de confier l'intégralité du spectre électromagnétique à des opérateurs privés qui pourront librement en faire usage, le vendre, le louer ou l'exploiter d'une manière ou d'une autre[30]. La FCC elle-même serait éliminée et remplacée par une agence gouvernementale de taille plus modeste, l'Office des communications, qui n'aurait pour fonction que de gérer la vente aux enchères du spectre électromagnétique et d'exécuter quelques tâches administratives mineures. Dans ce schéma, les opérateurs disposant déjà de licences obtiendraient des droits de propriété sur leurs fréquences actuelles, qu'ils pourraient désormais exploiter comme bon leur semble. Peu de temps après, les candidats à une licence déjà enregistrés auprès de la FCC obtiendraient eux aussi un titre de propriété, et les fréquences non attribuées seraient vendues au plus offrant. « L'essentiel, c'est de vendre des titres de propriété, et pas simplement des licences d'exploitation », expliquent les auteurs du rapport, qui insistent sur le fait que le spectre électromagnétique doit être traité exactement comme n'importe quelle autre propriété privée, et que ses détenteurs doivent pouvoir jouir d'un droit exclusif d'en contrôler l'usage, d'en interdire l'accès à des tiers et de décider des conditions dans lesquelles ils souhaitent vendre leur fréquence [31]. Le rapport se conclut par un plaidoyer en faveur de la restitution de « la propriété du spectre électromagnétique au secteur privé des États-Unis qui, grâce à son esprit d'entreprise innovateur, en fera un élément du potentiel de prospérité de la révolution de l'information [32] ».

Le Congrès des États-Unis a déjà organisé plusieurs auditions sur la question, et les observateurs proches de l'industrie des communications estiment que le moment ne saurait tarder où l'intégralité du spectre électromagnétique sera privatisée. Une fois cette mesure prise, les autres pays seront encouragés à en faire autant, jusqu'au jour où, dans le monde entier, le spectre électromagnétique sera transformé en patrimoine électronique privé. À l'âge de l'accès, ce type de patrimoine immatériel sera probablement le plus prisé. Seule une poignée de géants des médias sera à même de s'offrir une proportion substantielle des fréquences, ce qui leur permettra de contrôler l'accès aux circuits de communication empruntés quotidiennement par des millions de gens.

Le passage du spectre électromagnétique du statut de bien public — géré par l'État au profit des citoyens — à celui de patrimoine électronique privé — contrôlé par les géants des médias — bouleversera totalement la relation entre les individus et les entreprises transnationales. En l'absence de contrôle public sur le spectre électromagnétique, les citoyens seront dépendants d'une poignée de grandes firmes pour avoir accès aux moyens de communication avec leurs semblables dans une civilisation de réseaux hautement sophistiqués.

Que penser dès lors du sort de l'État-nation à l'âge de l'accès ? Les États ont toujours été jusqu'à présent solidement ancrés dans des territoires. Ce sont des institutions essentiellement vouées à contrôler et administrer des espaces géographiques. Mais la migration d'une bonne partie de la vie sociale et économique de l'humanité vers le monde immatériel du cyberespace amène à se poser la question de savoir si des institutions aussi intimement liées à la forme territoriale sont vouées au déclin.

Dans un monde où une part croissante de l'activité économique et sociale la plus dynamique a lieu dans le cyberespace sous forme d'expériences culturelles marchandisées, le rôle des États tend à être de plus en plus marginal. Et cette tendance ne peut que s'accentuer si les pouvoirs publics abandonnent le contrôle des fréquences et des canaux de communication, qui sont les véritables artères du cyberespace. En effet, dans le cyberespace, la seule mégapropriété qui vaut vraiment la peine d'être détenue est celle des fréquences radio, des câbles en fibre optique, des satellites de communication, de l'infrastructure matérielle et des programmes qui sous-tendent les réseaux de communication, ainsi que les contenus qui y circulent. Une fois ce patrimoine aux mains des quelques géants internationaux de la communication, les autres formes de propriété deviennent relativement superflues. Certes, le patrimoine individuel et la propriété commerciale continueront à exister, mais il ne joueront qu'un rôle subalterne face à l'exigence de s'assurer l'accès aux circuits de communication et aux contenus qui relient les individus entre eux au sein de réseaux de significations partagées.

Le déclin de l'État-nation est de plus en plus manifeste en matière de régulation du commerce international. Les multinationales ont fait pression sur les gouvernements pour obtenir des concessions qui n'ont fait qu'affaiblir un peu plus la souveraineté des États. Des traités internationaux comme l'ALENA ou le GATT ont dépouillé ces derniers de leur droit d'imposer des règles locales en matière de législation du travail ou de protection de l'environnement si celles-ci interfèrent avec le plein exercice du libre-échange. De nouvelles institutions comme l'OMC, dont les fonctionnaires ne sont responsables devant aucune autorité gouvernementale spécifique, peuvent imposer des sanctions aux pays qui violent les accords et les normes du commerce international.

Mais c'est dans le domaine de la fiscalité que cet affaiblissement de l'État-nation est le plus inquiétant. Étant donné le volume croissant d'activité des ménages et des entreprises qui passe par le cyberespace, il est de plus en plus difficile d'évaluer les revenus imposables et de collecter les impôts. Comme l'explique Diane Coyle, responsable économique au quotidien britannique *The Independent*, dans une économie en réseau où une bonne partie de l'activité commerciale est « fragmentée en bribes d'information qui ne signifient rien tant qu'elles ne sont pas recombinées, il est impossible aux autorités de contrôler toutes les transactions[33] ». À quoi elle ajoute que « même si ces transactions pouvaient être contrôlées, il serait impossible de dire où elles ont vraiment eu lieu, et la question de savoir dans quel pays elles devraient être imposées serait passablement épineuse[34] ». En outre, quand un si grand nombre de produits et de services sont le résultat d'une grande quantité de prestations effectuées par toute une série d'intervenants dispersés dans le temps et l'espace mais travaillant en partenariat dans des réseaux communs, comment un État, quel qu'il soit, peut-il déterminer le montant exact de la valeur ajoutée par ces prestations susceptible d'être taxé à l'intérieur de ses frontières ? Enfin, dans une économie de marché reposant essentiellement sur la production de biens matériels, il est relativement facile d'imposer le travail employé à cette production et la valeur ajoutée qui y est intégrée à chaque étape du processus de fabrication et de commercialisation. Mais, dans une économie en réseau qui repose sur la marchandisation des connexions, des relations et des expériences vécues, comment mesurer, pour les besoins d'une évaluation fiscale, les différents degrés de valeur ajoutée ?

Tant que l'activité humaine restait ancrée dans les territoires, le rôle de l'État était évident. Mais, maintenant que la vie économique et sociale est de plus en plus déterritorialisée, à quoi sert-il exactement ? Et, quand les communautés humaines ne sont plus enracinées dans un territoire mais plutôt définies par les affinités d'intérêt éphémères d'individus en interaction au sein d'univers virtuels, comment préserver le minimum de solidarité collective et de loyauté envers son terroir et sa patrie qui ont longtemps été considérées comme nécessaires à la cohésion nationale ? Jean-Marie Guéhenno, dans son livre *La Fin de l'État-nation*, souligne que, « à l'ère des réseaux, la relation des citoyens au politique est en concurrence avec l'infinité de connexions qu'ils établissent en dehors de lui. Par conséquent, la politique, loin d'être le principe organisateur de la vie en société, apparaît comme une activité annexe, voire une construction artificielle peu adaptée à la résolution des problèmes pratiques du monde moderne [35] ».

Les exclus du paradis électronique

Alors que les États-nations commencent à céder à la pression d'un nouvel ordre économique et social reposant sur de vastes réseaux d'intérêt évoluant dans le cyberespace, qui transgressent les frontières nationales et abolissent les distances géographiques, il faut bien comprendre que la majorité des habitants de la planète n'est pas connectée à ces nouveaux univers virtuels. Ceux-là sont exclus du paradis électronique et habitent dans un monde de pauvreté et de désespoir où ce sont les exigences de la stricte survie matérielle qui dictent les termes de la vie quotidienne. Leur existence est faite de labeur pénible et d'humbles efforts pour s'assurer une maigre subsistance. Alors que les 20 % les plus favorisés de la population mondiale en sont déjà au stade où l'accumulation de propriété a cédé la place à la consommation d'expériences culturelles et d'épanouissement personnel, les 80 % de déshérités ne peuvent que rêver de posséder un modeste patrimoine.

Malgré toute l'euphorie que suscite la révolution des communications et la perspective enivrante d'un monde entièrement interconnecté, la réalité reste : 65 % des habitants de la planète n'ont jamais effectué un appel téléphonique de leur vie et 40 % d'entre eux n'ont pas accès au réseau électrique [36]. Il y a plus de lignes téléphoniques à Manhattan que dans toute l'Afrique subsaharienne [37].

Bien entendu, l'accès à l'électricité, au téléphone, à la radio, à la télévision et à Internet est la clé du progrès dans un monde interconnecté. Les vingt-quatre pays de l'OCDE — qui sont aussi les plus riches du monde — abritent moins de 15 % de la population mondiale mais accueillent sur leur territoire 71 % de toutes les lignes téléphoniques [38]. C'est en Europe et en Amérique du Nord, où vivent seulement 20 % de la population mondiale, qu'on trouve les deux tiers des postes de radio et des téléviseurs [39]. Sur les rives du Pacifique, c'est Hong-Kong qui est la mieux connectée, avec 59 téléphones pour 100 habitants, soit un peu plus que Singapour, qui en compte 49. Cette proportion est de 39 lignes pour 100 personnes à Taiwan et en Corée du Sud, tandis qu'elle est seulement de 3 pour 100 en Thaïlande. L'Indonésie ne compte que 6 téléphones pour 1 000 habitants, et la Chine 9 pour 1 000 habitants [40]. C'est aux Bermudes qu'on trouve le plus grand nombre de lignes au monde. Peuplé de compagnies d'assurance offshore, de sociétés de courtage et de cabinets d'experts-comptables, ce minuscule archipel est l'exemple type de pôle du nouveau marché mondial des communications [41]. L'Afrique représente l'autre extrême de cette réalité — un continent pratiquement déconnecté de l'économie mondiale. L'Afrique ne compte que 37 téléviseurs et 170 postes de radio pour 1 000 habitants, dans un contraste saisissant avec l'Amérique du Nord, qui compte 798 téléviseurs et 2 010 postes de radio pour 1 000 habitants [42].

Par ailleurs, c'est dans les pays industrialisés que vivaient 88 % des usagers d'Internet en 1998, alors que ces pays n'accueillent que 15 % de la population mondiale. Cinquante pour cent des usagers d'Internet vivent en Amérique du Nord (5 % de la population mondiale), tandis que l'Asie du Sud, avec 20 % de la population mondiale, n'accueille que 1 % de ces usagers [43].

Le fossé communicationnel entre les pays développés et les pays en voie de développement est si profond que nombre d'observateurs estiment que la nouvelle division du monde s'effectue de plus en plus entre les pauvres et les riches en information. Pour David Kline, éditorialiste du magazine *Hot Wired*, « ceux qui voient l'avenir comme un véritable paradis d'opportunités oublient que c'est le cas essentiellement pour une minorité de privilégiés ayant un haut niveau d'éducation et de mobilité. Cela risque d'être aussi une période obscure, marquée par la ségrégation numérique pour la plupart des citoyens — les pauvres, les soi-disant "inutiles" et ceux qui n'auront pas fait d'études supérieures [44] ».

Alors que les gouvernements du monde entier déréglementent et privatisent leurs infrastructures de télécommunication, c'est la sphère marchande qui décide en dernière instance qui aura le privilège d'être connecté. De fait, seront connectés ceux qui peuvent se payer l'accès au cyberespace, aux réseaux et aux univers virtuels qui constituent la nouvelle dimension immatérielle de l'existence humaine. Tous les autres seront exclus du paradis électronique.

Les inégalités de revenu et de richesse entre les 20 % de privilégiés — qui commencent déjà à passer une partie de leur existence dans des univers simulés — et le reste de la population mondiale s'accroissent à une telle vitesse que tout discours sur l'accès universel a toutes les chances d'être accueilli avec un certain cynisme et un profond scepticisme par les observateurs. D'après une enquête du PNUD, au niveau international, 350 milliardaires possèdent un patrimoine qui dépasse le revenu annuel cumulé de près de la moitié de la population du globe [45]. Alors que Bill Gates est plus riche que la moitié de la population des États-Unis, plus d'un tiers des 3 milliards de travailleurs de la planète sont victimes du chômage ou du sous-emploi, d'après un rapport du Bureau international du travail publié en 1998 [46]. Ainsi, pendant que les individus les plus riches de la planète sont de plus en plus obnubilés par le souci de se divertir et de mener une vie de créativité et d'autoréalisation, près d'un milliard d'êtres humains vivent dans la pauvreté et plusieurs autres milliards arrivent à peine à joindre les deux bouts [47]. Et les prévisions pour un avenir immédiat sont encore plus désespérantes. Plus de cent pays, représentant une population de 1,6 milliard de personnes — soit plus du quart des habitants de la planète —, continuent de voir leur économie décliner. En termes de revenu, 80 pays sont dans une situation moins favorable aujourd'hui qu'il y a dix ans, et 35 d'entre eux ont expérimenté une chute de leur revenu par tête plus importante que lors de la grande dépression des années trente [48]. En Afrique, la consommation moyenne par ménage est inférieure de 20 % à ce qu'elle était il y a vingt-cinq ans [49].

Plus de 600 millions d'individus dans le monde sont sans domicile fixe ou bien vivent dans des conditions d'insalubrité, et la Banque mondiale estime que, d'ici à 2010, plus de 1,4 milliard de personnes vivront sans accès à des services d'eau potable et de tout-à-l'égout [50]. Les 20 % d'habitants de la planète bénéficiant des plus hauts revenus représentent 86 % de la consommation privée, alors que les plus pauvres ne consomment que 1,3 % de la production mondiale [51]. Le fait est que les Américains dépensent en produits cosmétiques et les Européens en consommation de glaces une somme plus importante — respectivement 8 milliards de dollars et 11 milliards de dollars par an — que celle qui serait nécessaire à pourvoir en éducation élémentaire, en eau potable et en services d'hygiène les deux milliards d'êtres humains qui vivent actuellement sans école et sans toilettes [52].

Cette disparité croissante entre les riches et les pauvres affecte également les pays développés. En Grande-Bretagne, par exemple, les inégalités de revenu ont augmenté plus vite au cours des vingt dernières années que dans tous les autres pays industrialisés [53]. Aux États-Unis, le Bureau des statistiques signale que les inégalités de revenu entre riches et pauvres ont aujourd'hui atteint leur niveau le plus élevé depuis 1945 [54]. Les 20 % d'Américains les plus riches reçoivent actuellement la moitié du revenu du pays, tandis que 50 % des familles américaines possèdent moins de 1 000 dollars d'actifs financiers [55]. Les ménages des classes moyennes et populaires sont particulièrement frappés par l'inégalité. Le revenu moyen des ménages en 1996 était de 4 % inférieur à celui de 1989 [56].

Alors que les secteurs les plus privilégiés de la population franchissent les porte du cyberespace, ce sont celles des établissements pénitentiaires qui se referment sur une bonne partie des citoyens les plus pauvres et les moins éduqués des États-Unis. Plus d'un million et demi d'Américains sont actuellement sous les verrous, ce qui constitue un record mondial en matière de taux d'incarcération. En Californie, les autorités de l'État, qui n'affectaient que 2 % de leur budget au système carcéral en 1980, y consacraient 9 % en 1995, et ce pourcentage devrait atteindre 18 % en 2002. De fait, l'État de Californie consacre actuellement plus d'argent aux prisons qu'aux établissements scolaires [57].

Tous les beaux discours sur l'accès aux réseaux, la production culturelle, le cyberespace et la simulation d'expériences n'ont guère d'écho auprès des millions d'Américains qui ne connaissent même pas les avantages les plus élémentaires de la propriété. Le monde interconnecté de Bill Gates est dépourvu de sens pour les sept millions de familles américaines qui ne bénéficient même pas de services téléphoniques de base [58]. Il sont également des millions — parmi les salariés les plus pauvres et les secteurs les plus modestes de la classe moyenne — à être dépourvus des ressources financières, du niveau de formation et même du temps qui leur permettraient de participer activement au nouveau monde des réseaux électroniques. Tous ces gens risquent de perdre encore plus de terrain au fur et à mesure que les privilégiés se connectent entre eux et construisent des réseaux sociaux et commerciaux d'intérêt commun, vouant le reste des membres de la société à l'isolement et à se débrouiller seuls dans un monde de plus en plus hostile et appauvri.

Les déconnectés sont les humiliés et les offensés de l'âge de l'accès. Le magazine *Time* a donné un aperçu de leur sort dans un numéro spécial sur le cyberespace. Les rédacteurs du dossier y observaient que l'accès à l'univers des médias électroniques est désormais un élément essentiel de la « capacité de fonctionner dans une société démocratique [59] ».

La droite et la gauche de l'accès

Les questions d'accès ne sont pas nouvelles sur le terrain des communications. Elles avaient déjà surgi à l'occasion de la naissance du téléphone, puis de l'essor de la radio et de la télévision. Tout au long du XXᵉ siècle, ces nouvelles technologies ont suscité des débats sur la démocratisation de l'accès. Aux États-Unis, des lois fédérales furent votées pour garantir aux foyers ruraux un accès bon marché aux services téléphoniques. Quand la FCC commença à réglementer le paysage radiophonique, une des conditions inscrites dans la législation était que les détenteurs d'une licence desservent les besoins des communautés locales. Mais les intérêts commerciaux ne tardèrent pas à l'emporter sur la défense de l'intérêt public. La loi sur les communications de 1934 céda une bonne partie du contrôle des ondes à des entreprises comme RCA, General Electric et Westinghouse, qui ne perdirent pas de temps à convertir ce nouveau média en arène publicitaire au service du secteur privé. Lee de Forest, l'inventeur du tube à vide électronique qui permit à la radio d'exister, était tellement scandalisé par cette évolution mercantile qu'il la condamna ouvertement dans une lettre à l'Association nationale des émetteurs en 1946. Sur un ton indigné, il y écrivait : « [...] vous avez fait de [la radio] une véritable insulte à l'intelligence [...] vous avez charcuté le temps de programmation en séquences minuscules que vous appelez des spots, et si un programme un peu moins stupide se fraie de temps en temps la voie des ondes, c'est pour être pollué par des appels obscènes à acheter tel ou tel produit[60] ».

L'avènement de la télévision dans les années quarante suscita des appels similaires à en faire un moyen d'éducation populaire et un outil au service de la communauté. La loi exigeait des chaînes télévisées qu'elles transmettent des informations d'intérêt public, qu'elles informent les téléspectateurs sur la vie politique locale et qu'elles diffusent des programmes pour enfants. Elles devaient également offrir un temps d'antenne aux différentes sensibilités de l'opinion locale pour que des personnes ou des associations puissent exprimer leur point de vue sur les sujets couverts par leurs programmes. En outre, en vertu de ce qu'on appelait la « *Fairness Doctrine* », chaque chaîne devait diffuser de temps à autre des programmes sur des thèmes sujets à controverse et présenter une sélection équilibrée d'opinions divergentes. Mais, dès les années quatre-vingt, ce souci d'une information équitable s'effaça sous l'effet de la fièvre de déréglementation encouragée par l'administration Reagan. Tout comme jadis dans le cas de la radio, les intérêts commerciaux étouffèrent toutes les tentatives de faire de la télévision un instrument d'éducation au service du public et des intérêts de la communauté. La télévision publique, de son côté, a essayé de jouer ce rôle, mais elle aussi a dû faire certains compromis. Théoriquement libre de publicité, elle est dans la pratique fortement dépendante des entreprises privées qui financent et parrainent ses programmes et se trouve de plus en plus soumise à la pression du marché, qui l'amène à multiplier les programmes de variétés au détriment des programmes plus éducatifs.

La naissance de la télévision par câble a de nouveau mis à l'ordre du jour la question de l'accès, qui suscite des débats au Congrès comme au sein des législatures des différents États, ainsi que la mobilisation des associations d'usagers et des organisations professionnelles. Nombreux sont ceux qui voient dans ce nouveau média un puissant instrument au service des communautés locales. Le rapport de la National Science Foundation sur l'avenir de la télévision câblée fut fort optimiste en la matière :

> Les chaînes du câble peuvent être mises au service des individus comme des associations [...]. Qu'il s'agisse des Églises, des organisations de scouts, des représentants des minorités, des lycées, des campagnes civiques, les divers acteurs de la société civile peuvent créer et diffuser leurs propres programmes. Grâce à l'accès public, le câble peut être un instrument d'action locale au lieu de se contenter de diffuser des programmes commerciaux conditionnés à une audience passive [61].

La National Science Foundation envisageait la création de chaînes câblées assurant une mission éducative d'une certaine ampleur, comme par exemple « des programmes éducatifs pour les personnes ne pouvant pas se déplacer, des programmes d'instruction préscolaire, des cours de niveau secondaire et universitaire, des cours de formation professionnelle et des programmes d'information communautaire [62] »... On trouve encore quelques bribes de programmes d'information communautaire sur le câble, mais la majorité de la programmation est de nature commerciale et obéit à des exigences publicitaires.

La question de l'accès est aujourd'hui de première importance. La révolution numérique fait converger toutes les formes de technologies de la communication dans des réseaux de communication intégrés. Une part croissante de la communication des individus et des entreprises passe par ces réseaux électroniques, ce qui en fait des moyens de survie indispensables dans un monde largement interconnecté. Il ne s'agit plus tant simplement du droit d'accès aux médias eux-mêmes que du droit d'accès à la culture qu'ils véhiculent. C'est notre capacité même d'entrer en contact avec nos semblables, de nouer des échanges commerciaux, de former des communautés d'intérêt et de produire le sens de notre existence qui passe désormais de plus en plus par ces nouvelles formes de communication électronique. Si le cyberespace n'est pas un véritable « espace » au sens traditionnel du terme, il n'en reste pas moins qu'il est le territoire social où des millions d'individus participent pour la première fois à une forme de discours public. À l'avenir, c'est une bonne partie de la vie de notre civilisation qui va évoluer dans toute une série d'univers électroniques. C'est pourquoi la question de l'accès doit être au premier plan des préoccupations de l'ère qui s'ouvre.

12

Pour une écologie de la culture et du capitalisme

Jusqu'à présent, les questions d'accès ont été abordées par le petit bout de la lorgnette. On s'est préoccupé du coût du matériel et des logiciels, de la disponibilité des services, de la formation des individus à l'informatique, du droit de libre expression, de la préservation de l'intimité des usagers et du contrôle des flux de données. Toutes ces questions ont bien entendu leur importance, mais elles ne sont que le symptôme de problèmes plus fondamentaux, qui concernent l'essence même de la civilisation que nous sommes en train de construire à l'aube du XXIe siècle.

Que signifie exactement le fait de vivre dans un monde interconnecté où les transactions marchandes traditionnelles sont remplacées par des réseaux commerciaux d'une grande complexité ? Où il est moins important de posséder un patrimoine que d'avoir accès à ces réseaux ? Où la culture elle-même est la marchandise suprême ? Où les relations tarifées deviennent la norme entre les êtres humains et où l'expérience vécue est un produit de consommation payant ? Où le moi autonome cède la place à une personnalité multiple et une conscience de type dramaturgique ? Où la vie sociale est perçue comme un théâtre, et l'existence de chacun comme une série infinie de scénarios et de récits mis en scène sur des scènes réelles et virtuelles ?

L'âge de l'accès, ce sont non seulement de nouvelles méthodes d'organisation de l'existence, mais de nouvelles définitions du sens de notre humanité. La question centrale tourne donc bien autour de la signification que nous attachons au mot « accès » — non pas dans le sens limité de l'accès aux données et aux technologies, mais en tant que concept téléologique de plus vaste portée. L'ère de la propriété nous offre ici une analogie instructive. Si les problèmes juridiques et économiques de définition des droits de propriété respectifs de chacun y jouaient leur rôle, la discussion sur la structure des relations humaines reposait sur une interrogation philosophique plus profonde. Quel est le but de la propriété ? En quoi permet-elle de définir la nature essentielle de l'être humain et le fonctionnement de la société ? Tel était le cadre fondamental de l'interprétation métaphysique de l'existence humaine. Les diverses philosophies qui ont accompagné l'ère de la propriété et de l'échange marchand ont contribué à en expliciter le sens. De même, les nouvelles technologies de la communication et les réseaux que nous construisons grâce à elles ne sont pas en eux-mêmes les fins vers lesquelles nous oriente la logique de l'accès, ils ne sont que l'antichambre d'une nouvelle conception de la trajectoire humaine. Reste à définir la nature sociologique et les conséquences politiques de cette logique de l'accès.

Une nouvelle théorie des droits

On ne sera pas surpris de constater que le passage de la logique de la propriété à celle de l'accès soit accompagné par de nouvelles théories de la propriété. Un nombre croissant d'intellectuels, de juristes et d'économistes, soucieux de renouveler leurs concepts à la lumière des nouvelles réalités de l'économie en réseau et de l'interconnexion généralisée, s'emploient à réexaminer la nature et la philosophie des rapports de propriété. Bien que les idées ultralibérales, avec leur insistance sur la propriété privée traditionnelle, continuent d'être en vogue aux États-Unis et en Grande-Bretagne — c'est beaucoup moins le cas en Europe et en Asie —, certains penseurs, du moins dans les cercles universitaires, commencent à avancer l'idée que cette conception traditionnelle de la propriété est obsolète. On voit apparaître les éléments d'une nouvelle théorie des relations d'accès, sinon au niveau du discours public, du moins dans la littérature spécialisée. Certes, une théorie intégrale des relations d'accès reste encore à formuler, mais le débat est suffisamment avancé pour suggérer la possibilité d'un bouleversement total de notre conception des rapports sociaux dans les décennies qui viennent, accompagnant le passage des marchés aux réseaux, du territoire au cyberespace et du capitalisme industriel au capitalisme culturel.

C'est dans les travaux de Crawford MacPherson, professeur à l'université de Toronto, qu'on trouve la pensée la plus avancée sur le thème de l'opposition entre logique de la propriété et logique de l'accès. Bien que MacPherson n'ait pas anticipé toutes les mutations spécifiques que connaît actuellement l'économie mondiale, il avait bien compris que les technologies postindustrielles étaient en train de changer la nature même du jeu. Ses intuitions sont d'autant plus remarquables qu'elles ont été formulées au milieu des années soixante-dix, alors que la révolution technologique dont l'impact commence à peine à se faire sentir dans le monde entier était encore dans les limbes.

L'analyse de MacPherson commence par la constatation que notre conception actuelle de la propriété est essentiellement une création datant des XVIIe et XVIIIe siècles. La caractéristique première de la propriété moderne, explique MacPherson, c'est qu'elle repose sur le droit d'exclure les autres. Or, poursuit-il, nous sommes si imprégnés de ce principe cardinal de la propriété que nous avons complètement oublié que, dans des époques antérieures de l'histoire, l'idée de propriété a pu être définie comme le droit de *ne pas* être exclu de l'usage ou de la jouissance d'un bien. C'est à cette fin que la société délimite une seconde catégorie de propriété, la propriété publique, qui recouvre des entités comme les jardins publics, les rues, les vaines pâtures et les cours d'eau. Chacun a en effet le droit de ne pas être exclu de l'usage ou de la jouissance de ces biens publics. Ce sont ces deux formes de propriété, publique et privée, qui définissent les droits de propriété légitimes de tout être humain vivant en société : le premier est un doit d'exclure, le second, un droit de ne pas être exclu.

À l'époque moderne, souligne MacPherson, la propriété collective ou publique « disparaît virtuellement de la scène [1] ». S'il est vrai que les États continuent à maintenir la notion de bien public, l'idée que les droits de chaque individu obéissent à un régime de propriété dual — un droit d'inclusion et un droit d'exclusion — est complètement perdue de vue. L'essor du capitalisme industriel et du marché moderne a projeté la propriété sous sa forme exclusive au premier plan des rapports économiques et sociaux.

Mais le droit individuel d'exclure ses semblables de l'usage ou de la jouissance de tel ou tel bien ne peut plus suffire à dicter les termes et les conditions de la structuration des relations économiques entre les hommes. Dans un univers de complexité et d'interdépendance, la forme la plus importante de propriété est « le droit individuel de ne pas être exclu de l'usage ou de la jouissance des ressources productives accumulées par toute la société [2] ». MacPherson est donc favorable à la restauration de la définition de la propriété qui prévalait avant l'essor du capitalisme industriel. D'après lui, il faut élargir le concept de propriété pour y inclure « le droit de ne pas être exclu de l'accès aux ressources [3] ».

Ce droit a connu une certaine reviviscence au cours des quarante dernières années dans le sillage du mouvement pour les droits civiques, du mouvement des femmes et du mouvement écologiste. Dans les années soixante, les Noirs américains ont lutté pour le droit de s'asseoir dans les mêmes restaurants que les Blancs. Les propriétaires de ces restaurants arguaient du fait que leurs établissements étaient une propriété privée et qu'ils avaient donc le droit d'en exclure qui bon leur semblait. La législation sur les droits civiques établit que le droit des Noirs américains de ne pas être exclus de l'accès à tel espace ou à telle ressource était prioritaire par rapport au droit d'exclusion des propriétaires de ces espaces ou de ces ressources. Dans les années soixante-dix et quatre-vingt, quand les féministes portèrent plainte contre les clubs professionnels exclusivement réservés aux hommes, expliquant que la discrimination exercée par ces clubs masculins empêchait les femmes de participer à des formes importantes d'interaction sociale susceptibles de contribuer au succès de leur vie professionnelle, elles finirent par gagner leurs procès. Il en est de même du droit à respirer un air pur et à boire une eau non polluée, et un environnement sain, explique MacPherson, « est désormais considéré comme un patrimoine collectif dont personne ne doit être exclu [4] ».

Dans un monde de ressources rares, la propriété a toujours été conçue comme un moyen de structurer les rapports humains. C'est le rapport de l'individu à la propriété qui justifie légalement son droit à la perception d'un revenu matériel. Mais, pour la petite partie de la population mondiale — environ un cinquième — pour qui la rareté des ressources n'est plus un problème, « la propriété recouvre plutôt le droit à un revenu immatériel, sous forme de droit à une certaine qualité de vie [5] ». Cette forme de revenu « peut être définie comme le droit à avoir accès à des relations sociales satisfaisantes [6] ». MacPherson perçoit une certaine ironie dans le fait que cette idée est plus proche de la conception traditionnelle de la propriété que de celle qui prévaut depuis le XVIIe siècle. Les penseurs politiques de cette époque, quand ils parlaient des propriétés de l'homme, « y incluaient non seulement son droit à des biens et des revenus matériels, mais aussi sa vie, sa personne, ses facultés, sa liberté, son honneur, son droit à l'affection conjugale, etc. ; toutes choses qui passaient souvent avant la propriété matérielle, comme c'était le cas chez Hobbes [7] ».

Or, explique MacPherson, dans une société d'abondance, la propriété — en tant que droit d'exclusion — perd de son importance. Si nous baignons dans la richesse matérielle et produisons plus qu'il n'est nécessaire pour satisfaire les besoins et les désirs matériels de tout un chacun, l'organisation des rapports économiques autour d'un principe d'exclusion n'a plus tellement de sens. De fait, dans une société qui a vaincu la rareté matérielle, les valeurs immatérielles l'emportent désormais, et c'est la recherche de l'épanouissement personnel qui devient l'objectif premier. Dans une telle société, le droit de ne pas être exclu de l'accès à une vie pleinement épanouie est le patrimoine le plus précieux qu'on puisse posséder. La nouvelle conception de la propriété, conclut MacPherson, doit reposer sur « le droit de participer à un système de relations de pouvoir qui permettra à chaque individu de mener une vie pleinement humaine [8] ».

Dans le cadre de cette nouvelle conception, c'est l'accès à l'intégralité du système de relations, qui rend possible une vie digne d'être vécue, qui doit structurer l'activité humaine. Bien entendu, on ne doit pas oublier que 80 % des habitants de la planète en sont encore à lutter pour un minimum de patrimoine matériel. Mais, dans un monde où l'abondance est au moins en principe concevable, l'idée que chaque individu a le droit de ne pas être exclu de l'accès à l'intégralité des ressources et des activités humaines sur lesquelles repose la possibilité de son épanouissement psychologique est une perspective séduisante. Certes, il ne faut pas oublier que, pour conquérir cette nouvelle dimension du développement humain, un certain nombre d'obstacles majeurs doivent encore être franchis. L'explosion démographique, l'épuisement des ressources naturelles, la perte de la biodiversité et l'accroissement de la pollution menacent la biosphère, qui est la matrice de toute vie. Si ces problèmes ne sont pas résolus, il est clair que toute perspective sociale fondée sur l'abondance matérielle et l'épanouissement personnel relèvera de l'utopie pour la plupart des êtres humains et ne méritera guère d'être discutée.

Le droit de ne pas être exclu — le droit à l'accès — prend une importance croissante dans un monde qui repose de plus en plus sur des réseaux sociaux et commerciaux informatisés. À partir du moment où l'interaction quotidienne entre les individus, ainsi qu'une bonne partie de leur expérience vécue passent de plus en plus par l'univers virtuel du cyberespace, la question de l'accès devient centrale et le droit de ne pas être exclu acquiert une importance cruciale.

Nos conceptions les plus élémentaires de la liberté et de notre rapport au pouvoir sont désormais susceptibles de connaître une évolution irréversible. Quand les formes de propriété exclusives étaient encore le paradigme organisateur de l'activité humaine, la notion de liberté était associée à celle d'autonomie, et l'autonome reposait sur la possession. Être libre, c'était être autonome, à savoir ne pas être dépendant ni redevable. Et, pour être indépendant, il fallait être propriétaire. Plus vous pouviez revendiquer de possessions par rapport à autrui, plus vous étiez autonome et indépendant. Le rôle de l'État se limitait ainsi à garantir la propriété privée de chacun et, par là même, sa liberté individuelle.

En revanche, dans une économie de prestataires et d'usagers fonctionnant en réseau et où l'interdépendance est le principe structurant de toute activité, la notion de liberté prend une tout autre signification. Ce sont les droits d'inclusion et d'accès, plus que l'autonomie et la propriété, qui définissent fondamentalement la liberté. La liberté devient la mesure de la capacité d'un individu de nouer des relations, de forger des alliances et de s'impliquer dans des réseaux d'intérêts communs. Être connecté, c'est être libre. Être complètement autonome — un état jadis considéré comme synonyme de liberté —, en revanche, c'est être isolé et déconnecté. Dans un monde en réseau, c'est le droit d'accès, le droit de ne pas être exclu, qui devient le critère fondamental de la liberté individuelle. Le rôle de l'État y consiste par conséquent à garantir à chacun l'accès aux nombreux réseaux territoriaux ou virtuels à travers lesquels les êtres humains communiquent, interagissent et promeuvent leurs échanges économiques et culturels. Mais on peut se demander si, dans une économie mondiale de plus en plus interconnectée, les États ont encore les moyens d'offrir cette garantie.

Deux type d'accès

La question de l'accès a en fait une dimension encore plus profonde. La plupart des débats qui tournent autour de la révolution numérique, de la nouvelle économie en réseau et du cyberespace reposent sur l'hypothèse implicite que le seul type d'accès qui compte vraiment est celui qui passe par les portails commerciaux de la sphère marchande. Nous avons tendance à oublier qu'une bonne partie des biens culturels que nous consommons à titre payant étaient gratuits à une époque encore récente. Nous en sommes au point de devoir payer nos propres expériences, avec tous les falbalas et déguisements culturels qui les accompagnent. Notre vie collective est inexorablement colonisée par la sphère marchande, ce qui peut avoir de graves conséquences à long terme pour la civilisation humaine.

Et pourtant, aussi incroyable que cela puisse paraître, nous ne nous sommes pas encore vraiment posé certaines des questions fondamentales que soulève notre entrée dans la postmodernité. Ainsi, par exemple, des rapports de type marchand peuvent-ils vraiment remplacer les relations culturelles ? N'y a-t-il pas quelque chose de contradictoire dans des formules comme « intimité avec le consommateur » ou « simulation de la réalité » ? Quelles peuvent être les répercussions sociales de l'absorption de la sphère culturelle par la sphère marchande ? Si la vie humaine devient moins idéologique et plus dramaturgique, si elle se détache des grands récits et des cosmologies traditionnels pour se refléter dans les milliards de drames individuels élaborés et mis en scène sur les réseaux commerciaux du cyberespace, qu'en est-il de la condition humaine et de l'esprit humain ? Reste-t-il quelque chose à dire sur le sens de l'existence humaine, ou bien sommes-nous réduits à absorber passivement un flux permanent de discours publicitaires ponctués par des voix suaves qui nous annoncent que « le spectacle continue » ?

C'est sans doute là qu'est le talon d'Achille de l'âge de l'accès, dans la conviction mal fondée que des rapports de type marchand et des réseaux informatisés peuvent remplacer les relations et les liens communautaires traditionnels. C'est une grave erreur. Ces deux modes d'organisation de l'activité humaine reposent sur un ensemble de valeurs et de présupposés complètement différents, ce qui les rend parfaitement incompatibles. Les relations traditionnelles sont le reflet de phénomènes comme la parenté, l'ethnicité, l'enracinement territorial et une spiritualité commune. Leur cohésion repose sur les notions d'obligation réciproque et de destinée collective. Elles s'appuient sur des liens communautaires qui nourrissent et perpétuent les significations partagées qui sont aux principes d'une culture collective. Relations et communauté sont des fins en soi, et non des moyens.

En revanche, les relations de type marchand sont instrumentales par définition. Leur cohésion ne repose que sur les transactions monétaires entre les parties intéressées. Elle sont fondées sur le contrat et non sur la réciprocité. Elles s'appuient sur des réseaux d'intérêts communs dont la durée d'existence est celle pendant laquelle les parties continuent à honorer leurs obligations contractuelles.

Il est important de distinguer le contrat social du contrat commercial. L'horizon temporel du premier est beaucoup plus étendu et obéit à la coutume d'une part, à un horizon de libération d'autre part. Les contrats sociaux reposent sur l'idée d'une dette à l'égard de nos ancêtres comme des générations futures, ainsi que de la terre et de ses créatures, et sur celle d'une divinité bienveillante. Être membre d'une communauté traditionnelle, c'est exercer un certain contrôle sur son comportement personnel. Les obligations à l'égard d'autrui ont la préséance sur les caprices individuels, et l'appartenance à un organisme social qui transcende l'individu est une garantie de sécurité.

Les contrats commerciaux, en revanche, sont généralement de courte durée. L'histoire ou l'héritage du passé n'y jouent le plus souvent aucun rôle et tout y est évalué en fonction de l'efficacité et du résultat. Les obligations des parties contractantes sont explicites, généralement quantifiables et formulées en termes juridiques dans le texte du contrat.

Dans une relation de type monétaire, nous n'engageons qu'une partie de nous-même. Pour le reste, nous nous sentons libre de toute obligation. C'est le fait d'exercer des choix multiples et de pouvoir nouer et dénouer des relations rapidement sans inconvénient majeur qui offre une garantie de sécurité. Les réseaux commerciaux à travers lesquels s'expriment des relations de type marchand sont censés servir les intérêts des clients et des consommateurs, contrairement aux communautés traditionnelles, dont les membres doivent d'abord servir les intérêts du groupe en tant que tel.

La marchandisation des relations permet de préserver la distance entre les parties contractantes. Dès le départ, on sait que la relation ne repose que sur un vulgaire échange monétaire, et l'expérience vécue par les deux parties est censée être superficielle, purement fonctionnelle et éphémère. Il s'agit d'un processus qui exige une certaine déréalisation de la relation, ce qui en fait un archétype d'expérience simulée. Ainsi, par exemple, quand un serveur plaisante avec un client, tâche de le distraire, se montre soucieux de son confort, se propose de lui venir en aide ou prétend partager ses aspirations, tous deux savent bien que la relation en question n'a rien de sincère. Le flux émotionnel qui passe entre ces deux personnes est en grande partie factice. Il n'est pas offert comme un don, mais exigible en tant que service tarifé.

À l'âge de l'accès, la question cruciale est donc la suivante : quel type d'accès recherchons-nous ? Alors que le marché et le cyberespace envahissent de plus en plus la culture commune et la reproduisent sous forme de productions et de marchandises culturelles, l'expression et l'entretien de relations et de liens communautaires traditionnels rencontrent de moins en moins d'espace et de temps disponibles. Certes, il y a beaucoup à gagner — tant du point de vue intellectuel que du point de vue économique — à organiser l'activité humaine en réseaux et à communiquer à travers les univers virtuels du cyberespace ; mais il y a bien plus à perdre si, ce faisant, l'essentiel de l'activité humaine est absorbé par la sphère marchande. On n'aurait là qu'une définition étroitement mercantile de l'accès. Si cela devait arriver, on peut penser que l'aspiration à l'épanouissement personnel, qui est tellement chère à la postmodernité, s'en trouverait irrémédiablement compromise. Pour comprendre ce risque, il faut nous pencher sur les fonctions respectives de la sphère communautaire et de la sphère marchande et sur les relations que ces deux sphères fort différentes ont entretenu au cours de l'histoire.

En premier lieu, comme nous l'avons brièvement mentionné au chapitre 1, la communication sociale — c'est-à-dire la culture — précède l'activité commerciale. Tout au long de l'histoire, les êtres humains ont toujours commencé par établir des communautés sociales. Celles-ci développent des règles d'interaction sociale, inscrivent leurs membres dans un réseau complexe de réciprocités et sécrètent des relations de confiance. C'est seulement quand ces relations et cette confiance sont consolidées que ces communautés peuvent entrer dans une relation commerciale et établir des échanges marchands. En effet, le marché, de par sa nature même, tend à miner la confiance. L'adage *caveat emptor* (« prends garde au marchand ») est aussi vrai aujourd'hui qu'il l'était du temps des Romains, il y a plus de deux mille ans. Car les marchés sont des institutions dérivées, ils n'existent que pour autant que les réserves de confiance sociale sont suffisantes pour garantir les termes de l'échange. Les entreprises américaines et européennes en ont fait le rude apprentissage à la suite de la chute de l'empire soviétique. Elles se sont ruées en Europe centrale et orientale pour faire des affaires en territoire ex-communiste. Mais elles ont essuyé un grand nombre d'échecs en raison de l'absence d'un niveau suffisant de confiance — ou de « capital social », comme on dit parfois — pour garantir la régularité des échanges. Les communistes avaient en effet éliminé une bonne partie du troisième secteur, cette gamme d'institutions culturelles qui sécrètent de la confiance et permettent au marché de fonctionner. Il était par conséquent fort difficile, voire pratiquement impossible, d'établir des contrats fiables et, quand ils étaient établis, ils étaient souvent inapplicables.

Dans tous les pays, les pouvoirs publics s'emploient essentiellement à promouvoir le premier secteur — le marché — ou le second secteur — l'État —, mais négligent passablement le troisième* — la culture —, car il ne réalisent pas son rôle crucial dans l'instauration de la confiance et le fonctionnement des marchés. Les institutions culturelles d'une société — Églises, organisations laïques, associations, confraternités, clubs sportifs, groupes artistiques et organisations non gouvernementales — sont la véritable source de la confiance sociale. C'est leur existence qui rend possible celle des marchés. Dans les pays et les sociétés où ce troisième secteur est vigoureux et bien développé, les marchés capitalistes prospèrent. Là ou il

* Ce que J. Rifkin entend par « *third sector* » (« troisième secteur » dans les pages qui suivent) ne recouvre pas exactement ce que nous désignons en français par « tiers secteur ». Pour plus de précision, voir la préface de M. Rocard à *La Fin du Travail*, p. X-XVI. *[Ndt]*.

est faible, ils ont généralement des difficultés à fonctionner. Si le troisième secteur devait disparaître du jour au lendemain aux États-Unis, par exemple, il est peu probable que le marché capitaliste — et, en l'occurrence, l'État lui-même — lui survivraient plus de deux semaines. Si la plupart des ultralibéraux, mais aussi une partie de la gauche et de la droite conservatrice, continuent à être convaincus que c'est une économie saine qui nourrit une vie sociale active, c'est le plus souvent le contraire qui est vrai. Pour prospérer pleinement, l'économie doit pouvoir s'appuyer sur la force des liens sociaux et communautaires, seuls créateurs de confiance sociale.

Il existe aux États-Unis dans le troisième secteur plus de 1,14 million d'organisations à but non lucratif, dont le revenu annuel est de 621 milliards de dollars. Près de 7 % de la main-d'œuvre américaine travaille dans ce secteur. En outre, en 1995, 93 millions d'Américains ont consacré bénévolement quatre heures et douze minutes par semaine en moyenne à des activités du troisième secteur. La valeur totale de ce temps de bénévolat est estimée à 201 milliards de dollars [9].

Ce n'est pas seulement aux États-Unis que le troisième secteur représente une force sociale considérable. Une étude comparative menée en 1998 dans 22 pays par le Center for Civil Society de l'université Johns Hopkins y estimait le poids du troisième secteur à plus de 1 000 milliards de dollars. Dans ces 22 pays, le troisième secteur fournit l'équivalent de plus de 19 millions d'emplois à plein temps et représente 10 % de tous les emplois du secteur des services. Les investissements à but non lucratif y comptent pour 4,6 % du PIB brut. Si le troisième secteur de tous ces pays était une économie séparée, elle serait la huitième puissance économique du monde [10].

Les organisations du troisième secteur sont au service de millions d'être humains appartenant à des communautés du monde entier. Ce sont les principales institutions susceptibles de préserver et de renforcer les diverses dimensions des cultures locales. La portée et l'étendue de leurs activités surpassent souvent celles de l'État et du secteur privé. Les organisations du troisième secteur remplissent une bonne partie des fonctions élémentaires indispensables à la survie des sociétés démocratiques. Elles contribuent à la dénonciation des abus de pouvoir et à l'articulation des revendications sociales. Ce sont elles qui tendent une main solidaire aux pauvres et aux immigrants fraîchement débarqués. Ce sont les associations à but non lucratif qui préservent l'histoire et les traditions culturelles d'un peuple en gérant musées et bibliothèques. C'est dans ce type d'institutions que les citoyens apprennent à pratiquer les valeurs civiques et à exercer leurs compétences démocratiques. Les associations religieuses et thérapeutiques du troisième secteur accueillent les individus qui souhaitent explorer la dimension spirituelle de leur vie à l'abri de l'influence de l'État et du marché. Le troisième secteur est aussi un espace social où les individus se détendent, jouent, recherchent la compagnie, nouent des amitiés et s'adonnent aux joies de l'existence et de la nature. En bref, c'est au sein du troisième secteur que les gens élaborent et mettent en pratique les valeurs communes qu'ils ont choisies.

Il est intéressant de constater que des institutions internationales de premier plan comme la Banque mondiale commencent à comprendre la relation entre culture et économie. Pendant des décennies, ces organismes ont financé de coûteux programmes de développement dans les pays émergents en étant persuadés qu'en renforçant l'économie, il favoriseraient le développement social. Après nombre de succès mitigés et d'échecs retentissants, ils ont commencé à réorienter leurs priorités vers des projets de développement social, car ils ont compris que le décollage économique dépendait de la force du lien social, d'une culture vigoureuse, plutôt que le contraire.

Si le système capitaliste continue à absorber des pans entiers de la sphère culturelle sous forme de produits culturels et d'expériences marchandisés, on risque fort de voir la culture s'atrophier au point qu'elle ne sera plus à même de produire suffisamment de capital social et donc de soutenir l'activité économique. Le délicat équilibre entre culture et économie sera rompu si les sources du capital social — qui est le fruit exclusif de la culture mais constitue en même temps le lubrifiant de l'activité économique — se tarissent.

La culture est également le terreau d'une autre valeur sans laquelle la civilisation humaine ne peut pas fonctionner. Robert Jay Lifton souligne que « c'est à travers notre capacité d'empathie que nous affirmons notre commune humanité, en projetant nos pensées et nos sentiments dans l'esprit de nos semblables [11] ». L'empathie est le sentiment sur lequel repose la confiance sociale. Elle requiert que « chacun d'entre nous inclue l'humanité de l'autre dans son propre imaginaire [12] ». Elle est un des sentiments les plus profonds de l'être humain et nourrit les liens de l'intimité et de la civilité. Pour éprouver de l'empathie, chaque individu doit franchir les frontières de son propre moi, se projeter émotionnellement dans la conscience d'autrui et éprouver ses sentiments comme s'ils étaient les siens propres. L'empathie nous amène à partager espoirs et souffrances avec nos semblables. Grâce à elle, nous apprenons à connaître autrui et à nous préoccuper de son sort.

L'empathie est un sentiment qui ne peut se développer qu'en temps réel et dans la proximité d'autrui. Plus nous sommes éloignés de l'expérience vécue de nos semblables, moins nous serons capables d'éprouver des sentiments d'empathie. Quand nous contemplons sur nos écrans de télévision l'horreur d'un massacre au Kosovo ou le spectacle d'une famille somalienne mourant de faim, l'émotion que nous éprouvons n'est pas assez profonde. Mais la présence sur place change la nature de la réaction. Tout d'un coup, les situations et les individus deviennent bien réels, et leurs épreuves ne peuvent que susciter l'empathie.

À partir du moment où une part croissante de l'expérience vécue — en particulier chez les jeunes — se réfugie dans les univers simulés du cyberespace, où elle n'est plus accessible qu'en tant que marchandise culturelle, qu'advient-il des sentiments d'empathie ? Les membres d'une génération qui a grandi devant les écrans et passé le plus clair de son temps à naviguer dans la réalité virtuelle — au sein d'univers ne communiquant entre eux qu'à travers une dense couche d'interfaces technologiques et symboliques — seront-ils capables de ressentir un degré d'empathie suffisant envers leurs semblables ? Comment l'empathie peut-elle s'exprimer dans un monde de simulacres ?

De même, dès lors qu'une bonne partie de l'expérience vécue se détache de la culture et se voit absorbée par la sphère économique, elle est transformée en marchandise et devient totalement imperméable à la notion d'empathie. Une relation prestataire-usager est toujours de nature instrumentale et ne se prête généralement pas à l'empathie. Quand nous consommons notre propre expérience comme un produit tarifé, nous escomptons un taux de retour sur investissement satisfaisant. Dans une relation de type marchand, nous attendons d'autrui qu'il fournisse le service ou exécute la performance pour lequel il est dûment rémunéré. On admettra que ce type de rapport n'est guère propice à l'émergence d'un sentiment d'empathie

Nombre de psychologues et de sociologues commencent à s'inquiéter du fait qu'une génération totalement accoutumée à la fréquentation d'univers simulés et à l'accès payant aux marchandises culturelles et aux expériences vécues risque de ne pas avoir suffisamment de ressources émotionnelles pour être capable d'empathie. Cette inquiétude ne peut que s'accentuer quand ils observent la dislocation croissante de la conscience individuelle — le phénomène des personnalités multiples — chez les membres de la « génération.com », dont nous avons longuement discuté au chapitre 10. Même Lifton, qui salue la nouvelle conscience protéiforme et y voit un mécanisme de survie parfaitement adapté aux exigences d'une réalité postmoderne éminemment complexe et instable, perçoit la possibilité d'une atrophie de la sensibilité humaine. Une génération d'individus incapables de ressentir une véritable empathie à l'égard de leurs semblables ne sera pas en mesure d'engendrer la confiance sociale indispensable à la préservation de la culture.

Le prix de la marchandisation généralisée de l'expérience culturelle risque d'être excessif. Si la culture dépérit, qu'adviendra-t-il de ses deux manifestations les plus importantes, la confiance sociale et l'empathie ? Et si l'accès au cyberespace et à l'économie en réseau se traduit par une déperdition de capital social, quel est le gain réel pour l'humanité ? D'ailleurs, sans confiance et sans empathie, comment préserver l'activité économique elle-même ?

La sphère marchande tente de nous séduire avec une promesse qu'en définitive elle ne peut pas tenir : celle de l'accès à une vie de transformation personnelle et de profonde communion empathique. L'économie peut nous apporter toutes sortes de biens appréciables, comme l'aisance matérielle, les commodités de la vie, certaines formes de connaissance et toute une série d'activités récréatives. Toutes ces choses contribuent certainement pour une large part à la plénitude d'une existence, mais elles ne sauraient remplacer l'essentiel : la confiance sociale et l'empathie, les valeurs et les sentiments qui soutiennent notre culture et définissent notre humanité. En s'employant à nous faire consommer des bribes de culture humaine et d'expérience vécue sous forme de bricolage et de pastiche, la sphère marchande risque d'empoisonner les sources profondes d'où jaillissent ces valeurs et ces sentiments primordiaux.

Revitaliser les cultures

Le succès de cette nouvelle étape du capitalisme risque aussi de semer les germes de sa propre destruction. Si les forces du marché se révèlent capables de déconstruire, retravailler, conditionner et commercialiser ce qui reste de la sphère culturelle en transformant pratiquement toutes les activités humaines en expériences vécues marchandisées, leur victoire sera de courte durée, pour les raisons que nous avons signalées précédemment. L'activité économique est un phénomène dérivé qui dépend de la préexistence de liens sociaux vigoureux reposant sur la confiance et l'empathie.

L'économie est dérivée également dans un autre sens. La production culturelle emprunte toujours sa substance à la sphère culturelle. La sphère marchande ne produit rien par elle-même. La production culturelle a cela en commun avec la production industrielle qu'elle doit exploiter une matière première. Il s'agit dans les deux cas d'une activité extractive, à partir de la culture ou de la nature. Et les ressources culturelles, comme celles de la nature, peuvent être surexploitées. En bref, le marché risque de tuer la poule aux œufs d'or. La diversité culturelle est semblable en cela à la biodiversité. Si la richesse multiforme de l'expérience humaine à travers le monde est exploitée pour un profit à court terme dans la sphère marchande sans qu'on lui laisse le temps de se reproduire, c'est le réservoir d'expérience humaine auquel puise la production culturelle qui est menacé d'assèchement.

Un genre nouveau comme la *world music* illustre bien ce phénomène. Aujourd'hui, plus de 80 % de l'industrie du disque, qui représente un marché de 40 milliards de dollars, sont contrôlés par six entreprises transnationales : Sony (Japon), PolyGram (Pays-Bas), Warner (États-Unis), BMG (Allemagne), Thorn-EMI (Grande-Bretagne) et MCA (Japon) [13]. Constamment à la recherche de nouvelles sonorités, ces firmes ont commencé à explorer les formes de musique traditionnelle des divers peuples qui sont susceptibles d'être soumises à un traitement électronique. Il s'agit de créer un hybride ou une fusion plus adaptés aux oreilles du consommateur contemporain. Le marché des « musiques du monde » ne cesse de croître depuis une dizaine d'années. Les grands magasins de disques comme Borders, aux États-Unis, ont en permanence en stock de 300 à 400 titres. Les Gypsy Kings, le chanteur portoricain Ricky Martin, le Pakistanais Nusrat Fateh Ali Khan, l'Indien Ravi Shankar, la chanteuse capverdienne Cesaria Evora et des dizaines d'autres artistes séduisent de nombreux acheteurs de CD avec leur mélange éclectique de sonorités autochtones et de musique moderne. En 1997 et 1998, la bande sonore des films *Riverdance* et *Lord of the Dance* a créé un boom de la musique celtique. La salsa cubaine, le zouk antillais, le rebetiko grec, le raï algérien et le qawwali indien sont autant d'exemples de musiques locales devenues populaires dans le monde entier.

À l'état autochtone, une bonne partie de cette musique représente une forme de capital culturel, un médium permettant de communiquer les valeurs communes et l'héritage historique d'un peuple. Les musiques autochtones expriment souvent les souffrances d'un groupe humain, ou bien reflètent sa vie spirituelle et ses aspirations politiques. La musique est un véhicule extrêmement efficace des significations sociales. Elle mobilise des sentiments très profonds. Quand elle est réappropriée, conditionnée, marchandisée et commercialisée sous la forme générique de *world music*, le message central qu'elle véhicule est souvent altéré, quand il n'est pas tout simplement évacué. Les spécialistes signalent souvent que la salsa, un genre musical surgi des quartiers pauvres de Cuba et de Porto Rico, et qui exprime la dure réalité de l'existence dans les *barrios* et la fierté de la solidarité latino-américaine, a été émasculée et sentimentalisée pour la rendre plus attrayante et plus digeste pour le public des pays développés. La même chose est arrivée au raï algérien. Originaire des cabarets d'Oran, la deuxième ville d'Algérie, le raï reflétait les troubles économiques et politiques que connaissait le pays. Comme la salsa, le raï a été transformé en marchandise par l'industrie du disque et, ce faisant, son message politique sous-jacent tend à disparaître. Le résultat, écrit l'économiste David Throsby dans le *Rapport culturel mondial 1998* de l'Unesco, c'est que, « si le raï a aujourd'hui une audience internationale, sa capacité de refléter les préoccupations des mouvements d'opposition au système en Algérie ("les jeunes, la classe ouvrière, les chômeurs, les illettrés, les déshérités et tous ceux qui ne supportent plus le régime") est fortement menacée [14] ».

Les défenseurs de la *world music* soutiennent — non sans raison — que, en permettant à un public international d'accéder à ces musiques autochtones, elle encourage une meilleure compréhension et une plus grande tolérance entre les peuples et promeut la coexistence dans un monde multiculturel. Les influences réciproques entre les genres musicaux permettent aussi de créer de nouvelles formes artistiques qui parlent directement aux générations postmodernes, de plus en plus branchées sur les mêmes courants planétaires. Mais d'autres estiment que le véritable effet de la *world music* est d'affaiblir les cultures locales en transformant un outil primordial de la communication de significations culturelles partagées en produit de consommation de masse qui évacue le contenu et le contexte qui font de ces musiques de puissants véhicules du sentiment humain.

Ainsi la musique de gamelan de Bali et Java est aujourd'hui très populaire et peut être achetée dans la plupart des grands magasins de disques. Cette musique est jouée sur des instruments de percussion mélodiques, gongs, métallophones, et tambours, ainsi que des flûtes et des cithares. Des compositeurs américains y ont ajouté une instrumentation moderne, comprenant entre autres des clarinettes et des guitares électriques, pour créer une forme hybride qui a séduit un large public. En Indonésie même, cette musique métissée a trouvé un public enthousiaste et elle est souvent intégrée à la pop locale. Ses défenseurs estiment que cette forme de fusion a donné un nouvelle vie à la musique traditionnelle en l'accordant à la sensibilité d'un public plus jeune. Mais les partisans de la tradition soulignent que les instruments originels du gamelan sont imprégnés de significations magiques et spirituelles et font partie intégrante des rites qui expriment les valeurs et l'héritage communs des peuples de Bali et de Java. Que se passe-t-il, demandent-ils, quand ces instruments sacrés sont sortis de leur contexte et mélangés avec les instruments du rock pour créer un produit de consommation de masse dénué de contenu culturel ? Et que penser des jeunes Balinais et Javanais qui se laissent séduire par ce genre de musique hybride, tout comme d'autres jeunes du monde entier, et la perçoivent comme une pure distraction, sans discerner la signification historique et la valeur culturelle qui lui étaient jadis attachées ?

Ces questions sont d'autant plus pertinentes que l'on sait désormais que les musiques traditionnelles, qui contribuent à la reproduction de la culture locale et des valeurs communautaires, sont soigneusement préservées et transmises de génération en génération, tandis que la musique commerciale est une pure distraction soumise aux caprices de la mode. La sphère marchande est constamment en quête de nouveauté, ce qui signifie que, quand les musiques autochtones sont transformées en *world music*, leur durée de vie risque d'être victime de la volatilité des goûts des consommateurs. Et si, en même temps, la forme originelle authentique de ces musiques et le contexte culturel qui leur a donné naissance sont oubliés, les cultures locales sont sérieusement menacées.

Étant donné que la sphère économique dépend entièrement de la sphère culturelle, elle finira elle aussi par être menacée si les musiques autochtones sont pillées et saccagées par les forces du marché. L'économie aura alors dévoré sa propre base et épuisé les ressources constituées par les sentiments, les valeurs, les expériences et les significations collectives qui fécondent le terreau culturel de l'humanité et qui sont la matière première du processus de marchandisation et d'échange de la sphère économique.

Le phénomène de la *world music* n'est qu'un des symptômes des évolutions massives suscitées par cette transition mondiale de la production de biens et de services à la production culturelle. L'anthropologue mexicain Néstor García Canclini touche le cœur du problème quand il écrit qu'« une fraction croissante de la production adopte une forme de plus en plus industrielle ; elle circule à travers les réseaux de communication transnationaux, elle est consommée par des masses qui apprennent à être les auditeurs de messages déterritorialisés [...]. La jeune génération, en particulier, vit ses pratiques culturelles en fonction des styles et des informations homogénéisés qui sont absorbés par diverses sociétés indépendamment de leur contexte politique, religieux et national [15] ».

Le *Rapport culturel mondial 1998* de l'Unesco définit cette tension croissante entre culture et marché en termes tranchés :

> Les valeurs culturelles sur lesquelles reposent l'identité et la cohésion des cultures locales, régionales et nationales courent le danger d'être submergées par les forces inexorables du marché mondial. Dans ce contexte, on peut se demander comment les sociétés réussiront à gérer le choc de la mondialisation de façon à protéger et renforcer les cultures locales et nationales ainsi que les réserves de créativité qui les alimentent [16].

Le conflit croissant entre marché mondial et cultures locales s'est envenimé depuis quelque temps, en particulier autour des questions de pratiques alimentaires et culinaires. Des franchises internationales comme McDonald's, Burger King, Pizza Hut et Dunkin' Donuts se répandent partout en Europe, en Asie et en Amérique latine. En Europe, la distribution alimentaire est franchisée à seulement 16 %, alors que ce chiffre est de 50 % aux États-Unis. Conscientes d'avoir atteint un niveau de quasi-saturation dans ce pays, ces entreprises cherchent activement de nouveaux marchés pour leurs établissements. En Italie, par exemple, il existe près de 180 000 bars et cafés indépendants, souvent dans une situation financière précaire et donc vulnérables aux offensives d'entreprises américaines comme Starbuck [17]. Pendant l'été 1999, les touristes américains ont eu la surprise de rencontrer un Dunkin' Donuts à quelques centaines de mètres de la célèbre fontaine de Trevise. Dunkin' Donuts, comme d'autres multinationales de l'alimentation rapide, est en train de monter une offensive de grande ampleur sur le marché européen et prévoit d'ouvrir plus de 110 établissements en Allemagne et en Italie dans les années qui viennent [18].

En Europe en particulier, où cuisine et culture sont étroitement liées, l'introduction de ce type de franchises, ainsi que d'aliments modifiés génétiquement en provenance des États-Unis, se heurte à une forte résistance. En France, un McDonald's a été entièrement démonté, et des cultures génétiques de Monsanto ont été détruites dans la campagne anglaise en 1999. Pour le journaliste politique Alain Duhamel, « il s'agit avant tout d'un rejet de la dépossession culturelle et culinaire [19] ».

Les pratiques alimentaires et culinaires sont donc bien actuellement le terrain le plus visible du conflit entre culture et marché. Les Européens, ainsi que d'autres pays du monde, sont inquiets de ce qu'ils appellent la « hollywoodisation » de la nourriture et de la cuisine, la tentative d'imposer un standard mondial homogène aux types de cultures alimentaires plantées dans les champs, aux produits vendus en supermarché et aux préparations offertes dans les restaurants. « La souveraineté culinaire est un impératif », déclare Patrice Vidieu, porte-parole de la Confédération paysanne en France. D'après lui, un nombre croissant d'Européens « rejettent l'idée que le marché doive être la force dominante dans toutes les sociétés et [...] que des multinationales comme McDonald's et Monsanto nous imposent la nourriture que nous consommons et les semences que nous plantons [20] ».

Retrouver un équilibre écologique entre la culture et le marché risque donc d'être une des tâches politiques majeures des années qui viennent. Mais, pour trouver cet équilibre, il convient d'accorder autant d'importance à la revitalisation des cultures locales qu'à garantir l'accès aux marchandises culturelles.

Les nouveaux réseaux commerciaux doivent être compensés par de nouveaux réseaux culturels, les nouvelles expériences virtuelles par de nouvelles expériences réelles, les nouveaux loisirs marchands par de nouveaux rites culturels. Le temps des êtres humains doit être réparti plus équitablement entre les sphères culturelle et économique afin de trouver un juste milieu entre ces deux façons complémentaires, mais souvent contradictoires, d'organiser l'activité et les relations humaines.

Il est d'autant plus important de trouver ce juste milieu que, plus les individus sont connectés sur toutes sortes de réseaux polyvalents, moins ils ont de temps pour le type de relations sociales plus intimes qui ne peuvent avoir lieu qu'en temps réel et dans un face-à-face. Dans un XXIe siècle dominé par des environnements informatisés, le grand défi sera partout de créer de nouvelles opportunités de participation directe avec nos semblables au sein de communautés ancrées dans le territoire. Ne pas répondre à ce défi pourrait déboucher sur une dégénérescence totale de la capacité des êtres humains à communiquer à leurs semblables les dimensions les plus profondes de leur expérience personnelle, et donc sur la perte de leur humanité.

S'il faut revitaliser la culture, ce n'est pas seulement parce qu'elle produit la matière première de la production culturelle ou parce qu'elle engendre la confiance sociale et l'empathie sans lesquelles les marchés ne pourraient pas fonctionner. C'est pour elle-même et dans ses propres termes que la culture mérite d'être revivifiée, car elle est la source de toutes les valeurs humaines. La restauration de la sphère culturelle bénéficiera sans aucun doute à l'activité économique, mais la culture ne peut pas simplement être considérée comme le matériau brut du marché. Ce serait là dévaloriser les significations partagées qu'elle engendre et dont dépend notre humanité, et les considérer comme de simples moyens pour une fin médiocre, la marchandisation de l'expérience vécue sous forme de divertissement et de thérapie individuels.

Dans un monde entièrement connecté, de pur processus et de temporalité sans attaches, il est d'autant plus important de ne pas oublier le territoire. La communication humaine n'a pas seulement besoin de réseaux de transmission électroniques et d'interfaces informatiques. Les formes les plus profondes de communication sont toujours ancrées dans le territoire. Les expériences culturelles peuvent être reproduites et diffusées à travers le monde par les médias et dans le cyberespace, mais plus elles sont retransmises loin de leur lieu d'origine, plus elles perdent de leur puissance expressive en tant que reflet de significations collectives profondément ressenties. Quand des villageois irlandais dansent une danse traditionnelle celtique, ce sont ces sentiments profonds qui passent entre les participants. Mais, à huit mille kilomètres de là, face à un public profane, sur une scène ou un écran de télévision, cette danse n'est guère plus qu'un spectacle comme un autre. Arrachée à son contexte géographique, l'expérience culturelle n'est plus que l'ombre d'elle-même. Sans doute peut-elle encore être appréciée et provoquer du plaisir, mais elle ne peut pas évoquer ce profond sentiment d'un lien avec la terre qui est essentiel dans la danse.

Les vraies cultures sont toutes ancrées dans le territoire, parce que le territoire est le lieu de l'intimité et, sans intimité, il est impossible de créer des liens de confiance sociale et d'engendrer de véritables sentiments d'empathie. Revitaliser la culture signifie donc se soucier au moins autant de l'espace géographique que du cyberespace et de l'appartenance à de véritables communautés que de la participation à des forums de discussion informatiques.

Une nouvelle mission pour l'éducation

Les établissements scolaires des États-Unis commencent à se poser le problème de préparer convenablement leurs étudiants à la réalité mondiale de l'économie en réseau et du cyberespace, et ce sans négliger leur culture générale. Aux États-Unis et dans d'autres pays, on commence à brancher les salles de classe sur Internet et à les équiper de matériel et de logiciels afin d'apprendre aux jeunes à naviguer à travers les univers informatisés du commerce électronique. Cependant, un nombre croissant d'enseignants et de parents s'inquiètent du fait que, si l'expérience éducative de ces enfants se déroule de plus en plus devant un écran ou dans des univers virtuels, ils risquent de ne pas acquérir les compétences sociales nécessaires pour se développer en tant qu'êtres humains accomplis et en tant que citoyens.

Depuis quelques années, une révolution tranquille est en train de bouleverser le système d'éducation aux États-Unis. Elle vise à préparer les jeunes à leurs responsabilités au sein de la société civile et de la civilisation. Elle se développe sous diverses dénominations, « éducation démocratique », « éducation citoyenne », « initiation au service », la plus fréquente étant « éducation civique ». Elle repose sur l'idée que les enfants et les adolescents apprennent mieux et plus si leur éducation n'est pas coupée de l'expérience quotidienne et s'inscrit dans les quartiers et les communautés au sein desquels ils vivent. Ainsi, par exemple, quand ils apprennent les principes de l'écologie ou de la zoologie, ils peuvent bénéficier de programmes dans un centre de réhabilitation de la vie sauvage, une plantation arboricole, un centre d'accueil pour animaux ou une réserve naturelle. L'éducation civique rassemble les élèves, les enseignants, les parents et les associations locales dans une même entreprise pédagogique, tant au niveau de l'élaboration du cursus que de son exécution. Il s'agit de créer un partenariat entre l'école et la communauté et de transmettre à l'élève un savoir qui lui soit utile dans toutes les circonstances de sa vie. L'éducation civique est un mélange sophistiqué d'apprentissage traditionnel, de savoir théorique, de formation à la résolution des problèmes pratiques et d'initiation à la pensée conceptuelle systématique. C'est une véritable révolution pédagogique qui commence à se répandre dans des milliers de districts scolaires et des centaines d'établissements universitaires des États-Unis. Si sa mise en œuvre est couronnée de succès, elle constituera le plus important mouvement de réforme de l'enseignement depuis la veille de la Première Guerre mondiale, époque où le modèle d'efficacité et d'apprentissage abstrait du secteur privé fut introduit dans les écoles américaines.

Les partisans de l'éducation civique estiment que l'accès au savoir disponible dans le cyberespace et les univers virtuels, s'il est incontournable et nécessaire, ne saurait remplacer l'accès au savoir et à la sagesse collectifs portés par les communautés territoriales. Apprendre ne se réduit pas à être capable de cliquer sur la bonne source d'information sur le World Wide Web. C'est aussi communiquer directement et intimement avec les autres dans le temps et dans l'espace concrets. C'est pourquoi l'éducation civique est de plus en perçue comme un complément et un antidote au type de savoir simulé qu'offre le cyberespace. Il est indispensable d'offrir l'accès à ces deux types d'expériences éducatives si nous voulons former une génération de jeunes gens instruits, équilibrés et préparés à remplir leurs obligations envers la société tout autant qu'à saisir les opportunités commerciales du cyberespace.

L'éducation civique part de l'idée que la première mission de l'enseignement est de préparer les élèves à s'orienter dans leur propre culture et à y participer activement. Si elle est mise en œuvre avec rigueur, expliquent ses partisans, et si les élèves, les parents et les associations locales apportent chacun leur contribution à l'expérience pédagogique, les résultats scolaires ne pourront que s'améliorer parce que les élèves trouveront leurs études plus pertinentes, plus agréables et, en fin de compte, plus porteuses de sens dans leur vie quotidienne.

Se centrer sur la production de compétences économiques et professionnelles, comme la plupart des établissements scolaires américains l'ont fait jusqu'ici, c'est mettre la charrue avant les bœufs, estiment les partisans de l'éducation civique. Les jeunes ne peuvent pas se contenter d'apprendre ce qui va leur servir à vendre leur force de travail sur le marché, c'est là une conception qui n'est pas à la hauteur des enjeux du XXIe siècle. Elle fabrique des adultes qui se perçoivent eux-mêmes davantage comme des produits consommables que comme des êtres humains accomplis et des citoyens responsables. Les partisans de l'éducation civique se prononcent en faveur d'un approfondissement de l'identité fondamentale des élèves, en y incluant une prise de conscience de leur rapport à la culture. L'éducation doit nourrir la confiance sociale et l'empathie, rapprocher les hommes entre eux — ainsi que des autres êtres vivants — et faire prendre conscience aux jeunes du rôle crucial de la culture dans la préservation de la civilisation. Les compétences professionnelles, estiment-ils, dépendent des compétences sociales, de même que l'activité économique repose en dernière instance sur la culture. Il ne faut nullement les négliger, mais elle doivent accompagner l'éducation civique plutôt que s'y substituer.

Politiser le troisième secteur

L'éducation civique est un outil essentiel de la restauration d'un équilibre écologique entre culture et marché. Mais ce sont des changements encore plus fondamentaux qui doivent être entrepris si l'on veut réhabiliter la place de la culture dans les rapports humains. Le secteur culturel évolue aujourd'hui dans une espèce de limbe néocolonial entre les secteurs marchand et étatique, bien qu'il soit lui-même le réservoir de sens de ces derniers. Il se voit dépouillé d'une bonne partie de son identité et réduit à la dépendance à l'égard du marché et de l'État. Cette dépendance des institutions culturelles prend diverses formes, qu'il s'agisse des contrats publics et du parrainage de l'État ou de l'activité philanthropique des entreprises, qui répond souvent au désir d'engranger des bénéfices en termes d'image.

La pensée sociale contemporaine se répartit généralement tout au long d'un spectre qui s'étend entre deux pôles, celui de l'État et celui du marché. Le troisième pôle, la culture, est généralement négligé. À de rares exceptions près, elle est reléguée dans les marges et ne joue qu'un rôle mineur dans les décisions importantes qui affectent la vie de la communauté. Mais cette situation est en train de changer. En premier lieu, l'État voit partout son rôle historique diminuer. Nombre de ses fonctions ont été déréglementées et confiées au secteur privé. D'autres ont été considérablement revues à la baisse, même si certains pourraient soutenir qu'il s'agit d'une simple restructuration en vue de plus d'efficacité. Dans tous les cas, l'État intervient beaucoup moins dans les affaires quotidiennes des communautés locales. En même temps, l'activité des entreprises est de moins en moins strictement locale et de plus en plus mondialisée. Nombreuses sont celles qui émigrent du territoire au cyberespace, abandonnant peu à peu leurs points de repère géographiques traditionnels. Tout comme les États, elles se désengagent des affaires locales. Ce désengagement progressif des États et des entreprises à travers le monde crée un vide institutionnel de plus en plus grand. Ce vide est rempli tantôt par un troisième secteur revitalisé, tantôt par un quart secteur plein d'audace englobant l'économie informelle, le marché noir et la délinquance. Dans les années qui viennent, c'est entre ces deux secteurs qu'aura lieu le véritable conflit pour le contrôle d'un territoire partiellement abandonné par l'État et par le marché dans le monde entier. Pour que le troisième secteur l'emporte, il devra se politiser en rassemblant les forces des diverses institutions, activités et groupes d'intérêt qui le composent et en leur instillant la conscience d'une mission commune.

Si le fonctionnement des réseaux mondialisés, du commerce électronique et de la production culturelle représente un aspect du nouvel ordre du jour politique du XXIe siècle, l'autre aspect est la relance d'échanges sociaux approfondis, la recréation des réserves de confiance et de capital social et la restauration du lien social au niveau du territoire. Le grand slogan contestataire d'une époque de plus en plus vouée aux connexions superficielles à court terme, à la réalité virtuelle et à la marchandisation de l'expérience, c'est que la géographie, ça existe, et que la culture, ça compte !

Le conflit entre les forces du marché mondial et les intérêts des cultures locales définit un nouvel ordre du jour politique. Pendant l'ère industrielle, les sensibilités politiques s'alignaient de la droite à la gauche du spectre idéologique et tournaient essentiellement autour de la question de la propriété. La lutte pour la définition des paramètres d'une juste distribution de la propriété a consumé les énergies de nombreuses générations. Ce sont avant tout les conflits de classes qui caractérisent la modernité, la grande bourgeoisie, les classes moyennes, les travailleurs et les exclus luttant chacun en permanence les uns contre les autres autour de l'extraction des ressources matérielles, de la production des biens et des services et de la répartition du patrimoine. Cela fait plus de trois siècles que le problème omniprésent du contrôle des moyens de production et de l'allocation des fruits du travail humain définit la question politique.

À l'âge de l'accès, la division droite-gauche est de plus en plus déplacée par une nouvelle dynamique sociale qui oppose la valeur intrinsèque à la valeur d'usage des ressources de la société. L'identité culturelle, au sens le plus profond du terme, est une question de valeur intrinsèque. Une culture commune n'est jamais un moyen, mais toujours une fin en soi. Les ressources, les activités et les rites culturels ont une valeur en eux-mêmes et par eux-mêmes. Ce ne sont pas des entités réductibles à des critères quantitatifs et commercialisables sur le marché. On ne peut pas évaluer une expérience culturelle collective en dollars sans porter atteinte aux relations de réciprocité qui la nourrissent. Quand la culture perd ses points de repère communautaires et se transforme en distraction commerciale, la source de sa valeur intrinsèque se tarit. Dans le cadre du marché, c'est l'utilité qui est reine.

À un niveau plus profond, le conflit entre culture et marché est donc un conflit entre valeur intrinsèque et valeur d'usage. Au cours des derniers siècles, ces deux valeurs ont chacune joué un rôle dans le discours social, et ce n'est que récemment que la première a été entièrement subordonnée à la seconde. Cette évolution vers un cadre de référence utilitariste témoigne de l'hégémonie croissante de la sphère marchande et du lent déclin de la sphère culturelle.

C'est seulement en faisant des cultures locales une force politique cohérente et consciente d'elle-même qu'on pourra restaurer leur fonction vitale dans la structure des sociétés humaines. Des dizaines de milliers de communautés solidement ancrées dans leur territoire, reposant sur un dense réseau interne de relations sociales et reliées entre elles par une appréhension commune de l'importance de la diversité culturelle, voilà la perspective sociale ambitieuse que nous pouvons opposer à l'hégémonie des réseaux marchands mondialisés du cyberespace.

La préservation de la biodiversité et de la diversité culturelle sont les deux grandes causes sociales du XXIe siècle, et elles sont étroitement liées entre elles. Toutes les cultures ont des racines communes dans la nature, parce que toutes reposent sur un lien intime avec la terre. La musique, le chant, la danse, les contes, les arts, les rites et les fêtes sont profondément liés aux rythmes et aux réalités du monde naturel. Les plantes, les animaux, les paysages, les rythmes circadiens et les changements de saison ont souvent servi d'inspiration et de métaphore au service de formes d'expression culturelles. La plupart des cultures reposent sur un respect et une dévotion durables envers la nature et les sources de la vie. Les nombreuses expressions de la culture contemporaine sont porteuses d'un héritage qui remonte à nos premiers liens avec la terre. En général, les pratiques et les institutions culturelles promeuvent l'affirmation de la vie. Elles expriment notre dette envers la nature et nous font communier avec les grandes forces vitales qui nous entourent et nous englobent. La réaffirmation de la vie est au cœur de ce que j'appelle la valeur intrinsèque. La culture contraste donc nettement avec la sphère marchande, qui réduit tous les phénomènes à de pures valeurs d'usage et ne connaît d'autres normes que celles de l'appropriation et de l'utilité.

Les mouvements en faveur de la diversité culturelle et de la biodiversité travaillent d'ores et déjà main dans la main sur un grand nombre de thèmes, dont l'opposition à l'introduction de cultures génétiquement modifiées, la lutte contre certains aspects des accords de libre-échange internationaux qui menacent tant l'identité environnementale que l'identité culturelle, le soutien aux cultures autochtones et l'encouragement des pratiques agricoles soutenables qui permettent de préserver les écosystèmes locaux. La convergence de ces deux puissants mouvements sociaux exprime la reconnaissance du fait que toute notre vie sociale s'enracine profondément dans le monde naturel. Leur capacité de définir des objectifs communs contribuera à façonner pour une large part les perspectives d'intervention militante du XXIe siècle.

Il vaut la peine de signaler que la politisation des cultures locales peut fonctionner tout à la fois comme une force de contestation de l'économie en réseau mondialisée et comme une condition nécessaire de sa survie. Affaiblir ou éliminer la diversité culturelle, c'est mettre en danger tout le système capitaliste, car l'épuisement de ressources culturelles fondamentales comme la confiance et le capital social aura des répercussions négatives sur l'activité économique. Si tel était notre avenir, ce qui resterait du capitalisme finirait par tomber sous la coupe du quart secteur, comme c'est le cas actuellement en Russie, et ne survivrait essentiellement que sous la forme du marché noir et de l'économie informelle dans un véritable *no man's land* culturel. Par conséquent, pour garantir l'accès à l'économie virtuelle mondialisée, il faut d'abord garantir l'accès à la diversité des cultures locales, qui doivent être reconstruites.

Reste qu'il convient d'être prudent. L'idée de revitaliser la culture peut aussi facilement nous entraîner vers des formes nouvelles et virulentes de fondamentalisme que vers un renouveau de la diversité culturelle. Aujourd'hui, dans le monde entier, les mouvements politiques et religieux de type fondamentaliste sont en plein essor. Partis politiques ultranationalistes, groupes séparatistes, mouvements de purification ethnique et résurgences religieuses représentent une réaction extrême aux forces de la mondialisation et de la postmodernité. Ces mouvements cherchent à couper les ponts avec un monde qu'ils perçoivent comme profondément malade et marqué par le péché. Il essaient de purger les cultures locales des influences contaminantes du reste du monde. Tous les mouvements fondamentalistes reposent en dernière instance sur une mentalité de repli qui se caractérise par un effort frénétique de défendre la « vraie foi » — qu'elle soit de nature idéologique, théologique ou ethnique — contre les traîtres, les infidèles ou autres influences vénéneuses.

Les mouvements fondamentalistes sont toujours profondément ancrés dans leur territoire. De fait, la défense du territoire est le fil rouge qui traverse pratiquement tous leurs discours. Sauver le terroir ancestral, la Terre Sainte ou la patrie, telle est la motivation qui unit les gens dans un combat à mort contre les forces « sataniques ». Au principe de tous ces mouvements fondamentalistes, il y a l'idée de restaurer l'ordre dans un monde chaotique en rétablissant des frontières. C'est bien là la réaction de défense ultime contre un monde de réseaux planétaires sans frontières et de communication généralisée. Les fondamentalistes recherchent la stabilité dans un monde en évolution perpétuelle et tentent de maintenir ce monde à distance en resacralisant le territoire. Dans un univers de plus en plus marqué par la temporalité, ils restent farouchement attachés à la dimension spatiale. Leur perspective est naturellement excluante et ils ne peuvent percevoir la logique de l'accès, sous toutes ses formes, que comme une forme de corruption.

La sensibilité des mouvements fondamentalistes fait qu'ils s'opposent à la plupart des organisations de la société civile (OSC), qui sont également favorables à la revitalisation des cultures locales, mais en étant conscientes du respect dû aux droits et à l'existence des autres cultures dans un monde multiculturel. Le mot d'ordre « Penser globalement, agir localement », s'il sonne un peu comme un cliché pour avoir été tant répété, continue de refléter la conception des organisations du troisième secteur à travers le monde. Tout comme les fondamentalistes, les OSC sont profondément ancrées dans leur territoire et attachées aux cultures locales, mais elles sont également convaincues que c'est la diversité des cultures humaines dans leur totalité qui constitue le milieu écologique commun de l'existence humaine. Ce qui caractérise fondamentalement le mouvement en plein essor des OSC, c'est l'idée de préserver l'identité unique de chaque culture tout en défendant un monde de diversité culturelle.

Le Mahatma Gandhi exprimait sans doute le sentiment de nombre d'OSC actuelles quand il disait : « Je ne veux pas que ma maison soit complètement entourée de murs, ni que mes fenêtres soient calfeutrées. Je veux pouvoir sentir le souffle des cultures du monde entier. Mais je ne veux pas être délogé par une bourrasque culturelle, d'où qu'elle vienne [21]. » Pouvoir librement accéder à toutes les cultures en préservant le caractère et les qualités uniques de sa propre culture, voilà ce qui sépare les OSC des mouvements fondamentalistes. Les perspectives politiques et géopolitiques du XXIe siècle seront largement définies par la capacité de chacune de ces deux forces sociales à mobiliser et politiser les cultures locales.

La dialectique du jeu

La lutte entre les forces du marché mondial et les défenseurs du troisième secteur repose en dernière instance sur la question du contrôle de l'accès aux nombreuses catégories culturelles qui sous-tendent l'*ethos* du jeu au XXIe siècle. Comme nous l'avons vu, pendant l'ère industrielle, les luttes autour de la définition de l'éthique du travail étaient au cœur des enjeux politiques. L'éthique du travail est étroitement liée aux rapports de propriété. Travailler, c'est maîtriser la nature, en exploiter les ressources et fabriquer des biens matériels. La propriété est la forme finale que prend la nature quand elle est dépecée, retravaillée et transformée en marchandise. Elle est la nature retraduite dans le langage de la possession. Pendant l'ère industrielle, le contrôle de l'éthique du travail déterminait en grande partie la distribution de la propriété et la division de la société en classes distinctes.

Avec la transition du capitalisme industriel au capitalisme culturel, l'éthique du travail cède progressivement la place à l'*ethos* du jeu. En effet, la culture est une activité de type ludique. Elle est le libre jeu de l'imagination qui crée des significations partagées. Le jeu est une catégorie fondamentale du comportement humain sans lequel la civilisation serait impossible.

Nous avons déjà examiné la façon dont l'activité économique abandonne de plus en plus les métaphores relevant du travail pour celles relevant du jeu. La nouvelle ère du capitalisme installe le jeu au premier plan des échanges économiques mondiaux. La marchandisation de l'expérience culturelle est en premier lieu une tentative de coloniser tous les aspects ludiques de l'existence et de les transformer en biens de consommation courante. Quant à la logique de l'accès, elle décide de qui a le droit de participer au jeu, et de qui en est exclu.

L'historien néerlandais Johan Huizinga fut le premier à reconnaître l'importance du jeu dans la vie sociale. Il proposait que l'*Homo ludens* se voie accorder le même statut que l'*Homo sapiens* et l'*Homo faber* dans la définition de l'essence de l'être humain. S'il est vrai que d'autres créatures vivantes jouent, l'homme excelle particulièrement dans les activités ludiques [22].

Pour Huizinga, toutes les cultures émergent à travers le jeu : « C'est à travers le jeu que la société exprime son interprétation de la vie et du monde [23]. » Toutes les activités cruciales de la société humaine — le langage, les mythes, les rites, le folklore, la philosophie, la danse, la musique, le théâtre, le droit et même les lois de la guerre — naissent du jeu. D'après l'historien néerlandais, la vie sociale n'est qu'« un immense jeu [24] ».

Pour de nombreux chercheurs — en particulier les économistes —, l'idée que le jeu puisse occuper une place aussi centrale a de quoi susciter la perplexité, tant ils sont convaincus que le travail est l'activité humaine la plus fondamentale. Mais les anthropologues nous rappellent que, dès l'aube de l'humanité et jusqu'à la veille de la révolution industrielle, les êtres humains ont toujours passé plus de temps à jouer qu'à travailler. Au Moyen Âge, par exemple, presque la moitié des jours du calendrier religieux étaient fériés. Quand la République française émit un décret remplaçant le calendrier chrétien par un calendrier laïque contenant beaucoup moins de jours de congé, la paysannerie se révolta et exigea le retour à l'ancien calendrier. C'est seulement pendant l'ère industrielle que le travail en vint à dominer l'activité humaine et que le jeu fut marginalisé.

Les prémisses et les lois qui gouvernent l'activité ludique sont fort différentes de celles qui régissent le travail. En premier lieu, le jeu est une activité agréable. Bien entendu, certaines formes de travail le sont aussi, mais la majorité d'entre elles — 75 % ou plus dans le cas de la société industrielle — sont de nature simple et répétitive, et donc le plus souvent pénibles et ennuyeuses. Ensuite, le jeu est une activité volontaire. On ne peut pas forcer les gens à jouer. Qui se met à jouer le fait par choix. Le travail peut également être une question de choix pour quelques privilégiés — les 20 % de salariés situés au sommet de la pyramide sociale et dont le niveau d'éducation leur permet de jouir d'un profil de carrière extrêmement mobile —, mais, pour la majorité des gens, travailler est une question de survie. Ils n'ont guère le choix et doivent accepter n'importe quel emploi disponible. Et leurs conditions de travail sont souvent oppressantes et dégradantes.

Les véritables activités ludiques ont un caractère profondément participatif, et elles se déroulent en général face à face, dans une atmosphère d'intimité. Le jeu est spontané. Certes les jeux ont des règles — tantôt explicites, tantôt implicites — et sont souvent marqués par leur sérieux et leur tension vers un objectif défini, mais leur cadre est généralement beaucoup moins rigide que celui de la discipline d'atelier ou de bureau. L'atmosphère y est plus intime qu'au travail, plus corporelle, permettant à la gamme tout entière des facultés humaines de s'épanouir. Le jeu est plus souvent une expérience collective qu'un plaisir solitaire. Contrairement au travail, il n'est pas un moyen en vue d'une fin, mais une fin en soi. Le jeu est à lui-même sa propre récompense. Et le jeu spontané — contrairement aux jeux sportifs organisés — n'est pas aussi facilement quantifiable que le travail. Il résiste à la logique cartésienne. Il s'agit de passer un bon moment, pas de produire quelque chose.

Les environnements ludiques se signalent par leur caractère ouvert et accueillant. Même si leurs actions ne sont pas dénuées de conséquences, tous les joueurs s'y sentent libres de s'exprimer jusque dans leurs faiblesses, parce que le jeu est magnanime par nature. « C'était pour de rire » : quel enfant n'a pas eu recours à cette formule en jouant ?

Enfin, les dimensions spatiales et temporelles du jeu sont un autre aspect qui le distingue des activités de travail. Le jeu exige une suspension de la durée ordinaire. L'univers du jeu est un monde atemporel, comme s'en rend bien compte quiconque s'est trouvé absorbé par une activité ludique au point d'en perdre la notion du temps.

L'espace où se déploie le jeu est également souvent fort distinct de celui de la vie ordinaire. Il s'agit d'un environnement presque rituel, où les joueurs obéissent à des règles et à un comportement différents. Les terrains de jeu sont des refuges où les participants peuvent s'assembler sans crainte de représailles. Mais, en même temps, il s'agit souvent d'espaces éphémères. Quand le jeu s'arrête, le terrain de jeu perd sa valeur intrinsèque. Il n'est pas un territoire susceptible d'être possédé, une propriété, mais plutôt un décor fictif accueillant provisoirement un groupe de joueurs. Ainsi, bien qu'il se déploie dans le temps et dans l'espace, le jeu est souvent vécu comme aspatial et atemporel, comme s'il était à la fois de ce monde et d'un autre monde. Le jeu a les pieds sur terre tout en ayant quelque chose d'éthéré et de volatil. Les joueurs se donnent entièrement « pour l'amour du jeu ». Il s'agit de manifester sa joie et d'affirmer son instinct vital. En cela, il contraste fortement avec le travail, dont l'objet et d'exproprier, de dévitaliser, de transformer et de produire.

La modernité a bouleversé la hiérarchie du jeu et du travail. C'est le travail qui est devenu l'arbitre principal de l'activité humaine, tandis que le jeu était relégué au statut d'activité marginale exécutée entre le sommeil et le travail. Cette évolution ne faisait que refléter le changement des rapports entre la sphère marchande et la sphère culturelle. Plus les échanges marchands l'emportaient sur les échanges sociaux, plus le capital économique s'imposait face au capital social, plus le travail prenait de l'importance, tandis que les activités ludiques étaient banalisées en tant qu'activités de loisir.

Mais, de nos jours, le travail est de nouveau en train de perdre du terrain. L'automatisation des processus de production et le fait que le travail humain est de plus en plus remplacé par des technologies intelligentes, qu'il s'agisse de logiciels ou de « biogiciels », libèrent peu à peu l'humanité des chaînes du travail productif. Il n'est plus utopique d'envisager un monde futur où les biens et les services en tous genres seront produits en quantité suffisante pour satisfaire les besoins de la totalité des êtres humains tout en ne requérant qu'une fraction minimale du travail humain disponible. Cette possibilité est déjà une réalité dans le cas de l'agriculture. Le fait est qu'aux États-Unis l'agriculture n'emploie que moins de 2,5 % de la population active, tout en ayant la capacité technologique de nourrir des millions de gens à travers le monde. Malheureusement, nous n'avons pas encore trouvé le moyen de redistribuer les fruits de la prospérité économique de manière plus équitable, et des millions d'individus ne disposent pas d'un revenu et d'un pouvoir d'achat suffisants pour acquérir la nourriture susceptible d'être produite. C'est ainsi que les gouvernements des États-Unis et d'autres pays en sont réduits à payer les agriculteurs pour qu'ils limitent leur production.

Le même phénomène atteint désormais l'industrie traditionnelle, les activités de services et le secteur de l'information, où le progrès technologique accroît les capacités productives tout en éliminant la main-d'œuvre. On peut penser que, grâce aux progrès vertigineux de la productivité permis par les innovations technologiques, la durée de travail, qui approchait les 70 heures ou plus au début de l'ère industrielle et a diminué progressivement jusqu'à 40 heures — 35 en France et en Italie —, continuera à décliner pour atteindre les 30, les 25, voire les 20 heures au cours du XXIe siècle, ce qui réduira considérablement l'importance du travail dans la vie quotidienne des gens.

En même temps, l'expansion régulière de la production et la baisse du coût des biens et des services tendent à saturer les besoins des 20 % d'habitants de la planète qui jouissent de revenus élevés et peuvent s'offrir pratiquement tout ce qu'ils désirent. Pour ces individus, le taux de satisfaction marginale que leur apporte la possibilité de recueillir le fruit de leur travail sous forme d'accumulation de propriété est de plus en plus insignifiant. La réduction du temps de travail et le déclin de l'aspiration exclusive et suffisante à la possession de biens matériels contribuent tous deux à réinstaller le jeu au centre de la condition humaine.

Le jeu est en train d'acquérir au sein de l'économie culturelle la même importance qu'avait le travail dans l'économie industrielle. Mais l'activité ludique telle qu'elle est définie par le marché n'est qu'un pâle simulacre du jeu tel qu'il existe dans la sphère culturelle. En tant que produit de consommation payant, il ne s'agit pas tant d'une expérience sociale que d'une expérience contractuelle. Le caractère participatif du jeu pur y est remplacé par une relation purement monétaire. Les distractions marchandes relèvent de la consommation passive et privée plutôt que de l'expérience active et collective. L'absorption du jeu par les forces du marché menace de dévaloriser sa véritable signification et d'éliminer la sphère culturelle qui se nourrit des activités ludiques.

Le jeu pur constitue la plus haute expression de la liberté humaine — et la liberté ne s'achète pas. Dans ses *Lettres sur l'éducation esthétique de l'homme*, écrites en 1795, Friedrich Schiller soulignait que l'homme « ne joue que quand il est un être humain au plein sens du terme, et il n'est un être humain au plein sens du terme que quand il joue [25] ». Et ce parce que le jeu pur au sein de la sphère culturelle est l'expression suprême du lien social. Si nous jouons les uns avec les autres, c'est par amour de la communication humaine. C'est bien là la forme la plus profonde de participation réciproque entre êtres humains, et c'est l'existence d'une confiance collective qui la rend possible. Chacun des joueurs sent qu'il peut abaisser ses défenses, s'abandonner momentanément au bon vouloir de ses semblables pour faire l'expérience de la joie qui émane de cette communion. On ne peut pas vraiment jouer tout seul, de même qu'on ne peut pas vraiment être joyeux tout seul. Il s'agit dans les deux cas d'expériences partagées. Même quand nous marchons seuls dans la forêt, la joie de la contemplation repose sur un sentiment de communion profonde et inaltérable avec les forces de la vie qui nous entourent.

La liberté et le jeu se nourrissent donc du même sol. C'est à travers l'expérience du jeu pur dans la sphère culturelle que l'individu apprend à communiquer pleinement avec ses semblables. C'est en éprouvant le plaisir de l'interaction réciproque que nous devenons vraiment humains. Les individus ne peuvent être vraiment libres tant qu'il n'entrent pas dans une relation purement ludique. Jean-Paul Sartre disait que « quand l'homme s'appréhende comme libre et souhaite faire usage de sa liberté [...], alors son activité est le jeu ».

N'oublions pas que, pendant la majeure partie de l'ère moderne, nous avons associé la liberté à l'autonomie, et l'autonomie à la capacité de vendre notre force de travail sur le marché. Le fruit de ce travail, la propriété, était considéré comme le symbole de notre liberté. Le droit d'exclure les autres de la jouissance de nos possessions était perçu comme la meilleure façon de protéger notre autonomie et notre liberté personnelle. Mais la vraie liberté naît du partage, et non de la possession. On ne peut pas être vraiment libre si l'on est incapable de partager et d'éprouver un sentiment d'empathie et d'ouverture envers ses semblables.

Le jeu dans toute sa maturité, au contraire du divertissement passif, se déploie toujours au sein de la sphère culturelle. Quand les individus entrent volontairement en interaction dans le cadre d'associations civiques, religieuses, artistiques, sportives, environnementalistes ou pour la justice sociale, il s'agit aussi d'une forme de jeu. Leurs échanges sociaux créent des îlots de confiance collective et renouvellent les réserves de capital social. Le jeu rassemble les individus dans une ambiance communautaire. C'est la forme de communication humaine tout à la fois la plus intime et la plus sophistiquée. Le jeu est également l'antidote à l'exercice incontrôlé du pouvoir institutionnel, qu'il soit de nature économique ou politique.

L'idée même qu'il existerait un pouvoir du jeu ne peut que susciter un soupir de condescendance de la part de certains analystes du pouvoir. Et pourtant, le système capitaliste considère le jeu comme l'ultime frontière de l'économie. Les villes-musées, les communautés résidentielles fermées, les complexes de loisir, les centres commerciaux, le tourisme, la mode, la cuisine, le sport, le cinéma, la télévision, les univers virtuels et les simulations d'expériences en tout genre constituent le nouveau stade du développement capitaliste. Il n'y a rien de critiquable en soi dans le fait de payer pour pouvoir jouer au sein de la sphère marchande, mais, quand cette forme commerciale du jeu remplace entièrement l'activité ludique dans son intégrité en tant que forme culturelle, c'est toute notre civilisation qui risque d'être sérieusement menacée.

Il ne suffit donc pas de débattre de la question de l'accès à la sphère marchande. Certes il est important de proposer une formation généralisée pour que tout le monde sache se servir d'un ordinateur et soit capable de frayer sa voie à travers le cyberespace, mais cela ne suffit pas à résoudre les questions fondamentales que pose l'âge de l'accès, pas plus qu'à garantir un revenu et un niveau de vie suffisants pour que tous puissent payer le prix d'entrée aux nouveaux univers informatisés du XXIe siècle. Tout cela ne résout nullement la question de l'avenir de la civilisation.

Si on veut garantir l'accès à la nouvelle économie mondiale en réseau, il faut aussi préserver la diversité et la vigueur des cultures locales. Les forces du marché, si elles ne sont pas contenues, pourraient en arriver à coloniser entièrement la sphère culturelle et la transformer en un kaléidoscope de divertissements mercantiles, d'expériences simulées et de relations tarifées. Perdre l'accès à la riche diversité culturelle que nous lèguent des milliers d'années d'expérience vécue aurait sur notre avenir, notre épanouissement et nos perspectives de survie des conséquences aussi dévastatrices que la perte de la biodiversité. Retrouver un équilibre écologique entre culture et marché est une des tâches les plus urgentes du nouveau siècle — une tâche que les générations qui viennent devront entreprendre avec la même passion et la même conviction que les écologistes d'aujourd'hui dans leur tentative de trouver un équilibre entre l'économie de la nature et l'économie humaine.

À l'âge de l'accès, chacun de nous est obligé de se poser des questions élémentaires sur la façon dont nous souhaitons réorganiser nos relations les plus fondamentales avec nos semblables. Ce que la logique de l'accès détermine en fin de compte, c'est la nature et le degré de notre participation au monde. Il ne s'agit pas seulement de savoir qui a accès à quoi, mais quels types d'expériences et de champs d'activité méritent qu'on souhaite y avoir accès. La réponse à cette question déterminera la nature de la société que nous construirons pour nous-mêmes et nos enfants au XXIe siècle.

Notes

Chapitre 1

1. Jean-Christophe Agnew, *Worlds Apart : The Market and the Theater in Anglo-American Thought 1550-1750*, Cambridge University Press, Cambridge, 1986, p. 41-42, 52-53, 56.

Chapitre 2

1. Nathaniel Hawthorne, *The House of the Seven Gables*, Riverside Press, Cambridge, MA, 1932, p. 313.
2. Steven E. Miller, *Civilizing Cyberspace : Policy, Power and the Information Superhighway*, Addison Wesley, New York, 1996, p. 44-45.
3. *Ibid.*, p. 46.
4. James Gleick, *in New York Times Magazine*, cité *in* Miller, *Civilizing Cyberspace*, p. 47.
5. Kevin Kelly, *New Rules for the New Economy : 10 Radical Strategies for a Connected World*, Viking, New York, 1998, p. 73 ; « The Global Internet », *Internet Economy Indicators*, 1999, http ://www.internetindicators.com/index.html.
6. Beth Belton, « Internet Generated $301 billions in Last Year », *USA Today*, 11 juin 1999, p. 1 ; « Indicators Report », *Internet Economy Indicators*, 1999.

7. Miller, *Civilizing Cyberspace*, p. 38-39.

8. *Ibid.*, p. 39.

9. Steven Bell, Stan Dolberg, Shah Cheema et Jeremy Sharrard, « Resizing On-line Business Trade », *The Forrester Report*, novembre1998, p. 1-2.

10. Kevin Kelly, *Out of Control : The Rise of the Neo-Biological Civilization*, Addison-Wesley, Reading, MA, 1994, p. 201.

11. Adam Smith, *An Inquiry into the Nature and Causes of the Wealth of Nations*, vol. 1, éd. Edwin Cannon, Methuen, Londres, 1961, p. 475.

12. Manuel Castells, *The Information Age : Economy, Society and Culture*, Blackwell Publishers, Cambridge, MA, vol.1. *The Rise of the Network Society*, p. 191.

13. Larry Downes et Chunka Mui, *Unleashing the Killer App : Digital Strategies for Market Dominance*, Harvard Business School Press, Boston, 1998, p. 5, 21, 23.

14. *Ibid.*, p. 21-22.

15. *Ibid.*, p. 21, 23.

16. Rashi Glazer, « Marketing in an Information-Intensive Environment : Strategic Implications of Knowledge as an Asset », *Journal of Marketing*, n° 55, octobre 1991, p. 7.

17. *Ibid.*

18. *Ibid.* ; William Greider, *One World, Ready or Not : The Manic Logic of Global Capitalism*, Simon & Schuster, New York, 1997, p. 47 ; Don Tapscott, *The Digital Economy : Promise and Peril in the Age of Networked Intelligence*, McGraw-Hill, New York, 1996, p. 81, 152.

19. George B. Rathman, « Biotechnology Case Study », *in* Mitchel B. Wallerstein, Mary Ellen Mogee et Roberta A. Schoen (éds.), *Global Dimensions of Intellectual Property Rights in Science and Technology*, National Academy Press, Washington, DC., 1993, p. 325 ; T. Michael Nevens, Gregory L. Summe et Bro Uttal, « Commercializing Technology : What the Best Companies Do », *Harvard Business Review*, mai-juin 1990, p. 155.

20. Michael Borrus, « Global Intellectual Property Rights Issues in Perspective : A Concluding Panel Discussion », *in* Wallerstein *et al.* (éds.), *Global Dimensions of Intellectual Property Rights*, p. 373-374.

21. Tapscott, *The Digital Economy*, p. 60.

22. *Ibid.*

23. Steven L. Goldman, Roger N. Nagel et Kenneth Preiss, *Agile Competitors and Virtual Organizations : Strategies for Enriching the Customer*, Van Nostrand Reinhold, New York, 1995, p. 19.

24. Preston G. Smith et Donald G. Reinertsen, *Developing Products in Half the Time*, Van Nostrand Reinhold, New York, 1995, p. 12.

25. John Markoff, « A Quicker Pace Means No Peace in the Valley », *New York Times*, 3 juin 1996, p. D8.

26. Tapscott, *The Digital Economy*, p. 63.

27. *Ibid.*, p. 60.

28. Alvin et Heidi Toffler, *Creating a New Civilization : The Politics of the Third Wave*, The Progress & Freedom Foundation, Washington, DC, 1994, p. 29-30.

29. Walter W. Powell, « Neither Market Nor Hierarchy : Network Forms of Organization », *Research in Organizational Behavior*, n° 12, 1990, p. 296-326 ; Cristiano Antonelli, *The Economics of Information Networks*, Elsevier Science Publishing Co., Inc., New York, 1992, p. 55-56, 60.

30. Benjamin B. Hampton, *History of the American Film Industry : From its Beginnings to 1931*, Dover, New York, 1970.

31. Michael Storper, « The Transition to Flexible Specialization in the US Film Industry : External Economics. The Division of Labor and de Crossing of Industrial Divides », *Cambridge Journal of Economics*, n° 13, 1989, p. 278.

32. *Ibid.*, p. 278-279.

33. Michael Storper et Susan Chistopherson, « The Effects of Flexible Specialization on Industrial Politics and the Labor Market : The Motion Picture Industry », *Industrial and Labor Relations Review*, avril 1989, p. 334 ; Storper, « The Transition to Flexible Specialization », p. 279.

34. Joel Kotlin et David Friedman, « Why Every Business Will Be Like Show Business », *Inc.*, mars 1995, p. 66.

35. Storper, « The Transition to Flexible Specialization », p. 286.

36. Asu Aksoy et Kevin Robins, « Hollywood for the 21st Century : Global Competition for Critical Mass in Image Markets », *Cambridge Journal of Economics*, n° 16, 1992, p. 9.

37. *Ibid.*

38. Kotlin et Friedman, « Why Every Business Will Be Like Show Business », p. 66.

39. Geoffrey Owen et Louise Kehoe, « A Hotbed of High-Tech », *Financial Times*, 28 juin 1992.

40. John Kao, *Jamming : The Art and Discipline of Business Creativity*, HarperCollins, New York, 1996, p. 124.

41. Tom Peters, *Liberation Management : Necessary Disorganization for the Nanosecond Nineties*, Alfred A. Knopf, New York, 1992, p. 12.

42. Powell, « Neither Market Nor Hierarchy », p. 308.

Chapitre 3

1. Alan Greenspan, président de la réserve fédérale, 80th Anniversary Awards Dinner of the Conference Board, New York, 16 octobre 1996, http ://www.bog.frb.fed.us/boarddocs/speeches/1996/19961016.htm.

2. Diane Coyle, *The Weightless World : Strategies for Managing the Digital Economy*, MIT Press, Cambridge, MA, 1997, p. VIII

3. Thomas A. Stewart, *Intellectual Capital : New Wealth of Organizations*, Doubleday/Currency, New York, 1997, p. 12.

4. George Gilder, *Microcosm : The Quantum Revolution in Economics and Technology*, Simon & Schuster, New York, 1989, p. 354.

5. Fallon McElligott, « The New Workplace : Walls Are Falling as the "Office of the Future" Finally Takes Shape », *Business Week*, 29 avril 1996, p. 112.

6. *Ibid.*, p. 113.

7. *Ibid.*

8. Paul Tylor, « As the Information Revolution Gathers Pace, the "Virtual Office" Will Become the Norm in Many Industries », *Financial Times*, 23 septembre 1998.

9. *Ibid.*

10. Stewart, *Intellectual Capital*, p. 26.

11. Stephen P. Bradley, Jerry A. Hausman et Richard Nolan (éds.), *Globalization, Technology and Competition : The Fusion of Computers and Telecommunications in the 1990s*, Harvard Business School Press, Cambridge, MA, p. 129.

12. Matt Richtel, « Sony Plans to Distribute Music On-Line This Summer », *New York Times*, 12 mai 1999 ; Alice Rawsthorn, « Global Internet Music Sales to Reach $4 Billions in Five Years », *Financial Times*, 12 mai 1999, p. C2.

13. Heather Green et Seanna Browder, « Cyberspace Winners : How They Did It », *Business Week*, http ://www.businessweek.com/1998/25/b3583023.htm.

14. *Ibid.*

15. Laura Zimm, Gail DeGeorge et Rochelle Shoretz, « Retailing Will Never Be the Same », *Business Week*, 26 juillet 1993, p. 56 ; Gretchen Morgenson, « The Fall of the Mall », *Forbes*, 24 mai 1993, p. 107.

16. Nanette Byrnes et Paul C. Judge, « Internet Anxiety » *Business Week*, 28 juillet 1999, p. 78-83.

17. Fernand Braudel, *Les Structures du quotidien*, Armand Colin Paris, 1986.

18. Joel Kurtzman, *The Death of Money : How the Electronic Economy Has Destabilized the World's Markets and Created Financial Chaos*, Simon & Schuster, New York, 1993, p. 17.

19. *Ibid.*, p. 15-16.

20. *Ibid.*, p. 16.

21. *Ibid.*, p. 60-61.

22. James Gleick, « Dead as a Dollar », *New York Times Magazine*, 16 juin 1996, p. 26.

23. William J. Mitchell, *City of Bits : Space, Place and the Infobahn*, MIT Press, Cambridge, MA, 1995, p. 81 ; Robert P. Borone, « The Bank and Its Customer : Tomorrow's Virtual Reality Bank », *Vital Speeches of the Day*, n° 59, 15 février 1993, p. 284.

24. Gleick, « Dead is a Dollar », p. 26.

25. William Leach, *Land of Desire : Merchants, Power and the Rise of a New American Culture*, Vintage Books, New York, 1993, p. 124, 127.

26. George Fitch, « Charge It », *Credit World*, n° 5, avril 1915, p. 30.

27. « A Big Store's Advertising », *Merchants Record and Show Window*, n° 47, novembre 1920, p. 5, 48 ; *Merchants Record and Show Window*, n° 79, novembre 1936, p. 3.

28. Rolf Nugent, *Consumer Credit and Economic Stability*, Russell Sage Foundation, New York, 1939, p. 96.

29. Winifred Wandersee, *Women's Work and Family Values, 1920-1940*, Harvard University Press, Cambridge, MA., 1981, p. 16-17.

30. Geoffrey Moore, « Changes in the Quality of Credit », *Journal of Finance*, mai 1956, p. 288-300.

31. Roland Vaile, *Research Memorandum on Social Aspects of Consumption in the Depression*, Social Science Research Council, New York, 1937, p. 19, 28.

32. James Grant, *Money of the Mind : Borrowing and Lending in America 'From the Civil War to Michael Milkin*, Farrar, Straus and Giroux, New York, 1992, p. 300, 306-307.

33. James Medoff et Andrew Harless, *The Indebted Society*, Little, Brown & Company, Boston, 1996, p. 11.

34. Stephen Brobeck, « The Consumer Impacts of Expanding Credit Card Debt », *Consumer Federation of America*, février 1997, p. 1.

35. Silvia Nasar, « The Economists Simply Shrug as Savings Rate Declines », *New York Times*, 21 décembre 1998, p. A14.

36. Alfred L. Malabre, *Beyond Our Means : How Reckless Borrowing Now Threatens to Overwhelm US*, Vintage Books, New York, 1987, p. 4, 21, 27 ; Robert Kuttner, « Booming on Borrowed Cash », *Washington Post*, 1er janvier 1999, p. A 25 ; Stephen S. Roach, « Spending Ourselves Into Oblivion », *New York Times*, 11 décembre 1998, p. A31.

37. Brobeck, « The Consumer Impacts of Expanding Credit Card Debt », p. 2.

38. Saul Hansell, « Personal Bankruptcies Surging as Economy Hums », *New York Times*, 25 août 1996, p. 1, 38.

39. Matt Murray, « Percentage of Credit-Card Accounts That Are Past Due Rose a Bit in Quarter », *Wall Street Journal*, 17 juin 1998, p. A9.

40. Lester C. Thurow, « The Boom That Wasn't », *New York Times*, 18 janvier 1999, p. A19.

41. *Ibid.*

42. Kathy Bergen, « Bankruptcy Becoming Prosperity's Partner : Largely a Declaration of the Middle Class », *Chicago Tribune*, 5 juillet 1998.

43. Jacob M. Schlesinger, « As Bankruptcies Surge, Creditors Lobby Hard to Get Tougher Laws : But Whether Many People Shirk Bills They Can Pay Remains Open to Debate, Changing the Lenders Image », *Wall Street Journal*, 17 juin 1998 ; Bergen, « Bankruptcy Becoming Prosperity's Partner », p. A1, A9.

44. Stanley M. Davis et Christopher Meyer, *Blur : The Speed of Change in the Connected Economy*, Capstone Publishing Ltd., Oxford, 1998, p. 182.

45. *Ibid.*, p. 183.

46. *Ibid.*

47. *Ibid.*, p. 191.

48. Thomas A. Stewart, « The Coins in the Knowledge Bank : Accounting for Intangible Intellectual Assets of a Firm », *Fortune* 133, nº 3, 19 février, 1996, p. 101.

49. Equipment Leasing Association, « Professor Lessor », http ://elaonline.com/proflesr.htm ; Equipment Leasing Association,

« Facts About the Equipment Leasing and Finance Industry », http ://www.elaonline.com/dindfacts.htm.

50. « Significance & Growth of Leasing : Advantages & Disadvantages of Leasing », *Leasing in Industry – Studies in Business Policy*, n° 127, A Research Report from the Conference Board.

51. Elnora M. Uzzelle, « American Equipment Companies Should Consider the International Arena », *Business America*, 28 juin 1993, p. 11-12 ; Equipment Leasing Association, « Professor Lessor ».

52. Kundapur V. Kamath, Sanjiv A. Kerkar et Tumu Viswanath, *The Principles & Practices of Leasing*, Lease Asia, Croydon, Surrey, England, p. 3.

53. *Ibid.*, p. 4.

54. *Ibid.*, p. 8-9.

55. Michael Berke, *Selling Equipment Leasing*, AMACOM, New York, 1994, p. 5.

56. *Ibid.*, p. 9-10.

57. Equipment Leasing Association, « Facts About the Equipment Leasing and Finance Industry ».

58. Peggy Wallace, « Leasing Allows Swapping Up Before Value Drops », *Infoworld*, 9 mai 1994, p. 71.

59. David S. Glick, « The Leasing Generation : Leasing Enters the Nineties with a Record of Strong Growth Based on the Benefits It Offers to a Wide Range of Businesses », supplément publicitaire spécial de *Forbes*, 19 février 1990, p. A10.

60. David J. Porter « World Leasing Motors On : Europe Still in the Pits », *in World Leasing Yearbook 1995*, éd. Adrian Hornbrook, Grange Press, Sussex UK, 1995, p. 3.

61. *Ibid.*

62. Sallye Salter, « Today's Topic : Commercial Real Estate », *Atlanta Journal and Constitution*, 16 avril 1998, p. 2F.

63. David Dabby et Rick Smith, « Retail Properties Hot Commodities in Broward County », *Sun-Sentinel*, 12 août 1996, p. 12.

64. Donna Harris, « Real Estate Trusts Give Dealers a New Path ; Potamkin Joins », *Automotive News*, n° 5739, 10 novembre 1997, p. 1.

65. Jeremy Kahn, « Disownership Is Everything : Dumping Corporate Real Estate-for Profit », *Fortune* 137, n° 6, mars 1998, p. 44.

66. Richard Whiteley et Dianne Jessan, *Customer Centered Growth : Five Proven Strategies for Building Competitive Advantage*, Addison-Wesley, New York, 1996, p. 37.

67. Outsourcing Institute, « Three Major Areas Companies Outsource », http ://www.outsourcing.com/howandwhy/areas.main.htm.

68. Everest Software Corporation, « Industry IS Spending : An Informational Study on IS Spending in Various Industries », http ://www.outsourcing-mgmt.com/industry/who-2.html#start.

69. Jo Ann Davy, « Outsourcing Human Resources Headaches », *Managing Office Technology* 43, n° 7, septembre 1998, p. 6 ; « Outsourcing Can Broost Profitability », *USA Today* 127, n° 2639, août 1998, p. 3.

70. Everest Software Corporation, « Industry IS Spending ».

71. Whiteley et Hessan, *Customer Centered Growth*, p. 37.

72. Joe Vales, « BPO Solutions : New Landmark Survey Demonstrates BPO Growth », *InfoServer : The Journal for Strategic Outsourcing Information*, mai 1998, http ://www.infoserver.com/may1998/htm/bpo4.html.

73. Michael J. Mandel, Peter Coy, Pete Engardio et Karen Pennar, « The 21st Century Economy : Volatility Is Here to Stay, But Technology and Globalization Will Spur Robust Growth », *Business Week*, 24-31 août 1998, p. 110.

74. Saul Hansell, « Is This the Factory of the Future ? » *New York Times*, 26 juillet 1998, section 3, p. 1.

75. James Brian Quinn, *Intelligent Enterprise : A Knowledge and Service Base Paradigm for Industry*, The Free Press, New York, 1992, p. 39, 43, 45-46, 60-64 ; Larry Downes et Chunka Mui, *Unleashing the Killer App : Digital Strategies for Market Dominance*, Harvard Business School Press, Boston, 1998, p. 201.

76. Jo-Ann Mort, « Sweated Shopping », *Guardian*, 8 septembre 1997, p. 11 ; Bob Egelko, « Suit Accuses Nike of Violating California's False-Advertising Law », *Associated Press*, 21 avril 1998 ; Dion V. Haynes, « Nike Hit with Suit on Labor Practices », *Chicago Tribune*, 12 avril 1998, business section, p. 1 ; Tammara Porter, « Teens Find Alleged Nike Labor Practices Unfair, But Wait to Act », *Minneapolis Star Tribune*, 7 juillet 1997, p. 6B ; David Meggyesy, « Superrich Superstars in Sports, Moral Jellyfish in Life », *Los Angeles Times*, 17 octobre 1997, p. B9.

77. Paul Klebnikov, « Focus, Focus », *Forbes*, 11 septembre 1995, p. 42-43 ; Julia King, « Outsourcer : No Money Down », *Computerworld* 32, n° 27, juillet 1998, p. 2-3.

78. King, « Outsourcer », p. 2.

79. Cité *in* William H. Davidow et Michael S. Malone, *The Virtual Corporation : Structuring and Revitalizing the Corporation for the 21st Century*, HarperCollins, New York, 1992, p. 6.

80. Davidow et Malone, *The Virtual Corporation*, p. 7.

81. Stewart, *Intellectual Capital*, p. 33 ; John Plender, « Unbearable Lightness of Being : Never Has So Much Stock Value Been Supported by So Few Tangible Assets », *Financial Times*, 8 décembre 1998.

82. Fred Moody, « Mr. Software », *New York Times Magazine*, 25 août 1991, p. 56.

83. Margaret M. Blair, Ownership and Control : Rethinking Corporate Governances for the Twenty-First Century, Brookings Institution, Washington DC., 1995, p. 234.

84. Stewart, Intellectual Capital, p. 63.

85. Plender, « Unbearable Lightness of Being » ; Jeffrey M. Laderman, « Are Stocks Overpriced – Or the Yardstick Flawed ? », *Business Week*, 15 juillet 1996, p. 82.

86. Davis et Meyer, *Blur*, p. 102.

87. George Gilder, « The Fiber Baron », *Wall Street Journal*, 3 octobre 1997, p. A22.

88. Stewart, *Intellectual Capital*, p. 36.

89. Thomas A. Stewart, « Intellectual Capital », *Fortune*, 3 octobre 1994, p. 68.

90. Mandel *et al.*, « The 21st Century Economy », p. 63.

91. William H. Davidow, « Why Profits Don't Matter : Until We Measure Intangible Assets Like Goodwill & Management Savvy, Bottom Lines Won't Mean Much », *Forbes* 157, n° 7, avril 1996, p. S24 ; Michael Malone, « New Metrics for a New Age », *Forbes* 159, n° 7, avril 1997, p. S40.

92. Malone, « New Metrics for a New Age », p. S40 ; Baruch Lev, « The Old Rules No Longer Apply : Accounting Needs New Standards for Capitalizing Intangibles », *Forbes* 159, n° 7, avril 1997, p. S34.

Chapitre 4

1. Thomas S. Dicke, *Franchising in America : The Development of a Business Method, 1840-1980*, University of North Carolina Press, Chapel Hill, NC, 1992, p. 3.

2. David Segal, « Franchisees Unite to Fight for Their Lives : Judgments Against Parent Companies Tip Balance of Power », *Washington Post*, 17 avril 1997, p. A1, A20.

3. Info Franchise News Inc., « What Is Franchising ? », http ://www.vaxxine.com/franchise/what.html ; « Hot Franchising Trends », *The Info Franchise Newsletter* 22, n° 1, janvier 1998, http ://www.vaxxine.com/franchise/newsletter/jan98.html ; John Stanworth et Brian Smith, *The Barclays Guide to Franchising for the Small Business*, Blackwell, Oxford, 1991, p. 26.

4. Conversation avec Katrina Schymic, directrice exécutive du Franchise Business Network et du Franchise World Resource Center, International Franchise Association, 20 mai 1998 ; William B. Cherkasky, « Introduction to Franchising and the International Franchise Association », *in The Franchising Handbook*, éd. Andrew J. Sherman, American Management Association, New York, 1993, p. 4.

5. Segal, « Franchisees Unite to Fight for Their Lives », Cherkasky, « Introduction to Franchising », p. 6.

6. Cherkasky, « Introduction to Franchising », p. 4, 6 ; Segal, « Franchisees Unite to Fight for Their Lives », p. A1.

7. Leonard N. Swartz, « Franchising World : Exploring Global Franchise Trends », *International Franchise Association News*, avril 1997, http ://www.franchise.org/news/fw/marapr97b.asp.

8. E. O. Wright, « Class Boundaries in Advanced Capitalist Societies », *New Left Review*, n° 98, juillet-août 1976, p. 37-38.

9. Jan Kirkham et Timothy McGowan, « Strengthening and Supporting the Franchising System », *in The Franchising Handbook*, p. 11.

10. *Ibid.*

11. *Ibid.*, p. 12.

12. *Ibid.* ; Dicke, *Franchising in America*, p. 3 ; Alan Felstead, *The Corporate Paradox : Power and Control in the Business Franchise*, Routledge, New York, 1993, p. 111.

13. John F. Love, *McDonald's : Behind the Arches*, Bantam Press, Londres, 1987, p. 156-157.

14. Felstead, *The Corporate Paradox*, p. 112.

15. *Ibid.*, p. 112-113.

16. Theodore Levitt, « Production-Line Approach to Service », *Harvard Business Review* 5, n° 5, septembre-octobre 1972, p. 41-52 ; Love, McDonald's, chapitre 14 ; Felstead, *The Corporate Paradox*, p. 118.

17. Felstead, *The Corporate Paradox*, p. 119-120.

18. *Ibid.*, p. 101-103.

19. *Ibid.*, p. 114.

20. *Ibid.*, p. 203.

21. *General Electric Co. v. De Forest Radio Co. et al.*, nº 3654, Circuit Court of Appeals, Third Circuit, 28F.2d 641, 1928 U.S. Ap.LEXIS 2406, 18 septembre 1928.

22. Rural Advancement Foundation International, « The Gene Giants : Masters of the Universe ? », *RAFI Communique*, mars-avril 1999, p. 6.

23. Rural Advancement Foundation International, « Seed Industry Consolidation : Who Owns Whom ? », *RAFI Communique*, juillet-août 1998, p. 2.

24. *Ibid.*

25. *Ibid.*

26. *Ibid.*

27. Bernard Le Buanec, secrétaire général de la Fédération internationale du commerce des semences, discours du 16 janvier 1998, cité *in* Rural Advancement Foundation International, « The Gene Giants : Masters of the Universe ? », p. 4.

28. Michael Pollan, « Playing God in the Garden », *New York Times Magazine*, 25 octobre 1998, p. 44-51, 62-63, 82, 92.

29. Curt Anderson, « Sterile Seeds Patent Sparks Debate », *Associated Press*, 23 mai 1998 ; « Biotechnology : Sowing Seeds of Discontent », *St. Louis Post-Dispatch*, 13 novembre 1998, p. C16.

30. Leora Broydo, « A Seedy Business : A New « Terminator » Technology Will Make Crops Sterile & Force Farmers to Buy Seeds More Often – So Why Did the USDA Invent It ? », *Mother Jones Interactive*, 7 avril 1998, http ://bsd.mojones.com/news_wire/broydo.html.

31. « Biotechnology : Sowing Seeds of Discontent », p. C16.

32. *Ibid.*

33. *Moore v The Regents of the University of California et al.*, Supreme Court of the State of California, p. 23.

34. John Schwartz, « For Sale in Iceland : A Nation's Genetic Code », Washington Post, 12 janvier 1999, p. A1.

35. Seth Shulman, *Owning the Future*, Houghton Mifflin, Boston, 1999, p. 190.

Chapitre 5

1. Art Spinella, « Leasing's Share of Market Slows a Bit in 1998 », *Leasing News*, septembre 1998, http ://www.leasesource.com/newsroom/body_news.htm ; CNW Marketing Research, « Annual Study : Leasing Showing Its Age : Taken for Granted ; Still Potent Siren Song for Many Car Shoppers », *LTR/8+11*, nº 4, 1998, p. 2, 5.

2. David Woodruff et Edward C. Baig, « Leasing Fever : Why the Car Business Will Never Be the Same », *Business Week*, 7 février 1995, p. 92-93.

3. *Ibid.*, p. 96.

4. *Ibid.*, p. 94.

5. Spinella, « Leasing's Share of Market Slows a Bit in 1998 ».

6. *Ibid.*

7. Tina Cassidy, « Getting a Lease on Your Dreams », *Boston Globe*, 31 juillet 1995, p. 73.

8. CNW Marketing Research, « Annual Study : Leasing Showing Its Age », p. 1.

9. Jerry Knight, « Lost But Not Leased ? A Used-Car Glut Looms ; Analysts Say Consumers, Economy Could Be Hit », *Washington Post*, 5 juin 1994, p. H1.

10. Woodruff et Braig, « Leasing Fever », p. 94.

11. Brandon Mitchener, « Frankfurt Auto Show : In This Car Pool, Drivers Can Try Any Car Any Time », *Herald Tribune*, 14 septembre 1995.

12. Car Free Cities Network, « CityCarClub : Carfree But Carefree », brochure d'entreprise, 1998.

13. Cité *in* Car Free Cities Network, « CityCarClub ».

14. Daniel Bell, *The Coming of Post-Industrial Society*, Basic Books, New York, 1973, p. 115.

15. Paul Lafargue, *The Evolution of Property : From Savagery to Civilization*, Scribners, New York, 1901, p. 2.

16. Sir William Blackstone, *Commentaries on the Laws of England*, vol. 1, Robert H. Small, Philadelphie, 1825, p. 1.

17. Charles H. McIwain, *The Growth of Political Thoughts in the West, from the Greeks to the End of the Middle Ages*, Macmillan, New York, 1932, p. 181.

18. Richard Schlatter, *Private Property : The History of an Idea*, Russell & Russell, New York, 1973, p. 63-64.

19. John Locke, *Two Treatises of Government*, vol. 2, éd. Peter Laslett, Mentor Books, New York, 1965, paragraphe 27 ; John Locke, « Of Property », *in Of Civil Government*, livre 2, chapitre 5.

20. Adam Smith, *Lectures on Jurisprudence*, Oxford University Press, Oxford, 1978, p. 209.

21. *Ibid.* ; Andrew Reeve, *Property*, Macmillan Education Ltd., Londres, 1986, p. 58-61, 66.

22. Harry Braverman, *Labor and Monopoly Capital*, Monthly Review Press, New York, 1971, p. 273-274.

23. Robert Smuts, *Women and Work in America*, Schocken Books, New York, 1971, p. 11-13.

24. George Stigler, *Trends in Output and Employment*, National Bureau of Economic Research, New York, 1947, p. 14, 24.

25. Braverman, *Labor and Monopoly Capital*, p. 276.

26. *Ibid.*, p. 284.

27. James Brian Quinn, *Intelligent Enterprise : A Knowledge and Service Based Paradigm for Industry*, The Free Press, New York, 1992, p. 5-6.

28. Bell, *The Coming of Post-Industrial Society*, p. XVI, XIX-XX.

29. Quinn, *Intelligent Enterprise*, p. 30.

30. Peter Martin, « Revolution Again », *Financial Times*, 4 juin 1998.

31. *Ibid.*

32. Bell, *The Coming of Post-Industrial Society*, p. XVI.

33. Taichi Sakaya, *The Knowledge-Value Revolution, or, A History of the Future*, trad. George Fields et William Marsh, Kidansha International, Tokyo, 1991, p. 60.

34. Thomas E. Weber, « Talking Toasters : Companies Gear Up for Internet Boom in Things That Think », *Wall Street Journal*, 27 août 1998, p. A1.

35. *Ibid.*

36. Teresa Riordan, « Throw Away That Cell Phone », *New York Times*, 8 novembre 1999, p. C4.

37. Carl Shapiro et Hal R. Varian, *Information Rules : A Strategic Guide to the Network Economy*, Harvard Business School Press, Boston, 1999, p. 14, 19 ; Larry Downes et Chunka Mui, *Unleashing the Killer App : Digital Strategies for Market Dominance*, Harvard Business School Press, 1998, p. 51.

38. Downes et Mui, *Unleashing the Killer App*, p. 51.

39. *Ibid.* ; Shapiro et Varian, *Information Rules*, p. 19-20 ; Encyclopaedia Britannica, Inc., « Why Subscribe to Britannica Online ? » http ://www.eb.com/whysub.htm.

40. Eleanor A. Gossen et Suzanne Irving, « Ownership *Versus* Access and Low-Use Periodical Titles », *Library Resources & Technical Services* 39, n° 1, janvier 1995, p. 43.

41. Roger Brown, « The Changing Economic Environment – Access vs. Ownership : Access Where ? Own What ? – A Corporate View », *Serials : The Journal of the United Kingdom Serials Group* 8, n° 2, juillet 1995, p. 125-129.

42. Ethan Bronner, « For More Textbooks, A Shift From Printed Page to Screen », *New York Times*, 1er décembre 1998, p. A26.

43. *Ibid.*

44. Jeffrey F. Rayport et John J. Sviokla, « Managing in the Marketplace », *Harvard Business Review*, décembre 1994, p. 144.

45. Joan Magretta, « Growth Through Global Sustainability : An Interview with Monsanto's CEO, Robert B. Shapiro », *Harvard Business Review*, janvier-février 1997, p. 83.

46. *Ibid.*

47. Thomas J. Bierma, Frank L. Waterstraat et Joyce Ostrosky, « Shared Savings and Environmental Management Accounting : Innovation Chemical Supply Strategies », *in* Martin Bennett et Peter James éds., *The Green Botton Line : Environmental Accounting for Management – Current Practice and Future Trends*, Greenleaf Publishing, Sheffield, UK, 1998, p. 268-269 ; Jill Kauffman Johnson, Allen White et Shelly Hearn, « From Solvents to Services : Restructuring Chemical Supplier Relationships to Achieve Environmental Excellence », *Proceedings of the 1997 Institute of Electrical and Electronics Engineers International Symposium on Electronics and the Environment*, 5-7 mai 1997, p. 322-325.

48. Bierma *et al.*, « Share Savings and Environmental Management Accounting », p. 270.

49. Paul Hawken, Amory Lovins et Hunter Lovins, *Natural Capitalism : Creating the Next Industrial Revolution*, Little, Brown & Co., Boston, 1999, p. 136.

50. Mack Hanan, *Sales Shock ! The End of Selling Products, the Rise of CoManaging Customers*, AMACOM, New York, 1996, p. 119.

51. James F. Moore, *The Death of Competition : Leadership and Strategy in the Age of Business Ecosystems*, HarperCollins, New York, 1996, p. 251 ; Hanan, *Sales Shock !*, p. 57.

52. Claudia H. Deutsch, « Services Becoming the Goods in Industry : Not Enough Profit in Making Things », *New York Times*, 7 janvier 1997, p. D4.

53. *Ibid.*

54. *Ibid.*

55. *Ibid.*

56. *Ibid.*

57. Steven L. Goldman, Roger N. Nagel et Kenneth Preiss, *Agile Competitors and Virtual Corporations*, Van Nostrand Reinhold, New York, 1995, p. 12.

58. Neil Gross, Peter Coy et Otis Port, « The Technology Paradox : How Companies Can Thrive as Prices Dive », *Business Week*, 6 mars 1995, p. 76-77.

59. Kevin Kelly, *New Rules for the New Economy : 10 Radical Strategies for a Connected World*, Viking, New York, 1998, p. 57.

60. Gross *et al.*, « The Technology Paradox », p. 77.

Chapitre 6

1. Stanley M. Davis et Christopher Meyer, *Blur : The Speed of Change in the Connected Economy*, Capstone Publishing Ltd., Oxford, 1998, p. 48.

2. Don Peppers et Martha Rogers, *The One to One Future : Building Relationships One Customer at a Time*, Doubleday, New York, 1993, p. 394.

3. *Ibid.*

4. Don Tapscott, *The Digital Economy : Promise and Peril in the Age of Networked Intelligence*, McGraw-Hill, New York, 1996, p. 245.

5. Peppers et Rogers, *The One to One Future*, p. 15.

6. Carl Sewell et Paul Brown, *Customers for Life : How to Turn That One-Time Buyer Into a Lifetime Customer*, Doubleday/Currency, New York, 1990.

7. William H. Davidow et Michel S. Malone, *The Virtual Corporation : Structuring and Revitalizing the Corporation for the 21st Century*, HarperCollins, New York, 1992, p. 230 ; Hyatt Resorts, « Discover Camp Hyatt », http ://www.hyatt.com/resorts/camp/index.html.

8. Peppers et Rogers, *The One to One Future*, p. 45-46.

9. Kevin Kelly, *New Rules for the New Economy : 10 Radical Strategies for a Connected World*, Viking, New York, 1998, p. 118-119.

10. Peter Schwartz, « R-Tech », *Wired* 4, n° 6, juin 1996, http://www.hotwired.com/collections/virtual_communities/4.06-r_tech_pr.html.

11. *Ibid.*

12. Robert C. Blattberg et Rashi Glazer, « Marketing in the Information Revolution », *in* Robert C. Blattberg, John D. Little et Rashi Glazer (éds.), *The Marketing Information Revolution*, Harvard Business School Press, Boston, 1994, p. 9.

13. James Rule, « My Mailbox Is Mine », *Wall Street Journal*, 15 août 1990, p. A8.

14. Mack Hanan, *Sales Shock ! The End of Selling Products, the Rise of CoManaging Customers*, AMACOM, New York, 1996, p. 107.

15. *Ibid.*

16. Peter F. Drucker, *The Practice of Management*, Butterworth-Heinemann, Oxford, 1954, 1993, p. 35-36.

17. Theodore Levitt, « Marketing Myopia », *Harvard Business Review* 38, juillet-août 1960, p. 45-56.

18. Joseph Pine II, *Mass Customization : The New Frontier in Business Competition*, Harvard Business School Press, Boston, 1993, p. 146-149.

19. *Ibid.*, p. 141-145, 196-199.

20. Richard Cross et Janet Smith, *Customer Bonding*, NTC Business School Books, Lincolnwood, IL, 1995, p. 56-59 ; Larry Downes et Chunka Mui, *Unleashing the Killer App : Digital Strategies for Market Dominance*, Harvard Business School Press, Boston, 1998, p. 112, 116-118 ; Hallmark, « Reminder Service », http ://www.hallmark.com.

21. Cross et Smith, *Customer Bonding*, p. 190.

22. *Ibid.*, p. 162.

23. *Ibid.*, p. 162-163.

24. Downes et Mui, *Unleashing the Killer App*, p. 101.

25. *Ibid.*

26. Cross et Smith, *Customer Bonding*, p. 121-122.

27. *Ibid.*, p. 149, 153.

28. *Ibid.*, p. 154.

29. *Ibid.*, p. 154, 156 ; Winnebago Industries, « Winnebago-Itasca Travelers Club », http ://www.winnebagoind.com/witclub.htm ; Winnebago Industries, « Member Benefits », http ://www.winnebagoind.com/witbenefits.htm.

Chapitre 7

1. Evan McKenzie, *Privatopia : Homeowner Associations and the Rise of Residential Private Government*, Yale University Press, New Haven, CT, 1996, p. 12.

2. James L. Winokur, « Choice, Consent and Citizenship in Common Interest Communities », *in* Stephen E. Barton et Carol J. Silverman (éds.), *Common Interest Communities : Private Governments and the Public Interest*, Institute of Governmental Studies, Berkeley, 1994, p. 88.

3. McKenzie, *Privatopia*, p. 176-177.

4. *Ibid.*, p. 177.

5. Edward J. Blakely et Mary Gail Snyder, *Fortress America : Gated Communities in the United States*, Brookings Institution Press, Washington, DC, 1997, p. 63.

6. Russ Rymer, « Back to the Future : Disney Reinvents the Company Town », *Harper's Magazine* 293, nº 1757, octobre 1996, p. 65.

7. *Ibid.*, p. 66.

8. *Ibid.*, p 69.

9. Ebenezer Howard, *Garden Cities of Tomorrow*, MIT Press, Cambridge, MA, 1965, p. 76 ; McKenzie, *Privatopia*, p. 3-4

10. McKenzie, *Privatopia*, p. 29-31.

11. Urban Land Institute/Federal Housing Administration, *The Homes Association Handbook*, Technical Bulletin nº 50, Urban Land Institute, Washington, DC, 1964, p. vi.

12. Bettina Drew, « Celebration : A New Kind of American Town », *Yale Review* 86, nº 3, juillet 1998, p. 60.

13. Curtis C. Sproul, « The Many Faces of Community Associations Under California Law », *in* Barton et Silverman (éds.), *Common Interest Communities*, p. 45-46.

14. McKenzie, *Privatopia*, p. 127.

15. *Ibid.*, p. 128.

16. *Ibid.*, p. 142.

17. Richard Louv, *America II*, Penguin, New York, 1982, p. 93.

18. William K. Stevens, « Condominium Associations : New Form of Local Government », *Los Angeles Daily Journal*, 8 septembre 1998, p. 22 ; « Court Finds Wife Too Young for Retirement Condo », *United Press International*, 11 décembre 1987 ; « Couple Sues to Lift Ban on Condo Door », *United Press International*, 8 octobre 1989 ; John Singh, « Fat Dog Isn't Welcome in Land of Fat Cats », *Orlando Sentinel Tribune*, 12 mars 1992, p. B4 ; John Singh, « Scales of Justice Tip in Favor of Pudgy Dog in Subdivision », *Orlando Sentinel Tribune*, 17 mars 1992, p. B3.

19. McKenzie, *Privatopia*, p. 129.

20. *Ibid.*, p 147.

21. David Dillon, « Fortress America : More and More of Us Are Living Behind Locked Gates », *Planning* 60, nº 6, juin 1994, p. 10-11.

22. Frank Heflin, « Closed Gates Trouble Outsiders », *Progressive*, octobre 1993, p. 33.

23. David J. Kennedy, « Residential Associations as State Actor : Regulating the Impact of Gated Communities on Nonmembers », *Yale Law Journal* 105, nº 3, décembre 1995, p. 7.

24. McKenzie, *Privatopia*, p. 126.

25. Drew, « Celebration », p. 59.

26. Danter Company, « Home Ownership Rates », http ://www.danter.com/statistics/homeown.htm.

27. Christy Fisher, « New Markets for Landlords », *American Demographics*, novembre 1995, p. 48, 50.

28. *Ibid.*, p. 50.

29. Coates et Jarratt, Inc., *The Future of the Apartment Industry*, National Multi Housing Council and National Apartment Association, Washington, DC., 1995, p. 39.

30. *Ibid.*, p. 53.

31. John R. Knight et Cynthia Fiery Eakin, « A New Look at the Home Ownership Decision », *Real Estate Issues*, été 1998, p. 23.

32. Steven Bergsman, « Now That Time-Shares Have Come Into Respectability, They're Also Coming to Town-Downtown », *Barrons* 76, juin 1996, p. 58 ; « The $5 Billions Swapshops : Time-share Holidays », *The Economist* 340, n° 7979, août 1996, p. 53.

33. John Bigness, « Time-Share Firm Purchase Is Set by HFS », *Wall Street Journal*, 8 octobre 1996, p. A3 ; « The $5 Billions Swapshops », p. 53.

34. Mitchell Pacelle, « Developers Market Time Shares as Classy Vacation for the Rich », *Wall Street Journal*, 30 août 1995, p. B1.

35. *Ibid.*

36. Bergsman, « Now That Time-Shares Have Come Into Respectability », p. 58.

37. « The $5 Billions Swapshops », p. 53.

38. *Ibid.* ; Elizabeth Razzi, « Time Shares Grow Up : The Entry of Disney, Hilton and Marriott Is Helping to Erase the Industry's Hard-Sell Reputation », *Kiplinger's Personal Finance Magazine*, octobre 1995, p. 69.

39. Georg W.F. Hegel, *Hegel's Philosophy of Right*, trad. et notes de Thomas M. Knox, Clarendon, Oxford, 1942, p. 38.

40. *Ibid.*, p. 40-41.

41. Siegfried Sassoon, *Memoirs of a Fox-Hunting Man*, Faber, Londres, 1928, p. 14.

42. Joshua Meyrowitz, *No Sense of Place : The Impact of Electronic Media on Social Behavior*, Oxford University Press, New York, 1985, p. 115.

43. Ervin Schrödinger, My View of the World, trad. Cecily Hastings, Cambridge University Press, Cambridge, 1964, p. 22.

Chapitre 8

1. Arnold Toynbee, *Lectures on the Industrial Revolution of the 18th Century*, Longmans, Green and Co., Londres/New York, 1937.
2. Sarah Sanderson King, *Human Communication as a Field of Study*, State University of New York Press, New York, 1989, p. 111.
3. Lee Thayer, *On Communication : Essays in Understanding*, Ablex, Norwood, NJ, 1987, p. 45.
4. Cité *in* Warren I. Sussman, *Culture as History : The Transformation of American Society in the Twentieth Century*, Pantheon Books, New York, 1973, p. 252.
5. *Ibid.*
6. John Fiske, *Introduction to Communication Studies*, 2e éd., Routledge, New York, 1990, p. 2.
7. Herbert I. Schiller, *Culture Inc. : The Corporate Takeover of Public Expression*, Oxford University Press, New York, 1989, p. 31.
8. Daniel Bell, *The Coming of Post-Industrial Society*, Basic Books, New York, 1973, p. 12.
9. Mike Featherstone, *Consumer Culture and Postmodernism*, Sage Publications, Londres, 1991, p. 114.
10. Cité *in* Carl Eugene Loeffler, « Virtual Polis : A Networked Virtual Reality Application », *in* Carl Eugene Loeffler et Tim Anderson (éds.), *The Virtual Reality Casebook*, Van Nostrand Reinhold, New York, 1994, p. 60.
11. Alvin Toffler, *Future Shock*, Bantam Books, New York, 1970, p. 234, 236-237.
12. Norman K. Denzin, *Images of Postmodern Society : Social Theory and Contemporary Cinema*, Sage, Londres, 1991, p. 44.
13. James Ogilvy, « This Postmodern Business », *Making and Research Today* 18, février 1990, p. 14.
14. *Ibid.*, p. 20.
15. *Ibid.*
16. Joseph Pine et James Gilmore, *The Experience Economy : Work Is Theatre and every Business a Stage*, Harvard Business School Press, Cambridge, MA, 1999, p. 100.
17. *Ibid.*, p. 16.
18. *Ibid.*, p. 14-15.
19. Larry Krotz, *Tourists : How our Fastest Growing Industry is Changing the World*, Faber and Faber, Boston, 1996, p. 214.
20. World Travel and Tourism Council, « Travel & Tourism Set to Boost World-wide Economic Growth », communiqué de presse, 8 avril 1998, http ://www.wttc.org ; « Travel & Tourism and Information Technology Join Forces for 21st Century Growth and Job

Creation », communiqué de presse, 22 janvier 1998, http ://www.wttc.org.

21. Krotz, *Tourists*, p. 11 ; World Travel & Tourism Council, « New Figures Show Travel & Tourism's Long-Term Potential – Governments Urge to Build It into Asian Economic Recovery » communiqué de presse, 2 février 1998, http :///www.wttc.org.

22. World Travel & Tourism Council, « The Travel & Tourism Satellite Account : World Economic Impact », http ://www.wttc.org.

23. World Travel & Tourism Council, « Travel & Tourism Set to Boost Worldwide Economic Growth ».

24. William F. Theobald, *Global Tourism : The Next Decade*, Butterworth-Heinemann, Oxford, 1994, p. 4.

25. World Travel & Tourism Council, « Millenium Vision : Strategic Economic and Employment Priority », http ://www.wttc.org.

26. World Travel & Tourism Council, « Travel & Tourism Taxation : A 20th Century Vicious Circle », http ://www.wttc.org.

27. Barbara Crossette, « Surprises in the Global Tourism Boom », *New York Times*, 12 avril 1998, section 4, p. 5.

28. Krotz, *Tourists*, p. 11-12.

29. Theobald, *Global Tourism*, p. 7.

30. Krotz, *Tourists*, p. 6.

31. *Ibid.*, p. 48 ; Daniel J.. Boorstin, *The Image : A Guide to Pseudo-Events in America*, Harper & Row, New York, 1961, p. 87.

32. Boorstin, *The Image*, p. 87 ; Krotz, *Tourists*, p. 50-51.

33. Krotz, *Tourists*, p. 51.

34. Boorstin, *The Image*, p. 88-89.

35. Mark Kurlansky, *A Continent of Islands : Searching for the Caribbean Destiny*, Addison-Welsey, Reading, MA, 1992, p. 20-21.

36. Krotz, *Tourists*, p. 56-60.

37. *Ibid.*, p. 57-58.

38. Boorstin, *The Image*, p. 88.

39. Dean MacCannell, *The Tourist : A New Theory of the Leisure Class*, Schocken Books, New York, 1989, p. 100.

40. Krotz, *Tourists*, p. 223.

41. *Ibid.*

42. Kreg Lindberg et Jeremy Enriquez, « An Analysis of Ecotourism's Economic Contribution to Conservation and Development in Belize », rapport pour le World Wildlife Fund et le ministère du Tourisme et de l'Environnement du Belize, 1994.

43. World Travel & Tourism Council, « Millenium Vision ».

44. *Ibid.*

45. Tom Kenworthy, « The Rich Find a Home on the Range », *Washington Post*, 13 mars 1994, p. A12.

46. Cité *in* Kenworthy, « The Rich Find a Home on the Range », p. A12.

47. International Council of Shopping Centers, « Shopping Centers Rank High in U.S. Tourist Attractions », *ICSC News*, juin 1999, http ://www.icsc.org/srch/about/impactofshoppingcenters/shoppingcentersrank.html.

48. International Council of Shopping Centers, « Did You Know That... », *ICSC News*, juin 1999, http ://www.icsc.org/srch/about/impactofshoppincenters/didyouknow.html.

49. *Ibid.*

50. William Severini Kowinski, *The Malling of America : An Inside Look at the Great Consumer Paradise*, Morrow, New York, 1985, p. 349-350.

51. Joan Didion, « On the Mall », *in The White Notebook*, Simon & Schuster, New York, 1979, p. 34.

52. Margaret Crawfor, « The World in a Shopping Mall », *in* Michael Sorkin (éd.), *Variations on a Theme Park : The American City and the End of Public Space*, Farrar, Straus and Giroux, New York, 1992, p. 21.

53. Kowinski, *The Malling of America*, p. 62.

54. Crawford, « The World in a Shopping Mall », p. 9.

55. Jennifer Stoffel, « Where America Goes for Entertainment », *New York Times*, 7 août 1988, section 3, p. 11F ; Kowinski, *The Malling of America*, p. 71 ; International Council of Shopping Centers, « Did You Know That... ».

56. Kowinski, *The Malling of America*, p. 61.

57. Crawford, « The World in a Shopping Mall », p. 3.

58. Tracy C. Davis, « Theatrical Antecedents of the Mall That Ate Downtown », *Journal of Popular Culture* 24, n° 4, printemps 1991, p. 4.

59. Crawford, « The World in a Shopping Mall », p. 4.

60. Davis, « Theatrical Antecedents of the Mall That Ate Downtown », p. 1, 4, 7-9.

61. *Ibid.*, p. 5.

62. Leslie Kaufman, « Sony Builds a Mall, But Don't Call It That », *New York Times*, 25 juillet 1999, section 3, p. 1-12.

63. Kowinski, *The Malling of America*, p. 355.

64. *Ibid.*

65. *Ibid.*

66. *Ibid.*, p. 356.

67. *Ibid.*

68. *Ibid.*, p. 357.

69. Neal Gabler, *Life the Movie : How Entertainment Conquered Reality*, Alfred A. Knopf, New York, 1998, p. 205.

70. *Ibid.*, p. 205-206.

71. Mark Landler, « Are We Having Fun Yet ? Maybe Too Much », *Business Week*, 14 mars 1994, p. 66 ; Michael J. Mandel, Mark Landler, Ronald Gover, Gail DeGeorge, Joseph Weber et Kathy Rebello, « The Entertainment Economy : America's Growth Engines : Theme Parks, Casinos, Sports, Interactive TV », *Business Week*, 14 mars 1994, p. 59.

72. Mandel *et al.*, « The Entertainment Economy », p. 59.

73. Manuel Castells, *The Information Age : Economy, Society and Culture*, Blackwell Publishers, Cambridge, MA, 1996, vol.1, *The Rise of the Network Society*, p. 366 ; Mandel *et al.*, « The Entertainment Economy », p. 59.

74. Walter Russell Mead, « At Your Service : The New Global Economy Takes Your Order », *Mother Jones* 22, n° 2, mars-avril 1998, p. 35

75. Mandel *et al.*, « The Entertainment Economy », p. 61.

76. *Ibid.*, p. 60.

77. Cité *in* Peter C. Marzio, *The Democratic Art : Pictures for a 19th-Century America : Chromolithography, 1840-1900*, Godine, Boston, 1979, p. 5.

78. *Ibid.*, p. 104.

79. Lewis Palmer, « The World in Motion », *Survey* 22, 1909, p. 357.

80. Stuart Ewen et Elizabeth Ewen, *Channels of Desire : Mass Images and the Shaping of American Consciousness*, McGraw-Hill, New York, 1982, p. 87.

81. Michael M. Davis, *The Exploitation of Pleasure : A Study of Commercial Recreations in New York City*, Russell Sage Foundation, New York, 1911, table 8, p. 30.

82. Gabler, *Life the Movie*, p. 57.

83. Mandel *et al.*, « The Entertainment Economy », p. 60.

84. John Kao, *Jamming : The Art and Discipline of Business Creativity*, HarperCollins, New York, 1996, p. 96.

85. *Ibid.*, 189.

86. *Ibid.*, 190.

87. Pine et Gilmore, *The Experience Economy*, p. 140, 143-156.

88. Tom Peters, *Liberation Management : Necessary Disorganization for the Nanosecond Nineties*, Alfred A. Knopf, New York, 1992, p. 640, 741, 743.

89. Kao, *Jamming*, p. 66-67.

90. Stephen J. Grove et Raymond F. Fisk, « The Dramaturgy of Services Exchange : An Analytical Framework for Services Marketing » *in* Leonard L. Berry, G. Lynn Shostack et Gregory D. Upah (éds.), *Emerging Perspectives on Services Marketing*, American Marketing Association, Chicago, 1983, p. 45.

91. Stephen J. Grove et Raymond Fisk, « The Service Experience as Theater », *Advances in Consumer Research* 19, 1992, p. 456.

92. Hillel M. Finestone et David B. Conter, « Acting in Medical Practice », *The Lancet* 344, n° 8925, septembre 1994, p. 801.

93. Grove et Fisk, « The Dramaturgy of Services Exchange », p. 47.

94. Cité *in* Steve Barth, « Exporting the Fantasy », *World Trade*, mars 1998, p. 43.

Chapitre 9

1. Dentsu Institute for Human Studies/Data Flow International, *Media in Japan*, Data Flow International, Tokyo, 1994, p. 67.

2. *Nielsen Media Research News*, AC Nielsen Company, New York, 1990.

3. Manuel Castells, *The Information Age : Economy, Society and Culture*, Blackwell Publishers, Cambridge, MA, 1996, vol. 1, *The Rise of the Network Society*, p. 339.

4. Linda M. Harasim (éd.), *Global Networks : Computers and International Communication*, MIT Press, Cambridge, MA, 1993, p. 67.

5. Kevin Kelly, *Out of Control : The Rise of Neo-Biological Civilization*, Addison-Wesley, Reading, MA, 1994, p. 340-350.

6. Mark Slouka, paraphrasant Nicholas Negroponte, *in War of the Worlds : Cyberspace and the High-Tech Assault on Reality*, Basic Books, New York, 1995, p. 69-70.

7. Castells, *The Rise of the Network Society*, p. 373.

8. Brenda Laurel, *Computers as Theatre*, Addison-Wesley, Reading, MA, 1991.

9. Randall Walser, « Elements of a Cyberspace Playhouse », *Proceedings of National Computer Graphics Association '90*, 1990.

10. Howard Rheingold, *Virtual Reality*, Simon and Schuster, New York, 1991, p. 386.

11. Slouka, *War of the Worlds*, p. 75.

12. Rheingold, *Virtual Reality*, p. 17, 19.

13. *Ibid.*, p. 46.

14. Kevin J. Clancy et Robert S. Shulman, *Marketing Myths That Are Killing Business : The Cure for Death Wish Marketing*, McGraw-Hill, New York, 1994, p. 140, 171.

15. Bruce Horovitz, « Accounting for Taste : Designers Tally Profits », *USA Today*, 14 mai, 1997, p. B.1.

16. A. Fuat Firat et Alladi Venkatesh, « Postmodernity : The Age of Marketing », *International Journal of Research in Marketing* 10, 1993, p. 244.

17. Stephen Brown, *Postmodern Marketing*, Routledge, New York, 1995, p. 129-130.

18. Firat et Venkatesh, « Postmodernity », p. 245.

19. Alfred L. Schreiber et Barry Levinson, *Lifestyle and Event Marketing : Building the New Customer Partnership*, McGraw-Hill, New York, 1994, p. 2.

20. *Ibid.*, p. 5.

21. *Ibid.*, p. 2.

22. *Ibid.*, p 75.

23. *Ibid.*, p. 103.

24. *Ibid.*, p. 239.

25. Ronald Collins, « Clutter », *Columbia Journalism Review*, novembre-décembre 1991, p. 49.

26. Richard Cross et Janet Smith, *Customer Bonding*, NTC Business Books, Lincolnwood, IL, 1995, p. 4, 14, 15, 86 ; Robert W. McChesney, « The Political Economy of Global Communication », *in* McChesney *et al.* (éds.), *Capitalism and the Information Age : The Political Economy of the Global Communication Revolution*, Monthly Review Press, New York, 1998, p. 13-14, 20 ; Mary Kuntz et Joseph Wever, « The New Hucksterism », *Business Week*, 1er juillet 1996, p. 82.

27. David Lieberman, « Networks of the Net : Media Powerhouses Buy Into New World Order », *USA Today*, 19 juin 1998, Money section, p. 1B.

28. *Ibid.*

29. John Markoff, « Internet Service is Planning $6 Billions Deal to Buy Exite », *New York Times*, 19 janvier 1999, p. 1.

30. Lieberman, « Networks of the Net », Money section, p. 1B.

31. *Ibid.*

32. Elihu Katz et Paul F. Lazarsfeld, *Personal Influence : The Part Played by People in the Flow of Mass Communication*, The Free Press, Glencoe, IL, 1995, p. 119.

33. Castells, *The Rise of the Network Society*, p. 171.

34. Kurt Lewin, *Field Theory in Social Science : Selected Theoretical Papers*, Harper & Row, New York, 1951, p. 186 ; Kurt Lewin, « Channels of Group Life : Social Planning and Action Research », *Frontiers of Group Dynamics*, Harper & Row, New York, 1946, p. 145-146.

35. Pamela J. Shoemaker, *Communication Concepts 3 : Gatekeeping*, Sage Publications, Newbury Park, CA, 1991, p. 4.

36. Steven E. Clayman et Ann Reisner, « Gatekeeping in Action : Editorial Conferences and Assessments of Newsworthiness », *American Sociological Review* 63, avril 1998, p. 179 ; Diana Crane, *The Production of Culture : Media and the Urban Arts*, Sage Publications, Newbury Park, CA, 1992, p. 67.

37. Crane, *The Production of Culture*, p. 71.

38. Diana Crane, *The Transformation of Avant Garde : The New York Art World, 1940-1985*, University of Chicago Press, Chicago, 1987, p. 114.

39. Mike Featherstone, *Consumer Culture and Postmodernism*, Sage Publications, Londres, 1991, p. 35.

40. *Ibid.*, 44.

41. Youth Intelligence, « Youth Intelligence », media kit, 1998, p. 2.

42. Malcom Gladwell, « The Coolhunt », *The New Yorker*, 17 mars 1997, p. 78.

43. Vanessa Grigoridis, « How to Totally Know What's Cool », *Cosmopolitan*, mars 1999, p. 215.

44. Darius Sanai, « Hunters on Trail of Cool », *European*, 20-26 juillet 1998, p. 30.

45. Heiman, « Cool Occupation : Trend Spotter », *US*, mars 1999, p. 73.

46. *Ibid.*, p. 74.

47. *Ibid.*

48. Norman K. Denzin, *Images of Postmodern Society : Social Theory and Contemporary Cinema*, Sage Publications, Londres, 1991, p. 9.

49. Cité *in* Daniel Burstein et David Kline, *Road Warriors : Dreams and Nightmares Along the Information Highway*, Dutton, New York, 1995, p. 299.

50. United Nations Development Program, *Human Development Report, 1999*, Oxford Univerity Press, New York, 1999, p. 33-34.

51. *Ibid.*

52. Wade Davis, « The Issue Is Whether Ancient Cultures Will Be Free to Change on Their Own Terms », *National Geographic*, août 1999, p. 65.

53. *Ibid.*

54. Burstein et Kline, *Road Warriors*, p. 298

Chapitre 10

1. Arnold Toynbee, *A Study of History*, vol.8, Oxford University Press, Londres, 1954, p. 338 ; Barry Smart, *Modern Conditions, Postmodern Controversies*, Routledge, New York, 1992, p. 164.

2. John H. Randall, *The Making of the Modern Mind : A Survey of the Intellectual Background of the Present Age*, Houghton Mifflin, Boston, 1940, p. 223-224 ; Francis Bacon, « Novum Organum », *in The Works of Francis Bacon*, vol.4, J. Rivington and Sons, Londres, 1778, p. 114, 246, 320, 325 ; Francis Bacon, « The Masculine Birth of Time », *in The Philosophy of Francis Bacon : An Essay on Its Development form 1603-1609*, éd. Benjamin Farrington, Liverpool University Press, Liverpool, 1964, p. 62, 92-93 ; Francis Bacon, « Description of the Intellectual Globe », *in The Works of Francis Bacon*, vol. 5, J. Rivington and Sons, Londres, 1778, p. 506 ; William Leiss, *The Domination of Nature*, Beacon Press, Boston, 1972, p. 58 ; Carolyn Merchant, *The Death of Nature : Women, Ecology and the Scientific Revolution*, Harper and Row, San Francisco, 1980, p. 172.

3. Marquis de Condorcet, *Esquisse d'un tableau historique des progrès de l'esprit humain*, Flammarion, Paris, 1998.

4. Bertrand Russell, *Our Knowledge of the External World, as a Field for Scientific Method in Philosophy*, 1914, rééd. Routledge, Londres, 1995.

5. Collingwood, *The Idea of Nature*, Oxford University Press, Oxford, 1945, p. 146.

6. Cité *in* Alfred North Whitehead, *The Principles of Natural Knowledge*, 2e éd., Cambridge University Press, Cambridge, 1925, p. 54.

7. Collingwood, *The Idea of Nature*, p. 146.

8. Alfred North Whitehead, *Nature and Life*, Greenwood Press, New York, 1968, p. 27.

9. José Ortega y Gasset, *Meditaciones del Quijote*, Ediciones de la Residencia de Estudiantes, Madrid, 1914.

10. Werner Heisenberg, *Physics and Philosophy : Encounters and Conversations*, Harper, New York, 1958, p. 58.

11. William Bergquist, *The Postmodern Organization : Mastering the Art of Irreversible Change*, Jossey-Bass, San Francisco, 1993, p. 24.

12. Jean Baudrillard, *Simulacres et simulations*, Galilée, Paris, 1981.

13. Ellen Edwards, « Plugged-In Generation », *The Washington Post*, 18 novembre 1999, p. A1.

14. Steve Levy, « Ad Nauseam – How MTV Sells Out Rock and Roll », *Rolling Stone*, 8 décembre 1983, p. 33.

15. Ann Kaplan, *Rocking Around the Clock : Music Television, Postmodernism and Consumer Culture*, Methuen, New York, 1987, p. 46.

16. Hardison, Jr., *Disappearing Through the Skylight : Culture and Technology in the Twentieth Century*, Viking, New York, 1989, p. 321.

17. Donald M. Lowe, *History of Bourgeois Perception*, University of Chicago Press, Chicago, p. 71.

18. Orison Swett Marden, *Masterful Personality*, Thomas Y. Crowell Co., New York, 1921, p. 1, 3, 17, 23, 33, 68, 291 ; Warren I. Sussman, *Culture as History : The Transformation of American Society in the Twentieth Century*, Pantheon Books, New York, 1972, p. 279.

19. Georg Simmel, *Georg Simmel on Individuality and Social Forms : Selected Writings*, éd. Donald N. Levine, University of Chicago Press, Chicago, 1971, p. 393.

20. *Ibid.*, p. 376.

21. Michael R. Wood et Louis A. Zurcher, Jr., *The Development of a Post Modern Self : A Computer-Assisted Comparative Analysis of Personal Documents*, Greenwood Press, Westport CT, 1988, p. 125.

22. Philip Rieff, *The Triumph of the Therapeutic : Uses of Faith After Freud*, University of Chicago Press, Chicago, 1987, p. 22.

23. *Ibid.*, p. 23.

24. Christopher Lasch, *The Culture of Narcissism : American Life in an Age of Diminishing Expectations*, W.W. Norton, New York, 1979, p. 30, 33.

25. *Ibid.*, p. 30.

26. *Ibid.*

27. Dans le sous-chapitre « La reprogrammation de l'esprit », j'ai utilisé les travaux suivants : Donald M. Lowe, *History of Bourgeois Perception*, University of Chicago Press, Chicago, 1982 ; David Crowley et Paul Heyer (éds.), *Communication in History :*

Technology, Culture, Society, Longman, New York, 1991 ; Harold A. Innis, *Empire and Communications*, University of Toronto Press, Toronto, 1972 ; Marshall McLuhan, *Understanding Media : The Extensions of Man*, MIT Press, Cambridge, 1994 ; Walter J. Ong, *Orality and Literacy : The Technologizing of the World*, Methuen, New York, 1982 ; Elizabeth L. Eisenstein, *The Printing Revolution in Early Modern Europe*, Cambridge University Press, Cambridge, 1983.

28. Michael Heim, *Electric Language : A Philosophical Study of Word Processing*, Yale University Press, New Haven, CT, 1987, p. 215.

29. *Ibid.*, p. 221.

30. Jean-Francois Lyotard, *La Condition postmoderne*, Minuit, Paris, 1979.

31. Kenneth J. Gergen, *The Saturated Self : Dilemmas of Identity in Contemporary Life*, Basic Books, New York, 1991, p. 70-80.

32. *Ibid.*, p. 79.

33. *Ibid.*, p. 7.

34. *Ibid.*, p. 17, 146-147.

35. *Ibid.*

36. Sherry Turkle, *Life on the Screen : Identity in the Age of the Internet*, Simon & Schuster, New York, 1995, p. 267.

37. *Ibid.*, p. 12.

38. *Ibid.*, p. 14.

39. Robert Jay Lifton, *The Protean Self : Human Resilience in an Age of Fragmentation*, Basic Books, New York, 1993, p. 17.

40. *Ibid.*, p. 9.

41. Nicolas Evreinoff, *The Theatre in Life*, trad. Alexander I. Nazaroff, Benjamin Blom, New York, 1927, p. 27.

42. *Ibid.*

43. Neal Gabler, *Life the Movie : How Entertainment Conquered Reality*, Alfred A. Knopf, New York, 1998, p. 8.

44. Martha Stewart, « USA Today », *Life section*, 17 janvier 1996.

45. Daniel Boorstin, *The Image : A Guide to Pseudo-Events in America*, Harper and Row, New York, 1961, p. 240.

46. Dennis Brissett et Charles Edgley, « The Dramaturgical Perspective », *in* Dennis Brissett et Charles Edgley (éds.), *Life As Theater : A Dramaturgical Sourcebook*, 2e éd., Aldine de Gruyter, New York, 1990, p. 15, 16.

47. R. S. Perinbanayagam, *Signifying Acts : Structure and Meaning in Everyday Life*, Southern Illinois University Press, Carbondale, IL, 1985, p. 63.

48. *Ibid.*, p. 62-63.

49. R. S. Peringanayagam, « Dramas, Metaphors and Structures », *Symbolic Interaction* 5, n° 2, 1982, p. 266.

Chapitre 11

1. Daniel Bell, *Sociological Journeys : Essays 1960-1980*, Heinemann, Londres, 1980, p. 43, 51.

2. Jean-Francois Lyotard, *La Condition postmoderne*, Minuit, Paris, 1979.

3. Robert McChesney, « The Political Economy of Global Communication », *in* Robert McChesney, Ellen Meiksins Wood et John Bellamy Foster (éds.), *Capitalism and the Information Age : The Political Economy of the Global Communication Revolution*, Monthly Review Press, New York, 1998, p. 12-13.

4. « The Power Center », *Vanity Fair*, septembre 1995, p. 271.

5. Laura Landro et Eiizabeth Jensen, « All Ears : Walt Disney's Deal for ABC Makes Show Business a Whole New World », *Wall Street Journal*, 1er août 1995, p. A1 ; Disney Online, « The Walt Disney Company 1998 Fact Book », http ://www.disney.go.com/investors/factbook98.

6. Ben Bagdikian, *The Media Monopoly*, 5e éd., Beacon Press, Boston, 1997, p. XXV ; Disney Online, « The Walt Disney Company 1998 Factbook ».

7. Steve Fainaru, « Multi-Media Man, *Boston Globe*, 22 janvier 1995, p. 77-78.

8. Bagdikian, *The Media Monopoly*, p. XVI-XVII.

9. Steven E. Miller, *Civilizing Cyberspace : Policy, Power and the Information Superhighway*, Addison-Wesley, New York, 1996, p. 149.

10. McChesney, « The Political Economy of Global Comunication », p. 14-15 ; Bernard Simon, « Seagram to Hold On to 15 % Stake in Time Warner », *Financial Times*, 1er juin 1995, p. 18.

11. *Ibid.*, p. 15.

12. Mark Landler, « Communications Pact to Favor Growing Giants », *New York Times*, 18 février 1997, p. B1.

13. Edmund L. Andrews, « Economic Boom Seen in World Telecom Pact : Political and Business Leaders Hail Accord to End Monopolies », *Herald Tribune*, 17 février 1997, p. 1.

14. *Ibid.*

15. Landler, « Communications Pact to Favor Growing Giants », p. B1.

16. *Ibid.*

17. Mike Mills, « British Telecom, AT&T Join Forces : $10 Billions Global Alliance to Offer Range of Phone, Internet, Data Services », *Washington Post*, 27 juillet 1998, p. A1.

18. Michael Lindemann, « Telecoms Operators Launch Global Alliance », *Financial Times*, 1er février 1996, p. 16.

19. *Ibid.*

20. Peter Golding, « Global Village or Cultural Pillage ? The Unequal Inheritance of the Communications Revolution », *in Capitalism and the Information Age*, p. 78.

21. Andrews, « Economic Boom Seen in World Telecom Pact », p. 1.

22. Bagdikian, *The Media Monopoly*, p. IX.

23. US Foreign Relations Subcommittee, 1997, cité *in* Robert E. Babe, *Information and Communication in Economics*, Kluwer Academic Publishers, Boston, 1994, p. 293.

24. William Greider, *One World, Ready or Not : The Manic Logic of Global Capitalism*, Simon & Schuster, New York, 1997, p. 21 ; Office of Technology Assesment, US Congress, *Multinationals and the National Interest : Playing by Different Rules*, septembre 1993.

25. Esther Dyson, George Gilder, George Keyworth et Alvin Toffler, *Cyberspace and the American Dream : A Magna Carta for the Knowledge Age*, Progress and Freedom Foundation, Washington DC, 1994, p. 16.

26. Jill Hills, « The U.S. Rules. OK ? Telecommunications Since the 1940s » *in Capitalism and the Information Age*, p. 118.

27. *Ibid.*

28. *Ibid.*

29. Leo Herzel, « "Public Interest" and the Market in Color Television, Regulation 18 », *University of Chicago Law Review*, n° 18, 1951, p. 802-816.

30. George A. Keyworth, Jeffrey Eisenbach, Thomas Lenard et David E. Colton, *The Telecom Revolution : An American Opportunity*, Progress and Freedom Foudation, Washington DC, 1995, p. 6-7.

31. *Ibid.*, p. 6.

32. The Progress & Freedom Foundation's FCC Working Group, « Broadcast Spectrum : Putting People First », Progress on Point :

Periodic Commentaries on the Policy Debate 1, nº 9, janvier 1996, p. 3.

33. Diane Coyle, *The Weightless World : Strategies for Managing the Digital Economy*, MIT Press, Cambridge, MA, 1997, p. 16.

34. *Ibid.*

35. Jean-Marie Guéhenno, *La Fin de la démocratie*, Flammarion, Paris, 1993.

36. Miller, *Civilizing Cyberspace*, p. 206.

37. Nathaniel C. Nash, « Group of 7 Defines Policies About Telecommunications », *New York Times*, 27 février 1995, p. D1.

38. International Telecommunications Union, « Report on the State of World Communications », *ITU Newsletter*, 1994, p. 9-12.

39. Peter Golding, « World Wide Wedge : Division and Contradiction in the Global Information Infraestructure », *Monthly Review* 48, nº 3, juillet-août 1996, p. 82.

40. Trevor Haywood, *Info-Rich/Info-Poor : Acces and Exchange in the Global Information Society*, Bowker-Saur, West Sussex, UK, 1995, p. 123.

41. Michael Connors, *The Race to the Intelligent State : Towards the Global Information Economy of 2005*, Blackwell Business, Oxford, 1993, p. 18.

42. United Nations Educational, Scientific and Cultural Organization, *UNESCO Statistical Yearbook*, UNESCO, Paris, 1995.

43. United Nations Development Program, *Human Development Report, 1999*, Oxford University Press, New York, 1999, p. 63.

44. Cité *in* Golding, « World Wide Wedge », p. 70.

45. United Nations Development Program, *Human Development Report, 1996*, Oxford University Press, New York, 1996.

46. Robert Taylor, « Market Fallout Will Lift Jobless Total : World Unemployment Third of All Workers Affected Says ILO Report », *Financial Times*, 24 septembre 1998, p. 8.

47. Golding, « World Wide Wedge », p. 70.

48. Khozem Merchant, « World Heads for Grotesque Inequalities », *Financial Times*, 16 juillet 1996, p. 4.

49. United Nations Development Program, *Human Development Report, 1998*, Oxford University Press, New York, 1998.

50. Barbara Crossette, « Hope and Pragmatism for UN Cities Conference », *New York Times*, 3 juin 1996, p. A3.

51. United Nations Development Program, *Human Development Report, 1998*.

52. *Ibid.*

53. Coyle, *The Wightless World*, p. 11.

54. « Number of Americans in Poverty Up for Third Year, Health Care Drops, Census Bureau Announces », *Commerce News*, 4 octobre 1993 ; « Number of Poor American Rises for 3rd Year », *Washington Post*, 5 octobre 1993, p. A6.

55. Bob Herbert, « Bogeyman Economics », *New York Times*, 4 avril 1997, p. A29.

56. Lester C. Thurow, « What Boom ? Two-Thirds of USA Stuck in 1973 », *USA Today*, 12 novembre 1998.

57. Pascal Zachary, « Economists Say Prison Boom Will Take Toll », *Wall Street Journal*, 29 septembre 1995, p. B1.

58. Daniel Burstein et Kavid Kline, *Road Warriors : Dreams and Nightmares Along the Information Highway*, Dutton, New York, 1995, p. 325.

59. Suneel Ratan, « A New Divide Between Haves and Have-Nots », *Time*, numéro spécial sur le cyberespace, printemps 1995, p. 25.

60. Miller, *Civilizing Cyberspace*, p. 113 ; Lee de Forest, cité *in* Jesse Drew, « Media Activism and Radical Democracy », *in* James Brook et Iain A. Boal (éds.), *Resisting the Virtual Life : The Culture and Politics of Information*, City Lights Books, San Francisco, 1995, p. 74.

61. Howard Besser, « From Internet to Information Superhighway », *in Resisting the Virtual Life*, p. 60.

62. Walton S. Baer, *Cable Television : A Summary Overview of Local Decisionmaking*, Rand, Santa Monica, CA, 1973, p. 6.

Chapitre 12

1. Crawford MacPherson, *Democratic Theory : Essays in Retrieval*, Clarendon, Oxford, 1973, p. 125.
2. *Ibid.*, p. 133.
3. *Ibid.*
4. *Ibid.*, p. 135.
5. *Ibid.*, p. 139.
6. *Ibid.*
7. *Ibid.*
8. *Ibid.*, p. 140.
9. Independent Sector, « In Brief : America's Nonprofit Sector », brochure, pritemps 1998, p. 5, 6, 11-12, 16.
10. Lester M. Salamon, Helmut K. Anheier *et al.*, « The Emerging Sector Revisited : A Summary (Revised Estimates) », The Johns Hopkins Comparative Non Profit Sector Project, Phase II, Center for Civil Society Studies, Baltimore, 1999, p. 4.

11. Robert Jay Lifton, *The Protean Self : Human Resilience in an Age of Fragmentation*, Basic Books, New York, 1993, p. 214.

12. *Ibid.*

13. David Throsby, « The Role of Music in International Trade and Economic Development » *World Culture Report : Culture, Creativity and Markets, 1998*, UNESCO, Paris, 1998, p. 196.

14. *Ibid.*, p. 206.

15. *Ibid.*, p. 159.

16. Throsby, « The Role of Music in International Trade and Economic Development », p. 154, 159.

17. John Tagiabue, « "Bagels" and "Dirty Water" : Fast-Food Chains Take US Marketing to Europe », *New York Times*, 27 août 1999, p. C1, C3.

18. *Ibid.*, p. C3.

19. Roger Cohen, « Fearful Over the Future, Europe Seizes on Food », *New York Times*, 29 août 1999, section 4, p. 1.

20. *Ibid.*, p. 3.

21. United Nations Development Program, *Human Development Report, 1999*, Oxford University Press, New York, 1999, p. 33.

22. Johan Huizinga, *Homo Ludens : A Study of the Play Element in Culture*, Beacon Press, Boston, 1955, p. IX.

23. *Ibid.*, p. 46.

24. *Ibid.*, p. 47 ; Edward Norbeck, « The Study of Play – Johan Huizinga and Modern Anthropology », *in* David F. Lancy et B. Allan Tindall (éds.), *The Anthropological Study of Play : Problems and Prospects – Proceedings of the First Annual Meeting of the Association for the Anthropological Study of Play*, Leisure Press, Cornwall, NY, 1976, p. 6.

25. Friedrich Schiller, *Lettres sur l'éducation esthétique de l'homme*, Aubier, Paris, 1992.

Bibliographie

Adorno, Theodor W., *The Culture Industry : Selected Essays on Mass Culture*, Routledge, Londres, 1991.

Agnew, Jean-Christophe, *Worlds Apart : The Market and the Theater in Anglo-American Thought, 1550-1750*, Cambridge University Press, Cambridge, 1986.

Anders, George, *Health Against Wealth : HMOs and the Breakdown of Medical Trust*, Houghton Mifflin, New York, 1996.

Anderson, Walter Truett (éd.), *The Truth About the Truth : De-Confusing and Reconstructing the Postmodern World*, Tarcher/Putnam, New York, 1995.

Antonelli, Cristiano, *The Economics of Information Networks*, Elsevier Science Publishing Co., New York, 1992.

Ariès, Philippe, *L'Enfant et la vie familiale sous l'Ancien Régime*, Seuil, Paris, 1975.

Ariès, Philippe and Georges Duby (éds.), *Histoire de la vie privée*, Seuil, Paris, 1985.

Babe, Robert E., *Communication and the Transformation of Economics*, Westview Press, Boulder, Co, 1995.

Babe, Robert E., *Information and Communication in Economics*, Kluwer Academic Publishers, Boston, 1994.

Bacon, Francis, *The Works of Francis Bacon*, vol. 4, J. Rivington and Sons, Londres, 1778.

Bacon, Francis, *The Works of Francis Bacon*, vol. 5,

J. Rivington and Sons, Londres, 1778.

Baer, Walter S., *Cable Television : A Summary Overview for Local Decisionmaking*, Rand, Santa Monica, CA, 1973.

Bagdikian, Ben, *The Media Monopoly*, 5ᵉ éd., Beacon Press, Boston, 1997.

Bailey, James, *After Thought : The Computer Challenge to Human Intelligence*, Basic Books, New York, 1996.

Baker, Michael (éd.), *Perspectives on Marketing Management*, vol. 4, Wiley, New York, 1994.

Baker, Francis, *The Tremulous Private Body : Essays on Subjection*, Methuen, New York, 1984.

Barton, Stephen E. et Carol J. Silverman (éds.), *Common Interest Communities : Private Governments and The Public Interest*, Institute of Governmental Studies Press, University California, Berkeley, CA., 1994.

Baudrillard, Jean, *Simulacres et simulations*, Galilée Paris, 1981.

Bauman, Zygmunt, *Intimations of Postmodernity*, Routledge, Londres, 1992.

Beaglehole, Ernest, *Property : A Study in Social Psychology*, Macmillan, New York, 1932.

Bell, Daniel, *The Coming of Post-Industrial Society*, Basic Books, New York, 1973.

Bell, Daniel, *Sociological Journeys, Essays 1960-1980*, Heinemann, Londres, 1980.

Benamou, Michel et Charles Caramello, *Performance in Postmodern Culture*, Coda Press, Madison, WI, 1977.

Benedikt, Michael (éd.), *Cyberspace : First Steps*, MIT Press, Cambridge, MA, 1991.

Beniger, James R., *The Control Revolution : Technological and Economic Origins of the Information Society*, Harvard University Press, Cambridge, MA and Londres, 1986.

Bennett, Martin et Peter, James (éds.), *The Green Bottom. Line : Environmental Accounting for Management – Current Practice and Future Trends*, Greenleaf Publishing, Sheffield, UK,1998.

Benson, Lee, *Turner and Beard : American Historical Writing Reconsidered*, Greewood, Westport, CT, 1980.

Bergquist, William, *The Postmodern Organization : Mastering the Art of Irreversible Change*, Jossey-Bass, San Francisco, 1993.

Berke, Michael, *Selling Equipment Leasing*, AMACOM, New York, 1994.

Barle, Adolf A. et Gardiner C. Means, *The Modern Corporation and Private Property*, 1932, rééd. Harcourt, Brace and World, New York, 1968.

Berry, Leonard T., G. Lynn Shostack et Gregory D. Upah (éds.), *Emerging Perspectives on Services Marketing*, American Marketing Association, Chicago, 1983.

Blackstone, Sir Willliam, *Commentaries on the Laws of England*, vol.1, Robert H. Small, Philadelphie, 1825.

Blakely, Edward J. et Mary Gail Snyder, Fortress America : *Gated Communities in the United States*, Brookings Institution Press, Washington, DC, 1997.

Blattberg, Robert C., John D. C. Little et Rashi Glazer (éds.), *The Marketing Information Revolution*, Harvard Business School Press, Boston, 1994.

Bocock, Robert, *Consumption*, Routledge, New York, 1993.

Bolter, Jay David, *Writing Space : The Computer, Hypertext and the History of Writing*, Lawrence Erlbaum Associates, Hillsdale, NJ, 1991.

Boorstin, Daniel J., *The Image : A Guide to Pseudo-Events in America*, Harper & Row, New York, 1961.

Bourdieu, Pierre, *La Distinction. Critique sociale du jugement*, Minuit, Paris, 1979.

Bradley, Stephen, *Globalization, Technology and Competition : The Fusion of Computers and Telecommunications in the 1990s*, Harvard Business School Press, Cambridge, MA, 1993.

Branscomb, Anne Wells, *Who Owns Information ? From Privacy to Public Access*, Basic Books, New York, 1994.

Braverman, Harry, *Labor and Monopoly Capital : The Degradation of Work in the Twentieth Century*, Monthly Review Press, New York, 1974.

Brissett, Dennis et Charles Edgley (éds.), *Life As Theater : A Dramaturgical Sourcebook*, 2e éd., Aldine de Gruyter, New York, 1990.

Brodsky, Ira, *Wireless : The Revolution in Personal Telecommunications*, Artech House, Boston, 1995.

Brook, James et Iain A. Boal (éds.), *Resisting the Virtual Life : The Culture and Politics of Information*, City Lights Books, San Francisco, 1995.

Brown, Stephen, *Postmodern Marketing*, Routledge, New York, 1995.

Burke, Kenneth, *Dramatism and Development*, Clarke University Press, Barre Publishers, Barre, MA, 1972.

Burstein, Daniel et David Kline, *Road Warriors : Dreams and Nightmares Along the Information Highway*, Dutton, New York, 1995.

Burt, Richard et John Michael Archer (éds.), *Enclosure Acts : Sexuality, Property and Culture in Early Modern England*, Cornell Uiversity Press, Ithaca, NY, 1994.

Butler, Richard et Douglas Pearce, *Change in Tourism : People, Places, Processes*, Routledge, New York ,1995.

Campbell, Colin, *The Romantic Ethic and the Spirit of Modern Consumerism*, Basil Blackwell, New York, 1987.

Capra, Fritjof, *The Web of Life : A New Scientific Understanding of Living Systems*, Anchor, New York, 1996.

Carrithers, Michael, Stephen Collins et Stephen Lukes (éds.), *The Category of the Person : Anthropology, Philosophy, History*, Cambridge University Press, New York, 1985.

Casey, Edward S., *The Fate of Place : A Philosophical History*, University of California Press, Berkeley et Los Angeles, 1997.

Castells, Manuel, *The Rise of the Network Society. The Information Age : Economy, Society and Culture*, vol.1, Blackwell Publishers, Cambridge, MA,1996.

Castells, Manuel, *The Informational City : Information Technology, Economic Restructuring and the Urban Regional Process*, Basil Blackwell, Londres, 1989.

Chandler, Alfred D., Jr., *The Visible Hand : The Managerial Revolution in American Business*, Harvard University Press, Belknap Press, Cambridge, MA, 1977.

Cheney, George, *Rhetoric in an Organizational Society : Managing Multiple Identities*, University of South Carolina Press, Columbia, SC, 1991.

Cheska, Alyce Taylor (éd.), *Play as Context : 1979 Proceedings of the Association for the Anthropological Study of Play*, Leisure Press, West Point, NY, 1981.

Clegg, Stewart R., *Modern Organizations : Organization Studies in the Postmodern World*, Sage Publications, Newbury Park, CA, 1990.

Clement, Wallace et Glen Williams, *The New Canadian Political Economy*, McGill-Queen's University Press, Kingston, Ontario, Canada, 1989.

Coase, R. H., *Essays on Economics and Economists*, University of Chicago Press, Chicago, 1994.

Collingwood, Robin G., *The Idea of Nature*, Clarendon Press, Oxford, 1945.

Combs, James E. et Michael Mansfield (éds.), *Drama in Life : The Uses of Communication in Society*, Hastings House, New York, 1976

Condorcet, Marquis de, *Esquisse d'un tableau historique du progrès humain*, Flammarion, Paris, 1988.

Cloyle, Diane, *The Weightless World : Strategies for Managing the Digital Economy*, MIT Press, Cambridge, MA, 1997.

Crane, Diana, *The Production of Culture : Media and the Urban Arts*, Sage Publications, Newbury Park, CA, 1992.

Crane, Diana, *The Transformation of Avant Garde : The New York Art World 1940-1985*, University of Chicago Press, Chicago, 1987.

Cross, Gary, *Time and Money : The Making of Consumer Culture*, Routledge, New York, 1993.

Cross, Richard et Janet Smith, *Customer Bonding*, NTC Business Books, Lincolnwood, IL, 1995.

Crowley, David et Paul Heyer (éds.), *Communication in History : Technology, Culture, Society*, Longman, New York, 1991.

Csikszentmihalyi, Mihaly et Eugene Rochber-Halton, *The Meaning of Things : Domestic Symbols and the Self*, Cambridge University Press, New York, 1981.

Cummings, Nicholas A. , Janet L. Cummings et John N. Johnson, *Behavioral Health in Primary Care : A Guide for Clinical Integration*, Psychosocial Press, Madison , CT, 1997.

Curran, James et Michael Gurevitch (éds.), *Mass Media and Society*, 2e éd., Arnold, New York, 1996.

Czitrom, Daniel, *Media and the American Mind : From Morse to McLuhan*, University of North Carolina Press, Chapel Hill, NC, 1982.

Dahlman, Carl J., *The Open Field System and Beyond : A Property Rights Analysis of an Economic Institution*, Cambridge University Press, New York, 1982.

Davidow, William H. et Michael S. Malone, *The Virtual Corporation : Structuring and Revitalizing the Corporation for the 21st Century*, HarperCollins, New York, 1992.

Davidson, Martin P., *The Consumerist Manifesto : Advertising in Postmodern Times*, Routledge, New York, 1992.

Davis, Stan et Christopher Meyer, Blur : *The Speed of Change in the Connected Economy*, Capstone Publishing Ltd, Oxford, 1998.

Debord, Guy, *La Société du spectacle*, Gallimard, Paris, 1992.

Delany, Paul et George P. Landow (éds.), *Hypermedia and Literary Studies*, MIT Press, Cambridge, MA, 1991.

Denzin, Norman K., *Images of Postmodern Society : Social Theory and Contemporary Cinema*, Sage Publications, Londres, 1991.

Dicke, Thomas S., Franchising in America : *The Development of a Business Method, 1840-1980*, University of North California Press, Chapel Hill, NC, 1992.

Dittmar, Helga, *The Social Psychology of Material Possessions : To Have Is to Be*, St. Martin's, New York, 1992.

Dobb, Maurice, *Studies in the Development of Capitalism*, International Publishers, New York, 1963.

Douglas, Mary, *In the Active Voice*, Routledge & Kegan Paul, Londres, 1982.

Douglas, Mary et Baron Isherwood, *The World of Goods*, Basic Books, New York, 1979.

Downes, Larry et Chunka Mui, *Unleashing the Killer App : Digital Strategies for Market Dominance*, Harvard Business School Press, Boston, 1998.

Drucker, Peter F., Post-Capitalist Society, HarperBusiness, New York, 1993 (trad. fr. *Au-delà du capitalisme, la métamorphose de cette fin de siècle*, Dunod, Paris, 1993).

Drucker, Peter F., *The Practice of Management*, 1954, rééd. Butterworth-Heinemann, Oxford, 1993.

Dyson, Esther, *Release 2.0 : A Design for Living in the Digital Age*, Broadway Books, New York, 1997.

Dyson, Esther, George Gilder, George Keywoth et Alvin Toffler, *Cyberspace and the American Dream : A Magna Carta for the Knowledge Age*, The Progress and Freedom Foundation, Washington, DC, 1994.

Eisenschitz, Tamara S., *Information Transfer Policy : Issues of Control and Access*, Library Association Publishing, Londres, 1993.

Eisenstein, Elizabeth L., *The Printing Revolution in Early Modern Europe*, Cambridge University Press, Cambridge, 1983 (trad. fr. *La révolution de l'imprimé à l'aube de l'Europe moderne*, La Découverte, Paris, 1991).

Eli, James W., Jr., *The Guardian of Every Other Right : A Constitutional History of Property Rights*, Oxford University Press, Oxford, 1992.

Estabrooks, Maurice, *Electronic Technology, Corporate Strategy and World Transformation*, Quorum Books, Westport, CT, 1995.

Evreinoff, Nicolas, *The Theatre in Life*, trad. Alexander I. Nazaroff, Benjamin Blom, New York, 1927.

Ewen, Stuart, *All Consuming Images : The Politics of Style in Contemporary Culture*, Basic Books, New York, 1988.

Ewen, Stuart, *Captains of Consciousness : Advertising and the Social Roots of the Consumer Culture*, McGraw-Hill, New York, 1976.

Ewen, Stuart et Elizabeth, *Channels of Desire : Mass Images and the Shaping of American Consciousness*, McGraw-Hill, New York, 1982.

Farrington, Benjamin (éd.), *The Philosophy of Francis Bacon : An Essay on Its Development from 1603-1609*, Liverpool University Press, Liverpool, 1964.

Featherstone, Mike, *Consumer Culture and Postmodernism*, Sage Publications, Londres, 1991.

Felstead, Alan, *The Corporate Paradox : Power and Control in the Business Franchise*, Routledge, Londres, 1993.

Fiskdal, Susan, *The Right Time and Pace : A Microanalysis of Cross-Cultural Gatekeeping*

Interviews, Ablex Publishing Corporation, Norwood, NJ, 1990.

Fiske, John, *Introduction to Communication Studies*, 2e éd., Routledge, New York, 1990.

Fiske, John, *Understanding Popular Culture*, Unwin Hyman, Boston, 1989.

Ford, Henry, *My Life and Work*, Ayer Company, Salem, NH, 1987.

Foster, Hal (éd.), *The Anti-Aesthetic : Essays in Postmodern Culture*, Bay Press, Seattle, 1983.

Fox, Richard Wightman et T.J. Jackson Lears (éds.), *The Culture of Consumption : Critical Essays in American History, 1880-1980*, Pantheon, New York, 1983.

Gabler, Neal, *Life the Movie : How Entertainment Conquered Reality*, Knopf, New York, 1998.

Gaines, Jane M., *Contested Culture : The Image, the Voice and the Law*, University of North California Press, Chapel Hill, NC, 1991.

Garnham, Nicholas, *Contribution to a Political Economy of Mass-Communication*, Academic Press, Londres, 1979.

Garnham, Nicholas and Fred Inglis (éds.), *Capitalism and Communication : Global Culture and the Economics of Information*, Sage Publications, Londres, 1990.

Gates, Bill, *The Road Ahead*, Viking Penguin, New York, 1995 (trad. fr. *La Route du futur*, Laffont, Paris, 1995).

Gelernter, David, *Mirror Worlds, or, The Day Software Puts the Universe in a Shoebox : How It Will Happen and What It Will Mean*, Oxford University Press, Oxford, 1991.

Gergen, Kenneth J., *The Saturated Self : Dilemmas of Identity in Contemporary Life*, Basic Books, New York, 1991.

Gilder, George, *Microcosm : The Quantum Revolution in Economics and Technology*, Simon & Schuster, New York, 1989.

Goffman, Erving, *The Presentation of Self in Everyday Life*, Doubleday, New York, 1959 (trad. fr. *La Mise en scène de la vie quotidienne*, t. 1 : la présentation de soi, Minuit, Paris, 1973).

Goffman, Erving, *Relations in Public : Microstudies of the Public Order*, Basic Books, New York, 1971 (trad. fr. *La Mise en scène de la vie quotidienne*, t. 2 : les relations en public, Minuit, Paris, 1973).

Goldman, Steven L., Roger N. Nagel et Kenneth Preiss, *Agile Competitors and Virtual Organizations : Strategies for Enriching the Customer*, Van Nostrand Reinhold, New York, 1995.

Goldstein, Paul, *Copyright's Highway : From Gutenberg to the Celestial Jukebox*, Hill and Wang, New York, 1994.

Grant, James, *Money of the Mind : Borrowing and Lending in America from the Civil War to Michael Milken*, Farrar, Straus & Giroux, New York, 1992.

Greider, William, *One World, Ready or Not : The Manic Logic of Global Capitalism*, Simon & Schuster, New York, 1997.

Guéhenno, Jean-Marie, *La Fin de la démocratie*, Flammarion, Paris, 1993.

Gumpert, Gary, *Talking Tombstones and Other Tales of the Media Age*, Oxford University Press, New York, 1987.

Gurevitch, Michael, Tony Benneth, James Curran et Janet Woollacott (éds.), *Culture, Society and the Media*, Methuen, New York, 1982.

Habermas, Jürgen, *L'Espace public. Archéologie de la publicité comme dimension constitutive de la société bourgeoise*, Payot, Paris, 1978.

Hampton, Benjamin B, *History of American Film Industry : From Its Beginnings to 1931*, Dover, New York, 1970.

Hanan, Mack, *Sales Shock ! The End of Selling Products, the Rise of CoManaging Customers*, AMACOM, New York, 1996.

Harasim, Linda M. (éd.), *Global Networks : Computers and International Communication*, MIT Press, Cambridge, MA, 1993.

Hardison, O. B., Jr., *Disappearing Through the Skylight : Culture and Technology in the Twentieth Century*, Viking, New York, 1989.

Harvey, David, *The Condition of Postmodernity : An Enquiry into the Origins of Cultural Change*, Blackwell, Cambridge, MA, 1990.

Hawken, Paul, Amory Lovins et Hunter Lovins, *Natural Capitalism : Creating the Next Industrial Revolution*, Little, Brown & Co., New York, 1999.

Hawthorne, Nathaniel, *The House of the Seven Gables*, Ticknor, Reed and Fields, Boston, 1851.

Hayward, Philip et Tana Wollen (éds.), *Future Visions : New Technologies of the Screen*, BFI Publishing, Londres, 1993.

Healy, Jean M., *Endangered Minds : Why Children Don't Think and What We Can Do About It*, Simon & Schuster, New York, 1990.

Heer, Friedrich, *The Medieval World : Europe, 1100-1350*, Trad. Janet Sondheimer, Weidenfeld & Nicholson, Londres, 1962.

Heilbroner, Robert L., *The Making of Economic Society*, Prentice-Hall, Englewood Cliffs, NJ, 1962.

Heim, Michael, *Electric Language : A Philosophical Study of Word Processing*, Yale University Press, New Haven, CT, 1987

Heim, Michael, *The Metaphysics of Virtual Reality*, Oxford University Press, Oxford, 1993.

Heinsenberg, Werner, *Physics and Philosophy : Encounters and Conversations*, Harper, New York, 1958.

Herman, Edward S. et Robert W, McChesncy, *The Global Media : The New Missionaries of Corporate Capitalism*, Cassell, Herndon, VA, 1997.

Hoffman, Charles, *The Depression of the Nineties : An Economic History*, Greenwood, Westport, CT, 1970.

Hollowell, Peter G. (éd.), *Property and Social Relations*, Heinemann, Londres, 1982.

Hornbook, Adrian (éd.), *World Leasing Yearbook 1995*, Grange Press, Sussex, UK, 1995

Horney, Karen, *The Neurotic Personality of Our Time*, W.W. Norton, New York, 1937.

Howard, Ebenezer, *Garden Cities of Tomorrow*, MIT Press, Cambridge, MA, 1965.

Huizinga, Johan, *Homo Ludens : A Study of the Play Element in Culture*, Beacon Press, Boston, 1955 (trad. fr. *Homo ludens : Essai sur la fonction sociale du jeu*, Gallimard, Paris, 1988).

Hunt, E. K, *Property and Prophets*, Harper & Row, New York, 1972.

Innis, Harold A., *Empire and Communications*, 1950, rééd. University of Toronto Press, Toronto, Ontario, Canada, 1972.

Jameson, Frederic, *Potsmodernism : Or the Cultural Logic of Late Capitalism*, University Press, Durham, NC, 1991.

Jones, Steven G. (éd.), *Cybersociety : Computer-Mediated Communication and Community*, Sage Publications, Thousand Oaks, CA, 1995.

Jussawalla, Meheroo, *The Economics of Intellectual Property in a World Without Frontiers : A Study of Computer Software*, Greenwood, Westport, CT, 1992.

Kamath, Kundapur V., Sanjiv A. Kerkar et Tumu Viswanath, *The Principles and Practices of Leasing*, Lease Asia, Croydon, Surrey, UK, 1990.

Kao, John, *Jamming : The Art and Discipline of Business Creativity*, HarperCollins, New York, 1996.

Kaplan, Ann E., *Rocking Around the Clock : Music, Television, Postmodernism and Consumer Culture*, Methuen, New York, 1978.

Katz, Elihu et Paul F. Lazarsfeld, *Personal Influence : The Part Played by People in he Flow of Mass Communications*, The Free Press, Glencoe, IL, 1955.

Kelly, Kevin, *New Rulers for the New Economy : 10 Radical Strategies for a Connected World*, Viking, New York, 1998.

Kelly, Kevin, *Out of Control : The Rise of the Neo-Biological Civilization*, Addison-Wesley, Reading, MA, 1994.

Kern, Stephen, *The Culture of Time and Space 1880-1918*,

Harvard University Press, Cambridge, MA, 1983.

Keynes, John Maynard, *The General Theory of Employment, Interest and Money*, Harcourt, Brace, New York, 1935 (trad. fr., *Théorie générale de l'emploi, de l'intérêt et de la monnaie*, Payot, Paris, 1983).

Keyworth, George A., Jeffrey Eisenbach, Thomas Lenard et David E. Colton, *The Telecom Revolution : An American Opportunity*, The Progress and Freedom Foundation, Washington, DC, 1995.

King, Sarah Sanderson (éd.), *Human Communication as a Field of Study*, State University of New York Press, Albany, NY, 1989.

Kowinski, William Severini, *The Malling of America : An Inside Look at the Great Consumer Paradise*, Morrow, New York, 1985.

Krotz, Larry, *Tourists : How Our Fastest Growing Industry Is Changing the World*, Faber and Faber, Boston, 1996.

Kumon, Shumpei et Henry Rosovsky (éds.), *Culture and Social Dynamics. The Political Economy of Japan*, vol. 3, Stanford University Press, Stanford, CA, 1992.

Kurlansky, Mark, *A Continent of Islands : Searching for the Caribbean Destiny*, Addison-Wesley, Reading, MA, 1992.

Kurtzman, Joel, *The Death of Money : How the Electronic Economy Has Destabilized the World's Markets and Created Financial Chaos*, Simon & Schuster, New York, 1993.

Lancy, David F. et B. Allan Tindall (éds.), *The Anthropological Study of Play : Problems and Prospects* – Proceedings of the First Annual Meeting of the Association for the Anthropological Study of Play, Leisure Press, Cornwall, NY, 1976.

Landow, George P., *Hypertext : The Convergence of Contemporary Critical Theory and Technology*, Johns Hopkins University Press, Baltimore, 1992.

Lanham, Richard A, *The Electronic Word : Democracy, Technology and the Arts*, Chicago University Press, Chicago, 1993.

Lasch, Chistopher, *The Culture of Narcissism : American Life in an Age of Diminishing Expectations*, W. W. Norton, New York, 1979.

Laurel, Brenda, *Computers As Theatre*, Addison-Wesley, Reading, MA, 1991.

Leach, William, *Land of Desire : Merchants, Power and the Rise of a New American Culture*, Pantheon, New York, 1993.

Leiss, William, *The Domination of Nature*, Beacon Press, Boston, 1974.

Levin, David Michael, *The Body's Recollection of Being : Phenomenological Psychology and the Deconstruction of Nihilism*, Routledge and Kegan Paul, Londres, 1985.

Lewin, Kurt, *Field Theory in Social Science : Selected Theoretical Papers*, Harper & Row, New York, 1951.

Lewin, Kurt, *Frontiers of Group Dynamics*, Harper & Row, New York, 1946.

Lifton, Robert Jay, *The Protean Self : Human Resilience in an Age of Fragmentation*, Basic Books, New York, 1993.

Lipman-Blumen, Jean, *The Connective Edge : Leading in an Interdependent World*, Jossey-Bass, San Francisco, 1996.

Locke, John, *Of Civil Government : Two Treatises*, E. P. Dutton, New York, 1924.

Locke, John, *Two Treatises of Government*, vol. 2, éd. par Peter Laslett, Mentor, New York, 1963.

Loeffler, Carl Eugene et Tim Anderson (éds.), *The Virtual Reality Casebook*, Van Nostrand Reinhold, New York, 1994.

Louv, Richard, *America II*, Penguin, New York, 1983.

Love, John F., *McDonald's : Behind the Arches*, Bantam Press, Londres, 1987.

Lowe, Donald M., *History of Bourgeois Perception*, University of Chicago Press, Chicago, 1982.

Lury, Celia, *Cultural Rights : Technology, Legality and Personality*, Routledge, Londres, 1993.

Lyotard, Jean-François, *La Condition postmoderne*, Minuit, Paris, 1979.

MacCanell, Dean, *The Tourist : A New Theory of the Leisure Class*, Schocken Books, New York, 1989.

McChesney, Robert W., *Corporate Media and the Threat to Democracy*, Seven Stories Press, New York, 1997.

McChesney, Robert W., Ellen Meiksins Wood et John Bellamy Foster (éds.), *Capitalism and the Information Age : The Political Economy of the Global Communication Revolution*, Monthly Review Press, New York, 1998.

Macfarlane Alan, *The Origins of English Individualism : The Family, Property and Social Transition*, Cambridge University Press, New York, 1979.

McIlwain, Charles H., *The Growth of Political Thought in the West, from the Greeks to the End of the Middle Ages*, Macmillan, New York, 1932.

McKenna, Regis, *Real Time : Preparing for the Age of the Never Satisfied Customer*, Harvard Business School Press, Boston, 1997.

McKenna, Regis, *Relationship Marketing : Successful Strategies for the Age of the Customer*, Addison-Wesley, Reading, MA, 1991.

McKenzie, Evan, *Privatopia : Homeowner Associations and the Rise of Residential Private Government*, Yale University Press, New Haven, CT, 1996.

McLuhan, Marshall, *Understanding Media : The Extensions of Man*, MIT Press, Cambridge, MA, 1994.

McLuhan, Marshall et Bruce R., *Powers, The Global Village : Transformations in World Life And Media in the 21st Century*, Oxford University Press, New York, 1989.

MacPherson, Crawford, *Democratic Theory : Essays in Retrieval*, Clarendon Press, Oxford, 1973.

Malabre, Alfred L., *Beyond Our Means : How Reckless Borrowing Now Threatens to Overwhelm Us*, Vintage, New York, 1987.

Mandel, Ernest, *Le Troisième Âge du capitalisme*, La Passion, 1997.

Marchand, Roland, *Advertising the American Dream : Making Way for Modernity, 1920-1940*, University of California Press, Berkeley, CA, 1985.

Marcuse, Herbert, *Eros and Civilization : A Philosophical Inquiry into Freud*, Vintage, New York, 1962 (trad. fr. *Eros et civilisation, contribution à Freud*, Seuil, Paris, 1963).

Marden, Orison Swett, *Masterful Personality*, T.Y. Crowell, New York, 1921.

Martin, James, *Cybercorp : The New Business Revolution*, AMACOM, New York, 1996.

Marvin, Carolyn, *When Old Technologies Were New : Thinking About Electric Communication in the Late Nineteenth Century*, Oxford University Press, New York, 1988.

Marzio, Peter C, *The Democratic Art : Picture for a 19th-Century America : Chromolithography, 1840-1900*, Godine, Boston, 1979.

Masuda, Yoneji, *The Information Society as Post-Industrial Society*, World Future Society, Washington, DC, 1980.

Medoff, James et Andrew Harless, *The Indebted Society : Anatomy of an Ongoing Disaster*, Little, Brown and Co., Boston, 1996.

Merchant, Carolyn, *The Death of Nature : Women, Ecology and Scientific Revolution*, Harper & Row, San Francisco, 1980.

Meyrowitz, Joshua, *No Sense of Place : The Impact of Electronic Media on Social Behavior*, Oxford University Press, New York, 1985.

Miller, Daniel, *Material Culture and Mass Consumption*, Basil Blackwell, Londres, 1987.

Miller, Steven E., *Civilizing Cyberspace : Policy, Power and The Information Superhighway*, Addison-Wesley, New York, 1996.

Molnar, Alex, *Giving Kids the Business : Commercialization of America's Schools*, Westview Press, Boulder, CO, 1996.

Moore, James F., *The Death of Competition : Leadership and Strategy in the Age Of Business Ecosystems*, HarperCollins, New York, 1996.

Morris, Colin, *The Discovery of the Individual, 1050-1200*, Harper & Row, New York, 1972,

Mosco, Vincent, *The Pay-Per Society : Computers and Communication in the Information Age*, Ablex Publishing Company, Norwood, NJ, 1989.

Mosco, Vincent et Janet Wasko, *The Political Economy of Information*, University of Wisconsin Press, Madison, WI, 1988.

Munzer, Stephen R., *A Theory of Property*, Cambridge University Press, New York, 1990.

Nedelsky, Jennifer, *Private Property and the Limits of American Constitutionalism : The Madisonian Framework and Its Legacy*, University of Chicago Press, Chicago, 1990.

Negroponte, Nicholas, *Being Digital*, Knopf, New York, 1995 (trad. fr. *L'Homme numérique*, Laffont, 1995).

Nourse, Edwin G., *America's Capacity to Produce*, The Brookings Institution, Washington, DC, 1934.

Oakley, Francis, *The Medieval Experience : Foundations of Western Cultural Singularity*, Scribner, New York, 1974.

O'Connor, James, *Accumulation Crisis*, Basil Blackwell, New York, 1984.

Ong, Walter J., *Orality and Literacy : The Technologizing of the Word*, Methuen, New York, 1982.

Ortega y Gasset, José, *Meditaciones del Quijote*, Ediciones De La Residencia De Estudiantes, Madrid, 1914.

Pagels, Heinz R., *The Dreams of Reason : The Computer and The Rise of the Sciences of Complexity*, Simon & Schuster, New York, 1988.

Papert, Seymour, *The Children's Machine : Rethinking School in the Age of the Computer*, Basic Books, New York, 1993.

Patterson, Marvin et Sam Lightman, *Accelerating Innovation : Improving the Process of Product Development*, Van Nostrand Reinhold, New York, 1993

Pellegrini, Anthony de, *The Future of Play Theory : A Multidisciplinary Inquiry into the Contributions of Brian Sutton-Smith*, State University of New York Press, Albany, NY, 1995.

Pelton, Joseph N., *Wireless and Satellite Telecommunications : the Technology, the Market and the Regulations*, Prentice Hall, Upper Saddle River, NJ, 1995.

Pennock, J. Roland et John W. Chapman (éds.), *Property*, New York University Press, New York, 1980.

Peppers, Don and Martha Rogers, *The One to One Future : Building Relationships One Customer at a Time*, Doubleday, New York, 1993

Perinbanayagam, Robert S., *Signifying Acts : Structure and Meaning in Everyday Life*,

Southern Illinois University Press, Carbondale, IL, 1985.

Perlman, Kalman I., *The Leasing Handbook, Office of Project and Facilities Management*, US Department. of Energy, Washington, DC, 1990.

Peters, Tom, *Liberation Management : Necessary Disorganization for the Nanosecond Nineties*, Knopf, New York, 1992.

Pine, B. Joseph II, *Mass Customization : The New Frontier in Business Competition*, Harvard Business School Press, Boston, 1993.

Pine B. Joseph et James Gilmore, *The Experience Economy : Work Is Theatre and Every Business a Stage*, Harvard Business School Press, Cambridge, MA, 1999.

Polanyi, Karl, *The Great Transformation : The Political and Economic Origins of Our Time*, Beacon Press, Boston, 1957 (trad. fr. *La Grande Transformation*, Gallimard, Paris, 1982).

Porter, Michael E. (éd.), *Competition in Global Industries : Coalitions and Global Strategy*, Harvard Business School Press, Boston, 1986.

Quinn, James Brian, *Intelligent Enterprise : A Knowledge and Service Based Paradigm for Industry*, The Free Press, New York, 1992.

Radin, Margaret Jane, *Reinterpreting Property*, University of Chicago Press, Chicago, 1993.

Randall, John H., *The Making of the Modern Mind : A Survey of the Intellectual Background of the Present Age*, Houghton Mifflin, Boston, 1940.

Reeve, Andrew, *Property*, Macmillan Education Ltd, Londres, 1986.

Rein, Irving J., Philip Kotler et Martin R. Stoller, *High Visibility*, Dodd, Mead, New York, 1987.

Rheingold, Howard, *Virtual Reality*, Simon & Schuster, New York, 1991.

Rieff, Philip, *The Triumph of the Therapeutic : Uses of Faith After Freud*, University of Chicago Press, Chicago, 1987.

Rifkin, Jeremy, *Biosphere Politics : A New Consciousness for a New Century*, Crown, New York, 1991.

Rifkin, Jeremy, *Le Siècle biotech*, La Découverte, Paris, 1999.

Rifkin, Jeremy, *La Fin du travail*, La Découverte, Paris, 1997.

Rifkin, Jeremy et Nicanor Perlas, *Algeny*, Viking, New York, 1983.

Rifkin, Jeremy et Ted Howard, *The Emerging Order : God in the Age of Scarcity*, Putnam, New York, 1979.

Rochberg-Halton, Eugene, *Meaning and Modernity : Social Theory in the Pragmatic Attitude*, University of Chicago Press, Chicago, 1986.

Rose, Carol M., *Property and Persuasion : Essays on the History, Theory and Rhetoric of Ownership*, Westview Press, Boulder, CO, 1994.

Rothbard, Murray N., *America's Great Depression*, Van Nostrand, Princeton, NJ, 1963.

Rowles, Graham D. et Russell J. Ohta (éds.), *Aging and Milieu : Environmental Perspectives on Growing Old*, Academic Press, New York, 1983.

Russell, Bertrand, *Our Knowledge of the External World, as a Field for Scientific Method in Philosophy*, rééd. Routledge, Londres, 1995.

Ryan, Bill, *Making Capital from Culture : The Corporate Form of Capitalist Cultural Production*, Walter de Bruyter, New York, 1992.

Sassoon, Siegfried, *Memoirs of a Fox-Hunting Man*, Faber, Londres, 1928.

Schechner Richard, *Between Theater and Anthropology*, University of Pennsylvania Press, Philadelphie, 1985.

Schiller, Friedrich, *Lettres sur l'éducation esthétique de l'homme*, Aubier, Paris, 1992.

Schiller, Herbert I, Culture, Inc., *The Corporate Takeover of Public Expression*, Oxford University Press, New York, 1989.

Schiller, Herbert I, *Mass Communications and American Empire*, 2e éd., Westview Press, Boulder, C.O., 1992.

Schlatter, Richard, *Private Property : The History of an Idea*, Russell & Russell, New York, 1973.

Schneider, Kenneth R., *Autokind vs. Mankind : An Analysis of Tyranny, a Proposal for Rebellion, a Plan for Reconstruction*, Schocken, New York, 1972.

Schneirov, Richard, *Labor and Urban Politics : Class Conflict an the Origins of Modern Liberalism in Chicago, 1864-97*, University of Illinois Press, Chicago et Urbana, IL, 1998.

Schreiber, Alfred L. et Barry Lenson, *Lifestyle and Event Marketing : Building the New Customer Partnership*, McGraw-Hill, New York, 1994.

Schroedinger, Erwin, *My View of the World*, trad. Cecily Hastings, Cambridge University Press, Cambridge, 1964.

Sewell, Carl et Paul Brawn, *Customers for Life : How to Turn That One-Time Buyer into a Lifetime Customer*, Doubleday/Currency, New York, 1990.

Shapiro, Carl et Hal R. *Varian, Information Rules : A Strategic Guide to the Network Economy*, Harvard Business School Press, Boston, 1999.

Sherman, Andrew J. (éd.), *The Franchising Handbook*, American Management Association, New York, 1993.

Shilling, A. Gary, *Deflation : Why It's Coming, Whether It's Good or Bad and How It Will Affect Your Investments, Business and Personal Affairs*, Lakeview Publishing Co., Short Hills, NJ, 1998.

Shoemaker, Pamela J., *Gatekeeping : Communication Concepts*, vol. 3, Sage Publications, Newbury Park, CA, 1991.

Shulman, Seth, *Owning the Future : Staking Claims on the Knowledge Frontier*, Houghton Mifflin, Boston, 1999.

Simmel, Georg, *Georg Simmel on Individuality and Social Forms : Selected Writings*, éd. par Donald N. Levine, University of Chicago Press, Chicago, 1971.

Simmel, Georg, *Philosophie de l'argent*, PUF, Paris, 1999.

Sklar, Martin J., *The United States as a Developing Country : Studies in US History in the Progressive Era an the 1920s*, Cambridge University Press, New York, 1992.

Slater, Gilbert, *The English Peasantry and the Enclosures of Common Fields*, Archibald Constable & Co. Ltd, Londres, 1907.

Slouka, Mark, *War of the Worlds : Cyberspace and the High-Tech Assault on Reality*, Basic Books, New York, 1995.

Smart, Barry, *Modern Conditions : Postmodern Controversies*, Routledge, New York, 1992.

Smith, Adam, *An Inquiry into the Nature and Causes of the Wealth of Nations*, vol. 1, éd. par Edwin Cannon, Methuen, Londres, 1961 (trad. fr. *Recherches sur la nature et les causes de la richesse des nations*, Flammarion, Paris, 1991).

Smuts, Robert W., *Women and Work in America, Schocken*, New York, 1971.

Soja, Edward W., *Postmodern Geographies : The Reassertion of Space in Critical Social Theory*, Verso Publishers, Londres, 1989.

Sorkin, Michael (éd.), *Variations on a Theme Park : The American City and the End of Public Space*, Farrar, Straus & Giroux, New York, 1992.

Springler, Claudia, *Electronic Eros : Bodies and Desire in the Postindustrial Age*, University of Texas Press, Austin, 1996.

Stanworth, John et Brian Smith, *The Barclays Guide to Franchising for the Small Business*, Blackwell, Oxford, 1991.

Stephenson, William, *The Play Theory of Mass Communication*, University of Chicago Press, Chicago, 1967.

Stewart, Thomas A., *Intellectual Capital : New Wealth of Organizations*, Doubleday/ Currency, New York, 1997.

Stigler, George, *Trends in Output and Employment*, National Bureau of Economic Research, New York, 1947.

Strasser, Susan, *Satisfaction Guaranteed : The Making of the American Mass Market*, Pantheon, New York, 1989.

Sussman, Warren I., *Culture as History : The Transformation of American Society in the*

Twentieth Century, Pantheon Books, New York, 1972.

Sveiby, Karl Erik, *The New Organizational Wealth : Managing and Measuring Knowledge-Based Assets*, Berrett-Koehler Publishers, San Francisco, 1997.

Sweezy, Paul M., *The Theory of Capitalist Development : Principles of Marxian Political Economy*, Oxford University Press, New York, 1942.

Tapscott Don, *The Digital Economy : Promise and Peril in the Age of Networked Intelligence*, McGraw-Hill, New York, 1996.

Tate, William E., *The English Village Community and the Enclosure Movement*, Gollancz, Londres, 1967.

Tawney, Richard H., *The Acquisitive Society*, Harcourt, Brace and Howe, New York, 1920.

Thayer, Lee, *On Communication : Essays in Understanding*, Ablex, Norwood, NJ, 1987.

Theobald, William F., *Global Tourism : The Next Decade*, Butterworth. Heinemann, Oxford, 1994.

Toffler, Alvin, *Future Shock*, Bantam, New York, 1970.

Toffler, Alvin et Heidi, *Creating a New Civilization : The Politics of the Third Wave*, The Progress & Freedom Foundation, Washington, DC, 1994.

Toynbee, Arnold, *Lectures on the Industrial Revolution of the 18th Century*, Longmans, Green and Company, Londres et New York, 1937.

Toynbee, Arnold, *A Study of History*, vol. 8, Oxford University Press, Londres, 1954.

Tuan, Yi-Fu, *Segmented Worlds and Self : Group Life and Individual Consciousness*, University of Minnesota, Minneapolis, 1982.

Turkle, Sherry, *Life on the Screen : Identity in the Age of the Internet*, Simon & Schuster, New York, 1995.

Turner, Frederick Jackson, *The Frontier in American History*, Holt, New York, 1920.

Turner, Victor, *The Anthropology of Performance*, Performing Arts Journal Publications, New York, 1982.

Turner, Victor, *From Ritual to Theater : The Human Seriousness of Play*, Performing Arts Journal Publications, New York , 1982.

Umiker-Sebeok, Jean (éd.), *Marketing and Semiotics : New Directions in the Study of Signs for Sale*, Mouton de Gruyter, New York, 1987.

Varela, Francisco J., Evan Thompson et Eleanor Rosch, *The Embodied Mind : Cognitive Science and Human Experience*, MIT Press, Cambridge, MA, 1991.

Veblen, Thorstein, *Essays in Our Changing Order*, éd. par Leon Ardzrooni, Viking, New York, 1943.

Weber, Max, *L'Éthique protestante et l'esprit du capitalisme*, Pocket, Agora, 1998.

Whitehead, Alfred North, *Nature and Life*, 1934, rééd. Greenworth, New York, 1968.

Whitehead, Alfred North, *The Principles of Natural Knowledge*, 2e éd. Cambridge University Press, Cambridge , 1925.

Whitehead, Alfred North, *Science and the Modern World : Lowell Lectures, 1925*, Macmillan, New York, 1927.

Whiteley, Richard et Dianne Hessan, *Customer Centered Growth : Five Proven Strategies for Building Competitive Advantage*, Addison-Wesley, New York, 1996.

Wiener, Norbert, *Cybernetics : Or, Control and Communication in the Animal an the Machine*, MIT Press, Cambridge, MA, 1961.

Wiener, Norbert, *The Human Use of Human Beings : Cybernetics and Society*, Houghton Mifflin, Boston 1954.

Wikse, John R., *About Possession : The Self as Private Property*, Pennsylvania State University Press, University Park, PA, 1977.

Williams, William Appleman, *The Contours of American History*, World Publishing Co., Cleveland, 1961.

Wolf, Michael J., *The Entertainment Economy : How Mega-Forces Are Transforming Our Lives*, Times Books, Random House, New York, 1999.

Wood, Michael R. et Louis A. Zurcher, Jr., *The Development of a Postmodern Self : A Computer-Assisted Comparative Analysis of Personal Documents*, Greenwood, Westport, CT, 1988.

Woolley, Benjamin, *Virtual Worlds : A Journey in Hype an Hyperreality*, Blackwell, New York, 1992.

Zurcher, Louis A., Jr., *The Mutable Self : A Self-Concept for Social Change*, Sage Publications, Newbury Park, CA, 1977.

Table

Dans la même collection

Littérature et voyages

Fadhma Amrouche, *Histoire de ma vie.*

Taos Amrouche, *Le grain magique.*

Ibn Batûtta, *Voyages* (3 tomes).

Louis-Antoine de Bougainville, *Voyage autour du monde.*

René Caillié, *Voyage à Tombouctou* (2 tomes).

Christophe Colomb, *La découverte de l'Amérique. Journal de bord et autres écrits, 1492-1493* (tome 1).

Christophe Colomb, *La découverte de l'Amérique. Relations de voyage et autres écrits, 1494-1505* (tome 2).

James Cook, *Relations de voyage autour du monde.*

Hernan Cortés, *La Conquête du Mexique.*

Bernal Díaz del Castillo, *Histoire véridique de la conquête de la Nouvelle-Espagne* (2 tomes).

Charles Darwin, *Voyage d'un naturaliste autour du monde.*

Charles-Marie de La Condamine, *Voyage sur l'Amazone.*

Homère, *L'Odyssée.*

Jean-François de Lapérouse, *Voyage autour du monde sur* l'Astrolabe *et la* Boussole.

Bartolomé de Las Casas, *Très brève relation de la destruction des Indes.*

Louis-Sébastien Mercier, *L'an 2440, rêve s'il en fut jamais.*

Louis-Sébastien Mercier, *Le tableau de Paris.*

Louise Michel, *La Commune, histoire et souvenirs.*

Martin Nadaud, *Léonard, maçon de la Creuse.*

Paul Nizan, *Aden Arabie.*

Mongo Park, *Voyage dans l'intérieur de l'Afrique.*

Lady M. Montagu, *L'islam au péril des femmes.*

Marco Polo, *Le devisement du monde, le livre des merveilles* (2 tomes).

Mémoires de Géronimo.

Victor Serge, *Les Années sans pardon.*

Victor Serge, *Le Tropique et le Nord.*

Inca Garcilaso de la Vega, *Commentaires royaux sur le Pérou des Incas* (3 tomes).

Essais

Mumia Abu-Jamal, *Condamné au silence.*

Mumia Abu-Jamal, *En direct du couloir de la mort.*

Fadela Amara, *Ni putes ni soumises.*

Michel Authier et Pierre Lévy, *Les arbres de connaissances.*

Étienne Balibar, *L'Europe, l'Amérique, la guerre.*

Louis Barthas, *Les carnets de guerre de Louis Barthas, tonnelier, 1914-1918.*

Nicolas Beau et Jean-Pierre Tuquoi, *Notre ami Ben Ali.*

Michel Beaud, *Le basculement du monde.*

Sophie Bessis, *L'Occident et les autres.*

Paul Blanquart, *Une histoire de la ville.*

Augusto Boal, *Jeux pour acteurs et non-acteurs.*

Augusto Boal, *Théâtre de l'opprimé.*

Lucian Boia, *La fin du monde.*

Philippe Breton, *L'utopie de la communication.*

François Burgat, *L'islamisme en face.*

Ernesto Che Guevara, *Journal de Bolivie.*

François Chobeaux, *Les nomades du vide.*

Denis Clerc, *Déchiffrer l'économie.*

Daniel Cohn-Bendit, *Une envie de politique.*

Sonia Combe, *Archives interdites.*

Georges Corm, *Orient-Occident, La fracture imaginaire.*

Adam Czerniaków, *Carnets du ghetto de Varsovie.*

La Découverte/Poche

Denis Duclos, *Le complexe du loup-garou.*

Les Éconoclastes, *Petit bréviaire des idées reçues en économie.*

Frantz Fanon, *Les damnés de la terre.*

Gustave Folcher, *Les carnets de guerre de Gustave Folcher, paysan languedocien, 1939-1945.*

Daniel Guérin, *Ni Dieu ni Maître* (2 tomes).

Roger-Henri Guerrand, *L'aventure du métropolitain.*

Roger-Henri Guerrand, *Les lieux.*

Jean Guisnel, *Guerres dans le cyberespace.*

Jean Guisnel, Libération, *la biographie.*

Theodor Herzl, *L'État des Juifs.*

Rudolf Hoess, *Le commandant d'Auschwitz parle.*

Alain Joxe, *L'empire du chaos.*

Joseph Klatzmann, *Attention statistiques !*

Paul R. Krugman, *La mondialisation n'est pas coupable.*

Bernard Lahire (dir.), *À quoi sert la sociologie ?*

Pierre Larrouturou, *Pour la semaine de quatre jours.*

Serge Latouche, *L'occidentalisation du monde.*

Christian Laval, *L'école n'est pas une entreprise.*

Jean-Pierre Le Goff, *Les illusions du management.*

Jean-Pierre Le Goff, *Mai 68, l'héritage impossible.*

Pierre Lévy, *L'intelligence collective.*

Pierre Lévy, *Qu'est-ce que le virtuel ?*

Paul Lidsky, *Les écrivains contre la Commune.*

André L'Hénoret, *Le clou qui dépasse.*

Alain Lipietz, *La société en sablier.*

Gilles Manceron, *Marianne et les colonies.*

Ernest Mandel, *La pensée politique de Léon Trotsky.*

Charles-Albert Michalet, *Qu'est-ce que la mondialisation ?*

Alexander S. Neill, *Libres enfants de Summerhill.*

Sven Ortoli et Jean-Pierre Pharabod, *Le cantique des quantiques, le monde existe-t-il ?*

Daya Pawar, *Ma vie d'intouchable.*

Paulette Péju, *Ratonnades à Paris.*

Philippe Pignarre, *Le grand secret de l'industrie pharmaceutique.*

Bernard Poulet, *Le pouvoir du* Monde.

Michel de Pracontal, *L'imposture scientifique en dix leçons.*

Jeremy Rifkin, *L'âge de l'accès.*

Jeremy Rifkin, *La fin du travail.*

Charles Rojzman, *Savoir vivre ensemble.*

Bertrand Schwartz, *Moderniser sans exclure.*

Armartya Sen, *L'économie est une science morale.*

Victor Serge, *L'an I de la révolution russe.*

Victor Serge, *Vie et mort de Léon Trotsky.*

Maryse Souchard, Stéphane Wahnich, Isabelle Cuminal, Virginie Wathier, *Le Pen, les mots.*

Isabelle Stengers, *Sciences et pouvoirs.*

Benjamin Stora, *Imaginaires de guerre.*

Benjamin Stora, *La gangrène et l'oubli.*

Pierre Vermeren, *Le Maroc en transition.*

Pierre Vidal-Naquet, *Algérie : les crimes de l'armée française.*

Pierre Vidal-Naquet, *Les assassins de la mémoire.*

Michel Wieviorka, *Le racisme, une introduction.*

Michel Wieviorka, *Une société fragmentée ?*

Sciences humaines et sociales

Louis Althusser, *Pour Marx.*

Jean-Loup Amselle et Elikia M'Bokolo, *Au cœur de l'ethnie.*

Benedict Anderson, *L'imaginaire national.*

Paul Bairoch, *Mythes et paradoxes de l'histoire économique.*

Étienne Balibar et Immanuel Wallerstein, *Race, nation, classe.*

Stéphane Beaud, *80 % au bac... et après ?*

Miguel Benasayag, *Le mythe de l'individu.*

Yves Benot, *Massacres coloniaux 1944-1950.*

Yves Benot, *La Révolution française et la fin des colonies.*

La Découverte/Poche

Bernadette Bensaude-Vincent et Isabelle Stengers, *Histoire de la chimie*.

Pascal Blanchard *et al.*, *Zoos humains*.

Philippe Breton, *La parole manipulée*.

François Chast, *Histoire contemporaine des médicaments*.

Jean-Michel Chaumont, *La concurrence des victimes*.

Yves Clot, *Le travail sans l'homme ?*

Serge Cordellier (dir.), *La mondialisation au-delà des mythes*.

Georges Corm, *L'Europe et l'Orient*.

Mike Davis, *City of Quartz. Los Angeles, capitale du futur*.

Alain Desrosières, *La politique des grands nombres*.

François Dosse, *L'histoire en miettes*.

François Dosse, *L'empire du sens*.

François Dosse, *Paul Ricœur*.

Mary Douglas, *Comment pensent les institutions*.

Mary Douglas, *De la souillure*.

Florence Dupont, *L'invention de la littérature*.

Jean-Pierre Dupuy, *Aux origines des sciences cognitives*.

Patrice Flichy, *Une histoire de la communication moderne*.

François Frontisi-Ducroux, *Dédale*.

Yvon Garlan, *Guerre et économie en Grèce ancienne*.

Peter Garnsey et Richard Saller, *L'Empire romain*.

Jacques T. Godbout, *L'esprit du don*.

Nilüfer Göle, *Musulmanes et modernes*.

Anne Grynberg, *Les camps de la honte*.

E.J. Hobsbawm, *Les bandits*.

Will Kymlicka, *Les théories de la justice. Une introduction*.

Camille Lacoste-Dujardin, *Des mères contre les femmes*.

Yves Lacoste, *Ibn Khaldoun*.

Bernard Lahire, *L'invention de l'« illétrisme »*.

Bernard Lahire (dir.), *Le travail sociologique de Pierre Bourdieu*.

Bruno Latour, *La fabrique du droit*.

Bruno Latour, *La science en action*.

Bruno Latour, *Nous n'avons jamais été modernes*.

Bruno Latour, *Pasteur : guerre et paix des microbes*.

Bruno Latour, *Politiques de la nature*.

Bruno Latour et Steve Woolgar, *La vie de laboratoire*.

Prosper-Olivier Lissagaray, *Histoire de la Commune de 1871*.

Geoffrey E.R. Lloyd, *Pour en finir avec les mentalités*.

Georg Lukacs, *Balzac et le réalisme français*.

Armand Mattelart, *La communication-monde : histoire des idées et des stratégies*.

Armand Mattelart, *Histoire de l'utopie planétaire*.

Armand Mattelart, *L'invention de la communication*.

John Stuart Mill, *La nature*.

Arno Mayer, *La « solution finale » dans l'histoire*.

Gérard Mendel, *La psychanalyse revisitée*.

François Ost, *La nature hors la loi*.

Bernard Poulet, *Le pouvoir du Monde*.

Élisée Reclus, *L'homme et la Terre*.

Roselyne Rey, *Histoire de la douleur*.

Maxime Rodinson, *La fascination de l'islam*.

Maxime Rodinson, *Peuple juif ou problème juif ?*

Richard E. Rubenstein, *Le jour où Jésus devint Dieu*.

André Sellier, *Histoire du camp de Dora*.

Jean-Charles Sournia, *Histoire de la médecine*.

Isabelle Stengers, *Cosmopolitiques* (2 tomes).

Francisco Varela, *Quel savoir pour l'éthique ?*

Francisco Vergara, *Les fondements philosophiques du libéralisme*.

Jean-Pierre Vernant, *Mythe et pensée chez les Grecs*.

Jean-Pierre Vernant, *Mythe et société en Grèce ancienne*.

Jean-Pierre Vernant, Pierre Vidal-Naquet, *Mythe et tragédie en Grèce ancienne* (2 tomes).

Pierre Vidal-Naquet, *Le chasseur noir*.

Michel Vovelle, *Les Jacobins*.

Max Weber, *Économie et société dans l'Antiquité*.

Max Weber, *Le savant et le politique*.

William Foote Whyte, *Street Corner Society*.

C. Wright Mills, *L'imagination sociologique*.

État du monde

Rochdy Alili, *Qu'est-ce que l'islam ?*

L'État du monde en 1945.

États-Unis, peuple et culture.

Bertrand Badie (dir.), *Qui a peur du XXIe siècle ?*

Marc Ferro et Marie-Hélène Mandrillon (dir.), *Russie, peuples et civilisations.*

Pierre Gentelle (dir.), *Chine, peuples et civilisation.*

Camille et Yves Lacoste (dir.), *Maghreb, peuples et civilisations.*

Jean-François Sabouret (dir.), *Japon, peuple et civilisation.*

François Sirel, Serge Cordellier *et al. Chronologie du monde au 20e siècle.*

La Découverte/Poche

BUSSIÈRE
GROUPE CPI

Composition Facompo, Lisieux
Impression réalisée par Bussière
à Saint-Amand-Montrond (Cher)
en avril 2005.
Dépôt légal : mai 2005.
N° d'impression : 051801/1.
Imprimé en France